中国社会科学院研究生重点教材

MAJOR TEXTBOOKS FOR POSTGRADUATE STUDENTS
CHINESE ACADEMY OF SOCIAL SCIENCES

中国法制史概要

An Overview of China Legal History

杨一凡 ◉ 主编

中国社会科学出版社

图书在版编目(CIP)数据

中国法制史概要/杨一凡等编著.—北京:中国社会科学出版社,2014.6

(中国社会科学院研究生重点教材系列)

ISBN 978-7-5161-3346-0

Ⅰ.①中… Ⅱ.①杨… Ⅲ.①法制史-中国-古代-研究生-教材 Ⅳ.①D929.2

中国版本图书馆 CIP 数据核字(2013)第 235604 号

出 版 人 赵剑英
责任编辑 许 琳
责任校对 李 莉
责任印制 王炳图

出 版 中国社会科学出版社
社 址 北京鼓楼西大街甲 158 号 (邮编 100720)
网 址 http://www.csspw.cn
中文域名:中国社科网 010-64070619
发 行 部 010-84083685
门 市 部 010-84029450
经 销 新华书店及其他书店

印刷装订 北京市兴怀印刷厂
版 次 2014 年 6 月第 1 版
印 次 2014 年 6 月第 1 次印刷

开 本 710×1000 1/16
印 张 24
插 页 2
字 数 418 千字
定 价 69.00 元

中国社会科学院
研究生重点教材工程领导小组

组　长　陈佳贵

副组长　武　寅

成　员　陈佳贵　武　寅　黄浩涛　施鹤安　刘迎秋

秘书长　刘迎秋

总　序

中国社会科学院研究生院是经邓小平等国家领导人批准于1978年建立的我国第一所人文和社会科学研究生院，其主要任务是培养人文和社会科学的博士研究生和硕士研究生。1998年江泽民同志又题词强调要“把中国社会科学院研究生院办成一流的人文社会科学人才培养基地”。在党中央的关怀和各相关部门的支持下，在院党组的正确领导下，中国社会科学院研究生院持续健康发展。目前已拥有理论经济学、应用经济学、哲学、法学、社会学、中国语言文学、历史学等9个博士学位一级学科授权、68个博士学位授权点和78个硕士学位授权点以及自主设置硕士学位授权点5个、硕士专业学位2个，是目前我国人文和社会科学学科设置最完整的一所研究生院。建院以来，她已为国家培养出了一大批优秀人才，其中绝大多数已成为各条战线的骨干，有的已成长为国家高级干部，有的已成长为学术带头人。实践证明，办好研究生院，培养大批高素质人文和社会科学人才，不仅要有一流的导师和老师队伍、丰富的图书报刊资料、完善高效的后勤服务系统，而且要有高质量的教材。

20多年来，围绕研究生教学是否要有教材的问题，曾经有过争论。随着研究生教育的迅速发展，研究生的课程体系迈上了规范化轨道，故而教材建设也随之提上议事日程。研究生院虽然一直重视教材建设，但由于主客观条件限制，研究生教材建设未能跟上研究生教育事业发展的需要。因此，组织和实施具有我院特色的“中国社会科学院研究生重点教材”工程，是摆在我们面前的一项重要任务。

“中国社会科学院研究生重点教材工程”的一项基本任务，就是经过几年的努力，先期研究、编写和出版100部左右研究生专业基础课和专业课教材，力争使全院教材达到“门类较为齐全、结构较为合理”、“国内同行认可、学生比较满意”、“国内最具权威性和系统性”的要求。这一套研究生重点教材的研究与编写将与国务院学位委员会的学科分类相衔接，以二级学科为主，适当扩展到三级学科。其中，二级学科的教材主要面向硕士研究生，三级学科的教材主要面向博士研究生。

中国社会科学院研究生重点教材的研究与编写要站在学科前沿，综合本学科共同的学术研究成果，注重知识的系统性和完整性，坚持学术性和应用性的统一，强调原创性和前沿性，既坚持理论体系的稳定性又反映学术研究的最新成果，既照顾研究生教材自身的规律与特点又不恪守过于僵化的教材范式，坚决避免出现将教材的研究与编写同科研论著相混淆、甚至用学术专著或论文代替教材的现象。教材的研究与编写要全面坚持胡锦涛总书记在2005年5月19日我院向中央常委汇报工作时对我院和我国哲学社会科学研究工作提出的要求，即“必须把握好两条：一是要毫不动摇地坚持马克思主义基本原理，坚持正确的政治方向。马克思主义是我国哲学社会科学的根本指导思想。老祖宗不能丢。必须把马克思主义的基本原理同中国具体实际相结合，把马克思主义的立场观点方法贯穿到哲学社会科学工作中，用发展着的马克思主义指导哲学社会科学。二是要坚持解放思想、实事求是、与时俱进，积极推进理论创新”。

为加强对中国社会科学院研究生重点教材工程的领导，院里专门成立了教材编审领导小组，负责统揽教材总体规划、立项与资助审批、教材编写成果验收等等。教材编审领导小组下设教材编审委员会。教材编审委员会负责立项审核和组织与监管工作，并按规定特邀请国内2—3位同行专家，负责对每个立项申请进行严格审议和鉴定以及对已经批准立项的同一项目的最后成稿进行质量审查、提出修改意见和是否同意送交出版社正式出版等鉴定意见。各所（系）要根据教材编审委员会的要求和有关规定，负责选好教材及其编写主持人，做好教材的研究与编写工作。

为加强对教材编写与出版工作的管理与监督，领导小组专门制定了《中国社会科学院研究生重点教材工程实施和管理办法（暂行)》和《中国社会科学院研究生重点教材工程编写规范和体例》。《办法》和《编写规范和体例》既是各所（系）领导和教材研究与编写主持人的一个遵循，也是教材研究与编写质量的一个保证。整套教材，从内容、体例到语言文字，从案例选择和运用到逻辑结构和论证，从篇章划分到每章小结，从阅读参考书目到思考题的罗列，等等，均要符合这些办法和规范的要求。

最后，需要指出的一点是，大批量组织研究和编写这样一套研究生教材，在我院是第一次，可资借鉴的经验不多。这就决定了目前奉献给大家的这套研究生教材还难免存在这样那样的缺点、不足、疏漏甚至错误。在此，我们既诚恳地希望得到广大研究生导师、学生和社会各界的理解和支持，更热切地欢迎大家对我们的组织工作以及教材本身提出批评、意见和改进建议，以便今后进一步修改提高。

陳佳贵

2005年9月1日于北京

撰 稿 人

（按姓氏笔画排列）

尤韶华	杨一凡	苏亦工	张　群
陆仁和	段向坤	高汉成	高旭晨
徐立志			

目　录

第一章　科学地认识中国法制史

内容提要

本章是全书的导论，阐述了学习中国法制史的意义、中国传统法制的基本特征以及如何认识传统法制相关的一些重大问题。认为只有遵循实事求是的治学原则，科学地认识和阐述中国法制史，才能正确地区分传统法制的精华与糟粕，以史为鉴，古为今用。

中华民族在漫长的历史发展过程中，创造了博大精深的法律文化，形成了一整套相当完善的法律制度。中华法系作为世界五大法系之一，在人类文明史上独树一帜，占有极其重要的地位。

中国法制史是研究中国历史上法律制度的产生、发展、实施、作用、特色及其演变规律的科学。它是法学、历史学相交叉的一门学科，是法律史学（包括中国法制史、中国法律思想史、外国法制史、外国法律思想史）的分支学科之一，更是法学的基础学科。

中国法制史是一门古老而年轻的学科。说它古老，是因为从先秦至明清，曾有不少古人在研究它，《二十四史》中的《刑法志》就是记载古代刑法史的代表性著作。说它年轻，是因为用现代法学观点研究中国法制史，仅有一百多年的历史，而我国大陆学界对于这门学科多个领域的深入研究并取得丰硕成果，则是20世纪80年代初期以后才开始的。从那时到现在，经学界30多年的探讨，包括中国法制史在内的法律史学出现了前所未有的繁荣，出版两千多部著作、教材和法律古籍整理成果，发表了近三万篇论文，对于这门学科的发展做出了重要贡献。然而，从总体上看，中国法制史的研究仍处于开拓阶段，大量的基本法律文献还未来得及整理和研究，法史研究的不少领域也是初步探讨。因此，不断深入地研究中国法制史，推动这门学科走向科学，是当代学者和后学者肩负的历史责任。

第一节　为什么要学习中国法制史

中国法制史是全国法学院、系大学生必修的基础课程，也是攻读法律类硕士专业学位研究生的必修课目。但是，对于学习这门课程的重要性和必要性，并不是所有的人都清楚。有人认为，古代法制都是专制主义那一套，看不到有哪些优良传统，学习没有多大意义。也有人认为，中国法制史离市场经济和社会现实那么远，学了也用不上。所以，要学好这门课程，首先必须明确学习中国法制史的意义。

中国法制史作为法学的基础学科，因其有其他法学分支学科不可代替的功能，因而有独立存在的价值。

一　为学习和研究现代法学提供深厚的知识基础

与学习和研究任何一门科学一样，要学习和精通现代法学，不仅要懂得它的今天，还应懂得它的历史，方能融会贯通。学习中国法制史，可以使人们了解法制的发展历史和社会背景，前人在法制建设方面的建树，中国的法律传统和国情实际，面临的主要问题，未来的发展方向，为深入学习和研究法学打好坚实的基础。

中国法制史与法学理论的关系十分密切。现代法学理论是古代法律理论的历史发展的新阶段，二者有着不可分割的传承关系。虽然我国当代的法律制度已脱离古代法制的模式，实现了向近代化的转型，正在走向现代化，名词术语也大多来自西方法学，但是中国法律传统中最深层和最基础的价值观仍然在很大程度上支配着人们的思维方式。由于历史、民族和现实生活条件的差异性，西方法学理论即使多么富有创意和现代性，要建设中国的现代法治，都不能全盘照搬照抄，而应有符合中国国情的法学理论。这就要求我们从国情实际出发，既要重视引进和借鉴西方有益的法学理论，也要重视从古代法律制度和法律思想中吸取营养。大量事实表明，懂得中国法制史是学习和研究法学理论的必备条件。当代中国的一些知名法理学学者，都有比较深厚的中国法制史修养，能够把握中国法制的历史源流，去探索重大的法学理论问题，这是他们对法理学有所建树的一个重要原因。

学习和研究现代法学的各部门法，也必须懂得有关中国法制史的基本知识。每一种部门法，无论是本土原生的，还是引进外国的，都有自身的发展史。我国当代部门法是在引进西方的部门法并吸收本土传统法律资源的基础上形成的。中国近现代法制史的相当部分的内容，是阐述各部门法走向近代化、现代化的历史，这是我们学习部门法必须掌握的。中国古代虽然没有现代方式的部门法划分，但有关内容大多都已出现，同样与现代法学体系中的部门法有着传承关系。中国古代行政法律和司法制度都相当发达，有许多法律原则至今仍被沿用，有些经过改造可以继续使用。古代法制中有关吏治、行政和司法监督方面的不少富有成效的法律措施，对于完善中国当代的廉政建设和审判制度很有启迪。中国古代许多王朝在各地自然条件千差万别、未制定全国统一的经济法典的情况下，运用多种法律形式，颁行了大量有因地制宜特色的完善经济管理的法规法令，适时调整变化了的社会经济关系，保障了国家经济正常运转，其积累的宝贵立法经验值得认真总结。中国古代的民事法律虽然不够发达，但也有许多好的经验，如古代长期实行的典权制度、契约制度，由乡里组织进行的民事调解制度，以乡民自治、自律为特征的民间规约，都有利于处理民事关系，减少民事纠纷。学习中国法制史，可以知晓现行部门法的来龙去脉、基础理论和学术流派；可以通过历史的比较研究，懂得古今的异同，加深对当代部门法的理解，做到知其然而又知其所以然。近些年来，随着法史研究的深入，中国法制史从过去侧重刑法史，延伸到行政法史、经济法史、民事法史、地方法史、民族法史等多个领域。本书采取了法制通史与部门法史相结合的编写方式，旨在为学习各部门法提供帮助。所以，从事某一部门法研究、实务的学者或法律工作者，很有必要懂得一些中国法制史知识，这样才能在所从事的领域有所发展和创新。

二　为当代法治建设提供历史借鉴

中国的法治现代化建设，离不开学习和借鉴外国的成功经验，也离不开借鉴我国历史上法制建设的经验。中国传统法律制度、法律文化精华与糟粕并存，但毕竟精华大于糟粕，需要我们认真地挖掘、辨析和总结。中国历史上法制建设的许多优良传统和经验，比如，重视法律在治国中的作用；因时制法，变革法制的精神；强调法的严肃性、统一性和稳定性；注重道德教化，先教后刑，德刑结合、强调罪罚相当，反对酷法；强调法制以民为本，严法治吏，扶弱抑强；主张慎刑、司法公正、法律与社会相和谐；重视预防犯罪，等等，对当代法治建设有重要的借鉴价值，需要我们认真研究、汲取和发扬。

中国历史上许多行之有效的法律措施，也值得我们总结和借鉴。这里仅以贯穿中国刑法史始终的慎刑原则为例。古代的慎刑原则是通过一系列的具体制度体现出来的，如：起诉与管辖制度旨在保障诉讼有序、及时和正常进行；上诉与直诉制度旨在保障当事人申辩冤情的机会得以实现；理讼回避制度旨在保障司法机关的中立性、公正性，不受人事关系的干扰；会审制度有利于司法官员集思广益，对重大或疑难案件做出比较准确的判决；案件复核制度有利于防止出现冤错假案；录囚制度增加了刑事诉讼中当事人的救济渠道；死刑复奏制度体现了最高统治者对死刑的重视；司法官员责任制度对于约束规范司法官员的行为，防止司法腐败无疑具有积极作用。此外，有关体现慎刑原则的法律措施，还有法医检验、一些朝代实行的驳案异地重审制度等。这些为贯彻慎刑原则而设立的多管齐下的制度和法律措施，表明中国古代司法制度已达到了相当完善的程度。

在继承优秀法律传统的同时，我们还要通过学习中国法制史，对传统法文化和法律制度的消极方面进行反思。历史上的法律制度，是在当时的社会条件下形成的，无疑有其局限性。我国是一个有长期君主官僚制传统的国家，历史上的法制深深地打上了皇权至上的意识形态的烙印。比如古代法制中的等级特权、抑制商业、刑讯制度、以伦理关系亲疏加重或减轻刑罚和实行严密的思想控制等，都与现代法治精神不相符合，需要我们认真反思，清除旧的思想和制度的影响，以促进我国的现代法治建设。

三　有助于高素质法律人才的培养

对于攻读法学专业的同学来说，学不学习中国法制史，表面上好像是多学或少学一门课程，实际上它是关系到培养什么类型人才的问题。即是培养有广博的学识、创造性的思维能力、敏锐的历史洞察力的高级法律人才呢？还是培养知识面狭窄、死扣法律条文而不求甚解、眼光短浅的低素质法律工作者呢？显然，我们的培养目标应当是前者。我们不能把从事法律工作只看作为一种技术。无论是法学学者，还是法官、检察官、律师，都应有深厚的学术修养，开拓型的思维能力，才能在自己所从事的岗位上有所作为。从事任何工作的高素质人才，都必须既精通专业，又有广博的学识。就像高耸云端的大楼必须有坚实的楼基一样，高素质的法律人才必须要有综合的法律素质。现代科学教育提倡自然科学与社会科学交叉研究，社会科学中各类学科交叉研究，就是为了培养精、博兼备的高素质人才。学习法学也是如此。学习中国法制史，对攻读法学专业者而言，可以开阔知识视野，通晓法律渊源，实现古今贯通、进行中西法文化比较，反思法律传统古为今用，全面增强法律文化素质。对于培养个人思想素质而言，读史使人明智。历史是一面镜子，它可以启迪人们的心智，帮助人们看清许多现实的问题。对于善于反思、善于从历史中汲取营养的人来说，中国法制史其实是一门经世致用的学问。以史为鉴，可以正确对待人生，做到眼界自宽，心胸自阔，不因一时艰难而放弃前进的目标。所以，不能把学习中国法制史视为额外负担，而应该当作一门必修的课程认真学好。

第二节　中国传统法制的基本特征

在长达数千年的中国古代社会里，从先秦到清末，中国法制经历了不曾中断的发展过程。对于中国古代法制即人们通常称之为传统法制的特征，不少著述曾从不同侧面进行过论述。本书着重论述中国古代法制较之世界其他国家古代法制有特色的一些特征。

一　礼法结合，德主刑辅

与西方古代法制比较，中国古代法制深受儒家学说和伦理纲常的影响。其显著的特征是统治者把实现“德治”、“礼治”学说奉为治国方针和法制建设的指导思想，把“礼法结合”、“德主刑辅”作为立法和司法的指导原则。“德治”要求以礼义道德治理国家，施臣民以“仁政”。在德与刑的关系上，强调“德主刑辅”，以道德教化为主，刑罚为辅助手段；主张以德服人，反对以力服人；主张以德去刑，先教后刑，反对不教而杀；主张刑用中典，反对滥施酷刑。礼的精神是亲亲、尊尊，即维护“父子有亲、君臣有义、夫妇有别、长幼有序、朋友有信”的人伦关系。礼起源于氏族社会的祭祀活动和习俗，礼法关系始终是中国古代法制的主题。大量可征的文献证明，西周时期，实行分封制，周王与诸侯以下各级贵族、领主之间，形成了吉礼、凶礼、嘉礼、军礼等为内容的规则体系，在国家政治活动和社会生活中，礼处于核心地位，适用范围非常广泛，影响极为深刻，在个人、家族、国家和社会各种关系的规范体系中，占据最为重要的位置。这一时期，各种法律形式还处于发展初期，作用和影响不能与礼相比，春秋末期郑国子产铸“刑鼎”时，晋国叔向责之以“先王议事以制，不为刑辟”，说的也是这个意思。西汉初期，叔孙通定朝仪制度，吸收了周代的朝觐之礼等礼制，成为后来《朝律》的基础。汉武帝时开始，通过经义折狱、以经释律和引礼为法，儒家思想在法律领域中逐步取得了正统地位，皇亲贵戚和大臣犯罪奏请皇帝裁夺的“上请”制度、父子相容隐的诉讼原则被广泛运用。魏晋以降，各代制定的令典，都按照“一准乎礼”的精神规范了有关职官制度、礼仪制度，并在刑事法律领域逐渐实现了礼法结合。三国两晋南北朝是中国古代法制沿着礼法结合的道路不断完善的重要发展时期。曹魏依照“尊尊、贵贵、亲亲”原则，首创“八议”入律。西晋贯彻“尊卑、长幼、亲疏有别”原则，开创了依服制定刑罚的先例。北魏加入了“存留养亲”和“官当”条目。北齐律强调“忠君”、“孝亲”原则，把“十恶”列为“名例”之首。唐律“一准乎礼”，成为君主官僚制时代的刑律的楷模。宋代以后，各朝效法唐制，立法和司法都贯彻了“礼法结合”的精神。

儒家“德治”、“礼治”学说对法律的影响是全方位的，主要表现在三个方面：

一是“礼法结合”、“德主刑辅”成为法制的基本原则，礼教纲常被奉为立法和司法的指导思想，国家颁行的所有法律，即使许多经济、军事、行政诸方面管理与礼制无涉的法律，都要符合“德政”的要求，都不能与礼制相违背。

二是有关职制、礼仪和刑事方面的法律，充满了比较浓厚的伦理色彩。统治者把国家和社会生活中的礼仪规范和各种道德规范，通过法律固定下来，要求全体臣民一体遵守。法律依照“失礼则入刑”的原则，把违犯伦理规范的行为列为刑罚惩处的对象，以确保法律实施过程本身就是推行教化的过程，使法律成为实现德化天下这一目标的手段。历代法制都把维护以“三纲五常”为核心的社会等级关系作为法律的首要任务，其中“君为臣纲”位列三纲之首。法律确认君主有至高无上的地位，从各个方面维护君主的尊严、人身安全、权力不受侵犯。法律把严重危害君权和人伦关系的“谋反”、“谋大逆”、“谋叛”、“恶逆”、“不道”、“大不敬”、“不孝”、“不睦”、“不义”、“内乱”列为“十恶”重罪，常赦所不原。法律确认不同身份的人，法律地位不同，少数权贵犯罪享有“议”、“请”、“减”、“免”、“收赎”等特权；确认以父权、夫权为核心的家族内部伦理关系，确认良贱有别。不同身份的人犯罪，刑有等差。统治者把他们认为重要的道德规范都上升为法律，把他们认为违背伦常的行为都列为惩处对象，实现了礼与法的高度结合。

三是在立法司法中贯彻了仁道、恕道和慎刑、恤刑精神。“仁”是儒家哲学思想的核心，也是伦理道德的重要内容和要求。受仁、恕之道的影响，法律规定对老人、儿童、孕妇这几种人犯罪予以减轻刑罚或免刑，称之为“三纵”。对不识、遗忘、过失犯罪减轻刑罚，称之为“三宥”。对已知悔悟自首者，对官吏因公务失错“自觉举”者，亦予减刑或免刑。历代法律还规定了许多悯恤囚犯的措施，如法官不得违法拷讯，违者反坐。在狱政管理方面，规定不得虐待囚犯，家人送来饭食要为之传递，衣服不够的发给衣服，有病要给以医治，病重者要脱去枷锁，对虐待致死罪囚的法官要追究责任，如此等等。古代法制在维护礼教纲常、等级制度的同时，也体现了一些人道主义的积极精神。

二　以民为本，抑强扶弱

与世界上延续时间较长的其他法系相比较，中国古代法律的一个突出特点就是把法律视为人为的规范体系，奉行民本主义，而不像其他法系那样把法律视为神的直接或间接旨意。先秦诸子对于法律起源的探讨大多是从人类生活本身寻找原因，并都认为法律实际上是政治统治者的创造物。中国传统文化中有丰富的民本思想，法制也同样体现了这一特色。民本思想的历史渊源久远。《尚书·五子之歌》说：“民惟邦本，本固邦宁。”孟子云：“民为贵，社稷次之，君为轻。”[①] 汉代贾谊撰《新书·大政上》曰：“闻之于政也，民无不以为本也；国以为本，君以为本，吏以为本；故国以民为安危，君以民为威侮，吏以民为贵贱，此之谓民无不为本也。”唐太宗李世民说：“舟所以比人君，水所以比黎庶。水能载舟，亦能覆舟。”[②] 从上述先贤的这些名句可知，古代民本主义的核心思想是：民众是国家根本，作为统治者要敬民、重民、爱民；不可忽视民众的力量，要自我约束，修善德行，慎重处理民事、国事。在中国传统文化特别是儒家哲学中，“仁”是其核心和出发点，而民本主义正是从儒家的“仁学”中衍生出来的。汉朝以后各代在立法的过程中，均贯彻了民本思想，要求各级官吏以谋求“国泰民安”为己任，严格约束自己的行为，“博施于民”，“使民以时”。几乎所有的王朝都把“以民为本”作为治国的指导思想和法制建设必须贯彻的原则。

民本思想贯穿于古代法制的许多方面，主要表现为：一是在不断完善

---

① 《孟子》卷14《尽心章句下》，（清）阮元校刻《十三经注疏》本，中华书局1980年影印，第2774页。

② （唐）吴兢：《贞观政要》卷4《教戒太子诸王》，文渊阁四库全书本。

官吏监察制度的同时，以严法治吏，打击官吏迫害和盘剥百姓的行为。官吏是社会上有权势的强者，历来民之害者，莫甚于贪官污吏。历朝都制定了许多有关官吏的责任制度、考核制度、监督制度方面的法律，严厉打击官吏贪赃枉法、赋役不均、丁夫差遣不平、私役部民夫匠、上下勾结盘剥平民等不法行为，其目的是为了肃整吏治，防止“官逼民反”。二是法律严厉防范和打击地主强豪兼并土地，许多朝代都制定过均田令、限田令、反兼并田土令，并严厉打击豪强强占良家妻女、欺行霸市、哄抬物价、违禁取利等不法行为。三是法律对契约关系、商业贸易、度量衡器、器物制造、物价评估、买卖自由等做了详细规定，维护市场交易秩序，为平民百姓提供安定的生产和生活环境。四是法律上对老小、废疾、妇女等弱势群体给予适当优待。如规定老少废疾犯罪，审判时不予拷讯；犯流罪以下可以收赎；犯杀人罪应死者，议拟奏闻，取自上裁；规定妇人犯罪应决杖者，除奸罪外，均不去衣受刑，并免除刺字；犯徒流罪，决杖一百，余罪收赎；女性死囚犯怀孕者，暂不行刑，待产后方执行。五是救济灾民，对官吏坑害百姓和隐报灾情的行为予以严厉制裁。六是制定了不少便民诉讼的法律措施，实行了匭函、登闻鼓等制度，以方便百姓申冤和减少冤狱。

三 家族主义，家国一体

中国古代地处东亚大陆中心，自给自足的农业经济占主导地位，组织和维持农业生产的基本单位是家庭。这种社会环境和经济结构是宗族组织和宗法意识形成的土壤。家族是中国传统社会的基本细胞，天下一家、家国一体的观念代代相传，根深蒂固。正统思想认为天下之本在国，国之本在家，家之本在身。《大学》说：“欲治其国者，先齐其家。欲齐其家者，先修其身”；“身修而后家齐，家齐而后国治，国治而后天下平”。从“齐家、治国、平天下”的理念出发，孝移作忠，父权延伸为君权，维系血缘家庭的伦理道德同维护君主政权和社会秩序的国家法律彼此相通。孝悌为齐家之本，是宗法社会重要的道德规范，也是重要的法律规范。家族伦理与法律之间没有明确的界限，从而使法律带有浓厚的家族主义色彩。

古代法制中家族主义的特色表现在：其一，法律明确维护家族内部的伦理关系。中国传统社会中，婚姻以祖宗嗣续为重，家庭以父权、夫权为中心，以父父子子、长幼有序、男尊女卑为基本伦理规范，法律对这种人伦关系严加保护。其二，在刑名方面，法律区分亲与非亲的界限，对亲属间相犯作了许多特殊的规定，严重败坏人伦的行为被列为重罪。一些对平常人来说不构成犯罪的行为，只因行为对象按伦理关系在服制之内，便被科以不同罪名，处以刑罚。譬如，古代向官府告发人犯罪，对一般人来说是正常的事情。然而，若子孙告父母、祖父母，卑幼告大功以上尊亲属，除非被告人属于谋反、谋大逆、谋叛大罪，否则不管告的实与不实，都要以“干名犯义”论罪。其三，在科刑方面，因血缘关系的亲疏和承担法律义务的不同，量刑有轻重之别。除侵犯财产的“盗窃”罪视亲疏关系程度由疏至亲逐级递减外，其余亲属间的人身相犯，均由疏至亲逐级加刑。血缘关系愈近，卑幼侵犯尊亲属处刑愈重。历代法律对尊长与卑幼相殴、相盗、相奸、相谋杀等都有详细规定，其基本精神是从法律上保障尊长的地位和家族内部的伦理关系不受侵犯。其四，家族伦理以宗为本，故法律上体现了“亲亲仁民”、“法情并立”的精神。如规定犯死罪非常赦所不原者，若祖父母，父母年老得病需奉养而家无其他成丁者，可奏闻皇帝裁决；若犯徒、流罪者，可以赎罪，以存留养亲。在司法实践中，历代对一些轻微犯罪，也往往“曲法伸情”。

基于“家族主义”、“家国一体”的理念，历朝君主重视“以孝治天下”，一些触犯人伦道德的行为，被上升为法律，提升为危害国家和社会安全的犯罪。孔丘曰：“其为人也孝悌，而好犯上者，鲜矣。不好犯上，而好作乱者，未有之也。”[①] 孝悌被视为预防犯罪的有效手段，成为安定统治秩序的根本条件。反之，不孝不悌被视为乱国之源，必须当作最危险的犯罪行为严惩不贷。按照“家国一体”的思想，任何有悖人伦道德的行为，都与国家安危联系起来。一些在今人看来属于违反道德的行为，如骂父母、祖父母；祖父母、父母在，别籍异财；奉养有缺，也被列为“十恶”不赦之罪。家族成员中犯“谋反”、“谋叛”等重罪者，除本人处死外，同居亲属坐以株连之罪。若以现代法学观点评析古代法律，就会看到传统法律中那些未区分法律与道德的界限，以及刑罚与情、罪之间畸轻畸重的法律规定，多是与“家族主义”、“家国一体”的立法指导思想有关。

四　天下本位，义务互负

人们通常认为“义务本位”是中国传统法制的一大特征，这是有一定道理的。与古代希腊、罗马及中世纪西欧国家的法律制度比较，不难看

① 《论语》卷1《学而》，（清）阮元校刻《十三经注疏》本，中华书局1980年影印，第2457页。

出，无论是古代希腊的雅典“宪法”、古代罗马的罗马法，还是中世纪西欧的罗马法、城市法、商法和英吉利王国的普通法等，都渗透着一定的民主气息，法律上规定了社会成员的“权利”、“义务”或“自由”等。而中国传统法律只规定义务，不书权利，具有浓厚的“义务本位”的色彩。

然而，用“义务本位”表述中国传统法制的特征似不够全面，也不能明确地界定它与其他法系中“义务本位”的区别。中国古代法律中的“义务”同古代埃及、印度法律中的“义务”有所不同，后者系个人对君主、奴隶对奴隶主的单方面义务，是一种片面的义务。中国古代法制则不同，法律规定的义务是社会各阶层相互之间的义务，即社会成员在对他人、社会、国家履行义务的同时，也接受他人、社会、国家对自己的义务，我们称其为“义务互负”。中国古代把人际关系概括为“五伦”，即君臣、父子、夫妇、兄弟、朋友，其相互的义务关系是君礼臣忠、父慈子孝、夫良妇顺、兄友弟恭、朋友有信。法律中凡与五伦相涉者，均体现了相互的义务关系。按照法律规定，官吏必须恪守职责，忠君报国；朝廷给予官吏一定的俸禄和礼遇。平民必须按时交纳税粮，承担差役；国家有“爱民”、“教民”、“保民”之职责。在家族内部，尊长有抚养、教育、保护卑幼之责任，卑幼有服从、赡养尊长之义务。家庭以家长为中心，但同时对于出现脱漏户口、欺隐田粮、税粮违期、逃避差役等违法行为承担法律责任。在朋友之间，彼此承担互信的义务。在无服制的社会成员之间，彼此对侵犯他人人身、财产承担法律责任。在长官和下属之间，彼此因公务失错承担连带责任。历朝法律对各阶层人士违背法定义务的行为如何惩处，都做了详细的规定。所有这些都说明，中国古代法律中的义务，在许多方面包含着属于社会义务、国家义务的内容，具有“义务互负”的性质。

中国传统法制缺乏“权利”理念而具“义务互负”的特色，有其深刻的社会和思想原因。在中国古代，长期实行的是君主专权的中央集权制度，加之工商业和国际贸易不够发达，统治者和国民普遍缺乏平等、自由、权利的意识。而儒家思想作为占统治地位的指导思想，对于法的特征的形成有巨大影响。就儒家的法价值论而言，主要是“天下本位”思想、家族伦理主义、民本主义、大一统的君主主义、礼治主义。在这些法价值论中，“天下本位”是最高的价值目标，也是最重要的法价值论，其他几个方面的法价值论均系“天下本位”思想所派生。天下为公，是古人追求的最高理想。儒家发展了这一思想，并把它奉为法的最高价值目标。检阅自先秦至明清诸子百家的著作，“天下为公”、“天下大同”、“天下归仁”、

“天下之法”的词语比比皆是。他们所说的“天下”，以地理意义即大一统的疆土为基本含义，兼含有“人民”、“民心”之义。古人眼中的“天下”概念，并不是在任何时候都与“国家”的概念等同的，常常是将天下置于个人和国家之上。《荀子》卷12《正论》：“国，小具也，可以小人有也，可以小道得也，可以小力持也；天下者，大具也，不可以小人有也，不可以小道得也，不可以小力持也。国者，小人可以有之，然而未必不亡也；天下者，至大也，非圣人莫之能有也。”历代君主也总是打着“一天下、保庶民”的旗号，推行大一统的君主主义。各朝法律基于“天下本位”的理念，在法律上就如何维护君权、维护社会秩序以及各阶层人们的利益，作了比较全面的规定。受儒家“天下本位”法的价值论的影响，礼教纲常把克己尊礼、宽以待人奉为社会道德的重要规范，重视国家和社会利益而轻视个人利益，导致法律上规定义务而忽视权利。

五　追求和谐，注重调解

中国古代和谐观念十分突出，主张法须与天道相和谐，与社会相和谐。《中庸》说：“和也者，天下之达道也。”《文子·上仁》：“夫万民不和，国家不安。”汉代董仲舒说：“天有四时，王有四政；四政若四时通类也，天人所同有也。庆为春，赏为夏，罚为秋，刑为冬。”① 司法活动要与天道的运行相应，这体现了古人对天人和谐的追求。基于这一理念，无讼成为实现社会和谐的目标。《周易·讼卦》认为：“讼”为“终凶”、“讼不可长也”。由于古人崇尚无讼，形成了厌讼、贱讼的观念。唐、宋、明、清的刑律都设有专条，把教唆词讼者作为打击对象。从追求和谐的要求出发，“刑期于无刑”被视为刑罚的根本目的，“以德去刑”、“先教后刑”、预防犯罪成为法制的重要指导思想，“贵存中道”成为必须遵循的立法原则。从现存的历朝发布的劝民息讼的榜文、告示看，息争化讼成为评价官吏德化、政绩大小的标准，也是各级官吏特别是地方官吏的重要职责。

注重调解是中国传统法制的一大创造。现存的古代史籍和判例判牍中，刑事诉讼资料甚多，而民事诉讼资料较少，故对于古代民事诉讼和刑事诉讼是否不分的问题，学界尚有争论。在任何社会中，民事纠纷在日常生活中是大量发生的，它多于刑事案件是不言而喻的。中国古代社会虽然

① （西汉）董仲舒：《春秋繁露》卷14《四时之副》，上海古籍出版社1989年影印，第74页。

没有民法的概念，但民事、刑事的管辖或审级并不是完全相同的。历史上流传下来的民事诉讼案件之所以较少，这与大量的民事纠纷是通过调解解决的有关。就民事纠纷的审理或处理而言，汉代乡为初理，唐代由里正初理，元代由社长初理，明代由里甲老人初理。这些所谓初理，实际上属于民事调解。清代民事纠纷由族正房长、村正及村之贤德者调解，不果，再由巨绅里保评之，然后上达官府。不少朝代为了防止大量户婚田土纠纷矛盾上交官府，也为了更好地息讼宁人，对民事纠纷案件上诉官府的范围作了严格限制。如明太祖朱元璋颁行的《教民榜文》规定："民间户婚、田土、斗殴相争一切小事，不许辄便告官，务要经由本管里甲老人理断"；"乡里中，凡有奸、盗、诈伪、人命重事，许赴本管官司陈告"。[①] 也就是说，除涉及刑律的案件外，其他均先由里甲老人调解审理，不服者方可上诉官府。其他朝代处理民事案件的办法亦大多如此。中国古代实行的由乡里组织调解解决民事纠纷的制度，使民间发生的绝大多数纠纷得以解决，这既有利于正确处理乡里发生的矛盾，息事宁人，也极大地减少了官府的负担，应当说是一种值得肯定的法律措施。

第三节　科学地认识中国法制史

任何一门学科的发展和完善，都经历了长期的不断探索的过程。回顾多年来法史研究走过的路程，人们不难看到，影响法史开拓研究、古为今用的症结，多是与如何认识中国传统法制、法律文化及相关的一些重大问题有关。因此，正确对待传统法律文化，科学地认识和阐述中国法制发展史，是推动法律史学走向科学必须解决的关键问题。

从我们现在能够达到的认识高度看，法史研究中存在的下述缺陷有待继续克服：一是忽视了中国传统法制和法律文化"精华与糟粕并存，但毕竟精华大于糟粕"这一基本史实，自觉不自觉地把法史研究变成了对古代法制的批判。有些法史著述把古代法制描绘得漆黑一团，似乎传统法律和法律文化只有消极意义，而无积极因素可言，这就无形中把一部中华法制文明发展史演绎为专制糟粕史。二是混淆古今法制的概念、内容及产生的历史条件的差别，不加分析地用现代法律术语和法律体系套用古代法制，

---

① 参见刘海年、杨一凡主编《中国珍稀法律典籍集成》乙编第1册，科学出版社1994年版，第635—645页。

得出了一些与历史实际不相符合的、似是而非的结论；或是以现代西方法治理念为坐标评析古代法制，贬低中国传统法制及法律文化在世界文明发展史中的地位和作用。三是忽视了中华法系“多种法律形式并存，朝廷立法与地方立法并存”的客观史实，局限于国家立法研究而不及地方法制研究，按照“以刑为主”的模式描绘古代法制，在许多方面用刑律编纂史替代了中国法律史。四是把丰富多彩的中国法律史简单化，比较注重法在维护君主政权方面的职能，忽视法的经济和社会管理职能，这就把具有多种功能法律的发展史演化成了统治阶级的工具史。五是法律思想与法律制度、立法与司法割裂研究，未能全面地揭示中国古代法制实施的真相；对于一些多代相承的基本法律制度和被历代王朝奉为立法、司法指导原则的法律思想在不同历史时期发生的变化，尚未通过深入的剖析予以揭示，以静态的法律史替代了动态的法律史。

法律史学的研究正处在一个重要的转折时期。在充分肯定学界多年来在法史方面取得的重要进展的同时，承认缺陷、改进研究方法，以实事求是的态度，科学地认识和阐述中国法律发展史，是当代法史学者肩负的重要的历史使命。

一 全面认识中国古代法律体系

要科学地阐述中国法律发展史，全面地揭示古代法制的面貌，必须对中国古代法律体系有一个全面认识。在中国古代法律体系中，典、律、令、例等各种形式的法律并存，行政、经济、刑事、民事、军政、文化教育诸方面法律并存，具有相对稳定性的国家“大法”、“常法”与各类“权制”之法并存，中央立法与地方立法并存，共同组成完整的法律体系。就律的性质、功能而论，秦汉时期，律是表述诸法的国家主干法律。从魏晋到唐宋，律典是国家的刑法典。明清时期，律是《会典》的组成部分和刑事基本法。魏晋至明清的律，属于刑事法律的范畴，只是诸多法律中的一种。从古代法律的立法形式看，不仅名目繁多，各代法律形式的称谓、内涵和功能也不尽相同。如秦有律、令、程、式、课法律答问等；汉有律、令、比、诏等；魏晋及南北朝有典、律、令、诏、科、式、故事、律注等；唐有律、令、格、式、格后敕等；宋于律、令、格、式之外，重视编敕，又有断例和各种形式的例；元有诏制、条格、断例等；明、清两代注重制例、编例，于会典、律、诏令之外，以条例、则例、事例等法律形式颁布了许多单行法规和大量的定例，例成为国家法律的主要法律形式。

每一种法律形式都有其独特的功能。以唐代为例，“律”是有关犯罪与刑罚的规定，“令”是有关国家基本制度方面的规定，“格”是皇帝临时颁布的各种单行敕令的汇编，“式”是“令”的实施细则，是一些国家基本制度的具体化的规定。各种法律形式共同组成唐朝的法律体系。我们在了解中国古代法制的面貌时，不能只偏重刑事法律，而忽视其他形式的法律。

中国古代法律如按内容分类，是由行政、经济、刑事、民事、军事、文化教育、对外关系等方面的法律共同构成的法律体系，其中行政法律是大量的。各种形式的法律，其体例结构既有综合性编纂方式，也有各类单行法律法规，还有大量的因事、因时立法的单个事例、法令、政令等。以明、清两代为例。明王朝除以《会典》为国家的“大经大法”外，还精心修订了一些重要的“常经之法”作为国家的基本法律，有关刑事方面的基本法律有《大明律》和《问刑条例》，有关行政方面的常法有《诸司职掌》、《吏部条例》、《宪纲事类》、《宗藩条例》等，有关军政、学校管理和民间事务管理方面的常法分别有《军政条例》、《学校格式》、《教民榜文》等。此外，还以事例、则例、榜例等形式颁行了数量浩瀚的权制之法，以补充《会典》和各种“常法”之不足。清代在沿袭明制的基础上又多有创新，特别是在以则例为主要形式的行政例制定方面成绩斐然。清王朝在“以《会典》为纲，则例为目”的法律框架下，制定和颁布了数百种单行行政法规，全面地完善了国家的行政法制。明清两代制例数量之多，为历代所不及，仅现存的这两代制定的单行条例、则例和例的汇编性文献就有上千种。因此，要全面地认识中国古代法制或某一代法制的全貌，必须对各种形式的法律有一个全面的了解。虽然我们不可能对每一种法律都进行深入研究，但起码应做到不能把中国古代法律仅仅理解为刑事法律，不能把古代法制仅仅理解为打击犯罪。

古代各级地方政府和长官颁布的法规和政令，也是国家法律的有机组成部分。地方立法在中国古代出现较早，《睡虎地秦墓竹简》中的《语书》，是秦统一中国前秦国南郡太守腾给县道啬夫的告谕文书，就属于地方政令性质。这说明由地方长官发布政令的做法，至迟在战国时期就已存在。从汉代至明清，为了把朝廷法律贯彻到基层，历代地方官府和长官在不与朝廷法律相抵触的前提下，从其管辖地区的实际出发，运用条教、书、记、约束、条约、告示、檄文、禁约等各种形式，颁布了大量的富有因地制宜特色的法规、政令和其他规范性文件。古代地方立法在治国实践中，发挥着补充和辅助国家法律实施的功能，只有把朝廷立法与地方立法结合研究，才能全面地揭示中国古代法律体系的全貌。

中国古代法律体系在不断完善的过程中，大体经历了五个不同的历史发展阶段。战国是法律体系的生成时期，秦汉是以律令为主的法律体系的初建时期，魏晋至唐宋是以律令为主的法律体系进一步发展和完善时期，元代是以律令为主的法律体系到以律例为主的法律体系的过渡时期，明清是以律例为主的法律体系的发展和高度完善时期。法律形式及其表述的立法成果是法律体系的基本组成要素，以不同法律形式表述的国家大法、常法和权制之法体现立法成果在法律体系中的效力层次。在法律体系发展的各个历史阶段，基于国情实际和完善法制的需要，法律形式的称谓、内涵和功能也发生变化，其表述的立法成果多种多样。因此，要正确阐述不同历史时期法制发展和法律体系演变的情况，必须重视法律形式的研究。

要正确地阐述古代法律的形式和法律体系，既要有开拓精神，又必须尊重历史，不可毫无根据地标新立异。比如，古代地方法律体系是由朝廷就某一地区特定事务管理制定的特别法、县以上各级地方官府或长官发布的各种形式的地方法律构成的。民间规约、习惯是地方法律秩序的组成要素。若是套用西方“习惯法”的概念表述地方法律体系，就会无限扩张“习惯法”的内涵，造成认识上的混乱。法是由国家制定的，是以强制力为后盾的。以自治、自律为特色的民间规约是基层社会组织自行制定的，不具有法律效力。若是不加分析地采用“民间法”的概念表述古代地方法律体系，既难以涵盖古代民事法律的形式和内容，也与古今法律的含义不相吻合。因此，在研究中国法律体系的过程中，必须坚持实事求是的治学原则。在以现代法学观点分析、论证古代法制时，所使用的概念的内涵和阐述的事实必须忠实于历史，正确反映古代法制的本来面目。

二　客观地阐述古代法律的功能和法制发展的规律

历史上的各种类型的法律，因其内容不同，发挥着不同的功能。如西晋的《晋令》，南北朝时期的《梁令》，隋朝的《开皇令》、《大业令》，唐代的《贞观令》，宋代的《天圣令》等，其内容都是非刑事的积极性规范，详细规定了国家的各种基本制度，属于令典性质，是与律典并重的国家大法。宋代的《吏部条法》、明代的《诸司职掌》、清代的《钦定吏部则例》，其内容是有关国家官制及其职掌的规定，是职制方面的国家常法。至于规范国家经济管理活动方面的法律，内容也十分丰富。如明代为保障国家的财政收入，运用则例这一法律形式，针对不同地区、不同时期经济发展变化的情况，制定了大量的有因地制宜特色的钱粮管理方面的法规，如赋役则例、商税则例、开中则例及钱法、钞法、漕运等方面的则例，保障了国家的经济、财政管理制度在千变万化的情况下得以实施。唐代的两税法、均田法，明代的一条鞭法，也都是为了简化税制、减轻人民负担，确保国家财政收入而制定的。各代还运用令、例等各种法律形式和榜文、告示等载体，颁行了不少有关加强经济管理的法令、政令，其内容涉及农业、矿业、手工业、商业、对外贸易等各个方面。至于明清两代颁行的“里甲法”、“保甲法”，其功能是为了加强基层政权建设，及时处理民间纠纷，维护社会治安。可以说，历朝颁行的数量众多的法律，每一种法律都有特定的内容和功能，这些法律共同发挥着维护统治集团的权益、维护社会秩序、实行社会经济生活管理、协调社会各阶层人们的相互关系和权益等各种功能，因而具有阶级性、社会性两种属性。只有正确地认识和区分法律的属性和功能，才能正确地评价不同形式、不同内容法律的历史作用。

中国历史上任何一种法律和法律制度，都是为了解决某些社会矛盾，适应社会发展的需要而制定的。因此，要准确地阐述和评价古代法律的功能，必须正确地分析社会矛盾。传统观点在阐述法律思想和法律制度形成的历史条件时，往往只从解析阶级矛盾的角度进行考察。然而，无论是古代还是近、现代社会，并非只存在阶级矛盾，还有大量的并不属于阶级斗争范畴的各类社会矛盾，有生产力与生产关系的矛盾，统治集团内部的矛盾，社会各阶层人们之间利益的矛盾，个人与群体利益的矛盾等。由少数民族建立的王朝，还存在严重的民族矛盾。在社会矛盾之外，还存在着人与自然的矛盾。不同历史时期、不同的朝代进行的各种立法活动，所面临和需要解决的社会矛盾并不完全相同，每次立法的针对性也是很具体的。在分析古代社会矛盾时，应当采取实事求是的态度，对那些用于解决阶级矛盾、强化对劳动人民统治的法律，自然可以运用阶级分析的观点予以评判。但对于那些用于行政、经济、文化和其他社会生活管理以及处理民族矛盾和一些对外关系方面的法律，就应当按照历史实际客观地阐述当时的社会矛盾和立法的背景。只有科学地认识社会矛盾，才能正确地阐述法律的作用。

传统研究模式由于只注重古代法律的阶级分析而忽视法律的社会性，所导致的后果不仅是许多著述忽视了对大量的刑事以外的其他形式法律的研究，还在评价刑律与其他形式的刑事法令、法规的相互关系和历史作用时，把两者对立了起来。如在对明清的刑事条例、事例等论述和评价方面，多是不加分析地对其采取贬低或否定态度。历史上的实际情况是：《大明律》、《大清律》颁行后，因在较长时间内保持相对稳定，为解决司法实践中出现的新的问题，因时立法，颁行了大量的刑事条例、事例，以补充律的不足。如不适时立法，律在司法实践的许多方面也很难操作。虽然这一时期在制例中也曾出现过“条例浩繁”的弊端，但从现存的这两代颁布的刑事条例、事例看，基本上是按照“例以补律”的立法原则制定的，与律文和律义冲突的条例并不多见，这就要求我们应当重新审视以前的研究结论是否正确。

在中国古代社会里，法律作为历朝治理国家和管理经济、社会生活的工具，是随着社会的发展不断变革和完善的。由于历史的发展是曲折复杂的，法律在其发展的进程中因受到各种因素的影响，也呈现出极其纷杂的现象。但纵观两千多年的中国法律发展史，从总体上说，“因时变革，不断发展、完善”是法律制度演进的主旋律；“盛世修法”是健全法制的重要特点。法律条文从表面上看是静态的，而法律的制定过程和实施历来都是动态的。即便是在国家政局比较稳定的时期，法律也是随着社会经济的发展和司法活动的实践，在逐步发展和完善，并未处于停顿状态。因此，我们应当用发展的、动态变化的观点去论证和阐述中国法制史。

关于中国法律史的发展进程，学界通常是按照不同的历史分期阐述它的发展线索。然而对于中国法律史的发展阶段的断限，因对我国古代的社会性质、法律的属性、中华法系的断限认识不同，存在着不同的意见。一种见解是从阶级和社会形态分析的角度上阐述的，认为法是阶级和国家出现后才产生的，中华法系是指中国古代的法律，是奴隶制和封建制法律的泛称，至20世纪初期，随着封建社会的解体，中华法系也就寿终正寝了。另一种观点是从中华文化与法律相互关系发展史的角度阐述的，认为近、现代法律与古代法律比较，从外貌到内容都发生了重大变化，但仍存在着密不可分的传承关系，中国自有法以来，直到新中国的社会主义法律，均属中华法系。还有一种观点主张突破各种思想禁锢，一切从法制文明发展的实际出发，客观地阐述古代法制的历史分期、发展线索，实事求是地阐述中华法系。对于这些不同的见解，包括中国有没有经历过奴隶社会、是否存在奴隶制法制、哪些时期属于封建社会、封建法制有哪些特点等方面的问题，应继续予以探讨。

对于中国法律史的基本线索和规律，学界也存在一些不同看法。其中需要商榷的一个重要问题是，有些著述认为唐代以后法律制度没有大的发展。事实上，宋元至明清是中国古代法制走向更加成熟的时期，也是中华法系进一步完善的时期。这一时期，随着生产力的发展和明代中后期资本主义萌芽的出现，颁行了大量的经济类法律，其涉及内容之广泛，为前代所不及。随着中央集权制的强化，行政方面的立法多方位完善。在民族立法方面，清代颁行了许多重要的法律，达到了中国历代王朝民族立法的高峰。即使刑事法律，无论从内容上还是编纂体例上，也都有创新和发展。在地方法制建设方面，从明代中叶至清末，地方立法出现了前所未有的繁荣，其法律形式之健全，发布的法规、政令数量之多，都是前朝无法比拟的。这一历史时期的西夏、辽、金、元、清诸朝的法律，因融入了契丹、蒙古、女真文化及其民族习惯，更体现出了中华各民族共创中华法系的特色。因此，不能只依据几部律典而贬低唐以后法律制度的发展。

法律思想是中国法律史的重要组成部分，研究中国法制史必须与研究中国法律思想史相结合，这样才能深刻揭示法律形成的深层原因，揭示法律思想对立法、司法的影响。中国历朝的立法和司法活动，都是在一定的法律思想指导下制定和实施的。一些著述认为自西汉中叶“德主刑辅”成为立法、司法的指导原则之后近两千多年中，法律思想基本处于停滞乃至僵化、衰退的状态。这种观点显然是与历史实际相悖的。在古代社会中后期法律不断完善、历朝颁行了上千部法律的情况下，法律思想反而一成不变，这是令人难以理解的。固然，古代社会中后期历朝奉行的是经官方改造了的儒家法律主张，其发展变化是在儒家学说的总框架内进行的。但随着社会政治、经济、文化状况的不断变化和治国实践的需要，儒家的法律思想也在调整和变化。比如，形成于两宋、盛行于明清的宋明理学，就对中国法律制度产生了重大影响；行政、经济、民事、军事诸方面的法律思想得到了进一步的发展；“明刑弼教”思想经过朱熹新的阐发，强调先刑后教，成为明初重典之治的理论支柱；明清两代不断开拓了律学的领域，在应用律学、比较律学、律学史、古律辑佚和考证方面，取得了令人瞩目的成就，如明人何广的《律解辩疑》，张楷的《律条疏议》，王肯堂的《律例笺释》，雷梦麟的《读律琐言》；清人王明德的《读律佩觿》，吴坛等的《大清律例通考》等一大批著述，都不同程度地对律学有所建树。现存大量的司法指南性文献、判牍及题本奏本，也包含了极其丰富的司法思想。明清两代在法律思想领域最重大的建树，是确立了律例关系理论，这一理论曾长期指导了立法和司法活动。我们应当开阔视野，以发展变化的观点研究中国法律思想与法律制度的互动关系，科学地阐述中国法律史。

三　实事求是地评析中国古代司法制度

中国古代的司法制度经过漫长的历史发展，积累了丰富的经验，形成了“德主刑辅”、“明德慎刑”、便民诉讼等司法指导思想，建立起诸如起诉与管辖制度、上诉与直诉制度、听诉回避制度、会审制度、录囚制度、死刑复奏制度、审判监督制度、司法官员责任制度、民事纠纷调解制度等相当完善的司法制度，在审判中确立了区分公私罪、首犯与从犯、过失罪从轻、自首免罪或从轻、二罪俱发以重论、刑事年龄责任等一系列详细的刑罚原则，这些司法制度和刑罚原则与现代司法有不可分割的传承关系，其中许多值得我们继承和发扬。

长期以来，司法制度研究一直是法史研究的薄弱环节。近年来，一些学者注意了这方面的研究，发表了一些有价值的著述，但与古代立法研究相比较，司法研究仍显得滞后。加强对古代司法制度的研究，仍然是我们面临的重要课题。

研究中国古代司法制度，必须区分其精华与糟粕。古代司法审判中的刑讯制度，刑罚中的酷刑、肉刑、身体刑和耻辱刑，权贵和官吏犯罪者享有的“议”、“请”、“减”、“免”刑罚的特权，以及皇帝凌驾于司法之上，行政干涉司法等，都属于糟粕，应当予以批判和摒弃。然而，我们也应当看到，古代司法制度是在当时的历史条件下形成的，这种制度总体上是同那个时期的社会经济、文化状况和历史进程相适应的。对它的分析和评价，同样需要坚持实事求是的原则。

我国古代的一些司法制度不符合现代法治的精神，但在当时的条件下却有其存在的合理性，是若干代人的智慧的产物。我们在研究这类制度时，必须结合时代条件做出有分析的、恰当的评价。比如，人们通常把“司法与行政合一”概括为古代法制的特征，认为这是导致司法腐败的重要根源。诚然，在现代法治建设中，必须坚持司法独立，反对行政干涉司法，清除历史上“司法与行政合一”的消极影响。但在评价古代这一制度时，采取简单否定的做法却是不公允的。其一，这种概括并不完全符合事实，古代地方府、州、县的司法与行政机构是合一的，但府以上到中央的司法机构却不一定都是这样，如隋、唐设有大理寺，明、清设有刑部、大理寺，专主司法审判和复核；明清两代各布政司和军中还设有专门的司法机构，称其为司法行政合一就欠妥当。其二，对地方官府的司法与行政合一，应就这种机制形成的原因和作用做出正确分析。就县级机构而言，当时各县管辖的人口有限，商品经济很不发达，县官的主要职责是理讼和征收钱粮，每县只设数额有限的官员和吏员，在这种情况下，无论是从国家的财力还是从老百姓的承受力来看，都不可能设立行政与司法、立法分立的庞大机构。其三，就多数朝代知县的审判权限而论，主要受理人命重事、诈伪和奸、盗等重大案件，对刑事案件只有判处笞、杖刑的权力；对于徒罪以上案件，则只能拟出审判意见，供上级官府复审。至于流罪以上案件，决定权在中央司法机构，死刑案件还需经中央司法机构复审乃至皇帝批准。因此，我们在阐述古代“司法与行政合一”这一历史现象时，应客观地阐述史实，正确评价它的历史作用及局限性，只有这样才能正确地说明这一制度的来龙去脉，以及为什么在现代社会中不能继续沿用。

一些著述以“一任刑罚”概括古代司法审判的状况，不加区分地把历代司法都描绘为君主专横、官吏任意用法、冤狱泛滥。这种结论缺乏历史根据。在中国历史上，确实存在着司法腐败的现象，也存在着某一君主在一定时期内因政治斗争的需要滥杀官吏和臣民的问题。但纵观一部中国司法制度史，几乎所有的王朝都反对“一任刑罚”。从现存的历代司法指南性文献、判牍、案例来看，司法审判程序是很严格的，绝大多数案件的审理是依法进行的。因此，对各个历史时期的司法审判情况，应依据史料作出具体的有分析的判断，而不能笼统地概括为“一任刑罚”，全面否定。

还有一些著述对古代司法制度的阐发，望文生义的问题比较突出。如有些著述对于秦汉的“廷行事”、唐代的“法例”、宋元的“断例”、清代的“成案”等性质和功能的论断，系主观推测而来，缺乏充分的理据，值得商榷。望文生义的结论，不仅曲解了古代的司法制度，还误导了读者。比如，传统观点把成案解读为“以往发生的司法案例”，认为清代成案具有判例性质，在司法审判中可比照援引，并由此得出这是清代司法产生“以案破法”、“官吏因缘为奸”弊端的重要原因。现见的大量文献资料证明，这种对历史上“成案”内涵的解读及对清代成案性质的论述有偏颇之处。在中国古代，成案是在处理行政、社会事务或司法审判过程中产生的，它的内涵十分丰富，在司法成案之外，还存在着行政、经济管理和礼仪制度等方面的成案。成案的表述方式，有案例和抽象的条文两种。一些研究成果中阐述的成案，实际上只是指司法成案而言。司法成案通常是指已经办理终结的案件，其性质又有以下的区分：一类是经过审判已经完成了案卷整理、等待最后批准和结案的案件；另一类是定例成案，即经过一定的立法程序，经皇帝批准把案例确认为“定例”，允许在办案中援引。定例是“例”的一种称谓，属于成文法范畴，故古代法律中没有“判例”这一法定用语。“判例”不是中国古代独立的法律形式。今人法史著述中所说的“判例”，是对古代司法审判中可援引作为判决依据的这类案例的现代表述。司法成案与判例之间有着密切的关系，它是判例产生的基础，但成案并不一定都是判例。司法成案是否会成为判例，取决于统治者是否赋予成案以法律效力，即它能否在司法审判活动中比附适用。学术界有关成案是否具有判例的法律效力的争论，主要是基于对清代成案性质的认识不同引起的。关于这个问题，需要注意的是以乾隆三年（1738年）颁布禁止援引成案为界限，统治者对司法审判中适用成案的态度发生了很大变化。在此之后，地方上报的案件，有时也出现把成案作为判决依据的情况，但一概被刑部批驳。刑部在复核案件过程中，在所写的说帖中，有时也会拿成案作例证，证明自己论断的正确，但都是从参考、研究的角度使用成案的。清代中后期，司法成案只具有参考价值，它本身并非判例，不具有法律效力，也不能作为审判的依据，把清代成案说成具有判例性质的观点是不能成立的。

要科学地认识和阐述中国司法制度，必须把立法与司法结合研究，把司法指南性文献、判牍、案例三者结合研究，把民事诉讼与刑事诉讼结合研究。民事诉讼是司法研究中最为薄弱的领域，存在的争议也较多。现存的民事诉讼资料相对较少，且散存在历史档案、地方法律文献、古人文集、野史笔记和民事判牍中，应当加强这方面资料的搜集和整理。另外，关于古代社会中讼师、书吏、刑名幕友的作用等，学界也存在不同看法，都应当按照实事求是的原则进行探讨。

四　中国法制史的研究方法

中国法制史的研究对象是历史上的法律和法律制度，涉及法律思想和法学的各个领域，同时又与史学相贯通。学习和研究中国法制史，应结合本学科的特点，采法学方法与治史方法之长，特别是应注意运用下述研究方法。

（一）宏观研究与微观研究相结合

宏观研究是对中国法制史进行全方位的整体性研究，从而把握中国法制发展的概貌，勾画出其产生、发展、演变的基本线索，阐明其特征和本学科的一些重大问题。宏观研究可以起到举纲张目、提玄钩要的作用，帮助我们在头脑中构筑起一个基本的知识体系，为进一步进行断代法制史研究和专题研究奠定良好的基础。微观研究是对于中国法制历史上不同时期的法制、各种具体的法律制度和法律人物、法律事件、典型案例等，进行深入、具体的研究，弄清各代或不同历史时期法律的渊源、法律形式、法典编纂、法制的发展演变和刑事、行政、经济、民事、司法诸方面法律制度的内容、特色及其作用。微观研究强调详细深入、准确入微。宏观研究与微观研究相结合，可以使我们具备把握全局、明确重点、博精兼备的研究能力。

（二）综合考察与比较研究相结合

中国古代法律形式繁杂，法律内容极其丰富。不同时期的法制因形成的历史条件的差异，有其时代的特色。每一法律制度都是在一定的法律思想指导下产生的，都有不断完善的过程。由于在古代社会里，君主不受法律的约束，加之各代吏治有好有坏，法律的制定和实施之间往往存在一定的距离。要科学地揭示古代法制的状况，必须采取综合考察的方法。这就要求我们在研究中国法制史过程中，要把典、律、令、例等各种形式的法律结合研究，以比较全面地阐述各代的立法状况；要把立法与司法结合研究，以揭示法律实施的真相；要把法律制度史与法律思想史结合研究，以揭示两者的相互关系和较为准确、全面地反映法律史的面貌；要把法律思想、法律制度的形成与当时社会的政治、经济、文化诸历史背景结合研究，以揭示法律产生的深层动因及其发展规律。

所谓比较研究，是把中国法制与域外法制、中国历史上不同时代法制进行比较分析研究的方法，这种方法有助于从多层面多角度了解和把握中国法制史的全貌、不断完善的具体进程，也有助于揭示不同时期法制的特色及差异，有助于了解中华法系的基本精神。这种方法可以增强研究的深度，从比较中更好地借鉴历史上法制建设的经验。

（三）注重史料，论从史出

要科学地认识和阐述中国法制史，必须注重对基本法律史料的搜集、整理和研究，坚持运用“论从史出”、“史论结合”的研究方法。史料是研究的基础，只有在考察大量史料的基础上，才可能得出科学的研究结论。由于各种原因，一些官修史书中有关刑罚方面的记载，疏漏、曲笔甚多，故在研究一些有争议的或关键性的重大问题时，对史料做一番鉴别、核实和辨异等考证工作是很必要的。如不认真地研究大量的史料，就主观臆断地发表观点，势必以伪充真，铸成大错。注重史料，坚持论从史出，是治学的一个基本要求。

注重对基本法律史料的搜集、整理和研究，是不断开拓法史研究的必要前提。现存的大量古代行政法律法规、经济立法资料、地方法律文献及散见于各类史籍、档案中的各种形式的法律资料，使我们认识到必须走出“以刑为主”研究法史的误区，重新阐述中国古代法律体系和法制的面貌；考察清代以前颁布的各种则例，引起了我们对如何深入研究古代经济法律制度的思考；众多的民间规约和民事法律资料，使我们感到在这个领域研究中的一些偏差；极其丰富的包括司法指南、判牍、案例在内的各种司法资料，使人们看到了古代司法制度研究中的不足；而近百年来海内外学者发表的上千篇考证法史的论文，使我们备感钻研史料的重要。只有重视对基本法律史料的挖掘、整理和研究，我们才能不断有所发现，才能为法史研究开辟更加广阔的天地。

（四）发扬严谨治学的学风

研究方法固然多种多样，但能不能在学术上有所发现、有所创新，关键是要有一个好的学风。古人讲史德、修良史，不无道理。法律史学的生命在于真实。如果学风不正，为追求功利，满足于一知半解而发表见解，甚至杜撰历史，不仅有损个人学术形象，还会误导后人。所以，是否坚持良好的学风，实际上是关系到治学是否对社会、对后人负责的问题。

面对浩如烟海的法律史料、众多需要探讨的课题，研究法史必须发扬刻苦钻研、严谨治学的学风。治学是一项艰苦的劳动，它需要我们以坚韧不拔的毅力，知难而上，不断探索。治学是一种献身科学的工作，它需要我们以认真负责精神，追求真知，勇于开拓。只有树立良好的学风，我们才能真正地精通中国法制史，才能正确地总结历史上法制建设的经验，为当代法制建设服务。

本章小结

中国法制史作为法学的基础学科，有其他法学分支学科不可代替的独立存在的价值。学习这门学科的意义是：它可以为研究现代法学提供深厚的知识基础，为当代法制建设提供借鉴，有助于对我国优秀法律文化成果的发掘和继承，有助于高素质法律人才的培养。

中国传统法制和法律文化是适应社会发展的需要逐步发展和完善起来的。一部中国法制史，是中华民族法制文明的发展史。从现代法学的观点看，传统法制和法律文化精华与糟粕并存，但精华大于糟粕。古代法制的基本特征可以概括为："礼法结合，德主刑辅"、"以民为本，抑强扶弱"、"家族主义，家国一体"、"天下本位，义务互负"、"追求和谐，注重调解"。古今法制有着密切的传承关系，传统法制和法律文化中的优秀成分对于当代法治建设有其借鉴价值。因此，我们应当以实事求是的态度认识和评价中国法制史，那种认为中国法律史学是"糟粕学"、"无用学"的观点是不能成立的。

思 考 题

1. 名词解释

中国法制史　　德主刑辅　　以民为本　　义务互负　　三纵三宥

2. 简答题

（1）学习中国法律史的意义是什么？结合本人专业方向予以说明。

（2）为什么说"诸法合体，民刑不分"、"以刑为主"的传统成说不能成立？

（3）为什么说以"司法行政合一"、"一任刑罚"表述中国古代司法制度的特征的观点存有偏颇？

（4）为什么说实事求是是研究中国法制史应该遵循的基本原则和方法？

（5）古今法制有无传承关系？你认为历史上有哪些法制建设的经验值得借鉴？

3. 论述题

（1）中国传统法制有哪些基本特征？

（2）如何正确地认识和评价中国传统法制和法律文化？

阅读参考文献

1. 陈顾远：《中国文化与中国法系》，台湾三民书局 1977 年第 3 版。

2. 杨一凡：《重新认识中国法律史》，社会科学文献出版社 2013 年第 1 版。

3. 俞荣根：《儒家法思想通论》第 1 章《儒家法思想与中国古代法文化》，广西人民出版社 1992 年第 1 版。

4. 张建国：《中华法系的形成与发达》，北京大学出版社 1997 年第

1 版。

5. 杨一凡总主编，杨一凡和刘笃才主编：《中国法制史考证》乙编，中国社会科学出版社 2003 年第 1 版。

6. 杨一凡、徐立志主编：《历代判例判牍》第 1 册《前言》，中国社会科学出版社 2005 年第 1 版。

7. 中国社会科学院法学研究所法制史研究室编：《中国法律史学的新发展》第 1 章《总述》，中国社会科学出版社 2008 年第 1 版。

8. 艾永明：《中华法系"以刑为主"特点质疑》，倪正茂主编《法史思辨——2002 年中国法律史年会论文集》，法律出版社 2004 年第 1 版。

9. 张晋藩：《中华法系研究的回顾与前瞻》，张中秋编《中华法系国际学术研讨会文集》，中国政法大学出版社 2007 年第 1 版。

10. 高明士：《也谈中华法系的特质》，张中秋编《中华法系国际学术研讨会文集》，中国政法大学出版社 2007 年第 1 版。

第二章　中国古代法制发展的基本进程

内容提要

本章简要阐述了中国古代法制发展的基本进程。分别对中国古代法律的起源及其早期发展、春秋战国时期的百家争鸣与法制变革、秦汉至唐代中国古代基本法律体系的演进过程和宋、元、明、清法律制度的发展做了介绍。

第一节　中国法律的起源和夏商西周法律制度

关于中国古代法律的起源和夏、商、西周的法律制度，因可供研究的史籍和出土文物中记载的资料有限，人们的认识还处于不清晰的状态，存疑甚多。本书就有确证的法律制度作一概述，对于存有争议的传统成说，则以简要的文字予以介绍。

一　中国古代法律的起源

古人和今人都对中国古代法律的起源进行过探讨，提出了许多不同的看法。有的依照马克思主义的国家学说，认为法律是随着国家的产生而形成，为此，把夏朝确认为中国法律最早出现的时期；也有的人根据《尚书》等古籍的记述，认为在夏朝以前的原始社会末期已产生了法律。

关于法律起源的途径，从已发表的各种研究成果来看，主要有下述四种观点。

（1）法始于部落习惯法说。这是一些当代学者所持的观点，认为上古社会的国家由诸多部落组成，部落为维护内部生活秩序和处理与其他部落的关系，形成了若干风俗习惯或习惯法，作为部落成员的行事规则。国家出现后，这些习惯或习惯法被继续沿用而转化、提升为国家的法律。

（2）法源于礼说。这是一些当代学者提出的另一种见解，认为古代的“礼”是一种特殊活动，与祭祀密切相关；祭祀过程涉及仪式仪节，故与音乐即律吕相关；祭祀的对象是鬼神，故与血缘身份相关；祭祀的目的是求福避祸，福祸源于现实生活经历，故与禁忌有关。认为礼是与宗法血缘、祭祀、禁忌相联系的广泛的行为规范，礼的很多内容就是法，法是由礼而来。

(3) 天罚论。《尚书·皋陶谟》："天讨有罪，五刑五用哉"；《汉书·刑罚志》云："因天讨而作五刑"；《辽史·刑法志上》引用《吕刑》关于蚩尤作乱遭受天罚的记载，得出"刑者也，始于兵而终于礼者也"的结论。这种观点认为刑罚出自于上天的意志。

(4) 刑起于兵说。《国语·鲁语上》云："大刑用甲兵，其次用斧钺；中刑用刀锯，其次用钻笮；薄刑用鞭扑，以威民也。"许多古籍和今人著述引用此类记载，提出"刑起于兵"、"法起于兵"的观点，认为战争中实施军法禁令既需要赏赐也需要刑罚手段，治理战败的士卒成员也需要刑罚等强制措施。

除上述四种观点外，关于法的起源的观点还有："法源于苗民"说、"皋陶造律"说、"法源于定分止争"说。《尚书·吕刑》云："苗民弗用灵，制以刑，惟作五虐之刑，曰法。"有的著述以此为据，认为最早制定刑罚的是苗族蚩尤。还有的著述认为华夏族的舜参照这个"五虐之刑"命皋陶造出了五刑，说"孔子垂经典，皋陶造法律"。"法源于定分止争"说是春秋战国时期法家学派提出来的。《管子·七臣七主》云："法者，所以兴功惧暴也；律者，所以定分止争也。"商鞅、韩非等也持这种观点，他们认为法律是为了解决社会矛盾、出于"定分止争"的需要而自然产生的。

二　夏、商、西周法律制度

(一) 传说时代之蠡测

据正史记载，夏朝是我国历史上的第一个王朝。在此之前，还有一个三皇五帝等扑朔迷离的传说时代。约在公元前21世纪，夏王朝建立，从夏禹开始，到夏桀灭亡，共传十四世、十七帝，历四百余年。夏朝已初步具备了国家的基本特征。

史籍中有关于夏朝以前记载的史料甚少。商鞅在《商君书·画策篇》中描述道："神农之世，男耕而食，妇织而衣。神农既没，以强胜弱，以众暴寡，故黄帝作君臣上下之义，父子兄弟之礼，夫妇配匹之合，内行刀锯，外用甲兵。"《虞书·舜典》曰："象以典刑，流宥五刑，鞭作官刑，扑作教刑，金作赎刑。眚灾肆赦，怙终贼刑。钦哉，钦哉，惟刑之恤哉！流共工于幽州，放欢兜于崇山，窜三苗于三危，殛鲧于羽山，四罪而天下咸服。”这些记述都属于传说性质。

涉及夏代法制的资料更是语焉不详。《左传·昭公六年》称：“夏有乱政，而作禹刑。”“禹刑”究竟是一套完备的刑罚体系抑或是法律体系的总称，还是指某些特定的刑罚，由于资料不足，无从得知；我们甚至连夏朝有无“禹刑”、《左传》的这段记载是否可信也无从判断。至于更晚的史书对夏代法制的记述，就更难凭信了。由于缺乏直接的佐证，对待夏代法制还是以存而不论为宜。

（二）商代的刑罚

大约公元前16世纪，商族首领汤灭了夏，建立了商朝，定都于亳（今河南商丘）。约在公元前13世纪，商王盘庚迁都于殷（今河南安阳），所以商又称殷，或殷商。商朝从汤到纣，共传十七世，约六百年左右。

多年来，史家结合文献资料、地下发掘及甲骨文字的研究，对商代法律制度获得了如下认识：（1）誓、诰作为法律形式已在商代使用。《尚书》记录的《商书·汤誓》是有关战争的赏罚性文告，誓宣称战争是代天行罚，具有强制性质；该书记载的《汤诰》是战后文告，诰也有赏罚性规定，其作用在于宣告发布者统治的合法性，并且将代天行罚延伸到对内的赏罚。（2）周代通行的“五刑”在商代已经出现。《荀子·正名》说：“刑名从商。”从甲骨文材料来看，虽然迄今尚未发现“刑”字，但与刑字相关的若干表示具体刑罚的字样已经出现，墨、劓、宫、刖、大辟五刑在商代时均已具备。（3）后世监狱的雏形在商代已出现。（4）商代刑法严酷。《韩非子·内储说上》云：“殷之法，刑弃灰于街者，子贡以为重。”传世文献中还有商代使用炮烙、剖腹、活埋、醢（将罪人捣成肉酱）、脯（将罪人晒成人干儿）等酷刑的记载。

（三）西周的法律制度

周原来是活动于陕西黄土高原的一个部族，在其首领古公亶父时由豳（今陕西栒县）迁到岐山下的周原（今陕西岐山县），故号周。到了周文王时，周实力逐渐壮大，周武王时趁商朝主力部队征东夷之机，发动灭商的战争，于公元前1027年攻入商都朝歌，取代了商朝，成为天下的共主。历史上将武王灭商建国后至公元前771年平王东迁这一时期称为西周。

1. 西周的礼及刑书、誓、诰

礼是西周的重要社会规范。周礼的内容非常广泛、庞杂，大到国家的政治、经济、军事、文化制度，小至个人的言行视听，以及社会风俗、礼节仪式，无不包括在内。周礼不但数量浩繁，而且分为很多类别，包括吉礼，用于祭祀活动；凶礼，用于丧葬仪式；宾礼，用于朝聘会同等外交活动；军礼，用于军事活动；嘉礼，用于吉庆活动。

西周时期，礼大都具有调整社会关系、规范人们行为的作用。如《礼记·曲礼》云："道德仁义，非礼不成；教训正俗，非礼不备；分争辩讼，非礼不决；君臣上下，父子兄弟，非礼不定；宦学事师，非礼不亲；班朝治君、莅官行法，非礼威严不行；祷祠祭祀，供给鬼神，非礼不诚不庄。"《礼记·曲礼》云："礼者，所以定亲疏，决嫌疑，别同异，明是非也。"礼确定了森严的等级秩序，用来区分贵贱、尊卑、长幼、亲疏，礼是每一社会等级的行为方式，各等级之间不能逾越。如《礼记·曲礼》云："天子祭天地，诸侯祭山川，大夫祭五祀，士祭其先。"

亲亲、尊尊是贯穿于礼的基本原则。亲亲就是要父慈、子孝、兄友、弟恭、夫和、妻柔。尊尊就是普通民众服从于贵族，下级贵族必须服从上级贵族，各级贵族皆听命于周王。

礼可以用来教化人心，预防犯罪。《礼记·经解》云："礼之教化也微，其止邪也于未形，使人日徙善远恶而不自知。"使其避恶从善，把犯罪消灭于无形之中。

礼规范民众的行为，用以遏制民众的反抗活动。《礼记·坊记》云："礼者，因人情而为之节文，以为民坊。"

值得注意的是，西周时期礼与刑有密切的关系，二者相辅相成，违背礼的行为要受到相应的刑罚。

按照通说，西周礼的部分内容具有后代法律那样的功能。对于周礼的性质，学术界尚有不同意见。从古文献看，西周的法律载体有刑书、誓、诰等。《吕刑》是西周刑书的代表。《尚书》记载的西周的誓，除《周书·秦誓》是战后自悔誓辞外，《周书·泰誓》、《周书·牧誓》是备战誓辞，或战地誓辞。这些备战誓辞或战地誓辞，显然是有关战争的赏罚性文告。西周的誓，除《周书·费誓》由诸侯发布外，其余均由国王颁布，起到临时性军事法规的作用，适用的时间、范围、事项，在文告中有明确规定。《尚书》记载的周王发布的诰，除了《周书·洛诰》被认为是周公归政成王时君臣之间的对话外，多为战后文告，包括《周书》的《大诰》、《康诰》和《酒诰》。《周书》的《召诰》是成王迁都文告；《康王之诰》是即位文告。诰的发布者是周王或其辅政大臣。诰发布的对象皆为诸侯。

诰也有赏罚性规定，具有较长的效力。

2. 西周的刑事法律制度

从传世文献看，西周的刑罚较之殷商有了较大的发展。誓、诰中涉及的法律用词有“放”和“罪”、“赦”、“彝”和“典”、“黜”、“罚”、“刑”、“杀”、“劓”、“刵”、“殛”、“辜”、“殄戮”以及“要囚”。《周书·康诰》对后世影响最大的是其司法原则，对过失与非过失犯罪，偶然和惯犯以及案件核查等有明确规定。

《尚书·周书·吕刑》中，对西周刑法制度做了下述记载：

（1）西周中期周穆王对西周刑法的修订。《吕刑》序曰：“吕命穆王训夏赎刑，作《吕刑》。”即周穆王采用吕侯的建议，让吕侯参照夏代的赎刑，制定刑书，吕侯以周穆王的名义布告天下。

（2）《吕刑》中明确了五刑的具体内容：墨、劓、剕、宫、大辟，五刑各有赎金的数额。并记载了下述刑罚原则：①适用上一等级较重的刑罚，如果显得重了，应当使用下一等级较轻的刑罚；适用下一等级较轻的刑罚显得轻了，使用上一等级较重的刑罚，刑罚轻重可以权衡、变通。即“上刑适轻，下服；下刑适重，上服。轻重诸罚有权”。②根据国家的治乱情况确定刑法的轻重，即“刑罚世轻世重”。

（3）《吕刑》明确记述了西周的司法程序，即“两造具备，师听五辞”。两造，后人有“原告与被告”及“囚犯与证人”两种解释；师指的是司法官。五辞，指双方的陈词。

（4）《吕刑》规定了司法官的用人原则和要求：一是不要使用巧言谄媚之人作为司法官，而应让良善之人审理案件，以保障公正判决，即“非佞折狱，惟良折狱，罔非在中”。二是查核当事人陈词的差别，确定是否可以采信，即“察辞于差，非从惟从”。三是以刑书为依据，认真揣度，以保障量刑的合理适当，即“哀敬折狱，明启刑书胥占，咸庶中正”。四是案件确定判决要使人信服，变更也要使人信服，即“狱成而孚，输而孚”。五是案后要上报，倘若人有数罪，要处以两种刑罚，只按重刑处罚，不再处以轻刑，即“其刑上备，有并两刑”。

3. 行政法律制度

西周时期，周王具有最高的行政权力，周王有权主持祭祀、分封诸侯、统率军队、任免官吏。

西周形成了完善的官僚制度，中央具有两套官僚系统：卿事寮和太史寮。

卿事寮管理军政司法，以卿士为首脑，卿事一般由太师、太保担任。司徒、司马、司空、司寇等官各司其职，司徒管理农田耕作，司空管理百工职事，司马管理军政，司寇管理司法。

太史寮，管理历法、祭祀、占卜等事务。太史是其长官，其下属有作册、内史、御史、丧史、大祝、大卜等。

西周地方诸侯国的行政组织类似于周王室，但规模要小得多。一般掌管军政权力的官吏叫卿或正卿，由周天子任命。卿之下为外服百官，有司徒、司马、司空、亚旅等，他们的权力仅限于诸侯国内。

西周在行政区划上有“国”与“野”、“都”与“鄙”的划分，贵族居住在“国”与“都”中，“鄙”“野”中还分布着庶人居住的邑，邑设里胥和邻长。

4. 民事法律制度

周王有最高的所有权，有权向臣属授民授疆土。《诗经·北山》：“普天之下，莫非王土，率土之滨，莫非王臣。”诸侯贵族对周王赐给自己的土地具有占有权、使用权，而无处分权。

西周时期已经出现了债权关系，《周礼·秋官·朝士》：“凡有责（债）者，有判书以治，则听。”就是说，凡有债务纠纷的，必须附有契约券书，官方才能受理。

西周已出现了契约关系，国家专设质人、司市等职官，负责买卖契约的签订，《周礼·地官·质人》：“大市以质，小市以剂。”《周礼·地官·司市》：“以质剂结信而止讼。”

5. 经济法律制度

为保障田赋的顺利征收，周王室制定了一系列农业管理法规，规定农田三年必须轮作休耕，加强兴修水利，防止旱灾等。

西周时期，对市场的类别、名称、开放时间都进行了严格规定。王城之内，一日三市，分别称作朝市、大市、夕市。设置司市、质人、廛人、胥师、贾师等管理市场并负责相关法令的实施。对市场上流通的商品有严格规定，礼器祭祀物品、武器及质量不合格的商品不能进入市场出售。

第二节　春秋战国时期的百家争鸣及法制变革

自公元前770年周平王东迁洛邑，至公元前221年秦始皇统一东六国，始称东周。东周前后又分为两个时期，前期称春秋（公元前770—前

476年)，因与孔子编修鲁国编年史纲《春秋》的起讫年代相当而得名，后期称战国（公元前475—前221年)，以诸侯称雄、战争频仍为时代特色。春秋战国是中国历史上剧烈动荡和社会转型的时期，面临社会变迁，人们的思想异常活跃，出现了诸子百家争鸣的繁荣景象。各诸侯为富国强兵，纷纷进行变法，中国传统意义上的法律理念和法律制度开始建立，为秦代及秦以后两千多年实行的封建法律制度开辟了道路。

一 儒、法、墨、道各家的法律思想

春秋战国时期，虽然战乱频仍，社会动荡，却是中国历史上思想文化异常活跃的时期，出现了许多学派，这些学派相互驳难，又互相吸收，从而出现了所谓“百家争鸣”的局面。其中，比较有影响的学派有儒家、墨家、道家和法家，它们对法律问题都提出了自己的主张。

（一）儒家法律思想

儒家是春秋战国时期最早形成的一个学派，其代表人物除了孔子以外，还有战国中期的孟子和战国晚期的荀子。儒家的法律思想主要包括以下方面。

1. 儒家认为道德是政治活动的基本准则。《论语·为政》云：“为政以德，譬如北辰，居其所而众星拱之。”道德能培养人的荣誉感和良好的行为方式，在治理民众的作用上应优于刑罚，《论语·为政》云：“道之以政，齐之以刑，民免而无耻；道之以德，齐之以礼，有耻且格。”

2. 儒家强调礼治。虽然春秋时代，礼坏乐崩，周礼已经丧失了其原有的权威性，但是在孔子看来，周礼的成就不可否认，应该予以恢复，孔子主张“为国以礼”①，他认为要想恢复和遵从周礼，就必须由国家主权机关制定和推行礼制，而不能政出多门，各行其是。

孔子所推重的礼，既包括了国家的基本制度，也包含了人民日常生活的行为规范。《论语·宪问》云：“上好礼，则民易使也。”正因为礼是全社会普遍通行的规范，所以孔子主张上至最高统治者，下至普通百姓，人人都应遵礼守礼。荀子也重视礼的作用，他认为礼要优于法，礼是法的核心内容，《荀子·劝学》云：“礼者，法之大分类之纲纪也。”

3. 儒家主张圣贤治国，圣贤通过自身的道德修养用以教化民众，从而形成良好的社会秩序。《论语·子路》云：“其身正，不令而行。”所以，

① 《论语·先进》，中华书局2006年版，第166页。

儒家认为人治要优于法治，《荀子·君道》云：“有治人，无治法。”

（二）墨家法律思想

墨家是战国初年由墨子创立的一个学派。墨家成员多出身于社会下层，他们形成了一个组织严密的团体，纪律严格。墨家不满儒家礼乐的繁缛，认为儒家的厚葬奢侈靡费，因而反对儒家崇尚的周道，而主张返归质朴的夏道。墨家提倡节俭，主张建立一个无人不劳动的社会，其集团的成员大都不脱离生产劳动。墨家在战国时期影响很大，门徒满天下，一度与儒学并称为显学。

1. 墨家批判儒家的繁文缛节，但也注重“仁”、“义”的作用，不过墨子所说的“仁”、“义”是指“兼爱”，《墨子·兼爱中》云：“天下之人皆相爱。”就是不分亲疏、厚薄、贫富、贵贱，一视同仁地爱所有的人。墨子反对儒家仁爱的“爱有差等”，主张一视同仁，毫无差别的爱。墨家认为人们能够互相帮助，共谋福利，反对互相争夺，保障人的基本权利，《墨子·节丧下》云：“衣食者，人之生利也。”

2. 墨子认为应当树立民众共同认可的是非标准，建立一个强有力的中央政权，并由民众选举天子。这就是墨子所主张的“尚同”，就是建立统一的道德和法律的准则，以作为政权的基础。《墨子·尚同下》云：“是故天下之欲同一天下之义也，是故选择贤者，立为天子。”天子是“同”的体现，也就是法的制定者。

3. 墨子认为尚贤是为政的根本，要打破世袭贵族的特权，使下层的小生产者“农与工肆之人”有参与政治的机会。而墨子所选的“贤”则偏重其“能”，《墨子·尚贤上》云：“官无常贵，民无终贱，有能则举之，无能则下之。”即不论何人，不论其出身之贵贱，只要有才能，就可以选举出来当政。

（三）道家法律思想

所谓道家，一般认为是指以老子和庄子为主要代表，主张“无为”的思想学派，战国中后期又形成了道家黄老学派，黄老学派的影响一直延续到汉初，一度成为汉初的统治思想。

1. 道家主张执政者应顺应自然，无为而治。所谓无为而治，表现在治国上，认为应尊重人的自然本性，要让民众做他们自己能做的事情，不要强迫他们做不能做的事情。《老子·五十七章》云：“我无为而民自化；我好静而民自正；我无事而民自富；我无欲，而民自朴。”执政者要顺应自然法则的支配，《老子·六十四章》云：“辅万物之自然而不敢为。”不能违背自然法则而妄求有为，这一自然法则即“天之道”。

2. 道家认为正是繁多的法律才造成社会的混乱。《老子·五十七章》云：“法令滋彰，盗贼多有。”道家对“礼”与“仁义”进行了批判，认为一个社会越是强调仁义，越是表明这个社会丧失了仁义，《老子·十八章》云：“大道废，有仁义”。指出礼造成了社会的混乱，《老子·三十八章》云：“夫礼者，忠信之薄，而乱之首也。”

3. 道家认为法律来源于道，并体现了道的基本特征。《黄老帛书·经法》云：“道生法。法者，引得失以绳，而明曲直者也。”认为公正是法的基本特征，法的制定者不能违法，只有做到公正执法，才能形成良好的社会秩序。《黄老帛书·经法》云：“法度者，正之至也。而以法度治者，不可乱也。而生法度者，不可乱也。精公无私而信赏罚，所以治也。”

（四）法家法律思想

一般认为，法家作为一个学派出现在战国时期。不过，早在春秋时期，法家思想的萌芽已开始显现，这主要体现在当时一些革新家的思想和活动中，如管仲、子产、邓析等。我们不妨将这些人视为法家学派的先驱人物。到了战国时期，法家思想逐渐成熟并为一些执政者所采纳，对后来中国历史的发展产生了深远的影响。

法家就地域特色上看有齐法家、秦法家、三晋法家。从内容上看，有重法的，以商鞅为代表；有重势的，以慎到为代表；有重术的，以申不害为代表。法家思想的身体力行者为商鞅，法家思想在理论上的集大成者为韩非。战国时期，法家思想逐渐成熟并为一些执政者所采纳，对后来中国历史的发展产生了深远的影响。

1. 法家主张以法治国。商鞅提出“垂法而治”，[①] 韩非则说“明法而治”[②]，都是将法律作为一种客观的行为规范，用以衡量所有的社会活动，如《商君书·君臣》：“言不中法者，不听也；行不中法者，不高也；事不中法者，不为也。”法家认为儒家的“人治”，把治理国家建立在依靠个人智慧和君主贤明的基础上，很不可靠，只有“法治”才能达到富国强民的目的。

2. 法家主张重刑，强调利用刑罚的威慑作用来维护社会秩序。《商君书·赏刑》云：“禁奸止过，莫若重刑。”《韩非子·六反》云：“今轻刑

① 《商君书·壹言》，中华书局2009年版，第91页。

② 《韩非子·心度》，中华书局2007年版，第293页。

罚，民必易之。犯而不诛，是驱国而弃之也；犯而诛之，是为民设陷也。”法家极力反对儒家的仁义道德和礼治，认为执政者应该以刑去刑，刑赏结合，就能达到治理效果。

3. 法家认为应该加强君主集权，君主应具有最高的权威。《商君书·修权》云：“权者，君之所独制也。”《韩非子·心度》云：“主之所以尊者，权也。故明君操权而上重。”君主借助“术”，将权力高度集中于一人之手，从而形成强大的“势”，再通过绝对听命于君主的官僚系统贯彻落实法律，这样就能维持秩序的稳定。

二　春秋战国时期重大法制改革事件

多年来，学术界围绕如何阐述和评价春秋战国时期法制变革，发表了不少见解。许多学者认为，这一时期法制变革中对后世产生重大影响的是三件大事，一是成文法的公布；二是李悝造《法经》；三是商鞅在变法过程中改法为律。也有不少学者对这三大事件论述中的观点或真实性问题提出质疑。

（一）春秋时期的社会变迁和成文法公布的情况

春秋时期是中国古代社会大变革时期。铁制生产工具和牛耕逐渐被广泛使用，农业生产的发展，使一家一户为单位的小生产和以个体经营为特色的小农阶层有了成为社会基础的可能，为小土地私有提供了物质基础。大量私田的出现，以土地国家所有制为特征的井田制及与其并行的宗法制、分封制也逐渐瓦解。与生产力和生产关系相适应，阶级关系发生了明显变化，由旧贵族转化来的新兴势力和新的军功贵族、官僚，成为获得大量土地的封建地主阶级的初期代表。地方经济的发展和诸侯独立性的加强，使周天子失去了控制全国的能力，诸侯挟制天子、犯上作乱和互相兼并的事件层出不穷，出现了所谓“礼崩乐坏”的局面。太史公云：“春秋之中，弑君三十六，亡国五十五，诸侯奔走不得保其社稷者不可胜数。”①

在剧烈的社会变动中，旧贵族为了维护自己的统治被迫进行“变乱旧章”的改革，主要集中于田制、兵制和基础组织方面。比如公元前645年，晋国“作爰田”、“作州兵”，把原井田制下的土地分给农民耕种，以州为单位使居民服兵役并负担军赋，增辟了甲兵的来源。又如公元前594年，鲁国颁布“初税亩”法令，规定公私土地一律按亩征税，承认私田的

① 《史记》卷130《太史公自序》，中华书局1982年第2版，第3297页。

合法性，实际上废除了井田制。再如，楚国实行“量入修赋”，按土地多少征收军赋，这就提高了庶人的地位；郑国制定“田有封洫，庐井有伍”之法，按什伍组织加以编制，加强了对居民的管理。春秋中叶以后，一些诸侯国在新兴地主阶级的支持和推动下，把改革的成果以法的形式加以确认并公布于众，如楚之仆区法、茆门法，晋之被庐法、刑书刑鼎，郑之刑书、竹刑，其中以郑国的“铸刑书”、晋国的“铸刑鼎”影响较大。

据《左传》记载，鲁昭公六年（公元前536年），郑国的执政大夫子产“铸刑书于鼎，以为国之常法”，史称“铸刑书”。晋国大夫叔向为此专门致信子产表示责难。昭公二十九年（公元前513年），晋国的执政大夫赵鞅、荀寅也如法炮制，将本国的刑事规范铸在一个铁鼎上，号为“刑鼎”。孔子对此提出批评。这两次事件向来被视为春秋战国公布成文法运动的标志性事件。根据《左传》的这两则记载，学者们一般推定，在此之前中国是没有成文法的，有关断罪量刑的法律以往是由统治者秘密掌握，不向平民百姓公布，故这两次事件在中国法制史上具有划时代的意义，即成文法的公布打破了法律的秘密状态和神秘色彩，摧毁了旧贵族垄断法律的特权，实现了法律的公开化，也动摇了宗法等级制度。

上述相关看法也经常受到质疑。一些学者认为，中国古代自法律产生以来，并不存在秘密法时期。《左传·昭公六年》所说的“周有乱政，而作九刑”及《逸周书·尝麦》所载的“王命大正正刑书”、“大史策刑书九篇”等语，表明西周早就有成文的刑书存在。又如《尚书·康诰》中有“自作不典”一句，“典”，《尔雅·释诂》解作“典，彝、法、则、刑、范……常也。”这是在谴责那些不遵照成文法规定行事的人们，又如《费誓》中，伯禽在一次战役前训诫他的军队时罗列了一系列刑罚，警告说任何人敢有违反命令，都将受到“常刑”的处罚。诸如此类的记载还有一些。这些材料均说明在公元前536年以前，法律在通常情形下是公之于众的。另有一些学者还依据《周礼》、《管子》等文献，论证早在子产铸刑书之前，许多诸侯国都曾制定过成文法，并指出先秦文献中假托孔子之名立言的甚多，《左传》中除这两则记载外，还有许多有关当时公布法律的记载。有些学者通过对叔向、孔子的原话及其法律主张的综合分析，认为《左传》中的这两则记载并不可信。也有学者认为，儒家一向主张以感化、说服的方式治理民众，反对使用暴力或硬性强制的手段。虽然今人已无法了解子产所铸刑书、荀寅所铸刑鼎的具体内容，但它们显然都是片面地放大了刑罚的威慑力，忽视了道德、环境、教育等相应的配套措施，故叔向和孔子反对的是刑鼎中的内容，而非以刑鼎公布法律的方式。

（二）关于李悝造《法经》及其质疑

李悝，亦名李克，战国初期魏国人，曾在魏文侯时为相，颇有治绩。传统观点认为，战国初期魏国人李悝所造《法经》是中国历史上第一部成文法典，《法经》6 篇建造了古代法律体系的基本框架。对此，一些学者认为李悝造《法经》之事，尚缺乏确凿的证据，其基本观点是：战国时期的法家著作都没有提起过此事，《史记》、《汉书》也均无记载。《晋书·刑法志》引曹魏时所作之《魏律序》中有“旧律因秦《法经》”之语。该志追述说：“是时承用秦汉旧律，其文起自魏文侯师李悝。悝撰次诸国法，着《法经》。以为王者之政，莫急于盗贼，故其律始于《盗贼》。盗贼须劾捕，故著《网捕》二篇；其轻狡、越城、博戏、借假不廉、淫侈逾制，以为《杂律》一篇；又以《具律》具其加减，是故所著六篇而已，然皆罪名之制也。”《晋书》修撰于唐初。唐人所修的《唐律疏议》也记载了李悝造《法经》之事：“战国异制，魏文侯师于李悝，集诸国刑典，造法经六篇：一、盗法；二、贼法；三、囚法；四、捕法；五、杂法；六、具法。商鞅传授，改法为律。”简言之，我们今天对《法经》的了解，主要是依据唐人的记述，但唐代距魏文侯时已一千余年。即便是《晋书·刑法志》中摘录的曹魏明帝时所作《魏律序》，距战国初也有六百多年，其真实性值得怀疑。

（三）商鞅变法和“改法为律”

商鞅变法是战国后期的一件大事。商鞅（公元前 390 年—前 338 年），卫国人，姓公孙，名鞅，“少好刑名之学”，因变法强秦有功，被秦孝公封于商地，号商君，史称商鞅。秦国在孝公时，以商鞅为左庶长，定变法之令。据《史记·商君列传》记载，商鞅在秦国先后两次发布变法令，第一次是在孝公三年（公元前 359 年），第二次是孝公十二年（公元前 350 年）。

第一次变法的主要内容是：（1）实行连坐法。令民为什伍，即把秦民编入什、伍之内，使其相互监督。一人犯法，同一什、伍之人不告发者有罪。（2）奖励告奸。“不告奸者腰斩，告奸者与斩敌首同赏。匿奸者与降敌同罚”。（3）奖励农业生产，“民有二男以上不分异者，倍其赋”，努力耕作者免其徭役，怠于种田或因从事手工业、贾贩活动而致贫者罚为奴隶。（4）奖励军功。鼓励秦民杀敌立功。有军功者按功劳大小受赏封爵。宗室贵族以军功大小确定贵族身份的高低。第二次变法的主要内容是：

（1）取消分封制，推行郡县制，集小都乡邑聚为县，置令、丞，全国共设置31县。（2）废除井田制，确立土地私有制，“为田开阡陌封疆，而赋税平”。（3）统一度量衡。商鞅相秦期间，因执法较严引起秦贵族的怨恨，被诬谋反处以车裂、灭族之刑。商鞅虽死，商君之法依然施行。商鞅变法使秦国由一个偏远的小国一跃成为强国，为统一中国奠定了基础。

以往出版的很多著述和法史教材认为，商鞅在这次变法过程中“改法为律”，此后两千多年中，律作为基本的法律形式被历代沿用，商鞅改法为律也被说成是中国法制史上一件具有重大变革意义的事件。持商鞅“改法为律”说的学者，主要是以北齐魏收撰《魏书·刑法志》、唐司空房玄龄等奉诏撰《晋书·刑法志》、唐太尉长孙无忌等奉敕撰《唐律疏议》、唐首辅大臣奉诏撰《唐六典》等书为依据。也有一些学者认为，商鞅“改法为律”的记载出现在商鞅变法后一千余年后的唐代，尚无权威的历史文献或出土文物加以记载，因此，在“并无确证”的情况下，当存而不论。

第三节 秦汉至隋唐法律制度的演进

一 秦朝的法律制度及其经验教训

（一）秦朝法律制度的渊源及形式

1. 秦朝法律制度的传承

秦朝（公元前221年—前207年）是中国历史上第一个统一的君主专制的中央集权制的国家。秦朝建立后，在政治、经济、军事、法律、文化等方面制定和采取了一系列维护统一、加强君主集权的制度和措施。在法律方面，秦朝以法家思想为指导，奉行以法为主，“法”、“术”、“势”等要素相结合治世的法制原则。为了实现“法令由一统”，秦始皇把秦国的法制推广到统一后的全国各地，同时也结合实际制定了一些新的法律。秦朝的立法源于秦国，是秦国法制的传承与发展。

秦朝的法律制度基本因循其秦国时代的法制模式。秦国在春秋时期本不是列国中有称霸实力的诸侯国，其“僻在雍州，不与中国诸侯之会盟，夷翟（狄）遇之”，[①] 经济文化相对中原诸国要落后得多。公元前361年秦孝公即位后，任用商鞅，开始大规模的变法。商鞅（公元前390年—前338年）是先秦法家的代表人物，卫国人，曾在魏国做过魏相公叔痤的家

① 《史记·秦本纪》，中华书局1982年第2版，第202页。

臣，熟悉李悝、吴起在魏国的变法措施，他总结了其他国家的变法经验，挟《法经》而入秦。在商鞅变法中，为了富国强兵和强化中央集权制度，颁布了有关“废井田，开阡陌”、“废除旧的世卿世禄制度”、“取消分封制，普遍推行郡县制实行”和重农抑商等一系列法律措施，并用严厉的刑罚确保变法的进行。据《史记·商君列传》：商鞅“令民为什伍，而相牧司连坐。不告奸者腰斩。告奸者与斩敌首同赏，匿奸者与降敌同罚。民有二男以上不分异者倍其赋。有军功者，各以率受上爵。为私斗者，各以轻重被刑”。变法的成功使秦国一跃成为强国，并通过一百多年的发展，最终形成“六王灭，四海一”的统一局面。

秦王朝建国后，其实行的法律大多沿袭秦国旧法，内容无大的整改。有所变化的是，适应国家统一后不断变化的政治与社会经济发展的要求，增修了一些单行律条，如《挟书律》等。秦国时期制定的《田律》、《工律》等29种单行律条仍继续沿用。

2. 秦墓竹简所记载的秦律种类、篇目和法律形式

秦朝法律的内容在历史文献中并没有留下详细记载。但从后世一些儒士指责“秦法繁若秋荼，密如凝脂”可以推知，秦朝的法律已比较严密。因年代久远，我们尚无法知道秦朝法制的全貌，幸运的是出土文物在一定程度上弥补了这一缺失。

1975年，在湖北省云梦县出土了大批秦代的竹简，由于其发掘于睡虎地11号秦墓中，故定名为“睡虎地秦墓竹简”。经过考古工作者的整理，这批竹简相当完整地被保留下来，供学者们进行研究。在1155支竹简中，大部分是有关秦律的内容。据考证，它们是墓主人喜出于工作的目的抄录的。根据内容，这些竹简可以分为《编年纪》、《语书》、《秦律十八种》、《效律》、《秦律杂抄》、《法律答问》、《封诊式》、《为吏之道》等。《法律答问》是对秦律的解释和说明。说明的对象是某些术语、律文的立法意图、诉讼程序中的问题等。《封诊式》是对官员审理案件的原则要求、治狱程式、调查勘验等方面的规定，其中还有具体的案例。《为吏之道》规定了官员应遵守的原则要求，类似后世的官箴书。

在属于法律范畴的《秦律十八种》、《效律》和《秦律杂抄》中，共提及了三十种律名：《田律》、《厩苑律》、《仓律》、《金布律》、《关市律》、《司空律》、《徭律》、《工律》、《均工律》、《传食律》、《行书律》、《工人程》、《置吏律》、《尉杂律》、《效律》、《游士律》、《除吏律》、《军爵律》、《藏律》、《戍律》、《捕盗律》、《屯表律》、《公车司马猎律》、

《属邦律》、《牛羊律》、《傅律》、《中劳律》、《除弟子律》、《内史杂》。

从睡虎地秦墓竹简所记秦律中，可知秦朝的法律形式主要有以下几类：(1) 律。律是秦朝成文法的最主要、最基本的法律形式。根据睡虎地秦简反映的情况，秦律至少有30余种。(2) 令。令是律的重要补充形式，是根据特定的情势而由皇帝（统一前由秦王）发布，如《焚书令》、《挟书令》、《吏见知不举令》等，其法律效力要高于律。在秦朝建立后，根据规定，皇帝的命令可作以下区分，即所谓“命曰制，令曰诏”。制以宣示百官，诏以布告天下。(3) 式。式作为一种法律形式，其内容是程式、格式。如《封诊式》是有关勘验、调查、审讯的法律文书格式。(4) 法律答问。法律答问实际上是一种具有法律效力的法律解释。它以问答的方式对法律进行解释。解释的内容包括律文、法律术语的含义，同时也阐释立法意图、诉讼程序等内容。此外还有程（规章细则）、课（检验、考核、督课工作人员的数量或质量标准）等法律形式。

（二）秦朝法律制度的基本内容

秦律的内容十分丰富，除刑事法律外，经济、行政和民事等方面的法律也比较完备。

1. 秦朝的刑事法律

其一，秦朝的刑罚。秦朝的刑罚以严酷和种类繁多而著称。主要刑罚有：(1) 死刑：秦律中包括多种死刑执行方式，包括族诛、具五刑、车裂、弃市、腰斩、戮、枭首、定杀、囊扑、凿颠等。(2) 肉刑：肉刑在秦朝也是主要的刑罚手段，主要有墨、劓、斩左右趾等。(3) 宫刑：是一种破坏犯人生殖器的刑罚。(4) 劳役刑：劳役刑是限制罪犯的人身自由并强迫其服劳役的刑罚方式，根据记载，秦朝的劳役刑有城旦舂、鬼薪、白粲、隶臣妾、司寇、候等。(5) 财产刑和身份刑：财产刑和身份刑也是重要的刑罚方式。财产刑是指剥夺罪犯财产的刑罚，主要有赀和没两种方式。身份刑指对有官职或爵位的犯罪者处以夺爵或免官的处罚，主要有废和夺爵两种方式。除上述刑罚外，还有迁刑、赎刑、耻辱刑等。

其二，秦朝的罪名。秦朝的罪名繁多，见诸史料的有几十种。除与后世大体相同的杀人、盗窃、强奸、诽谤、纵火等罪名外，还有一些是秦朝特有的。秦朝创立的谋反、不道、泄露皇帝行止、诽谤妖言罪、以古非今罪、妄言罪等罪名，为后世各朝所沿袭。

秦朝十分重视对官吏的管理，有许多罪名都是与官吏职务犯罪有关的，如不直与纵囚、犯令与废令罪等。秦朝法律严密，其罪名几乎涵盖了所有的违法犯罪的社会行为，除以上提及的以外，还有许多其他罪名，如杀伤人不救援罪、投书罪、逋事与乏徭罪等。

其三，秦朝的刑法原则。就制度建构的角度而言，秦朝的法律制度已比较完备，这从其关于定罪量刑的原则上也可以得到证明。秦朝的刑罚原则有以下几方面内容：确定了刑事责任年龄，以有无犯罪意识作为认定是否构成犯罪的标准，区分故意和过失，确定免予追究刑事责任的条件，累犯加重原则，数罪并罚原则，共同犯罪要加重刑罚，自首减刑，诬告反坐、教唆犯与现行犯同罪等。

2. 经济法律制度

秦朝统治者很重视用法律手段调整和管理经济，秦律中有很多经济管理的法规。主要集中在对自然资源保护、农业和畜牧业生产管理、手工业管理和市场贸易管理方面。

在自然资源保护方面，秦律中规定春天二月不准砍伐木材，不准堵塞水道；不到夏天，不准烧草做肥料；不准捉取幼兽等。在农业生产管理方面，规定下了及时雨和谷物抽穗时，要书面上报。遇到灾害，也要上报。在畜牧业管理方面，规定每年定期评比耕牛。在手工业管理方面，对产品的品种、规格、质量、定额、劳动力调配方法、徒工培训等都做了具体、明确的规定。在市场贸易管理方面，对价格、质量标准等都有相关规定。

3. 行政法律制度

皇权制度是封建专制制度的核心，秦朝的行政立法把维护皇权作为首要任务。法律规定皇帝总揽朝政，执掌天下大权。其命曰“制”，其令曰“诏”。秦代行政立法对国家的机构及官吏的职掌作了详细的规定，确立了从中央三公、九卿到地方基层政权的官制和各级官员的职责。就中央官制而言，朝廷设有三公，丞相是最高行政长官；太尉主掌军政；御史大夫掌管臣下的奏章和下达皇帝的诏令，并负有监察的职责。在三公下设九卿：奉常、郎中令、卫尉、太仆、廷尉、典容、宗正、治粟内史、少府。

秦朝特别重视对官员的管理和监督。规定了对官员的基本要求，即所谓“五善”。在《为吏之道》中规定：“凡为吏之道，必精絜，正直，谨慎坚固，审悉毋私，微密纤查，安宁毋苛，审当赏罚……吏有五善：一曰中信敬上，二曰精（清）廉毋谤，三曰举事审当，四曰喜为善行，五曰龚（恭）敬多让。”秦律中有关于任官的标准、任官的限制、官员选任的方式、官员任用的方式等的具体规定。秦律对官吏违反职责的行为，规定了处罚条款，轻者给予撤职处分，重者免官且永不叙用，触及刑律者予以刑事处罚。

4. 司法制度

秦在战国时已设有“廷尉”，为最高司法审判机关。统一中国后，廷尉为全国最高司法审判机关，并建立健全了起诉、采证与勘验、审判、监狱等司法制度。

秦朝的诉讼形式大体有二种：一是官吏纠举犯罪，提起诉讼，类似于今天的公诉人；二是平民当事人，类似于今天的自诉人。任何人都有告发犯罪的义务。

秦律中有“公室告”和“非公室告”之分，它都属于自诉范围，是秦朝根据案件性质对当事人告发犯罪所做的一种划分。公室告，指控告非家庭成员间的盗窃、伤害、杀人等行为的案件，对此，有审判权的官府必须受理，这类自诉受法律保护。非公室告，指控告本家庭成员间某些行为的案件，如子女盗窃自家财产，家长伤害子女等，司法机关不受理。若当事人坚持控告，则告诉者有罪。

秦朝的审讯方式大致是，首先听取当事人口供，然后根据口供中矛盾和不清楚的地方提出诘问；之后对多次改变口供、不认罪者施以刑讯，最后作出判决并“读鞫”即宣读判决书。当事人若称冤，可请求再审，叫“乞鞫”。气鞫可由当事人提出，也可由第三人提出。

5. 民事法律制度

在民事方面，秦律中也有许多规定。确定户为民事主体，户在秦朝是最基本的社会组织单位，也是基本的经济单位。户的成员要彼此承担刑事上的连带责任，但没有独立的民事权利，承担民事义务必须以户为民事主体。秦朝对所有权关系进行了比较明确的分类，区分为国家所有与私人所有，秦律通过对所有权的确认、打击侵害所有权行为，对所有权进行严格的保护。秦律对债权有明确的规定，无论是债的发生、债务的担保，还是债务的履行，秦律中都有细致的规定。在婚姻家庭方面，秦律对结婚、离婚、继承等各个方面都作了规定。

（三）秦朝法制的特点与教训

1. 秦朝法制的特点与成就

秦朝在极端专制主义的立法指导思想指导下，其采用的法律原则是：（1）法令由一统，皇帝具有最高的立法权；（2）事皆决于法，将伦理道德排斥在治国的方略之外；（3）重刑主义，秦朝沿用了秦国时期推行的重刑主义。

秦朝的法律制度具有鲜明的时代特征，概括而言，其有以下特点：其一，它极力维护君主中央集权，打击分裂势力。秦朝一建立，就废封建，设郡县，统一度量衡，从各个方面加强中央集权，法律也是其手段之一。其二，厉行法治，铲除异己。秦朝以法为教，以吏为师，最终导致焚书坑儒，在肉体上消灭异己的力量，在文化上禁绝一切不同的声音。其三，缺乏立法的科学化。秦律条目繁杂，体系不严谨。有些法律概念不够清晰，内容比较混杂，界限不清，内容重复者多有之。

虽然秦律有许多重大缺陷，但这些缺欠不能掩盖秦律的成就。秦朝的法律制度总体上来说，在当时的历史条件下是相当发达的，主要体现在以下几个方面：第一，秦律调整的范围相当广泛。秦朝要求一切“皆有法式”，社会关系中的方方面面都被法律所规范，不但刑法发达，而且在民事、经济、行政等各个方面都有比较齐备的法律予以调整。第二，秦律的内容详细具体，这就减少了法律操作过程中的误差。第三，秦律语言精确，通俗易懂。这也是秦律立法的原则之一。商鞅在《商君书·定分》中就把这个原则说得很清楚：“必使之明白易知，名正，愚智遍能知之。”第四，秦朝创造了多种的法律形式。这些法律形式互相补充，形成了比较完整的法律体系，同时也为后世的立法提供了样板。

2. 秦朝法制的经验教训

秦朝的法律制度虽然完备，但并未能阻止其短命而亡，其教训是多方面的，从法律制度上讲，则主要是实行片面法治和一味推行重刑主义的结果。

其一，以法为教，以吏为师使社会文化受到极大的破坏。秦国推行绝对法治主义的治国方略，所谓“明主之国，无书简之文，以法为教；无先王之语，以吏为师”。以法令为民众教育的主要内容，排斥法家之外的其他学说，杜绝人们对法律的私议，实行高度的文化专制。焚书坑儒，将《诗》、《书》、诸子百家的著述统统付之一炬，对中国文化造成了极大破坏。

其二，“事统上法”。推行“一任法治”、轻视道德教化的片面法治，使朝廷无法有效地治理国家。所谓“事统上法”，其包含的内容，一是以五行说论证尊崇法律是符合天意的。秦始皇称帝后，自命继承帝统。其以黄帝为始，黄帝为土德，夏朝为木德，商朝为金德，周朝为火德，秦朝为水德，正应五行之相生相克之理。水德属阴，尚北方，寒冷而严酷。故秦政必然要主刑杀，尚法而不尚德。二是事统上法必须要诸事皆有法式，治国必须有法可依。三是体现在司法实践中，就是专任刑罚，以严刑酷罚镇慑官吏和民众。应当指出的是，秦朝统治者在一些场合也讲道德教化，但与强调发挥法律功能相比，则相去甚远。在“事统上法”这一原则指导下，实行片面法治，忽视道德教化的作用，使朝廷治理国家的手段失衡，激化了社会矛盾，无法有效地治理国家。

其三，深督轻罪，极端的重刑主义。法家主张重刑主义。根据法家重刑轻罪、以刑去刑的一贯思想主张，李斯提出了深督轻罪的极端重刑主义的治国方针。他认为，用严酷的刑罚进行震慑，可以达到安定社会的目的。在这一重刑主义方针指导下，秦朝刑罚之残酷，达到了无以复加的程度。所谓：“税民深者为名吏，杀人众者为忠臣。”官吏每以苛毒为本分。其后果是社会受到极大的破坏，“刑者相半于道，而死人日成积于市”。这种极端的重刑主义，终于激起天下反叛，秦朝二世而亡，这也标志着重刑主义的彻底失败。

事实证明，无论秦朝的法网多么严密，法律形式多么完备，如果不能根据社会的现实发展因时而变，不能采取多种有效的治国手段进行有效的社会综合治理，不能充分发挥德治及其他社会调整手段的作用，其覆灭的下场是难以避免的。

秦朝“二世而亡”的教训，对中国历史的发展产生了深远影响。秦朝以后各朝都以其为前车之鉴，由此对法治主义持怀疑或否定态度。虽然各朝在治国实践中仍强调法律的作用，但在思想理念上始终把礼教置于法律之上，这不能不在客观上阻碍了中国法律与时俱进的脚步。

二 汉代的法制变革

（一）西汉前期立法思想及法制改革

1. 西汉前期的立法思想

汉朝建立之初，由于多年的战乱，社会经济遭受极大的破坏。在这种条件下，继续采取秦朝的重刑政策只会导致社会的贫困和混乱进一步加剧。汉初的统治者认识到必须对繁苛的秦法进行必要的变革，他们汲取了黄老学学说，形成了有自身特色的立法思想，其法律主张是：（1）更秦之法。汉初统治者认为，秦灭亡的主要原因是法网太密，刑罚太酷。要稳定社会局势，安抚人心，必须对秦法加以更改。故汉高祖初入关，就作出废除秦朝苛法严刑的姿态，以示与秦朝的不同。但实际上汉初对秦法的更易，只是在形式上、程度上的改变，实质内容上还是对秦法多有沿用。

(2) 轻刑薄罚。提倡“刑不厌轻、罚不患薄”。努力纠正秦朝的重刑主义造成的社会危害。主张罪疑从赦，赏疑从重。即在没有确凿证据的情况下，不可妄杀；而在对有功者进行奖赏的时候，即使有疑问也不能随便取消。这一法律主张是对秦朝“无罪见诛”、“有功无赏”的纠正。(3) 约法省禁。黄老学派继承了先秦道家崇尚自然、无为而治的思想，认为秦朝的覆灭恰恰就是“事愈繁，天下愈乱，法愈滋而奸愈炽，兵马益设而敌人愈多”的例证。主张在制定法律的时候，应该以“简约”为原则。汉初统治者按照“约法省禁”的精神，减轻人民的负担，对恢复社会经济发挥了积极的作用。

2. 西汉前期的法制改革

汉初的统治者为了轻平刑罚，缓解社会矛盾。后嗣君主特别是汉文帝，坚持了汉高祖创建的轻刑薄罚的政策。然而，在西汉前期的若干年内，对秦代法制只是形式上加以变异，而在制度层面上并没有根本的改变，还保留了“具五刑”这样残酷的刑罚。据《汉书·刑法志》：“汉兴之初，其大辟尚有夷三族之令。令曰：当三族者，皆先黥，劓，斩左右趾，笞杀之，枭其首，菹其骨肉于市。其诽谤詈诅者，又先断舌。故谓之具五刑。”随着社会政治的稳定与社会经济的发展，摆在统治者面前的任务是进一步减轻刑罚，使法律制度与王朝整体的社会发展政策相适应，与其立法思想相吻合。因此，汉文帝从废除肉刑入手进行了刑制的改革。

肉刑是一种古老的刑罚。秦代以前，刑罚的主要形式是肉刑。汉初，黥、劓和斩趾等肉刑被继续沿用。斩趾包括斩左趾、斩右趾。《汉书·刑法志》称：“今法有肉刑三。”孟康注曰：“黥、劓二，刖左右趾合一，凡三也。”

汉文帝对刑制的改革经历了一个渐进的过程。根据《汉书》卷四《文帝纪》记载：元年，尽除收孥相坐律令；二年，诏曰：今法有诽谤妖言之罪，是使众臣不敢尽情，而上无由闻过失也。将何以来远方之贤良？其除之。四年，贾谊因周勃事上疏，上纳之，是后大臣有罪皆自杀，不受刑。这些局部的变革为废除肉刑开辟了道路。

汉文帝刑制改革的主要内容是废止肉刑制度，其始于著名的“缇萦救父”。《汉书·刑法志》中完整地记载了这个故事：

齐太仓令淳于公有罪当刑，诏狱逮繫长安。淳于公无男，有五女，当行会逮，骂其女曰：“生女不生男，缓急非有益!”其少女缇萦，自伤悲泣，乃随其父至长安。上书曰：“妾父为吏，齐中皆称其廉平，今坐法当刑。妾伤夫死者不可复生，刑者不可复属，虽后欲改过自新，其道亡由也。妾愿没入为官婢，以赎父刑罪，使得自新。”书奏天子，天子怜悲其意，遂下令曰：“制诏御史，盖闻有虞氏之时，画衣冠异章服以为戮，而民弗犯，何治之至也！今法有肉刑三，而奸不止，其咎安在？非乃朕德之薄，而教不明与？吾甚自愧。故夫训道不纯而愚民陷焉。诗曰：‘恺弟君子，民之父母。’今人有过，教未施而刑已加焉，或欲改行为善，而道亡由至，朕甚怜之。夫刑至断肢体，刻肌肤，终身不息，何其刑之痛而不德也！岂称为民父母之意哉？其除肉刑，有以易之；及令罪人各以轻重，不亡逃；有年而免。具为令。”

汉文帝十三年（公元前167年）五月下诏废除肉刑，以笞刑、劳役刑和徒刑取代之。黥刑改为城旦舂，劓刑改为笞三百，斩左趾改为笞五百，斩右趾改为死刑。《汉书·郎觊传》：“汉法肉刑三，谓黥也，劓也，左右趾也。文帝除之，当黥者城旦舂，当劓者笞三百，当左右趾者笞五百。”

其后，汉景帝又进一步减轻了替代肉刑的刑罚。中元六年（公元前144年），诏曰：“加笞者或至死而笞未毕，朕甚怜之，其减笞三百曰二百，笞二百曰一百。又曰：笞者所以教之也，其定棰令。”通过这些法令的颁布，刑罚大为减轻，使废除肉刑真正成为一项善政。

除废除肉刑外，汉文帝还废除了终身劳役。汉文帝对刑制的改革，削弱了封建刑罚的野蛮性，在中国法制史上意义重大，是中国古代刑制由野蛮阶段进入较为文明阶段的转折点。这一改革为向新“五刑”的过渡奠定了基础。

（二）汉代立法概况

公元前206年，有鉴于秦法苛酷，大失民心，也为了争取楚汉战争的胜利，刘邦与关中父老“约法三章”，即“杀人者死，伤人及盗抵罪”①。这是两汉立法之开端，它为西汉政权的建立与巩固发挥了重要作用。

汉代以律、令、比等法律形式颁布了大量的法律法规，内容涉及行政、经济、民事、军事、教育等各个方面。汉初，丞相萧何参照秦律制定法律。汉律大多沿用秦律，又有所变革，史称有60篇之多。汉代统治者

① 《汉书·刑法志》，中华书局1962年第1版，第1096页。

还颁布了大量的令及对单行令文进行整理汇编而成的《令甲》、《令乙》、《令丙》等，约有300余篇。律令之外，汉朝还在律无正文的情况下颁布了可资参酌适用的决事比。《魏书·刑罚志》称：汉宣帝时，于定国奉旨修律，其“集诸法律，凡九百六十卷，大辟四百九十八条，千八百八十二事”。汉律的庞杂由此可见大概。至汉武帝时，仅死罪决事比达13472事。

东汉时期，基本沿用西汉法律，但有数次修订删削的立法活动。东汉章帝时，陈宠、陈忠父子相继主持此事。汉献帝时，应劭删定律令，以为《汉议》。当时司法断狱还广泛适用“诸儒章句”，“合二万六千二百七十二条，七百七十三万二千二百余言”①，后来皇帝下诏，司法中只得援用郑氏律章句。

（三）汉代的法律形式

汉代最重要的法律形式为律、令、比。（1）律是汉朝的基本法律形式，它是经过一定的立法程序修订后颁布的，具有相对的稳定性和适用的普遍性。汉津的功能与秦律一样，既用以表述刑事法律，也用以表述行政、经济、民事等非刑事法律。（2）令是皇帝的命令。汉令的形式有君主发布的诏令、单行令和法令集。令是汉代仅次于律的重要法律。（3）比，谓之类例。即是可以用来比照断案的典型判例，也叫“决事比”。《礼记·王制注》称：“已行故事曰比。”比的适用有很大的灵活性，如果用之不当，会有负面的效果。《汉书·刑法志》称：“其后奸猾巧法，转相比况，禁网寖密，死罪决事比万三千四百七十二事，文书盈于几阁，典者不能遍睹，是以郡国承用者驳，或罪同而论异，奸吏因缘为市，所欲活则傅生议，所欲陷则予死比。”

除律、令、比外，科也是汉代的法律形式之一。科是针对某类事的一个方面制定的单行法规。汉朝的“科”由秦朝的“课”发展而来，数量较多。《释名》称：“科，课也，课其不如法者罪责之也。”《后汉书·陈宠传》：“汉兴三百二年，宪令稍增，科条无限。”

（四）汉代法制的发展

班固对西汉法律沿革做了小结：“高帝受命诛暴，平荡天下，约令定律，诚得其宜。文帝宽惠柔克，遭世康平，唯省除肉刑、相坐之法，它皆率由，无革旧章。武帝值中国隆盛，财力有余，征伐远方，军役数兴，豪杰犯禁，奸吏弄法，故重首匿之科，著知纵之律，以破朋党，以惩隐匿。

① 《晋书·刑法志》，中华书局1974年第1版，第923页。

宣帝聪明正直，统御海内，臣下奉宪，无所失坠，因循先典，天下称理。至哀、平继体，而即位日浅，听断尚寡，丞相王嘉轻为穿凿，亏除先帝旧约成律，数年之间，百有余事，或不便于理，或不厌民心。”①这段话简洁地概述了汉代法律发展的基本脉络，即汉高祖刘邦初创法制，文帝继承了高祖的轻刑政策，在此基础上废除了肉刑。汉武帝时，国力日强，社会稳定，他放弃了汉初所执行的无为而治的政策，对外大张旗鼓地进行攻伐，与匈奴进行了多次征战；对内大幅度地对法律制度进行修正，加大对违法犯罪的打击力度，同时把儒家思想的精神注入到法律制度之中。

汉代法律经过前期的初创阶段后，进入了它的发展阶段。在这个发展阶段中，汉朝统治者全面地加强了法制建设，其中下述两个方面取得了突出进展。

1. 运用法律进一步强化君主中央集权制度

汉武帝以后，基于加强中央集权的需要，陆续修订旧律，并颁布一些新律和诏令，其中许多法律法令都以严酷著称，如见知故纵、监临部主之律。据《晋书·刑法志》：“张汤、赵禹始作见知故纵之例，其见知而不举劾，各与同罪；失不举劾，各以赎论。其不知不见不坐。”又据《汉书·刑法志》颜师古注：“见知人犯法不举告为故纵，而所监临部主有罪并连坐也。”

汉朝初期的稳定局面并没有持续很长时间，此后社会矛盾逐渐加剧，社会秩序混乱。为了巩固君主中央集权制度，汉朝推出了一系列的法律，其中比较有特点的法律有以下几种：（1）推恩令。规定将先君分封诸侯王的恩典，推及其众子孙，而不能由嫡长子独自继承，这样就削弱了地方势力。（2）左官律。所谓“左官”是指在诸侯处供职的官员，左官律是对这些官员的身份、职责的规定，其目的在于限制诸侯私自任用官员，培植个人势力。（3）阿党附益律。这是打击诸侯及臣下结党的法律。所谓阿党，即诸侯的下属官员与诸侯结为死党，为诸侯隐瞒罪行，损害中央的利益，“诸侯有罪，傅相不举奏，为阿党”。所谓“附益”，指朝廷大臣与诸侯交结。（4）酎金律，这是关于诸侯在皇帝酎祭宗庙时缴纳贡金的法律，如诸侯的贡金成色不足，要被重罚，朝廷以此为口实打击诸侯。

2. 法律调整的范围日益广泛

较之秦朝，汉代法律的内容更加丰富，调整的范围更加广泛。主要表

---

① 《后汉书·梁统传》，中华书局1965年第1版，第1166—1167页。

现在：

（1）民事法律方面。其一，保护土地所有权。两汉时期，除国家掌握一部分土地即所谓的“官田”外，大量土地掌握在官僚贵族及大商人手中。法律严禁盗卖土地，保护“官田”和“私田”的租税收入。其二，维护财产所有权，凡损害他人财物者，承担赔偿责任。法律规定，凡拾得遗失的财物及家禽家畜，要送到乡亭或县廷地方官府招领，十日内无人认领者，贵重物件由政府收为公有，小物件则归拾得人。其三，确认和维护契约制度。汉代买卖契约叫券书。买卖双方要订立契约，一式两份，各执其一。若发生纠纷，则以契约为证。法律保护债权人利益，规定债务人逾期不还，要承担法律责任。法律还明确规定利率，超过法定利率者叫“取息过律”，要受到惩罚。其四，维护封建婚姻和继承关系。法律规定婚姻的成立以履行“六礼”的程序为必要条件。要求女子在15至30岁内出嫁，否则采取多出口赋的办法予以惩罚。规定男子可以一妻多妾。在离婚方面，规定要以“七去，三不去”为离婚的基本原则。若丈夫提出离婚，允许女方将陪嫁财物带走。汉代宣称以孝立国，法律严格维护以父权、夫权为核心的家族伦理关系。

（2）刑事法律方面

汉律关于定罪量刑的原则，基本承袭秦制，但有所变化：第一，刑事责任年龄。最低和最高年龄分别为8岁和80岁。对不能承担刑事责任的老少废疾，一般都处以轻刑或免刑。第二，亲亲得相首匿。法律允许在一定亲属范围内，除犯谋反、大逆外，若有互相隐匿犯罪行为，可减免刑罚。这一原则为后世法律所采纳。第三，先自告除其罪。指犯罪行为未被发现前，当事人到官府自首其犯罪事实，可免除其罪。一人犯数罪，只免“自告”之罪，其余未自告者，仍依律科刑。第四，贵族有罪先请。若贵族犯罪，治狱之吏通常须上请皇帝裁决，然后再下法司。凡上请，大多都会减免刑。

汉朝还设立了一些新的罪名。如：事国人过律罪：即诸侯王每年役使吏民超过限额；非正罪：非嫡系正宗而继承爵位要免为庶人；僭越罪：两汉的器用、服饰等，诸侯、臣下各有规制，逾制即构成本罪；出界罪：诸侯擅自出越其封国国界；漏泄省中语罪：泄露朝廷机密事宜；左道罪：左道，就是邪道，以左道蛊惑民众者依律处死刑；废格诏书罪：就是官吏不执行皇帝诏令。此外还有欺谩、诋欺、诬罔、非议诏书、毁先帝、怨望诽谤朝廷、不敬、大不敬、阑入宫门、大逆不道、群饮、首匿、通行饮食等罪名。

（3）司法制度方面

汉代在健全司法机构的同时，还进一步完善了诉讼制度。汉朝的起诉叫“告劾”。除政府官吏举劾犯罪外，当事人可直接到官府告诉。在一般情况下，必须按司法管辖逐级告劾，但有冤狱也可上书皇帝。汉律对身份不同的犯人在逮捕、羁押方面采取不同的程序，对普通人犯罪，有人告发或官吏告劾，随时逮捕；对朝廷官员的犯罪，如需逮捕，“有罪先请”，即报请皇帝批捕，也不加刑具。对民间轻微争讼，一般不逮捕。对被告人进行审讯和判决，分别称为“鞫狱”和“断狱”，宣读判决叫“读鞫”。除谋反大逆外，不准卑幼告发尊亲长，告者要受到惩处。汉代还建立了上书复审制度，称“乞鞫”，若当事人对原司法机关的判决不服，可以上书请求复审。在司法机关判决后，重大案件经皇帝裁决后交司法机关执行，一般案件由郡县执行。

三 封建正统法律思想的确立

（一）儒家思想的复兴

经过西汉前期稳定的发展，社会经济得到恢复，包括法律制度在内的各种制度也确立起来。通过对秦朝“法治主义”的逐步摒弃，社会思想也逐渐统一到儒家思想上来。贾谊、董仲舒等人结合吸收黄老学思想及各家学说、阴阳五行说，对儒家思想进行改造，形成了新的儒家理论。董仲舒的儒家思想特别是“德主刑辅”思想，通过汉武帝“罢黜百家、独尊儒术”的政治文化政策的推行，通过春秋决狱司法实践的运用，被融入封建法制的具体活动中，最终成为封建正统法律思想。

实际上，在汉初时，儒家思想并没有占据比较重要的地位，汉高祖甚至对儒生相当鄙夷，据《史记·郦生陆贾列传》记载：“沛公不好儒，诸客冠儒冠来者，沛公辙其冠，溲溺其中。”对于儒士动辄以诗书为言也很不以为然，言之：“乃公居马上得之，安用诗书？”其后的几朝皇帝也对儒家并不重视。文帝时虽可以接受一些儒者的劝进，但其“本好刑名之言”，没有把儒家的思想放在执政理论基础的地位；其后的汉景帝亦“不任儒者”。直到汉武帝时，儒家思想才走到前台，成为正统的思想。到汉武帝时才独尊儒术，基本原因有以下几点：其一，汉初统治者从秦朝覆没的教训中得出专任刑罚不足以治理国家的结论，他们认识到德治的重要性，这与儒家崇尚德治的思想相吻合；其二，汉代统治基础逐渐稳固，其优越的社会地位需要得到社会的认可，这种需要与儒家的礼治精神相一致；其三，具有儒家思想的官员占据了高位，有意提升儒者的地位。《汉书·儒林列传》："及窦太后崩，武安侯田蚡为丞相，黜黄老、刑名百家之言，延文学儒者数百人。"其四，以董仲舒为代表的儒者对儒家思想进行自觉的改造，他们对法律进行有创造性的研究，形成了自己的理论体系。由于以上几方面的原因，儒家思想在汉武帝时开始复兴，其法律思想也逐渐被统治者和社会所认同。

（二）儒家思想在司法实践中的运用——春秋决狱

春秋决狱是以董仲舒为代表的具有儒家思想的官员根据当时的社会条件与法制状况而倡立的一种审判方式。汉武帝时，开始推崇儒家的思想主张，但当时汉代的法律与儒家的思想有相当多的不协调之处，一些刑罚苛重的法律还在实施，而春秋决狱在很大程度上解决了这一矛盾，使儒家的思想渗透于法律中。即在法无明文规定，或原有法律不符合儒家的思想主张时，运用儒家经典，特别是《春秋》中的事例和原则来指导案件的审判。春秋决狱的基本精神是"原心定罪"，即不仅要考虑犯罪行为人的客观行为，还要注意行为人的心理状态，考虑他的行为时的动机和目的。《春秋繁露·精华》中称："春秋之听狱也，必本其事而原其志。"此外，"为亲者讳"、"子为父隐，父为子隐"、"善善及子孙，恶恶止其身"、"妇人无专制擅恣之行"、"君亲无将，将而诛之"等也是春秋决狱的适用原则。春秋决狱的实行，对于矫正秦朝以来法律严酷的实际情况，缩小刑罚的范围起到了一定的作用，但也过分地将判断行为人主观动机的权力委诸法官之手，为徇私枉法打开了方便之门。《汉书·应劭传》中记述了董仲舒创造春秋决狱的基本过程："胶东相董仲舒老病致仕，朝廷每有政议，数遣廷尉张汤亲至陋巷，问其得失，于是作春秋决狱二百三十二事，动以经对。"以上提及的董仲舒所作春秋决狱的232事，今已失传，仅存六则案例散见于其他典籍之中。春秋决狱以儒家经义为依据定罪量刑，是汉代刑事法律走向儒家化的重要标志。

（三）董仲舒的新儒家学说

董仲舒，生于公元前179年，卒于公元前104年。广川（今河北枣强县）人，孝景帝时为博士，武帝时上"天人三策"，提出"推明孔氏，抑黜百家"的建议，可谓是汉武帝"罢黜百家、独尊儒术"政治文化政策的建言者。他创造的新儒家学说是封建正统思想的理论基础，也是封建正统法律思想的理论指导。董仲舒以"阴阳五行说"、"天人感应说"和"性三品”说为依据，对先秦儒家的“为政以德”的重新解说，奠定了新儒家思想的理论基础。其一，他以阴阳变化来论证德主刑辅是合于天意的。董仲舒认为，在自然界中，万物的存在和变化是井然有序的，而万物的演化与流变根源于阴阳的变化。上天以阳哺育万物生长，体现了好生之德。而以阴清肃残败，体现了上天威严的一面。其两者交互运行，不可或缺。根据这种天意的安排，君主在治理国家的时候，必须采取阴阳交互运用的方式，其中德为阳而刑为阴。德体现了君主仁慈爱民之心；刑则体现君主的权威，用于惩恶决罚。而在阴阳之中，二者并不是可以等量齐观的，要以阳为主，以阴为辅。同样，体现在治国方式上也相应地要以德为主，以刑为辅。再者，自然界有春夏秋冬的四季交替，春夏在先而秋冬继之。春夏时阳气上升，万物赖以生长，统治者应实行德政，以应阳气；秋冬时阴气上升，万物肃杀，此时正适合统治者断狱行刑，以应阴气。所以，统治者也应该先德而后刑以符合天意。其二，董仲舒以“性三品”说论证德主刑辅是符合人性的。他认为，人生来并不是没有差别的，而根据天生的禀赋不同，可以分为上、中、下三品。上品是生来性善者；中品是生来性兼善恶两者；下品是生而性恶者。这种区分与孔子所言的生而知之、学而知之和学而不知的三种人有其对应性。在三品中，上品是极少数的，他们负有教化百姓群盲的使命；下品者也是很少的，他们一般不足以教化，难以劝善，故须以刑罚予以威慑；中品之人在社会中占据绝大部分，他们可以被教化，应该以德政进行引导。根据中品与下品人众的多寡，统治者应该以德治为主要统治方式，而以法治为次要方式，即所谓“大德而小刑。”其三，董仲舒以“天人合一”的神学思想论证了王权应受一定的限制。一方面，董仲舒认为，王权是受命于天的，所谓“王道之三纲，可求于天”。另一方面，他也从“天人合一”的神学思想出发，告诫帝王不能肆意妄为，其行为要受到一定的限制。其言：“天之生民，非为王也，而天立王，以为民也。故其德足以安乐民者，天予之；其恶足以贼害民者，天夺之。”① 从这点看来，董仲舒还意欲坚持儒家的民本主义传统。

董仲舒新儒家思想体系中的“德主刑辅”、德治与法治相结合等学说，是封建正统法律思想的基本理论。这一理论的提出，标志着封建正统法律思想已经确立。

① 《春秋繁露·尧舜汤武》，上海古籍出版社 1989 年第 1 版，第 46—47 页。

四　魏晋南北朝时期法制的演进

在两汉以后的三百余年间，从“三国”到隋朝建立，中国除西晋时有短暂的统一外，长时间处于社会分裂状态。这一时期，少数民族的大举入侵使社会生活遭受到极大的破坏，史有“五胡乱中华”之说。不过，这一时期却是中国封建法律制度形成的关键时期。有几个朝代在法律上有重大建树，不但立法技术、法典编纂体例有所进步，而且法律的内容也不断更新，并沿着“礼法结合”的方向不断推进。

（一）魏晋南北朝时期的立法概况

1.《新律》

三国时期，鼎足而立的魏蜀吴三国，在沿用汉律的同时，也结合实际创建自己的法制。曹操提出：“治定之化，以礼为首；拨乱之政，以刑为先。”[①] 他认为，在当时纷乱的社会现实情况下，必须严格实行法制。在他执政期间，制定了《甲子科》等法律。三国时期，蜀国的诸葛亮有“以法治蜀”的主张。吴国也有两次立法。

三国时期，最重要的立法是魏国制定的《新律》。魏初沿用汉朝法律，魏明帝曹睿即位后，命司空陈群、散骑常侍刘邵、给事黄门侍郎韩逊等人删约旧科，傍采汉律，制《新律》18篇，太和三年（公元229年）颁行。魏国除颁行《新律》外，还制定了《州郡令》、《尚书官令》、《军中令》等，与律并行。

2. 晋《泰始律》

两晋时期，以汉魏律为基础，晋文帝司马昭为晋王时，曾命贾充、郑冲、杜预等14人参酌汉魏旧律，制定新的刑律。晋武帝泰始三年修律完成，史称《泰始律》，于次年颁行全国。《泰始律》共20篇，620条。关于这部刑律的内容，史书中有不尽相同的记载。《晋书·刑法志》云：“就汉九章增十一篇，仍其族类，正其体号，改旧律为《刑名》、《法例》，辨《囚律》为《告劾》、《系讯》、《断狱》，分《盗律》为《请赇》、《诈伪》、《水火》、《毁亡》，因事类为《卫宫》、《违制》，撰《周官》为《诸侯律》。”而《唐六典》注谓：“晋命贾充等十四人增损汉魏律为二十篇：一刑名、二法例、三盗律、四贼律、五诈伪、六请赇、七告劾、八捕律、九系讯、十断狱、十一杂律、十二户律、十三擅兴律、十四毁亡律、十五

① 《三国志·魏书·高柔传》，中华书局1982年第2版，第683—684页。

卫宫、十六水火、十七厩律、十八关市、十九违制、二十诸侯。”与《泰始律》同时作为基本法律规范的，还有《晋令》40篇、《晋故事》30卷。式，作为一种法规形式，在晋代已出现。

3.《北魏律》

北魏虽由鲜卑贵族立国，但其历代君主都很重视法制建设。如道武帝命王德定律令；太武帝命崔浩定刑名，命游雅、胡方回定刑制；孝文帝太和年间命高闾等修律文；宣武帝正始元年（公元504年），常景、侯坚固等撰成《北魏律》。《北魏律》共20篇，律文佚，篇目亦存不全，可确定的有以下15篇，即刑名、法例、宫卫、违制、户律、厩牧、擅兴、贼律、盗律、斗律、系讯、诈伪、杂律、捕亡律、断狱律。

4.《北齐律》

北齐文宣帝高洋命群臣编修《齐律》，至成武帝河清三年（公元564年）由高睿等修订完成。北齐律共12篇，949条。其篇目为：名例、卫禁、户婚、擅兴、违制、诈伪、斗讼、贼盗、捕断、毁损、厩牧、杂律。北齐除律以外，还有令和格。

5.《北周律》

北周武帝宇文邕先后命赵肃、拓跋迪撰修法律，保定三年（公元563年）完成，号《大律》，共25篇，1537条。律文已佚，25篇篇目为：刑名、法例、祀享、朝会、婚姻、户禁、水火、兴缮、卫宫、市廛、斗竞、劫盗、贼叛、毁亡、违制、关津、诸侯、厩牧、杂犯、诈伪、请求、告言、逃亡、系讯、断狱。北周称尽复周制，以《周礼》为政制基准，官制以此而设，法律也以此为参照。其法律与当时其他法律有许多不同的地方，故隋朝虽然由北周人创建，但法律并没有因循。

6. 魏晋南北朝时期的其他立法活动

除以上列举的立法外，魏晋南北朝时期还有一些朝代进行了立法活动。但它们多为因循，少有创造，在中国法制发展史上意义不甚重要，这里只简单加以介绍。南朝齐武帝曾修订《永明律》，凡20卷，1532条，篇目及刑名与晋律无殊，而且其律似未颁行。《隋书·刑法志》曰：“事未施行，其文殆灭。”南朝梁代亦修有《梁律》。梁武帝萧衍命蔡法度等参酌魏、晋、齐律制定法律，天监二年（公元503年）完成。共20篇，其篇目为：刑名、法例、盗劫、贼叛、诈伪、受赇、告劾、讨捕、系讯、断狱、杂律、户律、擅兴、毁亡、卫宫、水火、仓库、厩律、关市、违制。梁除修律以外，也还有梁令和梁科。南朝陈武帝陈霸先曾命范泉等修定法律，修成《陈律》、《陈令》各30卷。《隋书·刑法志》曰：“条流冗杂，纲目虽多，博而非要。”显然成就并不高。东魏孝静帝兴和三年（公元541年）命群官议定新法，“以格代科”。因在麟趾殿删定的，故叫《麟趾格》。

（二）魏晋南北朝时期法制的发展

1. 立法内容和编纂体例的变革

魏晋南北朝时期的立法，无论是立法技术还是法律内容，都较前代有了较显著进展。

其一，魏律对两汉旧律的改革。魏国颁行的《新律》删除了“九章”律中的《厩律》；将原居于第6篇的《具律》更名为《刑名》，冠于律首，以统诸篇；改原《兴律》为《擅兴律》；保留《捕律》、《户律》2篇；对《盗律》、《贼律》、《囚律》、《杂律》中的条文进行重新编排、组合；增加了许多新的条文，以此形成《劫略律》、《诈伪律》、《毁亡律》、《告劾律》、《系讯律》、《断狱律》、《惊事律》、《请赇律》、《偿赃律》、《免坐律》；由于《新律》18篇的具体内容至隋代已亡佚，故后世对其记载有一定的出入。在《唐六典》中注谓：“魏律十八篇，增萧何劫掠、诈伪律、毁亡律、告劾、系讯、断狱、请赇、惊事、偿赃等九篇。”而《晋书·刑法志》则称：“凡所定增十三篇，故就五篇，合十八篇。”到底情况如何，后代学者有许多考证，未能形成共识。

概括而言，魏律对两汉旧律进行的改革，主要有以下几点：一是增加了篇条；二是改《具律》为《刑名》，并置于律首，成为后世立法的范例；三是吸收律外的傍章科令，调整、归纳各篇内容，使魏律“文约而例通”；四是在律中正式规定了维护统治集团特权的“八议”条款；五是在刑罚制度方面进行了一些改革，比如限定了族诛的范围：“家属从坐，不及祖父母、孙”，等等。

其二，《晋律》较魏律又有新的发展：一是严格区分律令界限，提高正律地位；二是篇章设置更加合理，法律条文简要得体；三是法律概念更规范化；四是从内容看，“礼律并重”，所谓“峻礼教之防，准五服以制罪”；五是适应士族和官僚需要，规定了一系列保护他们特权的法律。《晋律》曾经杜预、张斐分别解释，故后人也称其为“张杜律”。陈寅恪先生对《晋律》的历史地位评价甚高：“古代礼律关系密切，而司马氏以东汉末年之儒学大族创建晋室，统制中国，其所制定之刑律尤为儒家化，既为南朝历代所因袭，北魏改律，复采用之，辗转嬗蜕，经由（北）齐隋，以至于唐，实为华夏刑律不祧之正统。”[①]

其三，北魏、北齐律的贡献。北魏虽是少数民族政权，但其法律制度的建立完全依靠中原士族，在立法上有着鲜明的儒家特征。在立法技术上有所突破，其特点是“纳礼入律”，可以说，北魏律在中国古代立法史上占有重要地位。北齐律12篇的篇章结构，对以后的法律影响至深。它确立了“重罪十条”，为后世“十恶”提供了范例；此外，它还确立了死、流、徒、鞭、杖五刑，为封建刑罚体系奠定了基础。它以“法令明审，科条简要”著称，隋唐法典均以其为蓝本。总之，北齐律是一部上承汉魏律之精神，下开隋唐律之先河的重要法典。

2. 法律制度的发展与变化

（1）刑罚制度的改革和进步

魏晋南北朝时期的刑罚制度有较大改革，其一，表现在免除宫刑，并进一步废止了肉刑；其二，族诛连坐的范围不断缩小；其三，定流刑为减死之刑，作为死刑与徒刑的中间刑；其四，封建的五刑制度初步开始形成。

（2）司法制度的变化

这一时期，司法制度基本沿袭汉制，也有所发展。中央审判机关仍称廷尉，或叫大理。但在北周叫秋官大司寇。中央行政机构兼领司法事务，标志着中国古代司法制度走向司法行政与审判分离又相互牵制的道路，反映了司法机构不断完善和强化的趋势。诉讼制度方面的主要变化是：其一，皇帝更加重视和直接参与司法审判，开后世“录囚”制度之端；其二，规定了严格的死刑复核制度，对后世的司法审判和刑罚执行制度影响很大，隋唐时期的“三复奏”与“五复奏”都可寻踪于此；其三，改进了上诉、直诉制度。上诉、直诉制度改变了以往不准越诉的规定，加强了上级司法机关对下级机关的检察监督，有利于及时发现与纠正冤假错案。

（3）其他方面法律制度的变化

魏晋南北朝时期的法律制度在许多方面都有明显的变化。如颁布“均田令”、推行租调法令，有关买卖、借贷等民事法律关系的立法增多，严密了维护封建等级秩序的婚姻家庭法律规范。这一时期的监察机关也有明显发展，建立了皇帝直接领导的监察机关——御史台。

---

① 陈寅恪：《隋唐制度渊源略论稿》，三联书店2001年版，第112页。

3. 刑事法律的儒家化进程不断推进

（1）八议入律

三国时期曹魏政权制定的《新律》，将“八议”作为律典的基本内容，突破了汉代“引经决狱”的法律儒家化的不成文方式，开“以礼入律”之先河。《唐六典》卷六注云：“八议自魏、晋、宋、齐、梁、陈、后魏、北齐、后周及隋皆载于律，是八议入律始于魏也。”

以周礼之“八辟”为根据，规定了八议制度，即议亲、议故、议贤、议能、议功、议贵、议勤、议宾。根据这项法律规定，皇亲国戚、皇帝的故旧、有修养德行的社会贤达、具有特殊才能者、有大功劳的人、有特殊身份的人、勤谨工作的人、国家的宾客，这八类人若有违法犯罪的情况，不适用普通的法律程序，也不由普通的司法机构处理，而要上报皇帝，依法享有免刑或减刑的特权。

（2）官当制度

北魏和南陈创立了官当制度，即允许以官品或爵位抵罪并折当徒刑。官当之名虽不出于晋，但在晋律中实际上已规定了官当性质的内容。如《晋律》有“除名比三岁刑”、“免官比三岁刑，其无真官而应免者，正刑召还也”等律文内容。据《魏书·刑罚志》，北魏法律中官当的适用范围有所扩大，首创了以爵位抵罪并折当劳役刑的内容，并在律典中对其加以明文规定：“五等列爵及官品令从第五，以阶当刑二岁。”南陈的官当制度比北魏更系统，根据《隋书·刑法志》记载，在《陈律》中有以下内容：“五岁四岁刑，若有官，准当二年，余并居作；其三岁刑，若有官，准当二年，余一年赎；若公坐过误，罚金；其二岁刑，有官者，赎论；一岁刑，无官亦赎论。”

（3）确立“十恶”重罪十条罪名

“重罪十条”这一罪名始于北齐律，它将危及伦理纲常和国家安全的十条最严重的罪名，置于律首，强调予以坚决打击。有犯“十条重罪”者不在八议和论赎的范围内，如有违犯，一律从重严惩。十恶包括以下内容：谋反，指谋危社稷；谋大逆，指毁坏皇家宗庙、陵园、宫殿等场所及设施的行为；谋叛，指背叛本国、投靠他国的行为；恶逆，指谋杀及殴打尊亲属的行为；不道，指“杀一家非死罪三人，支解人，造畜蛊毒、魅”等以极端残酷手段杀伤人命的行为；大不敬，指偷盗皇室物品和祭祀物品，及过失危及皇帝安全的行为；不孝，指不奉敬供养尊长或不依礼服丧的行为；不睦，指谋杀及卖缌麻以上亲，殴告夫及大功以上尊长、小功尊属的行为；不义，指杀主管长官受业师及夫丧改嫁等行为；内乱，指亲属间犯奸、乱伦的行为。

（4）确立“准五服以制罪”的原则

这项法律原则始于晋律。五服，指根据血缘亲属关系远近而规定的丧服的服制。从高祖到玄孙的九代世系，称为九族。九族之内亲属亡故时，根据世系远近不同要着不同的丧服，服丧不同的期限。五服包括：斩衰、齐衰、大功、小功、缌麻。所谓“准五服以制罪”，即对于九族之内亲属间相互侵害的犯罪行为，要根据五服所表示的远近亲疏关系定罪量刑。服制愈近，对以尊犯卑者的处罚愈轻，而对以卑犯尊者的处罚愈重。在西晋《泰始律》中，其以儒家思想为指导，确定了“峻礼教之防，准五服以制罪”的定罪量刑原则，使家庭尊卑等级关系在定罪量刑上得以充分体现。

以上所述的以礼入律的种种事实充分说明，魏晋南北朝时期儒家思想逐渐开始支配国家的立法活动。正是有了这一时期立法上的不断发展和积累，法律实践的不断检验，法律理论的不断充实，才最终使唐律成为“一准乎礼”的楷模。

（三）名家释律，盛况空前

魏晋南北朝时期是中国古代法律解释学发展的重要阶段。这一时期，伴随着中国法律制度的重大变革和刑事法律的儒家化进程，出现了许多律家。各代名家释律，盛况空前。

程树德在《九朝律考》中提及各朝的律家有数十人之多，其中比较知名的有，三国时期魏国的刘劭、陈群、钟繇、卫觊，晋朝的贾充、郑冲、张斐、杜预、刘颂，南北朝时期的王冲、羊祉、封述、徐招等。他们在注释、阐发刑律方面提出了许多有思想、有内容的理论主张。

晋代著名律家刘颂曾提出：“律无明文不为罪”的法律主张，其与法家“缘法而治”的思想有继承关系。他说：“律法断罪，皆当以法律令正文；若无正文，依附名例断之；其正文、名例所不及，皆勿改。”主张执法者要坚决执法守法，不能“议事以制”。刘颂的法律思想对后世立法有积极影响，《唐律》有关“断罪须引律、令、格、式”的规定，反映了这一法律主张。

杜预也是晋代的律家，与张斐齐名，有“张杜”之称。杜预主张简化律令，认为立法的原则应该是简明扼要、使人易晓；“刑之本在于简直”。指出立法简直，易于百姓守法、官员执法，“例直易见，禁简难犯；易见则人知所避，难犯则几于刑厝。”

张斐是晋代最著名的律家，他的法律主张是“理直刑正”。所谓“理直”，就是指法理正确，符合纲常名教；“刑正”就是用刑准确、轻重适当。张斐认为，“理直”是立法最基本的原则，只有“理直”，所立之法才是与社会基础、统治目的相一致的法律。在理直的基础上制定的法律，必能恰当、准确，充分发挥“尊卑叙、仁义明、九族亲，王道平”的作用。

张斐通过对晋律的注释，系统地对律文中基本罪名进行了明确的解释，阐明了它们的基本概念：“其知而犯之谓之故，意以为然谓之失，违忠欺上谓之谩，背信藏巧谓之诈，亏礼废节谓之不敬，两讼相趣谓之斗，两和相害谓之戏，无变斩击谓之贼，不意误犯谓之过失，逆节绝理谓之不道，陵上僭贵谓之恶逆，将害未露谓之戕，唱首先言谓之造意，二人对议谓之谋，制众建计谓之率，不和谓之强，攻恶谓之略，三人谓之群，取非其物谓之盗，货财之利谓之赃：凡二十者，律义之较名也。”① 这二十个概念的提出对于古代法律解释学的学术化发挥了重要推动作用。

魏晋南北朝时期是中国古代法律制度和法律解释学长足发展时期，在中国法律史和中国学术发展史上都具有重要地位。

五　隋唐时期法律制度的进一步完善

隋唐时期的法律虽然渊源于魏晋南北朝时期，但它们却并没有限于简单的继承，而是在此基础上进行了彻底的变革，无论是三国时期曹魏《新律》中的八议、北魏和南陈法律中的官当制度、北齐律中的十恶重罪等规定，都被隋唐法律所吸收，并运用于立法和执法过程中。魏晋南北朝时期各朝各代对刑罚制度的改革，如免除宫刑，进一步废除肉刑，改革妇女从坐制度，定流刑为死刑与徒刑的中间刑等，也为隋唐法律所吸收。在立法技术上隋唐也继承了魏晋南北朝时期的改革成果，使法典在布局谋篇方面更科学、合理，调整对象更全面，法律体系更完善，立法技术更周密。

（一）隋唐法律体系的完善

隋文帝即位后，命高颎等人制新律，开皇三年（公元583年），又命苏威、牛弘等人更定新律，从而完成了《开皇律》的定型。《开皇律》共12篇，500条。该律更定刑名为笞、杖、徒、流、死，废除了前朝的一些酷刑，规定了“八议”之制，将北齐的重罪十条发展为“十恶”大罪，同时改革刑制，最终确立了中国的封建五刑体系。《开皇律》上承汉律，

① 《晋书·刑法志》，中华书局1974年第1版，第928页。

下开唐律，在中国法制史上有重要地位。唐高祖武德元年，根据开皇律令制定53条新格，这是唐立法的开端。后又制定武德律12篇，500条。唐太宗继位后，修武德律，至贞观十一年（公元637年）完成《贞观律》，另编定贞观格、贞观令、贞观式，从而奠定了唐律的基本框架。唐高宗时期，又以贞观律为基础，编纂了《永徽律》12篇，502条；同时以律文为经，按12篇顺序，对502条文进行了诠释，形成了唐律的疏议部分。经皇帝批准，《永徽律疏》颁行，并与律文具同等法律效力。

唐律是一部完备的具有代表性的刑法典。它以正统法律思想为指导而修定完成，全面贯彻了"德礼为政教之本，刑罚为政教之用"、"以民为本"、"礼法结合"的立法精神，其规定的许多重要的刑事法律原则，为后世律典所沿袭。唐律规范详备、科条简要；采取中典治国的立法原则，用刑持平，不畸轻畸重；依礼制刑，达到了礼与法的有机结合。唐律不仅在中国古代法制发展史中处于承前启后的重要地位，对东亚许多国家的立法产生过深刻的影响。唐代除以律为主要法律形式以外，令、格、式也是重要的法律形式。

唐令是以行政法律规范为主，同时包含军事法律规范、民事法律规范、诉讼法律规范等多种部门法律规范的综合性法律。唐代的令在武德年间开始编纂，以后历朝均在局部上加以修正。据史料记载，《武德令》有31卷，《贞观令》有30卷，1590条，《永徽令》也是30卷。唐令现已散佚，根据后代学者考证，唐令包括官品、各朝廷机构职员、选举、仪制、仓库、厩牧、狱官、营缮、户、赋役等内容。

唐代的格基本上已散佚，有关格的内容学者们的见解不大相同，有学者认为，格是国家机关的办事规章。也有的学者认为格是皇帝临时颁布的针对具体违法、违令行为进行刑事处罚或行政处罚的编敕；经过有关部门的整理而编定的单行法规。后者的表述似乎更全面一些。格具有修改、补充或变通律、令、式的功能，其主体部分是国家机关的办事规章，这从开元中删定格"皆以尚书省二十四司为篇目"的程式上可得证明。

唐式是从唐令中分化而来，我们可以概括地把其视为令的实施细则，其内容均为非刑事法律规范。《旧唐书·刑法志》记载：唐太宗时制定的《贞观式》，"凡式三十有三篇，亦以尚书省列曹及秘书、太常、司农、光禄、太仆、太府、少府及监门、宿卫、计帐名其篇目。"唐朝还制定有《永徽式》、《重拱式》、《神龙式》、《开元式》，等等。

唐代的令、格、式与律一起共同构成了唐代的法律体系，律是刑事法律，是打击犯罪行为的惩罚性规范；令、式基本上是积极性法律规范，其内容侧重于行政、经济和军政方面的法律。格是对律、令、式等统一的调整，它自身的性质决定于被调整的法律的性质。

《新唐书·刑法志》载："唐之刑书有四，曰律、令、格、式。令者，尊卑贵贱之等数，国家之制度也；格者，百姓有司之所常行之事也；式者，其所常守之法也。凡邦国之政，必从事于此三者。其有所违及人之为恶而入于罪戾者，一断以律。"《唐六典》也对四者的关系加以规定："律以正刑定罪，令以设范立制，格以禁违止邪，式以轨物程式。"由此可以看到这几种法律形式的实际功能和作用。

唐朝在开元时期，还编纂了《唐六典》30卷，这是中国古代最早的一部综合性的典章汇编，是研究唐代法制特别是行政法律制度的宝贵资料。《大中刑律统类》是唐宣宗时期编定，它把同一性质的律令格式混合编在一起，开创了五代、宋朝制定《刑统》之先河。

（二）唐律实现了礼与法的高度结合

"礼法结合"是中华法系区别于世界法系的典型特征，也是中国古代刑法典的显著特色。在《唐律疏议》中，无论从形式上还是在实质上，都完整地体现了"礼法结合"的精神。从形式上说，它把充满儒家经典的"疏议"部分作为法典的有机组成部分，用儒家学说特别礼教思想对法律进行阐释。从其篇章结构来看，在唐律的卷首"名例律"中就详细规定了"十恶""八议""官当""同居相为隐"等礼的内容。

从唐律的内容上看，它的字里行间都反映出礼的精神实质。唐律以维护"三纲五常"为根本目的。所谓"三纲"指"君为臣纲、父为子纲、夫为妻纲"，要求为臣、为子、为妻者绝对服从于君、父、夫；为君、为父、为夫者要为臣、子、妻作出表率。所谓"五常"指"仁、义、礼、智、信"，是用以规范、君臣、父子、兄弟、夫妇、朋友之间的关系。唐律有相当多的条文都涉及这些内容，为"君权"、"父权"和"夫权"提供充分的法律保障，比如，有关皇宫保卫的卫禁律被置于名例律之后的第二篇，有33条之多。同时，在唐律中也加强了对父权的保护，律文中规定的不孝罪的范围相当宽；夫妻间法律地位上的不平等也有加剧的趋势。唐律中对儒家所倡导的贵贱等差、亲疏差别的纲常原则在当事人的法律地位、定罪量刑上都有充分体现，它不但在法律上赋予了皇室成员、贵族、官僚以种种特权，即使是一般的法律主体也有不同的身份上的差别，身份成为法律适用、定罪量刑的前提条件。对同样犯罪行为的处罚，因为当事人身份的不同而异，这是中国古代封建法律的重要特色。

唐律以儒家倡导的“德主刑辅”学说为立法指导思想，匡正了秦朝以来中国封建法律所遵循的重刑主义传统，从民本主义和仁恕之道出发，强调慎刑原则，这一原则在唐律中得以比较充分地体现。其一，死刑条款大大减少，在唐律中，死刑条款有111条，比东汉时期的汉律减少了500条，比隋律也减少了92条；其二，刑罚制度也比较规范、合理。唐律所规定的五刑包括笞、杖、徒、流、死，每一种刑罚都是独立的刑种，无附加之刑，而且也不再保留许多种残酷、野蛮的执行方式，而是确定死刑为绞和斩两种。其三，唐律的量刑幅度较之前代甚至后代的法律都要轻。比如对于谋反罪，秦汉法律规定要处以当事人“具五刑”或“腰斩”，明清法律要处以“凌迟”之刑，而在唐律中规定的刑罚是处斩。其四，慎用刑罚，这一点律文和实际运用中都得到了充分的体现。在唐律中有“罪疑从轻”的明文规定，严禁司法官员随意出入人罪。特别是唐朝初期，刑狱的数量比之中国历史上的其他朝代确实大为减少。据《新唐书·刑法志》的记载，贞观四年（公元630年），“天下断死罪二十九人”；开元“二十年间，号称治平，衣食丰足，人罕犯法。是岁刑部所断，天下死罪五十八人。往时大理狱，相传鸟雀不栖，至是有鹊巢其庭树，群臣称贺，以为几致刑厝”。

经过汉代的“引经决狱”和魏晋南北朝的“以礼入律”，到《唐律疏议》，中国刑事法律达到了礼与法的完美结合。正如纪晓岚在《四库全书总目提要》中称：“论者谓唐律一准乎礼，以为出入得古今之平。”总之，唐律从总体原则到几乎每一条文，都无不贯彻和体现了儒家的礼教精神，成为中国古代刑法典的楷模。

（三）唐朝法律对社会生活的全面调整

唐朝的法律制度的调整范围涉及社会生活的各个方面，无论从行政、司法到经济、民事，都有相应的法律予以周密的规范，这里仅十分简要地加以介绍。

1. 行政法律制度

唐朝在行政法律制度建设方面特别发达。在令典和以令、格、式各种法律形式颁行的法律法规中，都有大量的内容是涉及行政法律的。唐朝的行政法律规范以建立和保障中央集权的政治体制为根本任务，其中许多规定都以此为基本内容，它们严格而细致地规定了有关政府的体制、中央与地方的关系、职官的管理等方方面面的内容。以职官管理为例，唐代法律对职官的任用有许多具体的规定，如《通典》中记载，其规定吏部对官员的考察要从四个方面进行："择人有四事。一曰身，取其体貌丰伟；二曰言，取其言辞辨正；三曰书，取其楷法遒美；四曰判，取其文理优长。四事皆可取，则先以德行，德均以才，才均以劳。"同时，唐代对官吏政绩的考察有专门的考课制度，其中又分为岁课和定课。所谓岁课，是对基层管理的考察，每年举行一次，在中央机关由各司主持，在地方由州县主持；所谓定课，是对全国四品以下官吏的全国性统一考核，由吏部考功司主持进行。

2. 司法、监察法律制度

唐代的司法机关直接继承隋朝的体制，大理寺、刑部和御史台为并列的三大中央司法机构，这一体制一直沿用至清末的法律改革。

唐代的地方司法机构是行政兼理司法体制。县官要"审察冤屈，躬亲狱讼"，受理并进行审理和判决。州的司法职责为巡行属县，审录囚徒，察核狱讼有无枉、疑情节，并受理上诉。

唐朝的审级大致分为县、州、中央三级。县级可以审断笞、杖以下的案件；州可以审断徒刑以下案件。在中央这一级中三大机关又有分工，刑部判处流刑案件，大理寺审断死刑案件，御史台负责监察。

御史台是监察机关，其责任是纠察文武百官，参与司法审判。其司法功能有两项：其一，提出弹劾并参与审理有关官员犯罪的案件；其二，对司法机关的工作进行监察，并可以接受冤狱投诉。

3. 民事法律制度

唐代的民事法律制度已比较完备，其在民事制度的各个方面都有法律规定。比如民事行为主体的划分与行为能力、对所有权的区别与保护、契约与买卖行为的规范，以及婚姻、家庭方面都在唐代法律中有所体现。如唐律中对动产的所有权保护有特别详细的规定，如对保护瓜果蔬菜都定有明文："诸于官私田园，辄食瓜果之类，坐赃论；毁弃者，亦如之；即持去者，准盗论。"在婚姻家庭方面，唐律在保护妇女的权益方面比前代有所进步，如规定以"无子"休妻者，必须是妻年五十以上无子；如妻无"七出"之状而休弃者，其夫要被处以一年半的徒刑；妻有"三不去"之由而休弃者，其夫要被处以杖一百的刑罚。

4. 经济法律制度

随着社会经济的不断进步，唐代法律在规范经济制度方面比之前代更为发达。唐代在规范赋役制度、农业与手工业及商业管理方面都有相应的立法。如规定因管理不善致使“部内田畴荒芜”，主管官员要承担法律责任。对于有违商业道德，强买强卖等行为者要处以刑罚，对于监管不力的官员也要予以责惩。

第四节　唐以后法律制度的发展

一　两宋法律制度的发展

公元960年，赵匡胤在陈桥发动兵变，逼使后周恭帝禅位，改国号为“宋”，史称北宋。公元1127年，北宋被金政权所灭，康王赵构继而即位，迁都临安（今浙江杭州），史称南宋。北宋统治中国前后，在北方地区建立的辽、金、西夏少数民族政权，长期与两宋王朝对峙，于南宋末年相继灭亡。公元1279年，南宋被元朝所灭。两宋统治者注重国家的法制建设，在沿袭唐代法制的基础上，结合国情实际进一步发展和完善了本朝的法律制度。

（一）《宋刑统》的编纂及其与唐律的区别

宋初沿用五代时后周的《显德刑统》，后因其“科条繁浩，或有未明”，太祖命工部尚书判大理寺窦仪主持制定《建隆重详定刑统》，建隆四年（公元963年）七月撰成，简称《刑统》，并下诏大理寺刻印颁行。这是古代史上首次刻板印行的法典，后世称《宋刑统》。《宋刑统》共12篇，30卷，目录1卷，213门，502条。它是就《显德刑统》稍加修改而成，其内容源于《唐律疏议》，体例源于唐宣宗时首创的《大中刑律统类》。《显德刑统》中的律疏不是唐律疏的全文，中有节略，《宋刑统》将律疏全部恢复。

《宋刑统》的篇目、条数与唐律相同，内容的差异也极为有限。与《唐律疏议》相比，《宋刑统》编纂体例的变化和特点是：第一，继承唐末五代的法典编纂形式，将法典改称为“刑统”，使法典名称发生了重大变化。第二，在每篇之下，依据条文顺序、内容、性质，将律文分为若干门，门下再分条，确立了分门别类编排律文的形式。第三，将唐开元二年（公元714年）至宋初建隆三年近250年的敕、令、格、式中的刑事规范，审定选取177条，每条前均冠有“准”字，附于相关律文之后，确立了刑律统类的新体例。第四，对原有律文和敕、令、格、式，经审订后，就一些具体内容提出调整变动建议，奏请批准后，收入作为新增条款。每条前均冠以“臣等参详”字样，称为起请条，共32条。第五，将唐律分别列在各有关律文之后类推性质的“余条准此”内容，总汇为一门，冠以“一部律内余条准此条”之名，集中列在《名例律》，共44条。第六，删去《唐律疏议》每篇篇首历史渊源的叙述。此外，基于避讳改动了一些文字，如为了避宋翼祖赵敬之讳，改“大不敬”为“大不恭”等。《宋刑统》颁行后，曾进行过几次修改，但改动内容不大。

《宋刑统》确认的刑事法律制度、户婚民事律条、诉讼法律规定都对《唐律疏议》有所改变、更新或完善。名例、户婚、贼盗、断狱等篇增入不少新条款，其内容既为《唐律》所未有，则对于有宋一代的刑事、民事、诉讼等制度的变革具有举足轻重的影响。其要者如：新定折杖刑制，以折杖抵流、徒、杖、笞四刑；列进“决重杖一顿处死”为法定死刑；有关十恶重罪、公罪量刑、流徒配犯、老疾发遣等刑的适用原则更加细化或有所修正；关于谋反、强盗、窃盗等罪的量刑较前代加重；诉讼方面的告诉、审判、收禁、行刑的规定已相当周详具体，等等。尤其是新增户婚民事律条令敕，对于行为能力、所有权、继承、债负的确认、调节或保障已非《唐律》所及，而女子继承、户绝资产、死商钱物、典卖倚当、负债出举、不当得利的详尽规定，更可谓是对《唐律》的重大发展。

《宋刑统》是宋代的刑事法典。《宋刑统》的律文及疏议，在当时称为“律”。唐宋的“律”，指的是刑律。尽管所附敕、令、格、式涉及相关的经济民事制度，毕竟数量很少。《宋刑统》具有稳定性的特征，至南宋末年仍有法律效力。

（二）宋代编敕的演变

随着政治、社会、经济、文化的发展变化，两宋不断通过编敕的方式，对律、令、格、式进行修正和补充。以元丰改制为界，两宋编敕分为两个阶段。第一阶段是北宋前、中期，《建隆编敕》是宋代第一部编敕，它是窦仪在制定《宋刑统》时将从《周显德刑统》内削出的格、令、宣、敕及北宋初期的散敕编集而成，与《宋刑统》同时颁布施行。自《建隆编敕》至《熙宁编敕》采取混合编纂的形式。自《咸平编敕》起，改变原先的以时间为序的编纂方式，按唐律12门分类。宋神宗元丰年间改制，编敕称为《敕令格式》，至南宋末年均采取此种体例，仅敕以唐律12门分类，对律进行修正和补充，令、格、式则替代了单行的令、格、式。南宋还出现了条法事类的编纂体例。编敕是综合性法规，除了刑事规范外，还包括大量的国家政治、礼仪、军事、经济、民事法律规范。

编敕是宋朝经常性的立法活动。敕是皇帝发布诏令的一种形式，具有最高法律效力，可以随时补充、修改乃至废弃律，也可以对特定案件做出与律规定不同的裁决。在特定时间、针对具体的人和事发布的单项诏敕，不得普遍适用。编敕就是对单项诏敕进行整理汇编，将敕上升为一般法律形式的立法程序。由皇帝下诏，命朝臣加以删削整理，把适宜普遍和长期使用的诏敕编订成法规实施。凡不入法规的单项诏敕，自然失去效力不得引用。

宋代的编敕活动极为频繁，既有全国通行的具有普通法性质的编敕，也有适用地方的“一州一县编敕”，以及适用于朝廷各部、司、监的具有特别法性质的“一司一务编敕”、“农田编敕”。北宋前期，凡编敕由黄帝下诏，临时召集官员进行，事毕既罢。大中祥符年间（公元1008—1016年）设立详定修纂所，官属有祥定官、检祥官、对点官和编排官等，由宰相提举，视编敕的需要随时设立。

宋代编敕的编纂体例和篇目结构逐渐规范化。《建隆编敕》及太宗太平兴国三年（公元978年）的《太平兴国编敕》15卷、淳化五年《淳化编敕》30卷，都是仅以年代为序，不分门类。真宗咸平元年（公元998年），把《淳化编敕》及淳化元年以后的一万八千余道散敕删修成《咸平编敕》11卷，以《唐律》12篇为范式把敕文按门类分为12门，删去敕文内重复的冗文，篇目结构上与《唐律》相同。庆历七年（公元1047年）的《庆历编敕》16卷，在分12门的同时，又于每门分细目，在卷首立凡例。嘉祐七年（公元1062年）的《嘉祐编敕》把《宋刑统》所附敕及参详条进行全面整理，取其可行者，逐门收入，并规定《宋刑统》所附敕及参详条今后不再行用。直至熙宁六年（公元1073年）的《熙宁编敕》17卷，宋代前期和中期均是把各种不同种类的法律规范混合编纂，其中行政、经济、民事、军事等法律规范占很大的比重。

宋神宗元丰年间改制，编敕称为敕令格式。元丰七年（公元1084年）的《元丰敕令格式》72卷，以刑名为敕，依《唐律》分12门，12卷；以约束为令，自《官品》至《断狱》，35门50卷；以酬赏为格，不分门，5卷；有体制楷模者皆为式，如表奏、账籍、关牒和符檄之类，不分门，5卷。《元丰敕令格式》是以《熙宁编敕》为基础，充分吸收了编敕以外宋代所行用的敕令格式的内容，经过融合、调整、提炼重新制定的法规。宋初有各种单行的令、格、式。令、式用唐之旧条，太宗时曾将唐《开元令》、《开元式》简单校勘，定为《淳化令》、《淳化式》颁布实施。其后有仁宗《天圣令》30卷，嘉祐时有《禄令》10卷、《驿令》3卷，某些编敕有《附令敕》或《附令》。除《淳化式》外，北宋前、中期只颁布过零星适用于个别部门的式，如《熙宁支赐式》。唐后期格的内容偏重刑狱。五代时此类格已被编敕所代替，不再编修。北宋前中期的格已与刑狱无关，内容多关科举和官员铨选制度，如建隆有《循资格》、《长定格》、《编敕格》，景德有《考试进士新格》，元丰有《寄禄新格》等。酬赏为格，元丰之前也颁布过，如英宗时，茶盐酒税之局，物物皆有赏格。

北宋前、中期法典体系比较散乱。除《宋刑统》和编敕外，还有令、格、式，法出多门，叠床架屋。加之编敕本身是综合性法规，各种不同性质的法律规范混合编纂在一起。这种编纂体例不利于司法量刑定罪，有碍法律的准确实施。因此，必须对法典体系进行全面的整理。修订后的《元丰敕令格式》，旧载于敕者多移之于令，令的卷数远多于敕、格、式。《元丰敕令格式》颁布后，与《宋刑统》并行，原先全国范围通行的令、格、式便停止行用。元丰改制起到了整齐法规，方便实施的作用。至南宋末年，均采用敕、令、格、式的编纂体例，习惯上，宋人仍沿用编敕旧称。《元丰敕令格式》的颁布标志着编敕作为一种系统的规范化的法规已经成熟定型。宋廷南渡后，法令典籍多毁于战火，需要重新编敕。绍兴元年（公元1131年）修纂颁布《绍兴敕令格式》，达138卷。其后乾道、淳熙、庆元、淳祐均有编敕。

南宋孝宗时，在敕令格式外，又修纂条法事类。淳熙四年（公元1177年）颁布《淳熙敕令格式》，七年修成《淳熙条法事类》420卷，这只是对《淳熙敕令格式》依事项分门别类综合编纂。这种立法既加强了敕令格式的内部协调，又便于司法官吏检索适用。宁宗嘉泰二年（公元1202年）修成《庆元条法事类》80卷。理宗淳祐十一年修成《淳祐条法事类》430卷。两宋编敕大多亡佚，仅有《庆元条法事类》残存48卷，其是至今保留下来的有关行政、财税、经济以及刑狱等方面的综合法规。

以上所述的是全国通行的具有普通法性质的“海行编敕”或“海行法”，而具有特别法性质的是“一司一务编敕”，有如盐法、茶法、酒法、市易法、市舶条法等。

另外，两宋还编纂断例。仁宗时有《庆历断例》，神宗时有《熙宁法寺断例》、《元丰断例》，哲宗时有《元符刑名断例》，高宗时有《绍兴刑名疑难断例》，宁宗时有《开禧刑名断例》等。宋朝规定，例的适用是有限制的，只有常法无正条规定时，才可引例判案定罪。

《宋刑统》与编敕都是两宋在行的法律形式。编敕的法律效力是随着两宋的历史发展，尤其是编敕的编纂体例的变化而变化。以元丰改制为界可分为两个阶段。北宋前中期，编敕与《宋刑统》及其他令、格、式并行，编敕是作为《宋刑统》及其他令、格、式的补充和修正而存在。元丰改制后，在敕、令、格、式这四种法律形式中，只有敕是律的补充和修正。《宋刑统》与编敕两者并行不悖，敕从未取代过律。至南宋末年，《宋刑统》依旧是通行的法典，并未失去其法律地位。《名公书判清明集》载大量南宋法官引用《宋刑统》断案的法例，相关的宋代史料也有南宋末年适用《宋刑统》的记载。只是在法律效力上，敕享有优于律首先适用的权力。敕优于律而首先适用的司法原则，自《宋刑统》颁布实施起，就成为宋代的定制。《宋刑统》规定："今后凡有刑狱，宜据所犯罪名，须具引律、令、格、式，逐色有无正文，然后检详后敕，须是名目条件同，即以后敕定罪。后敕内无正条，即以格文定罪。格内又无正条，即以律文定罪。"①

（三）两宋法制的特色

1. 刑事制度的特点

两宋的刑罚制度，基本沿用隋唐以来的五刑制度，但有所变化，特点是重其重，轻其轻。即加重对盗贼的刑罚，并使用酷刑，而对一般的犯罪则以折杖代替徒流，对官吏实行矜贷。

其一，以重法惩治盗贼。宋代对危害国家和社会的盗贼罪的处刑，较唐律为重。除《宋刑统》以附敕方式加重盗贼犯罪的量刑外，各朝君主还颁布了不少严惩盗贼的敕令。如仁宗时有"窝藏重法"，英宗时有"重法地法"，神宗时有"盗贼重法"，哲宗时有"妻孥编管法"等。仁宗嘉祐六年（公元 1061 年），"始命开封府诸县，盗贼囊橐之家立重法"，将该地区划为重法地，凡在重法地犯盗贼罪或包庇窝藏盗贼者，一律按重法严惩。嘉祐七年，正式颁布"窝藏重法"，又将重法地扩大到开封府相邻四州。英宗治平四年（公元 1067 年），再度重申"重法"，凡在重法地捉获的强劫盗贼，不论是否当地居民，即使犯在立法以前，也一律适用重法；本人应处死刑者，妻、子送千里外州军编管，家产全部赏给告发人；本人应处徒流刑者，刺配远恶州军牢城，妻、子送五百里外州军编管，家产一半赏给告发人；即使遇有赦令，编管者也不得返回原籍。神宗熙宁四年（公元 1071 年），又颁行"盗贼重法"，全国二十四路中十路为重法地，

① 《宋刑统》卷 30《断狱律·断罪引律令格式》，中华书局 1984 年第 1 版，第 486 页。

而“虽非重法之地，而囊橐重法之人，以重法论”；“若复杀官吏及累杀三人，焚舍屋百间，或群行于州县之内，劫掠江海船筏之中，非重地，亦以重论”。[①] 此外，两宋还使用刺配刑、凌迟、腰斩、枭首、肢解、磔刑、夷族等酷刑惩治盗贼。

其二，以折杖法为代用刑。鉴于唐末五代刑罚过于苛重，建隆四年（公元963年），吏部尚书张昭等奉诏创立折杖法，将五刑中的笞、杖、徒、流四种刑罚折成相应的臀杖或脊杖，使“流罪得免远徙，徒罪得免役年，笞杖得减决数”。折杖法作为代用刑，以附敕列于《宋刑统·名例律·五刑门》。其中加役流决脊杖二十，配役三年；流三千里至二千里，分别决脊杖二十、十八、十七，均配役一年；徒三年至一年，分别决脊杖二十、十八、十七、十五、十三，杖后释放；杖一百至六十，分别决臀杖二十、十八、十七、十五、十三；笞五十决臀杖十，笞四十与笞三十决臀杖八，笞二十与笞十决臀杖七。折杖法是一种“折减”性质的刑制。但其适用范围有限，死刑及反逆、强盗等重罪不适用此法。

其三，矜贷官吏。两宋治吏，包括对赃罪的惩处，较唐代偏宽，朝廷还采用推恩制度对官吏加以优待。官吏犯罪除了可享受议、请、减、赎、官当、除名、免官等特权外，两宋律令还规定以官职荫疏犯罪亲属的推恩制度，即无官品之人犯罪，自身无官品抵当，允许用亲属的官品抵折罪行。不仅祖先的官品可以荫子孙，子孙的官品也可以荫父母。官吏在犯罪以后，羁押械系也较宽松。九品以内的官吏享有散禁（不戴狱具）、不脱巾带，不得随意禁系、停俸、枷讯的特权，两宋拘禁的未决犯几无品官。这些都是唐律所无的。宋人有宋法“失刑”之说。据史料记载，宋太祖有不杀大臣的誓言，嗣位者大多遵守祖训。这在历史上是罕见的。

2. 民事法律特别是契约制度有重大发展

两宋在历史上是军事柔弱、经济和文化比较发达的王朝。与此相适应，民事法律相对比较发达。表现在：随着部曲制逐渐向租佃制过渡，佃农摆脱了依附主人的私属地位，获得了身份的自由，可以民事主体的身份参加各种民事活动。宋代从法律上确认不动产所有权和动产所有权，并把红契确认为土地所有权的凭证，法制上对这些所有权加以保护。宋代的婚姻家庭和继承制度，也较之唐代有所发展，如婚姻不重门第而重财富，不限制妇女离婚再嫁，对合法财产权和继承权予以保护等。宋代民事法律发

① 《宋史》卷199《刑法一》，中华书局1985年第1版，第4978页。

达的标志，是契约制度有了重大的发展。宋代契约的类型主要是：其一，租佃契约。两宋确认官田和民田的区别。南宋时已有登记土地的鱼鳞册，有田者登于鱼鳞图册。私有地产主称为“税户（既主户）”、“天主”、“地主”。与“税户”相对的是“客户”，“客户”即无田者。私有地产主持田契作为土地所有权的凭证。法律规定，租佃双方应“明立要契”，违约者，可向官府控告。其二，不动产交易契约。不动产交易主要是“田宅物业”，有典、卖、倚当三种方式，法律对有关交易的规则作了明确规定。其三，动产交易契约。动产交易按其买卖方式有即时交易、预卖订购、赊买赊卖。即时交易，有典、卖两种方式。两宋时期，人们在买卖、租赁、借贷、典卖、抵押、雇佣等民事活动中，普遍订立契约，表明这一时期民事法律关系有了广泛的发展。

3. 司法制度的新发展

与唐代相比较，两宋在司法制度方面的发展，主要是实行了鞫谳分司制度、翻异别勘制度，证据制度进一步完善，有关民事和刑事诉讼的时效、时限更加规范。

其一，鞫谳分司是两宋独特的刑事司法制度。鞫谳分司就是将审与判二者分离，由不同官员分别执掌。《历代名臣奏议·慎刑》：“狱司推鞫，法司检断，各有存司，所以防奸也。”鞫指审理犯罪事实，谳指检法议刑。审判机构也分成鞫司（亦称狱司）、谳司（亦称法司）。县级审判机构主要由知县或县令组成，鞫谳不分司。州以上，主要是州府，实行鞫谳分司。州府司理参军为鞫司，司法参军为谳司。鞫司官和谳司官不得兼任。在审判实践中，知州委官组成鞫司、谳司，鞫谳两司的人员组成并无严格的界限划分，所谓鞫谳分司，只是一个司法官员在审理某件案子时，不能既是鞫司官，又是谳司官，二者只能任其一。有一人出任鞫司官，必须有另一人出任谳司官。案件呈报知州、知府亲自决断。大理寺、刑部由详断官负责审讯，详议官负责检法用律，最后由主管长官审定决断。

其二，证据制度进一步完善。两宋重视口供、书证、物证、证人证言等各种证据，尤其是重视法医检验和司法鉴定，设有专门检验官。《宋刑统·诈伪律》有“检验病死伤不实”门，《庆元条法事类》也有“检验”门及“检验格目”、“验尸格目”等敕令格式。两宋法医学有重大发展。南宋淳祐七年（公元1247年），湖南提点刑狱公事宋慈（公元1186—1249年）编著了世界上第一部比较系统的法医学专著《洗冤集录》，获准颁行全国。该书选定官府历年颁定的条例格目，吸取民间医药学知识，编成检复总说、验尸、四季尸体变化、自缢、溺死、杀伤、服毒等53项内容。明朝以后，它还被译成朝鲜、日本、法、英、德、荷兰等国文字出版。

其三，诉讼时效、时限的规定更加规范。两宋对民事诉讼时效以及民事、刑事诉讼时限分别作了具体的规定。关于民事诉讼时效，太祖时，因战乱出走而返回认领田宅者，超过十五年，不再受理。按《宋刑统》，田宅纠纷，事后家长、见证人死亡，契书毁亡超过二十年，不再受理；债务纠纷，债务人、保人逃亡超过三十年，不再受理。南宋高宗时规定，买卖田宅满三年后发生纠纷，不得受理。

民事诉讼时限考虑了农业生产的特点，有"务限"规定。所谓"务"，即指农务；入务指农忙时期，务开指农闲时期。据《宋刑统》"婚田入务"条，每年农历二月初一至九月卅日为务限期，州县不得受理田宅、婚姻、债负等案件。民事纠纷，应在十月初一至次年正月卅日递交诉状，须于三月卅日之前审理结案；逾期不能结案，必须上报原因。为防止有人趁入务之限阻拦业主赎回出典土地，侵夺财产案件，虽在入务期限，"亦许官司受理"。不服判决，可逐级上诉，直至户部。孝宗乾道二年（公元1166年）敕令，州县半年内未结绝者，即可上诉。宁宗庆元时，简单民事诉讼，当日结绝；如需要证人证言，县限五日，州十日，监司半月审结。

刑事案件按大、中、小事分三类确定"听狱之限"。太宗时，大理寺分别限二十五日、二十日和十日，审刑院分别限十五日、十日和五日，各州分别限四十日、二十日和十日。哲宗时，据案卷纸张划分大、中、小事：二十缗以上为大事，十缗以上为中事，不满十缗为小事。大理寺、刑部复审，分别为十二日、九日和四日；京师、各路地区复审，为十日、五日和三日。特殊案件另行处理。

其四，实行了翻异别勘制度。翻异别勘，指在录问或行刑时犯人翻异（推翻口供）申诉，必须由另一司法部门重审。此制源于唐末五代。两宋有"移司别勘"和"差官别推"两种形式。中央及地方司法机构设有两个或两个以上机构，如刑部左、右厅，大理寺狱左、右推；案犯申诉，即原审机关内移交另一部门重审，又称"别推"。对移司别推后仍翻异者，由上级派员前往主持重审，称"差官别推"。哲宗以后有所变化，凡录问前或录问时翻异者，应移司别推；在录问后翻异，则申报差官别推。按《宋刑统·断狱律》，翻异别推以三次为限。南宋时，五推为限。

二 元代法律制度的发展

元朝（包括蒙古时期）是蒙古族建立的一个王朝。它存续的时间并不算长，从1279年灭宋到1368年元顺帝退出大都，完整统治中原地区的时间只有89年。即使从公元1206年成吉思汗即蒙古汗位算起，也仅163年的时间。由于它是中国历史上第一个由少数民族建立的全国性政权，而且疆域跨越欧亚，武功空前绝后，对其后的中国历史产生了深远的影响，在中国史和世界史上都占有重要地位。元朝在法制建设方面，既与唐、宋一脉相承，又有时代和民族的特色。

（一）立法概况

1. 漠北时代蒙古法典的形成

蒙古族早期没有文字，行用的是习惯法。公元1206年，成吉思汗完成统一漠北的大业后，任命他的六弟失吉忽突忽为“札鲁忽赤”（大断事官），负责审判案件，并规定“凡断了的事，写在青册上，以后不许诸人更改”。这被认为是蒙古成文法的起点。

公元1211年，成吉思汗听从郭宝玉“建国之初，宜颁新令”的建议，“颁条画五章，如出军不得妄杀，刑狱惟重罪处死，其余杂犯，量情笞决；军户、蒙古、色目人民每丁起一军，汉人有田四顷、人三丁者佥一军，年十五以上成丁，六十破老；站户与军户同民匠限地一顷，僧道无益于国、有损于民者，悉行禁止之类”。① 此次颁布的条画被认为是蒙汉法律文化融合的起点。

公元1227年成吉思汗逝世后，元太宗窝阔台把成吉思汗时期所有法令结集纂订，于1229年颁布于蒙古统治地区，这就是世界闻名的成吉思汗“大札撒”（蒙语，大法令之意）。大札撒是蒙古帝国内皇室宗藩所共同遵守的最高法典，也是此后元朝立法的基础。此后直到公元1260年元世祖即位，只有法令的枝节更补。如太宗六年（公元1234年）颁谕条令和耶律楚材所奏行的各项法规，并无全盘的法典纂修。因此，这一时期可以说是以成吉思汗所订立的蒙古法为主体的时期。

2. 元世祖时法典的纂修与颁行

元世祖忽必烈时代（公元1260—1294年），蒙古帝国领域从黄河流域扩展到占据全中国（公元1279年灭宋）。为适应新的政治形势，忽必烈制

① 《元史·郭宝玉传》，中华书局1976年第1版，第3521页。

定了“祖述变通”的立法原则，即以蒙古旧制为基础，参酌唐宋旧章和辽金遗制，制定新的大元法制。

在正式法典没有颁布之前，元朝政府一面应用蒙古旧法（如大札撒）和金朝的泰和律，一方面陆续颁布新的法令。中统三年（公元1262年），命大司农姚枢讲定条格。至元元年（公元1264年），诏立新条格。同年，耶律铸奏定法令37章。

至元八年（公元1271年），忽必烈禁行金令，但正式的法典到二十年后的至元二十八年（公元1291年）才颁布。该年，何荣祖以公规、治民、御盗、理财等十事，辑为一书，名曰《至元新格》，元世祖将其颁行天下。这是元朝颁布的第一部法典。这部法典内容比较粗疏，但元朝的法律体系至此已初具规模。这也被认为是元朝法典汉化的一个初步成果。该书和许多元代典籍一样，没有保存下来。

3. 元朝中期的立法活动——《大元通制》与《元典章》

世祖以后的成宗、武宗两朝，在立法方面都没有显著成绩。直到英宗至治三年（公元1323年），才颁布了《大元通制》，此时距离《至元新格》颁布已经32年。泰定元年（公元1324年），皇帝将《大元通制》刻本赐予百官。

《大元通制》是元代最重要的一部法典。其编纂原则是把元朝“开创以来，政制法程可著为令者，类集折衷，以示所司”。该法典共2539条，其中“断例”717条，“条格”1151条，“诏敕”94条，“令类”577条。元人评论说：“其于古律，暗用而明不用，名废而实不废。”可见其立法的宗旨是遵从唐宋法律的。这一法典沿用至1368年元朝灭亡。现存本不全，有黄时鉴点校本。①

这个时期另一重要的立法成果是江西行省官员受命编纂的《元典章》。《元典章》把元世祖中统以后至大德年间颁布的圣旨条画及朝廷已行格例，按照诏令、圣政、朝纲、台纲、吏部、户部、吏部、兵部、刑部、工部10类编排，共60卷。该书在第一次出版后还在至治二年增刻了一次。因为该书保存了诸多原始资料，并有元刊本流传下来，是今天研究元朝法制最重要的史料。其按部务编排的方法为《大明律》所继承。

---

① 《大元通制》黄时鉴点校本，收人杨一凡主编《中国珍稀法律典籍续编》，黑龙江人民出版社2002年第1版，第2册。

4.《经世大典》和元朝后期的立法

元朝后期最重要的立法活动是元顺帝至顺二年（公元1331年）颁布的《经世大典》。该书共880卷，分为10篇，其中君事4篇（帝号、帝训、帝制、帝系），臣事6篇（治典、赋典、礼典、政典、宪典、工典）。该书大体沿袭《元典章》的体制，其中《宪典》部分是刑法。内容也相当丰富，可惜原书失传，只在《永乐大典》中保留一些零碎的内容。《元史·刑法志》主要依据该书《宪典》部分编写的。

此外，元朝还于至元四年（公元1338年）开始纂修《至正新格》，于至正六年（公元1346年）颁行。但因为元朝很快灭亡，该书也没有保存下来。

（二）元朝法制的主要特色

1. 维护民族歧视和等级关系，同罪异罚

确立并维护蒙古族的统治地位，维护民族歧视和等级关系，是元朝法律的重要特色。元在灭宋统一中国之后，把全国人民按照“归顺”的先后顺序分为4等，第一等是蒙古人，第二等是色目人，第三等是汉人，第四等是南人。在政治上，中书省、枢密院的长官和地方行省长官，都不允许汉人任职；在经济上，允许蒙古军队在全国各地划占田土，支持回回商人经营，盘剥百姓；在刑法上，汉人、南人犯盗案在臂上刺字，蒙古人、色目人免刺。汉人、南人杀人要处死，并征烧埋银五十两给苦主，而蒙古人因争斗及乘醉殴死汉人，则只断罚出征，并免征烧埋银。法律还规定，蒙古人打汉人，汉人不得还手；汉人、南人不得收藏兵器。

2. 蒙古旧法的保留

按照忽必烈的立法思想，蒙古旧法是大元新律的基础。因此，在元朝法律中，保留了许多蒙古旧法，这是元朝法律的又一特色。如元朝皇帝即位之后，还要去上都召开传统的“忽里台”会议，获得蒙古诸王和贵族的推举，才算正式取得皇位。蒙古贵族一向迷恋武力，崇尚军事专制的统治方式，有关维护军事专制的旧法被保存下来。又如在唐宋时期，大臣见皇帝不用下跪，皇帝对大臣也很客气。而蒙古的重要武将和文臣原来大都是皇帝的家奴，地位很低，见皇帝必须下跪。元朝建立后，大臣见皇帝跪拜就成为一项制度。再如蒙古族早期实行奴隶制度，在打仗之后还允许掠夺人口作为自己的“驱口”（比奴隶地位高，但也没有人身自由）。元朝建立后，这一制度也依旧保留，有不少蒙古人到江南买“可人儿”（汉族儿童）做家奴。蒙古旧法大多是与原来的游牧经济和农奴制度相适应的，保留这些旧法，不利于社会进步和经济的发展。

在蒙古旧法中，也有一些有积极意义的规定。如重视商业和海外贸易，重视发展对外关系等。对于蒙古旧法，忽必烈也并非完全照搬，而是按照“祖述变通”的原则有所变化，以适应汉地的环境。如蒙古族原有杀人赔命金的习惯法，杀一穆斯林偿40巴里失，杀一契丹人偿一驴，杀一蒙古人则偿一女。由于汉地不能接受这样的做法，元朝制定了烧埋银制度，如《元史·刑法志》：“诸杀人者死，仍于家属征烧埋银五十两给苦主，无银者征中统钞一十锭，会赦免罪者倍之。”[①] 这成为元代的一个重要制度，并为明清所继承。这是蒙古旧法成功转化的例子。

3. 附会汉法构建法律体系，针对实际颁布了一些新的法律

元朝为了加强对人口众多、地域辽阔的汉族居住区的统治，把“附会汉法”、参以本族习惯法作为立法的指导思想，逐步完善了元朝的法律体系。从元代法律的内容看，虽然保留了一些蒙古旧法，但主体部分仍是承袭了唐代以来封建法律的基本精神，并结合元代社会的实际情况，制定一些新的法律。这些法律共同组成了元代的法律体系。元代法律体系经历了一个逐步完善的过程，每一部法典都有自己的体系。

一些论著认为，元代的立法没有整体的规划，多是因事立法，也不大重视法律的编纂，一直没有形成独立的法律体系。元代法制确实不如唐宋那样系统，但认为它未形成独立的法律体系的观点却是值得商榷的。《至元新格》、《大元通制》原书未流传下来，但从有关记载看，二者均自成体系。完整保存下来的《元典章》可以证明，元代的法律规定是比较完备的，涉及社会生活的各个方面。至于其内容多是因事立法，许多朝代都有这种情况，元代虽然比较突出，但非元代所独有。虽然元代颁布和修订法典的时间往往拖得较长，但不能以此否认元代法律没有自己的体系。元朝是少数民族第一次统治全中国，缺乏立法经验，蒙古入主中原以后，民族矛盾空前激化，社会激烈动荡，立法工作的难度远远大于唐宋。加之元朝立国不到百年时间，其在法制建设上能做的事情有限，故法律体系不如唐宋那样完善有其主观和客观的原因。

元朝针对当时的国情实际，制定了一些新的法律法令，有些法律的内容有所创新。如公元1287年颁布的至元钞法，是我国历史上第一次出现的不兑换纸币条例。该条例对发行不兑换纸币的相关问题都涉及了。如平

---

① 《元史·刑法志四》，中华书局1976年第1版，第2675页。

准库的设立与储备金的定期检查，新钞的金银平价及其收进与出售价格的差额，对旧钞的比价，新钞的发行与公私债务及契约的关系，对财政交纳的规定，对物价的影响，以及防止伪造和舞弊等，所缺少的只是最高发行额的规定。该法规定：纸币发行以银为基础，把流通中的金银集中于国库；在发行新钞的同年，禁止私人买卖金银；每半月检查平准库一次，以保障现金准备不受侵蚀。几年后又宣布禁止金银出海。在中国法律史上，这些规定是最早提出的。世祖至元二十三年（公元 1286 年）颁布的农社条画 15 条，至元三十年（公元 1293 年）和仁宗延祐元年（公元 1314 年）颁布的两个市舶法则，在内容上都有创新和发展。

4. 司法制度具有多重管辖、蒙汉分治、民刑分诉等特色

元朝在继承唐代司法制度的基础上，也有一些自己的特色，主要表现在：其一，元代的司法管辖具有多重性。从中央到地方的各级政权机关均设有不同级别的断事官，每一级政府长官也有权插手案件的审理。元代创制的“约会鞫问”制度，与案件相关的各方头目参与司法审判。与唐宋司法制度相比，元代要复杂得多。其二，除了正常的法定的司法机构外，还针对宗教、民族和职业的不同，有针对性地设立了新的司法机构。元朝实行民族等级制度，把人民分立为军、匠、民，各有定籍，各有管理机构。为适应这一情况，在司法上规定，蒙古人、色目人犯法归大宗正府审治，汉人、南人犯罪则归刑部；僧道和军人犯法也各由其管理机构审判。当诉讼双方当事人属于不同户籍时，由相关当事人的上司约会审理。其三，民、刑分诉。元律的民事诉讼与刑事诉讼、程序法与实体法，已有初步分离的趋势。规定对民、刑案件区别对待；对民事诉讼当事人，一般不予羁押；凡是户婚田土类民事纠纷，由基层乡里的社长调解解决。一般民事纠纷，有当事人愿意和息者，官府不予受理，违者治罪。军官巡检、出使人员不得受理民词。其四，为了运用宗教麻醉各族人民，元朝统治者提倡佛教，特别是来自西藏的黄衣喇嘛教，并在法律上维护僧侣的特权。统治者经常为国师的一次佛事活动，大规模纵囚，以至七八十年间，少有处决死囚之事。减少死刑是有进步意义的，但也导致一些罪大恶极的恶徒得以逍遥法外。此外，元朝在诉讼活动中，还实行了军民分治及使用判例的制度。所有这一切都表明，元代司法不只是参酌了唐宋之制，而且还有时代和民族的特色。

三　明清法律制度的发展

明清两代是我国自秦汉起形成并巩固的专制集权王朝体制的最后发展阶段，统治中国时间长达540余年。两朝法制在继承唐、宋法制基础上，因时变革，不断完善，在法制建设的多个方面有所创新和发展。

（一）律典的继承与创新

《大明律》是明王朝的刑法典。明太祖朱元璋在明开国前的吴王元年（公元1367年）十月，即明开国前的三月，便命左丞相李善长等修订律令，次年（即洪武元年）正月颁行，这就是通常所说的洪武"元年律"。明太祖鉴于洪武"元年律"尚有"轻重失宜"之处，为了制定一个"贵存中道"、"传之后世"的《大明律》，洪武期间，曾命朝臣几次修律。洪武三十年（公元1397年），"日久而虑精"的《大明律》最后定型。朱元璋要求其子孙世代守之，不得"稍议更改"，否则即处以"变乱祖制"之罪。洪武三十年律的460条律文，除在万历十三年（公元1585年）合刻颁行《大明律附例》时改动55字外，终明一代未作变更。

《大明律》基本上沿袭了唐律，但较之唐律又有创新和发展。明律的最大特色是实现了篇目和体例的革新，它以六部分目体例取代唐律的十二篇体例，是中国刑法典编纂史上的重大变化。按照学者们的概括：这种新体例的优点体现在两个方面，一是包罗广泛，繁简得当。唐律为502条，明律减少至460条，但包含的内容并不少于唐律。二是既方便了官员执法，又便于民众守法。

《大明律》的六部分类法，是在原唐律篇、条二级结构之间增加了一级作为二者中介的层次，使原来传统二级律典结构变为三级。或者形象些说，相当于在原唐律12篇的根目录之下增加了一级子目录。把原来唐律的12个根目录缩减为7个，子目录则扩展为30个。即将原唐律12篇中除《名例》律外的11篇经拆并、新增后降格为29个子目录。其中唐律篇目得以原封保留的有《职制》、《捕亡》、《贼盗》、《诈伪》、《断狱》5篇；稍加变更保留的有《杂犯》1篇；拆分的有《户役》、《婚姻》，《厩牧》（《厩库》）、《仓库》、《斗殴》、《诉讼》6篇。其余如《公式》等16篇为新增。而新增的篇名中，有的取法于魏晋、北周等律或唐令，有的是受元律影响，纯属明人创造的只有《公式》、《田宅》、《课程》、《钱债》、《市廛》、《仪制》、《军政》、《河防》等8篇。把二级结构变为三级结构，使律典的层次显得更加分明而又合理，既增强了根目录的概括性，又提高了子目录归纳的准确度，法律条文的检索也有所便利，从总体上提高了传统律典的分类水平，应当视为我国传统法典编纂技巧上的一个进步。

这种新体例的最大优点就在于它对传统中国的犯罪类型的概括更为简明扼要，提纲挈领。

在《大明律》的修订过程中，贯彻了朱元璋“明礼以导民，定律以绳顽”、“当适时宜”、“法贵简当”的立法思想，因而较之唐律在以下三个方面有所变化。其一，明律增加了前代所没有的一些法律规定，如设立了禁止臣下结党和内外官勾结的“奸党”专条。明律的内容较之唐律的最大变化是“重其重罪、轻其轻罪”，即贼盗及帑项钱粮方面的犯罪，明律处刑较唐律为重；而在礼典和风俗教化方面，明律的处刑较唐律为轻。这种变化并不意味着立法者轻视礼教的作用，而是反映明朝统治者对钱、粮和社会治安管理的加强。其二，明律对立法的解释更加规范化。立法者对律文中常用的“以、准、皆、各、其、及、即、若”八个关键词以及五刑、狱具、丧服、六赃等内容列图表做了规范性解释，万历十三年《大明律附例》的“律例钱钞图”中，对纳赎的标准做了具体规定。明律律文后的律注较唐律“简核”，只着重解释法律适用方面的具体问题，而削减了唐律有关立法宗旨和历史渊源方面的解释，这是唐明律不同的又一特点。其三，万历年间合刻的《大明律附例》，把《问刑条例》的条款附于相关的律文之后，《问刑条例》成为《大明律》的有机组成部分，从而使明律更加适用司法实践的需要。从明代中叶以后，实行以例辅律、律例并行的法律机制。万历间把律例合刻后，这一法律机制成为定型，对明代乃至清代法制产生了重大影响。

清代的第一部律书颁布于清朝入关后的第四年，即顺治四年（公元1647年）三月，学者多称为顺治律。雍正年间又做过一次修改，主要是编制了一部官方的注解即《大清律集解》，至乾隆五年（公元1740年）第三次修订后，删除集解，定名为《大清律例》。以后基本未再变动，一直延续至清末《大清现行刑律》修订之前。

清初修律，基本的思路就是沿袭明律，并不企望有所创新。清初人谈迁说：“大清律即大明律之改名也。”① 虽然不能说《顺治律》与《大明律》毫无二致，但称得上有创新意义的几乎完全看不到。至于雍正以后的修律，同样多属于“校正文词”等细节上的零星修补，对律典正文的影响不大。

---

① （清）谈迁：《北游录》，中华书局1997年重印本，第378页。

与明朝的法律相比较，入关前的清朝法律是相当简陋的。顺治三年五月的《御制大清律序》就直言不讳地说："朕惟太祖、太宗创业东方，民淳法简，大辟之外，惟有鞭笞。"然而，要以如此简陋的法律统治一个泱泱大国，特别是早已习惯于一套相对发达的法律体系的民族，无疑是不太现实的。就在前引"悉遵本朝鞭责旧制"之令下达不过十天，顺天巡抚柳寅东即上疏指出："盖闻帝王弼教不废五刑，恐鞭责不足以威众，明罚乃所以敕法，宜速定律令，颁示中外，俾民不敢犯而祸乱自清矣。"多尔衮在接到这个上疏后，旋即收回成命，"此后官吏犯赃，审实立即处斩。鞭责似觉过宽，自后问刑衙门准依明律，副予刑期无刑之意"。①

不久，又有几位汉官接连上疏要求在司法实践中按照明律的方法治罪，也有的上疏催促制定新的律典。其中最重要的当属顺治元年（公元1644年）八月和二年（公元1645年）六月刑科给侍中孙襄的两次上疏，其大意是，修律不必太过拘谨，更不要妄想有所创新，只要照搬《大明律》，再根据清朝自己的刑事立法略加删削，即足够司法实践中应用了。顺治四年颁行的《大清律》被公认为明律的翻版，看来孙襄的这道奏疏对顺治律的修订起了很大的影响。

（二）明清的修例及律例体系的完善

明清两代注重制例、修例，以例补律，以例辅律，使法制更加完善。这是明清法制较之前代的一个重大发展。

明初，明太祖朱元璋首重修律，但在律典之外又有令、诰、例、制书、榜文等多种法律形式，名称仍很混杂。明中后期，法律形式名称渐归统一，正律之外的法律形式基本上都称作"例"，其称谓是条例、则例、事例、榜例。清朝继承这一趋势，法律形式名称进一步简化和统一。除了律和会典以外，经常使用具有通行效力的法律形式主要是例。"例"这种名称虽然单一，但它包括的范围却十分广泛，从内容上分类，除刑例外，还有吏例、户例、礼例、兵例、工例，其法律规范涉及行政、经济、军事、民事等各方面。从例的名称，一般即可辨别它的性质。以下主要介绍刑例的修订。

明清两代，修例构成了国家立法活动的重要部分。明清的修例不仅是创制新的条例，也包括修改、补充、废止条例以及对条例作一些编纂技术上的处理。在现代法学家看来，这都属于立法活动。

① 《大清世祖实录》卷5，顺治元年六月甲戌。

明代条例的创修始于洪武朝，永乐时期也制定过一些条例。明初的修例随意性较大，往往是因人因事设例，致使条例内容不够协调，也易于奸吏乘机舞弊。仁、宣以后诸帝，逐渐认识到上述现象的危害，强调律典的正统地位。然而，随着社会的发展变化，《大明律》的规定在许多方面已不适应新出现的问题。鉴于明太祖留下“已成之法，一字不可改易”的遗训，后嗣君主唯一的选择就是求助于例。各朝都在废止前朝例的同时，又制定出本朝的新例。例的数量不仅没有减少，反而愈修愈多。自明成祖永乐朝到明孝宗弘治朝，明代君臣经过近百年的探讨，逐步形成了一套比较完整的律例关系理论。律例关系理论的基本观点是：既重律，又重例，二者是相得益彰的主辅关系，这种关系具体表现在两个方面，一是例以辅律，一是律例并行。明万历年间，修例大臣舒化又把这一理论概括为“盖立例以辅律，贵依律定例”，也就是说，制例的宗旨是以例补律、辅律，但制例又必须符合律义。① 依据律例关系理论，明中后期于弘治、嘉靖、万历间曾三次修订《问刑条例》，《问刑条例》与律并行，实行时间达150余年之久。万历年间官方颁行的《大明律附例》，把万历《问刑条例》附以相关律文之后，形成了律例合编的体例。

清代的修例基本仿效明朝，并有了进一步的发展，以其发展程度的不同又可以乾隆朝为界，划分为前后两个阶段。

前一阶段的主要任务是修律，当时虽然也修例，但未占主导地位。顺治时期，政局动荡，朝廷没有足够的精力从事立法活动。顺治四年（公元1647年）颁布的大清律，不但全盘接受了明律，而且也继承了明律附载的条例，并视之与律文有同等效力。② 康熙时期，整理开国以来陆续制定的条例，定名为《刑部现行则例》于十九年（公元1680年）颁布，这是有清开国以来第一次大规模的修例活动。雍正时期，又将前明、顺康两朝及本朝零星颁布的条例加以整理，按制定的时间先后顺序依类附入律中。清初三朝修例的情形与明代修例走过的全过程非常相像。清初一方面继承明朝的条例，另一方面也着手修纂本朝的条例，待经过相当时间，条例积累渐多方始集中整理。如康熙十八年整理开国以来条例颁布的《刑部现行则例》，类似弘治朝整理颁布的《问刑条例》，雍正年间整理入律的条例，恰如万历时舒化整理合编的律例。徐道邻先生说：“清朝处处师学明朝，

① 关于明代的律例关系理论，详见杨一凡《明代三部代表性法律文献与统治集团的立法思想》，载《法律史论集》第2卷，法律出版社1999年第1版，第587—591页。

② （清）姚文然：《虚直轩外集》卷5，光绪十三年天津广仁堂刻本。

甚至于起先单行《现行则例》，后来再律例合刊，在这一个步骤上，也完全和明朝一样，真是有意思。"①

后一阶段，经过清初近百年对律文的不断修改，到乾隆时期，律文已趋于稳定，此后基本不再改动。为了处理社会上随时发生的问题，清廷健全了修例制度。

乾隆元年（公元1736年），确定了三年一届修例的原则。乾隆十一年（公元1746年），又将三年一修延长至五年一修，成为定制，五年一小修，十年一大修。每届修例，依所修条例的性质区分为五类，即"续纂"、"修改"、"移并"、"移改"、"删除"。顾名思义，所谓"续纂"，是新制定的条例；所谓"修改"，是对已有的条例进行修改；所谓"移并"，是将某条例文移入到另一条例文中，将二者合而为一；所谓"移改"是将某条例文移入到另一门律后或同时对该条例文加以修改；"删除"是将以往纂修附律的条例删除。自乾隆朝以后，清廷修例实现了经常化、定期化、规范化，形成了一套比较完备的制度。据统计，乾隆五年（公元1740年）颁行《大清律例》的同时，已对乾隆五年以前修订的条例做了系统的整理并确立了三年一次修例的原则，从乾隆五年开始，有记载可考的修例共计23次②。自乾隆初起至同治九年止，清廷基本上遵循了定期修例的原则。同治九年（公元1870年）以后，由于内忧外患，清廷的日子越来越不好过，定期修例的制度也就不得不终止了。

清代修例制度的经常化、规范化便于现实统治者根据社会状况的变化随时对法律、政策进行调整，加强立法的协调性和统一性，减少不同法源之间的矛盾和冲突，这是其积极的一面。但是由于政治日趋腐败，加之官僚体制的惰性，越往后期，修例便越流于形式。

明清在制定和修订刑例的同时，还颁布了大量的各种吏例、户例、礼例、兵例、工例，其内容涉及行政、经济、军事、民事、教育和社会生活的各个方面。明清两代除对君主随时因事制定的例进行编纂外，还经过一定的立法程序，颁布了上百种各类条例、则例类单行法规。这类单行法规名目繁多，其中有关行政、经济、民事、司法制度方面的法律规定，已在本书其他章节作了介绍。这里不再赘述。

---

① 徐道邻：《中国历代律令名称考》，见《中国法制史论略》，正中书局1990年版，第142页。

② 光绪《大清会典事例》卷740及《清朝文献通考》卷195。

（三）明清法制多方面的发展和完善

明清两代适应社会经济和国家职能的发展，除修律和制例外，还从各个方面加强了法制建设，其法律之发达，在很多方面超越了前代。其中比较突出的是以下几方面。

1. 行政法律制度更加发达

明朝统治者吸收了历史上一些朝代外戚和宦官专权、皇权旁落的教训，废除了自秦汉以来存在一千多年的丞相制度和自隋唐以来有七百余年历史的三省制度，建立了六部官制，皇帝通过直接指挥六部，对中央行政机构实行有效控制。清代沿袭了明代的六部官制。虽然明代和清雍正朝前曾设立内阁，清雍正朝后设立军机处，但内阁或军机处，均系皇帝处理政务的办事机构，没有独立性，裁决权仍归皇帝所有。这样，便形成了中国历史上皇权绝对专制的局面。同时，为了加强中央集权，两朝还进行了多方面的官制变革，并颁行了大量的行政法律，全面加强对各级行政机构的管理。明代颁布了《诸司职掌》、《六部条例》、《六部纂修条例》、《六部事例》、《吏部条例》、《宪纲事类》、《吏部四司条例》、《考功验封条例》、《宗藩条例》、《南京工部职掌条例》等数十种单行行政法规。清代颁布了六部《则例》、《宗人府则例》、《总管内务府现行则例》、《六部处分则例》、《台规》等大量的行政法规，两朝还分别进行了《大明会典》、《大清会典》的编纂。会典是明清时代的综合性典章，以行政法律为主。《明会典》的纂修始于孝宗弘治年间，于武宗正德年间重新校订后颁行，称《正德会典》。嘉靖年间又复重修。明神宗万历朝又再次重修，于万历十五年（公元1587年）刊行，称《万历会典》，计228卷，体例大致以六部等“官职制度为纲，事物、名数、仪文等级为目”，“列诸司职掌于前，历年事例于后”。[①] 清代先后五次纂修会典，无论纂修的次数、规模还是分类方法和编纂技术，较之明代又有了进一步的提高。但就编纂会典的指导思想和宏观框架来看，《清会典》是步《明会典》的后尘，并无质的超越。清代第一部会典始纂于康熙二十三年（公元1684年），编成于康熙二十九年（公元1690年），史称“康熙会典”。[②] 其后的几部会典分别编纂于雍正、乾隆、嘉庆、光绪时期。

---

① 分见《弘治间凡例》及《重修凡例》，载申时行等重修《明会典》，中华书局1989年第1版，影印本，第5、7页。

② 康熙《大清会典·御制会典序》，北京大学图书馆藏本。

2. 经济、军事、教育和其他方面的立法有了新的进展

在明清两代，经济法律制度、军事法律制度、教育法律制度都较前代有了新的进展。以明代为例，在经济管理方面，颁行了《盐法条例》、《天津卫屯垦条款》、《漕运议单》、《漕运则例》等单行法规。在军政军事方面，颁行了《军政条例》、《军政事宜》、《兵部武选司条例》、《御倭条例》等十多个单行法规。在教育方面，颁行了《学校格式》、《国子监监规》等单行法规。在礼仪方面，颁行了《洪武礼制》、《礼仪定式》、《节行事例》等单行法规。清代颁行的经济、军事、教育等方面的单行法规，不仅数量远远超过明代，而且涉及领域更加广泛。如在经济方面颁行了一些实业、金融、税务方面的法规，在学校教育方面颁行了不少有关教育的法令和大中小学、书院、译学馆管理等单行法规。

3. 地方立法进入了新的发展阶段，颁行了大量的单行法规

地方立法在古代中国早已出现，但在明代以前，地方立法不够发达，大多是地方长官以指令的形式发布的。现见的比较规范的地方法规，多是明代中叶后制定的。明代地方法律的载体有条约、告示、檄文、详文等，其中条约作为独立的法律形式在地方立法中被广泛使用，《中国古代地方法律文献》甲编中收入的《莅任条约》、《巡抚条约》、《总督条约》、《学政条约》、《保甲条约》等20多个条约，就是这类法规的代表。清代为了加强对各地方的管理，允许地方政府根据各地的实际情况，制定相应的法规。“省例”的编纂标志清代地方立法进入了比较成熟的阶段，现知的比较著名的有《江苏省例》、《粤东省例新纂》、《湖南省例成案》、《福建省例》等。省例的作用主要是补中央制定法的“不及”、“不备”，并辅助其施行。清代末期，地方立法达到高潮，县以上地方政府颁布了大量的各种行政、经济、商业、教育、社会治安管理等方面的专门性法规。明清两代的地方法规，有数量多、内容广泛的特点，现藏于中国国家图书馆和中国社会科学院法学所图书馆的地方法规就达上百种。

为了加强基层政权建设或健全乡里制度，除朝廷颁行了诸如《教民榜文》、“保甲法”、“里甲法”等国家制定法外，各地保、甲和民间社会组织还制定了大量的以自治自律为特征的民间规约。民间规约虽然不具有法律效力，但它作为国家制定法的补充，对加强乡里管理发挥了重要作用。

4. 民族立法进一步完善，全面加强了对少数民族地区事务的管理

就民族法制建设而言，清代的立法成果之多，内容之完善，超过了历代各朝。清廷根据各主要少数民族的风俗、习惯和特点，制定了一系列专

门的法令规章。其中有代表性的是：适用于蒙古族地区的《蒙古律例》；适用于青海地区少数民族的《青海善后事宜十三条》、《禁约青海十二事》、《西宁青海番夷成例》；适用于新疆地区民族事务管理的《回疆则例》；在西藏地区颁行了《钦定西藏章程》。此外，还结合上述法规制定了管理蒙、回、藏等地区民族事务的通例——《理藩院则例》。清廷处理民族问题的基本方针是“俱各从其俗”，亦即依据各民族自己的习惯或习惯法解决各民族内部的犯罪和纠纷；但当案件涉及不同民族时，则依据《大清律例》处理。

5. 律学成果累累，研究领域更加开阔

明清时代的律学十分发达，有时甚至也发挥着法源的作用。清朝时甚至有人认为，明清超过古人的唯有三件东西，即博弈的技艺、烧制瓷器的精美和律例的细密。

较之前代，明清律学无论是数量还是研究的深度都有新的发展。“明清两代律注文献及律学著作就达数百种。这两朝学者不断开拓了律学研究的领域，在应用律学、比较律学、律学史、古律辑佚和考证诸方面，取得了令人瞩目的成就，把古代律学向前推进了一大步。”①

明清律学的繁衍，与官方重视法律宣传教育有很大关系。在这方面，明太祖朱元璋起了特别突出的作用。他在主持修订的《大明律》中增人了《讲读律令》专条，规定熟读讲解法律是官员的职责，不能讲解不晓律意者要受到处罚。这是明律的一大创造。明清两代都曾多次发起过讲读律例的活动，对推动明代律学的普及和研究起了不小的作用。

明清律学著述可分为三类：第一类如《律例歌诀》、《读律琯朗》、《律例精言歌括》等，目的是为民间讲习诵读，使“瞽盲童叟可诵可歌”，② 有些类似我们今天的普法读物；第二类如《律法须知》、《刑书据会》、《律例便览》、《明刑管见录》等，目的是为司法官吏断罪量刑时作参考，“俾司民牧者，各置一编，列诸案头，时加体会”。③ 还有一类水平较高，可视为明清时期的律学经典著述，甚至可以成为立法——修例的参考，如明代何广《律解辩疑》、张楷的《律条疏议》、雷梦麟《读律琐琐言》、王肯堂的《笺释》等；清代沈之奇《大清律辑注》、王明德《读律

① 杨一凡：《中国律学文献序》，见《中国律学文献》第1辑第1册，黑龙江人民出版社2004年版，第1页。

② （清）梁他山：《读律琯朗·葛元煦序》，啸园丛书光绪五年刻本。

③ （清）徐士銮：《明刑管见录序》，见何梗绳《学治一得编》，啸园丛书光绪九年刻本。

佩觿》、吴坛《大清律例通考》、薛允升《读例存疑》以及沈家本的《律例偶笺》、《律例校勘记》当可跻身其中。其中有些著作甚至对司法判决产生了直接的影响。

6. 司法制度进一步完善

明清两代进一步健全了司法制度，其中较之前代有了新的发展的制度是：一是在采取多管齐下的形式，加强对地方司法监督的同时，完善了中央的会审制度，凡遇重大案件，由三法司的正官刑部尚书、大理寺卿和都察院左都御史会审，称为“三司会审”。如三司会审意见不一，则奏请皇帝裁决。遇到特别重大的案件，要由六部尚书的大理寺卿、左都御史、通政司通政使会审，称为九卿会审。二是清代在强调审判活动必须依据正律、定例的同时，为了更好地审理各种案情纷杂的案件，允许在法无明文的情况下，比附“定例”和确认为通行的司法成案进行裁判案件。清代把大量的司法成案，通过特定的程序上升为具有法律效力的“定例”或“通行”，作为国家的制订法，对各地的审判活动发挥了积极指导作用。三是为了更好地解决民间纠纷，保证县以上司法官员集中精力处理比较重要的案件，普遍实行了由里甲老人或基层行政组织负责人审理民间诉讼的制度，把绝大多数民事纠纷由基层调解解决。

本章小结

中国古代法制是与中华文明的发展进程交融在一起前进的。社会在发展，法制也在不断完善，这是中国历史上法制发展的基本规律。那种认为唐以后中国法制停滞、衰败的观点，有悖历史实际，是不能成立的。

中国古代法制的内容，包括行政、礼仪、经济、刑事、民事、军事、教育、司法等各类法律制度。就立法而言，行政、礼仪、刑事方面的法律编纂尤为发达，其中行政类法律数量巨大，占全部立法总数的绝大部分。也可以说，行政类法律是中国古代法律的主体。由于明代以前的法典除几部律典外大多失传，加之长期以来人们偏重刑律的研究，而忽视其他形式法律的探讨，很多著述和法史教材对中国古代法制的阐述，存在“以刑为主”、未能全面展示古代法制面貌的问题。本部分在写作过程中，因篇幅有限，也考虑到以下各章将对中国古代法律形式和法律体系、行政法律制度、经济法律制度、民事法律制度、司法制度进行专门介绍，故没有就这些法律领域进行较为详细的论述。这样，本部分也同样存在偏重阐述刑事法制发展史的缺陷，请读者在阅读中予以注意。

思 考 题

1. 名词解释

周礼 《吕刑》 儒家 法家 墨家 道家 商鞅变法 《睡虎地秦墓竹简》 春秋决狱 晋律 《唐律疏议》 《宋刑统》 《大明律》 《大清律》

2. 简答题

（1）简述春秋战国时期法制的变革。

（2）儒法两家法律思想的主要异同点是什么？儒家法律思想对后世法制有何影响？

（3）简述秦朝的法律制度及其经验教训。

（4）简述汉代前期的法制改革。

（5）简述宋代司法制度的发展。

（6）简述元代法制的特色。

（7）简述明清行政法律制度的重要立法成果。

（8）简述清代少数民族立法。

3. 论述题

（1）两汉魏晋南北朝时期，各朝对中国古代法制的发展有哪些新的重要贡献？

（2）唐代以后，各朝在法制建设方面有哪些重大的创新和发展？

阅读参考文献

1. 沈家本：《历代刑法考》，中华书局1985年第1版。

2. 杨向奎：《宗周社会与礼乐文明》，人民出版社2001年第1版。

3. 高恒：《秦汉法制论考》，厦门大学出版社1994年第1版。

4. 倪正茂：《隋代法制考》，收入杨一凡主编《中国法制史考证续编》第6册，社会科学文献出版社2009年8月第1版。

5. 钱大群：《唐律与唐代法制考辨》，收入《中国法制史考证续编》第7册，社会科学文献出版社2009年8月第1版。

6. 曾代伟：《金元法制丛考》，收入《中国法制史考证续编》第9册，社会科学文献出版社2009年8月第1版。

7. 杨一凡主编：《明代法制考》，收入《中国法制史考证》甲编第6

册，中国社会科学出版社 2003 年第 1 版。

8. 苏亦工主编：《清代法制考》，收入《中国法制史考证》甲编第 7 册，中国社会科学出版社 2003 年第 1 版。

9. 高道蕴等编：《美国学者论中国法律传统》，清华大学出版社 2004 年第 1 版。

10. ［美］布迪、莫里斯：《中华帝国的法律》，朱勇译，江苏人民出版社 2003 年第 1 版。

第三章　中国古代法律形式和法律体系

内容提要

中国古代法律形式具有体现和区分法律的产生方式、适用范围、效力等级和法律地位的功能。本章在简要介绍各代法律形式的同时，着重就典、律、令、例等主要法律形式的称谓、功能、法律地位、编纂体例的演变和地方立法情况进行了论述，比较全面地阐述了中国古代的法律体系。

法律形式亦称法的形式。本书所说的中国古代法律形式，是指历代制定和实施的各种法律规范的外在表现形式。中国古代法律没有现代意义上的部门法分类，不能生搬硬套现代法律体系的概念去描述古代法律体系。本书所说的中国古代法律体系，是指古代中国各个朝代的全部法律规范按不同法律形式及其表述的立法成果组合形成的体系化的、有机联系的统一整体。

在中国古代，典、律、令、例等多种法律形式并存，行政、经济、刑事、民事、军政、文化教育诸方面法律并存，具有相对稳定性的国家“大法”、“常法”与各类“权制”之法并存，朝廷立法与地方立法并存，共同组成完整的法律体系。在中国古代法律体系中，每一法律形式都有其特定的内涵和功能，各种法律的产生方式、适用范围、效力等级和法律地位是用一定的法律形式表述的，法律形式及其表述的立法成果是法律体系的基本组成要素。

中国古代用以表述法律体系中效力层次的法律用语，与现代法学中相关概念的称谓、内涵也不尽一致。在古代文献中，通常把规定国家根本制度、在法律体系中居于最高层次的综合汇编性法典，称为“大法”或“大经大法”；把经常施行的规定某一领域或某一特定事务具体制度的法律，称为“常经之法”或“常法”；把因事因时临时颁布的具有补充法性质的法律，称为“权制”或“权宜”之法。今人法史著述中所说的古代“补充法”，实质上是对历史上“权制”之法的现代表述。从法律效力层次意义上讲，也可以说中国古代法律体系是以国家大法、常法和权制之法构成的法律规范体系。

历代运用多种法律形式，颁布了大量的法律、法规、法令，用以完善国家的法律制度。要全面揭示古代法制的面貌，必须重视法律形式和法律体系的研究。

第一节　历代法律形式与法律体系概述

一　各代法律形式和法律体系简述

中国古代法律形式和法律体系的形成、发展与逐步完善，经历了漫长而复杂的演变过程。西周以前的誓、诰等已具备规范性、强制性等法的部分特征，处于法律形式发展的初级阶段，但我们还不能断定那个时期的国家已形成了法律体系。传说夏朝和商朝已有法典存在，即所谓的“禹刑”、“汤刑”，但这在甲骨、金文资料中得不到印证。有关西周的法律资料要相对多一些，出土文献中也常有这一时期“作刑”、“作明刑”的记载。西周最重要的法律形式是“刑书”，其中最著名的当推《吕刑》。传统观点认为《吕刑》编纂于周穆王时期，然而传世本《尚书·吕刑》成书较晚，其主要内容是“赎刑”和“五刑”，其中包含了多少西周信息，有待探讨。《逸周书·尝麦》中记载了“刑书”制定、颁布的程序，上古文献中还有“九刑”、“誓命”、“典”、“宪”等法律用语的记述，对于这些词语的性质，学界尚有争议。

春秋时期，一些诸侯国制定了新的成文法，这些成文法多被冠以“刑书”的旧名。战国时期的法律出现了新的名称，这就是沿用至今的“法”和“律”。古书中说战国前期魏国的李悝撰写了《法经》6篇，重点突出而体系俨然。《法经》早已散失，相关信息辗转记载于《新论》、《七国考》等书中。学界对其资料的可靠性多有怀疑。据说商鞅以《法经》为蓝本，并且“改法为律”，在秦国制定颁布了秦律6篇。不过从湖北云梦睡虎地出土秦简中的资料来看，战国时代的秦律体系庞杂，远非6篇可以概括。目前已出土文物中的法律资料表明，春秋战国时期各诸侯国颁布的法令，已具备了国家制定、普遍适用等法的基本特征；“律”作为法律的名称，是从战国后期开始的。战国时期是古代中国法律体系的酝酿生成时期，还不能证明这一时期已形成了比较完善的法律体系。

秦始皇统一中国后，秦朝立法创制，成为中国历史上第一个形成法律体系的王朝。在此之后，历代王朝都建立了本朝的独立法律体系。

1. 秦代法律形式和法律体系。秦代的法律形式有律、令、程、式、课、法律答问等。律是秦朝成文法最主要、最基本的法律形式，具有稳定性和适用范围的广泛性，秦律至少有30余种，用以表述行政、经济、刑事、民事、军政等方面的重要立法。令是仅次于律的重要法律形式。秦令的形式包括单行令和皇帝诏令两类，单行令通行全国，皇帝诏令是国家的权制之法，但其法律效力往往在律之上。在律令之外，秦代还有程（规章细则）、式（程式、格式）、课（检验、考核、督课工作人员的数量或质量标准）、法律答问（具有法律效力的法律解释）等法律形式，作为实施细则和执法标准，用以处理国家基本法律适用中出现的问题。

2. 汉代法律形式和法律体系。汉代的法律形式有律、令、比、诏等，其中律、令是主要的法律形式，其功能与秦代基本相同。汉代立法的一个重大成就，就是令的制定和编纂较之秦朝更为发达，有大量的令的汇编性法律出现，形成一系列重要的基本法律。汉代的比属于补充法。比即“决事比”，是指司法官吏比附律令、援引已生效的法律判决断罪量刑，也包括比照行政先例处理各种事务的含义。两汉时期，曾有多名律家以儒家经典中的大义解释法律，时称“律章句”，对司法审判发挥了重要影响。此外，对于汉代是否存在“科”这一法律形式，学界尚存有争议。

3. 魏晋的法律形式和法律体系。魏晋法律形式主要有律、令、诏、科、式以及故事、律注等，律、令仍是国家的主要法律形式。这一时期，律、令功能及其编纂的重大变化是，律成为刑事法律的专称。魏令表面上由州郡令、尚书官令、军中令三大体系组成，但其一统汉令之杂，实际上已经有了令典化的趋向；在此基础上形成的晋令，则进一步体现了令典的编纂技术和综合汇编性。律典、令典是魏晋时期并存的国家大法。科、式、律注是这一时期的国家常法，诏令、故事、决事比是权制之法。科的本意是“规定、法则”之意，用以表述针对特定事类制定的单行法规。式为西晋时出现的综合性法规，如《户调式》。魏明帝时下诏，以郑玄章句作为唯一的合法注释，允许在司法实践中援用，这样郑氏章句便被赋予了法律效力，成为当时的法律形式，直到晋王司马昭执政后才废止使用。

4. 南北朝时期的法律形式和法律体系。其法律体系有律、令、科、诏、格、式、故事及律注等。律、令的功能基本同魏晋时期。科是律的辅助性规定，梁取故事制科凡30卷，陈仍其旧。格是南朝时出现的新的法律形式，多依诏令随事制定，调整范围包括礼仪、行政、经济等领域。如宋有官员车服制度的《九条之格》、《二十四条之格》，齐有《鸨格》、《策秀才考格》等。北魏时以格代科，东魏时制《麟趾格》。西魏制《大统式》，式以独立之法规形式，成为当时主要的法律形式。北周律、令师法《周礼》，以“刑书”、“诏”为名，有《刑书要制》、《九条之诏》等。

5. 隋唐的法律形式和法律体系。隋代以律、令、格、式为主要法律形式。唐承隋制，主要法律形式有律、令、格、式，中唐以后有“格后敕”。“律”是有关犯罪与刑罚的规定，“令”是有关国家基本制度方面的规定，“格”是皇帝临时颁布的各种单行敕令的汇编，“式”是从令分化而来，是唐代一些具体制度或基本制度具体化的规定，是令的实施细则。令、式是以行政法规范为主，兼有民事、诉讼、军事等多种部门法规范的综合性法律，格和“格后敕”是包括行政、刑事、民事、诉讼和军事等各种法律规范在内的综合性法律。唐代于律、令、格、式之外，还以条例、则例、格例等补充法的形式，制定了不少行政、经济管理方面的法规。唐高宗永徽三年（公元652年）命长孙无忌等对《永徽律》的条文及其原有注解逐句进行解说，并对司法过程中可能出现的疑难情况，以问答形式加以规定，称为《律疏》，于永徽四年（公元653年）颁布，共30卷。唐玄宗开元年间，曾对《律疏》加以修订。《律疏》与律典正文具有同等效力，成为重要的法律形式。

6. 宋代的法律形式和法律体系。宋初的法律形式与唐朝及五代相同，主要有律、令、格、式、编敕、断例等。神宗元丰二年（公元1079年）对（编）敕、令、格、式作了新的界定，（编）敕成为刑事法律规范，令、格、式则为非刑事、制度性法律规范，其中格成为令的实施细则，式成为执行令过程中须填写的各种公文程式。宋代法律形式虽比唐代种类多，但除制、敕、御笔、申明为综合性规范外，其余法律形式可分为两大系统：由律、（编）敕、断例组成之刑事法律系统和由令、格、式组成的非刑事、制度性法律系统，且在各系统内部有较强的对应性。

7. 元代的法律形式和法律体系。元朝是中国古代从律令为主的法律体系向律例为主的法律体系过渡时期，其法律形式十分杂乱。元代以诏制、条格、断例为基本法律形式。但从法律的内容看，还有律、制、格、例、令等多种属于补充法性质的法律形式。“诏制”是君主发布的具有最高法律效力的诏书，学界多认为是宋代“敕”的沿袭。“格”在元朝有“条格”与“格例”两种，“格例”仅是“例”的一种变种。“条格”在诸法律形式中效力最高、最稳定，调整对象是某一基本问题，调整方式有制度创制与设定刑名罪名等。"例"是元朝使用最多的法律术语，多达20余种，但能够称得上是法律形式并具有补充法性质的主要是条例、分例、则例、事例、禀例。"断例"是从条格衍生而来，是司法适用过程中通过比类适用和解释相关法律产生的法律形式。"条格"与"断例"在表述方式上有案例和条文两种。以"律"表述的法律很少，在《元典章》、《通制条格》"名例"部分中包括有律的内容，《至正条格》中存在以"杂律"为名的法律门。元代"令"的内涵与前代相同，《通制条格》、《至正条格》中都有以"令"为称谓的法律形式。律、令在元朝现存法律中，被分入"条格"与"断例"中。《至正条格》中"令"列入"条格"内，"杂律"列入"断例"内，可见二者都是条格与断例的补充法。

8. 明代法律形式和法律体系。明代前期法律形式比较杂乱，有律、令、诰、例、制书、格、式、榜文等。后经过变革，到明弘治时，形成了以《会典》为纲，律例并用，以典、律、例为基本法律形式的法律体系。例的法律形式由条例、则例、榜例、事例组成，各种例的内容分为吏、户、礼、兵、刑、工6种，以例表述的立法成果占全部法律总数的绝大多数。在明代中后期法律体系中，《会典》为国家的"大经大法"，《大明律》和《问刑条例》是刑律方面的常法，各种重要的行政条例是行政法律制度方面的常法。则例、榜例、事例属于补充法。在制令方面，除明初颁行《大明令》外，明代各朝君主还发布了大量的各种形式的诏令。由于明代诏令的内容主要限于宣布国家重大决策、皇帝即位、册封、赏罚、赠予、优恤、大赦天下等方面，且大量的令的功能为事例、榜例所代替，这就出现了以令为名的法律称谓并不多见的情况。一些著述认为"明代无令"，这是不妥当的。另外，明代在法律体系建设上的一个重大发展，是加强了地方立法，形成了以条约为重要法律形式的地方法律体系。

9. 清代法律形式和法律体系。清承明制，法律形式没有多少新创。清代与明代法律形式功能的变化主要有两点，一是明代则例主要用于表述与钱物和朝廷财政收入、支给、运作相关的法规，清代则例的法律地位有了较大提升，主要用于规范国家机关活动和重大事务的管理，则例是清代行政法律的主体，其立法数量占国家立法总数的70%以上。二是明代的条例是经朝廷精心修订的单行法规，除《问刑条例》外，其他条例都属于行政类条例。清代条例功能较明代发生了较大变化，特别是清代中期后的条例，基本上都用于表述刑事立法，实际上是刑例的代称。三是清代的地方法律体系更加完善，特别是清代中后期，省例的编纂，标志着中国古代地方立法进入了成熟阶段。

综合以上所述可知，中国古代法律体系从形成到不断完善，经历了五个历史发展阶段，即战国是法律体系的生成时期，秦汉是以律令为主的法律体系的初建时期，魏晋至唐宋是以律令为主的法律体系进一步发展和完善时期，元代是以律令为主的法律体系向以律例为主的法律体系的过渡时期，明清是以律例为主的法律体系的发展和高度完善时期。

二 中国古代法律体系的特征和法律形式演变的规律

(一) 中国古代法律体系的基本特征

综合考察各代的法律形式和法律体系，可知中国古代法律体系具有下述基本特征：

1. 多种不同功能的法律形式及其表述的立法成果是法律体系的基本组成要素。

中国古代的法律体系与现代中国的法律体系的基本组成要素不同，它不是以诸如宪法、行政法、民法、商法、经济法、刑法、诉讼法等法律部门为基本组成要素构成法律体系，而是以不同内涵和功能的法律形式表述法律的产生方式、适用范围、效力等级和法律地位。虽然各代因法律体系的完善程度存在差异，法律形式的称谓、功能和表述的立法成果多有变化，但以法律形式及其表述的立法成果为法律体系的基本组成要素这一点未曾改变。历代统治者为了适应不断发展变化的政治、经济环境，全面加强对社会生活各方面的管理，陆续使用了至少数十种法律形式，包括典、律、令、比、科、品、格、式、故事、编敕、制书、断例、条例、则例、榜例、事例和各类皇帝诏令等，颁布了大量的法律、法规、法令，用以完善国家的法律体系，其中典、律、令、例是最基本和最重要的4种法律形式，其表述的立法成果成为古代法律体系内容的核心。

2. 以国家“大法”、“常法”和“权制”之法体现效力层次和法律地位。

秦汉是中国古代法律体系的初建时期，在以法律形式体现法律体系中效力层次方面不如魏晋以后那样完善。这两代以律为国家的主干法律，多律并用。令是仅次于律的重要法律形式，秦代诏令、单行令并用，汉代诏令、单行令、令集并存，其中皇帝诏令是具有变通作用的权制之法。秦律、汉代的律和适用全国的令集虽然也是当时国家最高层次的法律，但其编纂水平、完备程度和适用的范围，还不能和后代的律典、令典、会典这类综合汇编的国家大法相提并论。

自魏晋始，无论法律形式的称谓如何纷杂，总是分别扮演着国家“大法”、“常法”和“权制”之法这三种不同的角色，并发挥着相应的功能。国家大法全面规定了国家和社会生活管理的基本制度，魏晋至宋代的“律典”和“令典”，南宋的《庆元条法事类》，西夏的《天盛改旧新定律令》，元代的《大元通制》，明清的《会典》，就分别是各代的国家大法。常法规定国家某一领域和某一特定事务方面的具体法律制度，它与国家大法是纲和目的关系。常法是经过精心修订而成的，具有较高的稳定性。在各代经常施行的法律中，有些常法比较全面地规定了某一领域或某一方面的具体制度，法律适用的对象和调整的范围较之规定某一特定事务方面的一般常法更为广泛，其法律效力次于国家大法而高于一般常法，古人通常又把这类常法称为“常经”之法。唐代以编式、编格形成的立法成果，宋代编敕形成的法律汇编，明代以制书形式发布的《大明律》、《诸司职掌》、《宪纲》、《洪武礼制》、《礼仪定式》、《学校格式》等重要法律，明代以条例形式颁布的《问刑条例》、《吏部条例》、《军政条例》等重要法律，清代颁布的《大清律》和各部院则例等，就属于“常经”之法。权制之法是君主基于治国的急需，以诏令或其他特别法的形式针对特定的人和事随时发布的，这类立法不允许在全国通用，它只有经过一定的立法程序上升为国家常法，才有普遍适用的法律效力。国家的常法通常是以主要法律形式表述的，各种补充法通常是以表述权制之法的法律形式表述的，君主诏令是诸多法律形式和立法成果的法律之源，具有变通和修订国家常法的功能。这种由国家大法、常法和权制之法构成的体现效力层次的法律体系，既有利于维护国家法制的统一性、权威性和稳定性，又能满足适时立法的需要。

3. 法律体系中诸法的内容以行政法律为主体。

以现代法学观点分析古代法律的内容，可知在中国古代法律体系中，行政、经济、刑事、民事、军政、文化教育诸方面的法律并存，其中行政类立法占立法总数的绝大多数。在各代诸多的法律形式中，多数法律形式是用于表述行政类立法。以清代为例，《大清会典》及会典则例、会典事例中，除收入《大清律例》外，90%以上的内容都属于行政类法律。现存的上千种清代各部院寺监则例和各种规定特种事务方面的则例，除个别几种外，基本上都是行政类则例。因此，就法律内容而言，古代法律是以行政类法律为主，所谓中国古代法律“以刑为主”的观点是缺乏根据的。

4. 各代法律体系建设是围绕着完善成文法体系进行的。

历代进行的包括变革法律形式在内的立法活动，都是围绕着完善成文法体系进行的。古代中国不存在英美法系国家实行的那种判例法制度。各代统治者为了严密法网，力求做到法律规范结构严谨，表述准确，防止官吏曲法为奸，把不断完善成文法体系作为健全国家法制的基本目标，并采取各种立法措施，把国家机构活动和社会生活管理方面能够用法律规范的行为，都从法律上确认下来，纳入国家的法律体系。中国古代在审判活动中，对于法无明文规定的案件，允许比附成文法判决，不允许随意援引案例。案例只有经过一定的立法程序，经君主批准被确认为国家成文法体系中的“定法”，才能在司法实践中援用。汉代的“决事比”、宋元的“断例”、明清的“定例”或“定例成案”，都是成文法的组成部分。至于各代对待民事习惯的态度，明代以前这方面的资料已不多见，尚难做出全面确切的判断。就明清两代而论，只要是中央政权能够实际控制和管理的区域，特别是广大汉族居住地区，统治者把一切能够规范的民族习俗、民事习惯，通过制定中央特别法或地方立法的途径，纳入国家的法律体系。对于不能上升为法律的习惯，则通过制定民间规约加以规范，在相当的程度上实现了民俗习惯的规约化。因此，中国古代的法律形式是成文法的法律形式，其法律体系也是以成文法体系为基本特征的。

（二）中国法律形式发展演变的规律

在中国历史上，各代无论国祚长短，都很重视采取多种法律形式完善法律体系，并根据国情的变化变革法律形式。历代因所处的历史条件和法律的发达程度存在差异，法律形式及其称谓也多有变化。适应完善国家法律体系的需要，不断变革法律形式，是中国古代法律形式发展演变的基本规律。

法律体系是否健全，是衡量国家法制建设水平的重要标志。而法律形式是否简约、功能分明、相互关系和谐统一，则决定着立法成果的质量和法律体系的科学性程度。考察中国古代法律形式从不够成熟到逐步完善的发展轨迹，其演变的规律可归纳为以下四点：

1. 法律形式的名目经历了由简到繁、再由繁到简的变革过程。

宋元是法律形式名目最为繁杂的朝代，法律形式称谓达数十种。从先秦到宋元，随着社会的发展和立法数量的增大，法律形式的名目由简到繁。从宋元到明清，法律形式又经历了由繁到简的变革。明清以例为主要法律形式，把典、律、诏令之外的所有法律规范都纳入例的体系，在各种法律规范的内容空前增多的情况下，实现了法律形式高度简约，便于在执法、司法中行用。

2. 国家大法和法律体系中最高层次的法律的编纂，从多头、并举走向单一。

秦汉以律为最高层次的法律，多律并行。魏晋至宋代以律典、令典为国家大法，两典并举。南宋至元代，采用综合汇编的体例编纂国家大法，虽无“会典”之名，实开编纂会典之先河。明清两代以《会典》为大经大法，以典为纲，以例为目，律为常经之法列入会典。从秦汉到明清，以元代为分界线，中国古代法律体系经历了从以律令为主要法律形式的法律体系到以律例为主要法律形式的法律体系的演变，与这一发展轨迹相适应，居于国家法律体系中最高层次的法律，也经历了由多律并行、两典并举到一典为纲的发展历程。

3. 法律形式的功能，从混杂走向明确、清晰。

从战国到明清，律、令两种法律形式存续于始终。秦汉时期的律，用以表述诸法，功能广泛。魏晋至唐宋，律是国家的刑法典，用以表述作为律的补充法的其他刑事法律的法律形式有科、格、敕、断例、例等。这些法律形式内涵有别，且有的法律形式既用以表述刑事法律，又用以表述非刑事法律，功能混杂。明清以律为刑事基本法，刑例为律的补充法，法律形式功能分明，律例关系简要而清晰。

令的功能也经历了从混杂走向明确、清晰的变革过程。皇帝诏令是历代令的重要形式，诏令称谓、形式繁多，功能各异。诏令之外，秦有单行令，汉有单行令和令集，内容、功能多样。魏晋至唐宋有令典和各种单行令，还有诸如编式、编格、编敕等多种汇编皇帝诏令或单行令的独立法律形式。明以前各代统治者赋予各种令及与令相关的法律形式以确定的内涵和功能，但除非熟习法律者，一般人很难分辨清楚。明代通过法律形式的变革，于洪武朝之后，仅把诏令作为令的形式，而不再进行令典、令集和其他以令为称谓的法律的编纂。诏令的功能仅限于表述国家重大决策、皇帝即位、封赏、优恤、大赦等事宜，前代令的其他功能均纳入例的体系，从而使令的功能清晰明确，并理清了令与其他法律形式功能的区别和相互关系，这种做法为清代所承袭。

4. 表述行政、经济及地方立法成果的法律形式与时俱进，逐渐增多，且在法律体系中的比重和地位逐步提升。

唐代以前，尚未见有专门表述经济和地方立法的独立法律形式。唐代以后，随着经济的发展和社会的进步，行政、经济立法日趋发达，用以表述这些领域的法律形式逐渐增多，法律地位也不断提升。地方立法作为朝廷立法的实施细则，也进一步受到朝廷和各地长官的重视。明代时，条例成为表述重要行政法律的法律形式，重要的行政法律与刑律具有同等的法律地位，则例成为经济立法的主要形式，条约成为地方立法的重要形式。清代时，则例成为行政立法、经济立法的主要法律形式，行政法律在国家法律体系中的比重不断增大，地方立法体系更加成熟。从唐宋到明清，伴随着法律形式的变革，法律体系的框架也变得更加合理和符合国情实际。

第二节　律的功能、法律地位及编纂体例的变化

在中国古代诸多的法律形式中，律和令的历史最为悠久。从战国后期到明清，律的功能、法律地位和编纂体例的演变，大体经过了三个重要的发展阶段。

一　秦汉时期：律是表述诸法的国家主干法律

律作为法律形式是何时出现的，学界存在不同的观点。一种观点以《唐律疏议》、《唐六典》等史籍的记载为据，认为公元前4世纪中叶，商鞅在推动秦国的变法活动中“改法为律”；另一种观点则对此说提出质疑，理由是有关商鞅“改法为律”的记载出现在商鞅变法后超过千年的唐代，尚无出土文物或可靠的史料加以确证，当存而不论。

现有的资料能够确切证明，律作为法律形式的出现不晚于战国时期的秦武王二年（公元前309年），当时秦武王命丞相甘茂等人“更修《田律》”，距商鞅去世不足30年。1975年12月在湖北省云梦县睡虎地秦11号墓出土的秦代竹简中，记载了商鞅变法到统一六国一百多年间的部分秦律，内容涉及秦律30余种。秦简中的法律文书主要制定于战国末期，对此学界似无异议。据此可以肯定地说，作为法律形式意义上的“律”至迟在战国后期已经出现。律是秦国法律的主干，并在秦统一中国后继续沿用。汉承秦制，律仍然被作为最重要的法律形式在立法中广泛使用。

战国至秦汉时期，律的内容、功能与魏晋以后的律典最显著的不同之处，就是其内容纷杂、功能广泛、律外有律，不仅用以表述刑事法律，而且用以表述行政、经济、民事、军政、文化教育诸方面的重要立法。诸律同存，诸法共表，是这一时期律的重要特征。从睡虎地秦墓竹简和出土的

其他秦简看，秦律中除刑事法律外，还有大量的有关行政、经济和军事管理方面的法律。比如，涉及职官管理方面的法律有《置吏律》、《除吏律》、《除弟子律》、《效律》、《内史杂律》、《传食律》、《行书律》、《游士律》等，关于经济管理方面的法律有《田律》、《厩苑律》、《仓律》、《藏律》、《傅律》、《金布律》、《关市律》、《徭律》、《公车司马猎律》等，关于军事方面的法律有《军爵律》、《中劳律》、《戍律》、《敦表律》等，关于手工业管理方面的法律有《工律》、《均工律》等。在岳麓秦简中，也有诸如《田律》、《置吏律》、《关市律》等非刑事方面的法律。

汉律的内容除刑事法律外，也有大量的非刑事法律。汉律律目见于张家山 247 号墓的《二年律令》，共有 27 种律，内有 13 种律目与睡虎地秦简、岳麓秦简所载律目相同。从张家山汉简看，汉律涉及行政、经济等方面管理的法律有《田律》、《金布律》、《徭律》、《置吏律》、《传食律》、《效律》、《傅律》等，其中有一些律目为秦简所未见，如《钱律》、《均输律》、《户律》、《史律》、《朝律》等。另外，张家山 336 号汉墓出土竹简中有汉律 15 种，尚未公布。由此可见，秦汉时期律的内涵和功能，与魏晋以后的律并不完全相同，不可笼统地把中国古代的律都说成是刑事法律。

二 魏晋至唐宋时期：律典作为刑法典与令典并重

曹魏以降，律的内容和功能发生了重大变化，成为刑事法律的专称。各代尊奉儒家正统法律思想，不断丰富律典的内容，逐步实现了礼刑结合，并根据“都总事类”、“法贵简当”、“刑罚轻重适宜”的原则，进行了律典编纂体例的变革。律典在编纂方面，以“刑名”或“名例”冠于律首，罪名以事目为经，分门别类编纂，内容完整和谐。在国家法律体系中，这一时期的律典，是与令典并行的一代大法。

魏明帝即位后，为改变汉律庞杂的弊端，令陈群、刘邵等人主持编纂新的律典，称为《新律》。《新律》除以汉律为基础，将《具律》改称《刑名》、将《厩律》改为《邮驿令》单行于律典之外，把其他篇目的内容与原属《令》、《诏书》的部分内容，按“都总事类，多其篇条”的原则重新分解组合，形成《盗》、《贼》、《捕》、《杂》、《户》、《兴擅》、《劫略》、《诈》、《毁亡》、《告劾》、《系讯》、《断狱》、《请赇》、《乏留》、《惊事》、《偿赃》、《免坐》等共 18 篇。把具有总则性质的《刑名》冠于诸篇之首，这种做法为后代律典所仿效。

曹魏末年，曾对魏律再行删改，新的律典至西晋泰始三年（公元267年）完成，次年正式颁行，史称《泰始律》。《泰始律》远宗汉律，将《具律》改为《刑名》、《法例》两篇，对沿用的律条重新进行篇目调整，比《新律》少《劫略》、《乏留》、《惊事》、《偿赃》、《免坐》等5篇，多《法例》、《卫宫》、《违制》、《厩律》、《水火》、《关市》、《诸侯》等7篇，共计20篇，620条。《泰始律》把"峻礼教之防，准五服以制罪"作为立法宗旨，进一步体现了"礼法合一"的精神。①《泰始律》于西晋统一后通行全国。东晋和南朝前期，在立法上全面沿袭晋律。虽然南梁武帝时编纂了《梁律》，南陈武帝时颁行过《陈律》，但在法律形式方面都没有多少创新。

南北朝时期，北方各朝进行了频繁的修律活动，北魏制定有《北魏律》20篇，北齐制定有《齐律》12篇，北周制定有《大律》25篇。其中以北齐律创新颇多，把《泰始律》以来作为律典总则部分的《刑名》、《法例》两篇合为《名例》，将《泰始律》中《盗》、《贼》合为《贼盗》，《捕》、《断狱》合为《捕断》，又将《户律》、《厩律》、《卫宫》、《毁亡》分别改为《户婚》、《厩牧》、《禁卫》、《毁损》，并删去《请赇》、《告劾》、《系讯》、《水火》、《关市》等篇，使篇目名称整齐明了，对隋唐律产生了直接的影响。其冠《名例》于篇首的做法，一直为后世所宗。

隋朝建立后，隋文帝命高颎、郑译、杨素等更定新律，"多采后齐之制，而颇有损益"。开皇元年（公元581年）颁行《开皇律》，确立了五刑、十恶、八议、赎等后代一直沿用的重要规定。开皇三年（公元583年），又以法律仍太严密为由，又命苏威、牛弘等更定新律，"定留唯五百条"，共12篇：《名例》、《卫禁》、《职制》、《户婚》、《厩库》、《擅兴》、《贼盗》、《斗讼》、《诈伪》、《杂》、《捕亡》、《断狱》。② 开皇元年、三年所定律，在中国古代刑律编纂史上具有重要地位。

唐律是中国历代律典的楷模，它是在总结和吸收前代律典编纂经验的基础上精心修订而成的。据《唐律疏议》，唐律共12篇，502条，以《名例》阐明刑法总则，下设《卫禁》、《职制》、《户婚》、《厩库》、《擅兴》、《贼盗》、《斗讼》、《诈伪》、《杂》、《捕亡》、《断狱》11篇，分述罪名、刑罚。唐律实现了礼法的高度结合，体现了很高的立法水平，其编纂体

---

① 《晋书》卷30《刑法》，中华书局1974年第1版，第924—927页。
② 《隋书》卷25《刑法》，中华书局1973年第1版，第710—712页。

例、律目和主要内容为《宋刑统》所沿袭。

三　明清时期：律是《会典》的组成部分和国家的“常经”之法

在中国法律史上，以元代为分界线，法律体系发生了重要变化。秦汉至宋代是以律、令为主要法律形式的法律体系，明清则是以律、例为主要法律形式的法律体系。就法律形式而言，从秦汉到宋代，随着经济的发展和社会生活的变化，原来的法律体系越来越难以适应调整社会关系的需要，统治者于律、令之外，创制和使用多种新的法律形式，颁布各式各样的补充法，以完善法律制度，致使法律形式逐渐纷杂。到元代时，蒙元统治者因不完全适应传统的儒家法律文化，加之立法水平落后，在法律形式的使用上显得随意、纷乱。朱元璋建立明王朝后，为了改变法律烦琐无序的状况，率群臣立法创制，建立了以《会典》为纲，以律、例为主要法律形式的法律体系。例由“条例”、“则例”、“事例”、“榜例”组成，把律、诏令以外的一切法律规范都纳入例的体系。

《大明律》是明代刑事法律的代表。明太祖朱元璋为了制定一部“贵存中道”、传之后世的《大明律》，于洪武年间曾命朝臣几次修律。洪武三十年（公元1397年），“日久而虑精”的《大明律》最后定型，颁行天下，除在万历十三年（公元1585年）合刻颁行《大明律附律》时改动55字外，未作更改。

《大明律》在沿袭唐律的基础上多有创新。除根据治国需要增加了新的条款、调整了罪名、刑罚及法律条文表述更加规范外，它较之唐律最大的变化是进行了体例的革新。明律以六部分目，使古来律式为之一变。实行律例合编、律例并用，使统治集团得以保证律典在长期稳定的情况下，更能灵活地适时立法。洪武三十年所颁《大明律》，把《律诰》条例附于律后，开始了律与刑例合编的新体例。明代中后期，明廷按照“以例补律”、“以例辅律”的立法原则，于弘治十三年（公元1500年）颁行《问刑条例》，又于嘉靖二十九年（公元1550年）、万历十三年两次修订《问刑条例》。《问刑条例》是明代中后期最重要的刑事立法，与《大明律》并行，前后施行达150年之久。万历十三年，明廷把《大明律》与万历《问刑条例》合刻为《大明律附例》一书颁行天下，刑例成为《大明律》的有机组成部分。明代采取的律与刑例合编的律典编纂体例，以及律例并用的司法原则，进一步完善了刑事法律制度。

清代在仿效明制律例合编的基础上，重视刑例的修订。特别是在乾隆五年（1740年）《大清律例》作为一代大法颁行后，各朝坚持律文一定不易的原则，多次修订刑例以补律之未备。《大清律》后所附例条数之多，变异之繁，远远超过了明代。在司法实践中，刑例具有与律相同的法律效力，使古代刑事法律制度达到了前所未有的完善程度。

在明清法律体系中，《大明律》、《大清律》分别是《大明会典》、《大清会典》的组成部分。《大明会典》共228卷，《大明律》收入第160至172卷。康熙《大清会典》共162卷，《大清律例》被收入第110至117卷，[①] 续修乾隆会典时收入《大清会典则例》，续修嘉庆会典、光绪会典时收入《大清会典事例》。与魏晋至宋代时期律典、令典同为国家大法的情况比较，《大明律》、《大清律》作为国家的"常经"之法，虽然是国家最重要的基本法律之一，但其作为国家大经大法《会典》的组成部分或作为会典之目，其法律地位处于《会典》之下。从这个意义上讲，明、清律在国家法律体系中的地位较之魏晋、唐宋时期有所降低。明清两代以《会典》为国家大法，以律为刑事方面的基本法律，律与表述行政诸方面法律制度的常法并用，形成了以国家大法、各种常法、各类补充法为框架的法律体系，反映了这两代的立法技术更加成熟，法律体系变得更加严密、合理。

第三节 令典、会典的沿革

今人著述中所说的中国古代的律典、令典、会典，会典是指《大明会典》和《大清会典》，律典、令典并非古代律、令典籍的原称，而是今人对于古代具有国家大法性质的律、令立法成果的现代表述。关于律和律典的功能、法律地位、编纂体例的变化，上一节已述，本节就令典、会典的沿革情况作一简介。

一 令典

令作为中国古代的法律形式，其内涵包括令典、诏令和单行令。令典是令的形式之一。秦汉时期，多种单行律、单行令并用，汉代还有多种汇编性的令集并行。秦代有《焚书令》、《谥法令》、《田令》、《垦草令》

① （明）申时行等重修：《明会典》，中华书局1989年影印，第823—881页。（清）伊桑阿等纂修：《大清会典（康熙朝）》，文海出版社1992年第1版，第5419—6260页。

等，大多为因事颁制的单行令。汉令内容更为繁杂，有《乐浪挈令》、《北边挈令》，有《光禄挈令》、《廷尉挈令》，有《秩禄令》、《宫卫令》，还有《令甲》、《令乙》等令集。这一时期颁行的单行令和令集，都属于国家的常法，但还不能说某一令集是国家最高层次的法律。

魏晋以降，各代在编纂律典的同时，也很重视编纂通行全国的、在国家法律体系中居于最高法律地位的令典。秦汉时代诸令、令集并存的局面被改变，各种令也被按照篇目汇编起来，形成与律典分编并行的令典。律典是刑事法典，是绳奸制顽、打击犯罪的法律规范。令典是以行政法律规范为主体、同时包含军事法律规范、民事法律规范、诉讼法律规范等各种部门法律规范的综合性法律，其内容是积极性法律规范。

历代制定的令典大多失传。这里，主要就史籍中记载有篇目的令典作一介绍：

（一）两晋南北朝时期的令典

晋于制定《泰始律》的同时，把有关国家行政、经济、民事、军政、学校管理和诉讼制度方面非“正罪名”的法令编纂为专门法典，史称晋令。晋令共40篇：《户》、《学》、《贡士》、《官品》、《吏员》、《俸廪》、《服制》、《祠》、《户调》、《佃》、《复除》、《关市》、《捕亡》、《狱官》、《鞭杖》、《医药疾病》、《丧葬》、《杂》（3篇）、《门下散骑中书》、《尚书》、《三台秘书》、《王公侯》、《军吏员》、《选吏》、《选将》、《选杂士》、《宫卫》、《赎》、《军战》、《军水战》、《军法》（6篇）、《杂法》（2篇）①。《晋书·刑法志》云：晋改魏法，“蠲其苛秽，存其清约，事从中典，归于益时。其余未宜除者，若军事、田农、酤酒，未得皆从人心，权设其法，太平当除，故不入律，悉以为令。施行制度，以此设教。违令有罪则入律”。晋杜预《律序》说：“律以正罪名，令以存事制。”晋律以“正罪名”为基本功能，晋令则是以“存事制”为基本功能、以积极性规范为内容的法典。

南北朝时期，南梁制定有《梁令》30篇：《户》、《学》、《贡士赐官》、《官品》、《吏员》、《服制》、《祠》、《户调》、《公田公用、仪迎》、《医药疾病》、《复除》、《关市》、《劫贼、水火》、《捕亡》、《狱官》、《鞭杖》、《丧葬》、《杂上》、《杂中》、《杂下》、《宫卫》、《门下散骑中书》、

① 参见程树德著《九朝律考》“晋律考”（中华书局1963年第1版）。（清）张鹏一著，徐清廉校补《晋令辑存》（三秦出版社1989年第1版）对晋令有详细考述。

《尚书》、《三台秘书》、《王公侯》、《选吏》、《选将》、《选杂士》、《军吏》、《军赏》。从《梁令》的篇目看，其内容涉及国家和社会生活各个方面。南陈时范泉主持编订《陈令》30 篇，但其篇目已不可知。

北朝各代也很重视编纂令典。北齐河清三年（公元 564 年），由高叡等人编纂令典 40 卷[①]，按尚书二十八曹为各篇名称。这是中国历史上首次以官府的部门名称为令典篇目。北周时也曾由赵肃、拓跋迪等人制定令典，然其篇目史籍未有记载。

（二）隋唐的令典

隋唐时期的令典，是与律典并重的国家大法。隋开皇二年（公元 582 年）颁行的《开皇令》，共 30 卷，即《官品上》、《官品下》、《诸省台职员》、《诸寺职员》、《诸卫职员》、《东宫职员》、《行台诸监职员》、《诸州郡县镇戍职员》、《命妇品员》、《祠》、《户》、《学》、《选举》、《封爵俸廪》、《考课》、《宫卫军防》、《衣服》、《卤簿上》、《卤簿下》、《仪制》、《公式上》、《公式下》、《田》、《赋役》、《仓库厩牧》、《关市》、《假宁》、《狱官》、《丧葬》、《杂》。隋炀帝时，又制定《大业令》30 卷（一说 18 卷），其篇目已失传。

唐初高祖武德年间，以隋《开皇令》为蓝本编纂本朝令典，于武德七年（公元 624 年）颁布天下，这是唐朝的第一部令典。唐太宗贞观年间，对令典进行修订，于贞观十一年（公元 637 年）颁行，共 30 卷，1590 条，史称《贞观令》。《贞观令》的篇目是：《官品上》、《官品下》、《三师三公台省职员》、《寺监职员》、《卫府职员》、《东宫王府职员》、《州县镇戍狱渎关津职员》、《内外命妇职员》、《祠》、《户》、《选举》、《考课》、《宫卫》、《军防》、《衣服》、《仪制》、《卤簿上》、《卤簿下》、《公式上》、《公式下》、《田》、《赋役》、《仓库》、《厩牧》、《关市》、《医疾》、《狱官》、《营缮》、《丧葬》、《杂》。

自贞观颁布新令典后，唐高宗、中宗和睿宗等朝也对令典作过修订。至唐玄宗开元年间，又进行过三次修订。自开元二十五年（公元 737 年）修订后，唐令基本上没有再作大的修订。唐开元年间修订的令典共 30 卷，27 篇，1546 条，其篇目几乎与隋《开皇令》无异。由此可见，唐令与隋令的内容虽然会有差别，但两者之间有着密切的渊源关系。

---

① 据《隋书·刑法志》。《隋书·经籍志》、《旧唐书·经籍志》作 8 卷，《新唐书·艺文志》、《通典》作 30 卷，《唐六典》注则作 50 卷；参见程树德著《九朝律考》，中华书局 1963 年第 1 版，第 406 页。

《唐六典》云:“令以设范立制。”《新唐书·刑法志》说:“令者,尊卑贵贱之等数,国家之制度也。”可见唐代令典是规范国家各种制度的法典,基本条款属于积极性规范。令典中的禁止性规范,并未直接规定相应的刑罚,而是在律典的有关条款中予以规定。令典与律典同是国家的最高层次的法律,前者存事制,后者正罪名,二者相互配合,构成了国家的基本法律制度。

(三)宋代令典

五代时期及北宋初年颁行的令典,内容基本沿用唐令。宋代于太宗淳化三年(公元992年)编订的令典,只是对《唐令》做了简单的文字校勘,没有多少新的建树。宋仁宗天圣七年(公元1029年)颁行的《天圣令》,是宋代首次系统编纂的令典。该令典30卷、21篇:《官品令》、《户令》、《祠令》、《选举令》、《考课令》、《军防令》、《衣服令》、《仪制令》、《卤簿令》、《公式令》、《田令》、《赋役令》、《仓库令》、《厩牧令》、《关市令》、《捕亡令》、《医疾令》、《狱官令》、《营缮令》、《丧葬令》、《杂令》,约1500条。现存的《天圣令》残本,有《田令》、《赋役令》等10卷,令文289条,附录唐令222条。虽然《天圣令》篇目仍承袭唐代的名称,但内容有较多调整。此后,北宋的元丰、元祐、元符、政和及南宋的绍兴、乾道、淳熙、庆元、淳祐年间,都进行过令典的编纂。其中《庆元令》50卷,其部分篇目可从《庆元条法事类》等法规汇编中予以复原。从《庆元令》的卷数、篇目看,它较之《天圣令》的内容有大幅度的增加。

宋代以后,随着中国古代法律体系由律令制向律例制转化,各代都没有再进行诸如《晋令》、《贞观令》这样内容完善的令典的编纂,然而,明初颁行的《大明令》似带有令典的性质。《大明令》是明开国之初与《大明律》同时颁布、并行于世的重要法律。该令制定于朱元璋登基前一月的吴元年(公元1367年)十月,洪武元年(公元1368年)正月颁行天下。《大明令》革新体例,以六部分目,凡为令145条。其中《吏令》20条,《户令》24条,《礼令》17条,《兵令》11条,《刑令》71条,《工令》2条。它简明扼要地对明朝的基本制度、诸司职掌和司法原则等作了规定。在新朝初建、法律未遑详定的情况下,它实际上起到了临时治国总章程的作用。其确认的基本法律制度后成定制,为明代各朝所遵行。

二　会典

自南宋后期起，各代在法典编纂方面一个重大的变革，就是改变了魏晋至唐宋律典、令典分编的办法，停止了内容系统的大型令典的编纂，改为编修综合性的“大经大法”，以行政法律为主体，囊括刑事法律在内。历代法典以“会典”命名者，仅有《大明会典》和《大清会典》，其汇编方法可追溯到《周礼》。学界对《周礼》有较大争议，认为其中的设官分职之制并非周代原貌，但就以汇编方式编纂国家典章制度的做法而言，其始源地位毋庸置疑。唐玄宗时，有仿照《周官》而编纂的《唐六典》。宋、西夏、元三代，吸取前代汇编典章制度的经验，以诸法合编的方式编修国家大经大法。南宋的《庆元条法事类》、西夏法典《天盛改旧新定律令》和元代法典《大元通制》，虽未以“会典”命名，实际上都是综合性的法律汇编。明清《会典》吸收了中国历史上汇编典章制度的经验，并逐步形成定期修典的制度。

关于明清《会典》的性质，学界尚有争议，有“典制体史书”、“行政法典”、“官制法”等不同观点。本书采用“国家大经大法”的提法，主要理由是：（1）关于《会典》编纂的宗旨，明正德《会典·御制明会典序》云：“俾内而诸司，外而群服，考古者有所依据，建事者有所师法”。清乾隆《会典·凡例》云：“兹编于国家之大经大法，官司所守，朝野所遵，皆总括纲领勒为完书。”明清统治者编纂《会典》有双重意图，一是明法度令官民共守，二是诏示一代典籍备后世查考。（2）《会典》是一代典章和法律的汇编，它不同于一般典制体史书的编纂，自始至终都是国家的立法活动。编纂《会典》时，以“不得与《会典》之制有违”为原则，现行法律须经严格清理、选择可通行于世者呈报皇帝定夺后方可入典。《会典》要由皇帝明令公布，命天下遵行。（3）从《会典》的内容看，除现行法律外，收入的前朝颁行的法律，基本上是两种情况，或是长期通行的基本法律制度，或是可作为百司参阅的法律经典。（4）查阅《明实录》、《清实录》等明清史籍，有许多立法与执法实践中“照依会典”、“查照会典”、“按会典开载”的记载，说明《会典》在治国实践中是作为一代大法被遵行的。

（一）南宋、西夏、元代法典体例的革新

魏晋至北宋时期，律典、令典同为国家最高层次的法律，采取两典分编的形式。南宋嘉泰元年（公元1201年），宋宁宗下诏编修《庆元条法事

类》，翌年书成。该书以事目为经，把122卷《庆元敕令格式》、12卷《申明》分门别类，加以重新组合而成。宋时流行的《庆元条法事类》，有437卷和80卷两种版本。现存残本《庆元条法事类》敕887条，令1781条，格96条，式142条，申明260条，共计3166条。该书的内容包括刑事、民事、行政、经济等方面的立法，是一部综合性汇编法典。该书采用的诸法合编方法，为西夏、元代编纂法典所效法。

西夏是党项人在中国西北地区建立的一个王朝。《天盛改旧新定律令》是西夏仁宗天盛年间（公元1149—1169年）颁布的一部法典，简称《天盛律令》，这是一部用西夏文刊印的法典，全书20卷，分为150门，共计1461条。其内容全部是有关行政、经济、刑事、民事、军事、诉讼等方面的律令条文。

《大元通制》是元代制定的一部内容比较系统的成文法典。编纂于元成宗大德年间（公元1297—1307年）和仁宗皇庆、延祐年间（公元1312—1320年），后经反复修订，于英宗至治三年（公元1323年）颁行。《元史·刑法志》对该书的形成过程作了这样的记述："元兴，其初未有法守，百司断理狱讼，循用金律，颇伤严刻。及世祖平宋，疆理混一，由是简除繁苛，始定新律，颁之有司，号曰《至元新格》。仁宗之时，又以格例条画有关于风纪者，类集成书，号曰《风宪宏纲》。至英宗时，复命宰执儒臣取前书而加损益焉，书成，号曰《大元通制》。"① 该书内容所涵为4个部分，一曰诏制，计94条；二曰条格，计1151条；三曰断例，计717条，四曰别类，计577条。若把各类法律的内容和性质与唐宋法律比较，《大元通制》中的"诏制"相当于"敕"，"条格"相当于"令"，"断例"相当于"律"。该书的诏制、断例、别类3部分均已失传，条格部分共30卷，现存户令3卷，杂令2卷，学令、选举、军防、仪制、衣服、禄令、仓库、厩牧、田令、赋役、关市、捕亡、赏令、医药、假宁、僧道、营缮各一卷，失缺祭祀、宫卫、公式、狱官、河防、服制、站赤和榷货8卷。从《大元通制》的构成和条格的篇目看，它是包括刑事和非刑事法律在内的综合性法典，作为一代"大法"在元代实行40年之久。

《庆元条法事类》、《天盛律令》、《大元通制》虽然在编纂体例上与明清《会典》有别，后者是"以官统事，以事隶官"，即以国家机构为序，每一官署下按其职掌编列相关典制及事例；而前者是"以事目为经"或分

① 《元史》卷102《刑法一》，中华书局1976年版，第2603—2604页。

门别类编纂，但它们都是把包括刑事法律在内的各类法律综合编纂为一代大法。从这个意义上讲，《庆元条法事类》、《天盛律令》、《大元通制》也属于会典性质，只是名称不同而已。

（二）大明会典

《大明会典》的编纂始于弘治十年（公元1497年）三月。其时，孝宗以累朝典制散见于简册卷牍之间，百司难以查询，民间无法悉知，于弘治十年（公元1497年）三月敕大学士徐溥、刘健等编修《大明会典》，十五年（公元1502年）十二月成书，凡180卷。但未及颁行，明孝宗去世。明武宗继位后，于正德四年（公元1509年）五月，命大学士李东阳等重校，六年（公元1511年）颁行，世称《正德会典》。《正德会典》弁以宗人府一卷，自1—163卷为六部掌故，164—178卷为诸文职，末二卷为诸武职，详记明初至弘治之行政法规和典章制度。其书开创了《明会典》的基本体例，今有明刻本传世。

嘉靖年间，会典两次续修。嘉靖八年（公元1529年），将弘治十五年至嘉靖七年（公元1528年）续定事例，照前例查出纂集，以类附入。嘉靖二十四年（公元1545年）至二十八年（公元1549年），又诏阁臣续修新例。嘉靖间前后续修达53卷，世称“嘉靖续纂会典”，然未颁行。

神宗万历四年（公元1576年）六月，重修《大明会典》，十三年（公元1585年）书成，十五年（公元1587年）二月刊行，世称“万历重修会典”，题为申时行等修，共228卷，增补了嘉靖二十八年至万历十三年事例。今存《大明会典》有内容简繁不同的两种版本，一般称引的《大明会典》，多指万历本而言。以下简介以万历本为据。

《大明会典》采取“以官统事，以事隶官”的编纂体例，即以六部和其他中央机构官制为纲，以事则为目，分述明代开国至万历十三年二百余年间各行政机构的建置沿革及所掌职事。全典分文职衙门与武职衙门两大部分。文职衙门共226卷，宗人府1卷、吏部12卷、户部29卷、礼部75卷、兵部41卷、刑部22卷、工部28卷、都察院3卷、通政使司和中书舍人、六科、大理寺、太常寺、詹事府等、光禄寺、太仆寺、鸿胪寺、国子监、翰林院、尚宝司、钦天监、太医院、上林苑监等、僧录司等各1卷。最后为武职衙门2卷：五军都督府和锦衣卫等22卫。南京衙门事例附于各相关衙门之后。

《大明会典》是一部记载明代基本法律制度、特别是行政法规的珍贵文献。其依据的资料以洪武二十六年（公元1393年）刊布的《诸司职掌》为主，参以《皇明祖训》、《大诰》、《大明令》、《大明集礼》、《洪武礼制》、《礼仪定式》、《稽古定制》、《孝慈录》、《教民榜文》、《大明律》、《问刑条例》、《军法定律》和《宪纲》等十余种法律典籍以及百司之册籍和历年有关之事例汇辑而成。《会典》详细记述了各国家机构的设置、有关制度和活动原则、冠服仪礼，并附有插图。在各官职下多列有详细统计数字，如田土、户口、驻军和粮饷等。正如序文所说，“辑累朝之法令，定一代之章程，鸿纲纤目，灿然具备”，是明朝典章之大全，其《会典》之名和体例均为清代所继承。

（三）大清会典

《大清会典》于康熙、雍正、乾隆、嘉庆、光绪五朝凡五修。康熙《会典》是清代编纂的首部会典，自康熙二十三年（公元1684年）开修，二十九年（公元1690年）成书，共162卷，载清开国至康熙二十五年（公元1686年）中央50个文武衙门现行的典章制度。雍正《会典》续修始于雍正二年（公元1724年），十年（公元1732年）完成，所载由康熙二十六年（公元1687年）至雍正五年（公元1727年），共250卷。这两部会典仿效《明会典》体例，以官统事，以事隶官，典例合一。

乾隆十二年（公元1747年）续修《会典》时，清高宗“以典例无辨，始命区会典则例各为之部”①，二十九年（公元1764年）成书。乾隆《会典》采用“以典为纲，以则例为目”的编纂体例，把原来附在会典之后的例同《会典》分编，计有《会典》100卷，《会典》则例180卷，所载自雍正六年（公元1728年）至乾隆二十三年（公元1758年）。会典记载现行的典章制度条文及必要的解释文字。会典则例专辑会典中所载各项典籍的沿革损益的谕旨、奏章及具体事例，采取“因事分类，因类分年，每一事例，略叙数语，以见大竟”的编写原则。乾隆《会典》典、例分编的做法，为嘉庆、光绪年间修典所效法。

嘉庆《会典》始修于嘉庆六年（公元1801年），二十三年（公元1818年）完成，分为三部编辑，即会典80卷，事例920卷，图132卷，所载由乾隆二十四年（公元1759年）至嘉庆十七年（公元1812年），开创了清代会典有典、有例、有图系列性套书之先河。光绪《会典》始修于光绪二十二年（公元1896年），二十五年（公元1899年）成书，其中会

---

① （清）崑岗等修、吴树海等纂：光绪《大清会典》书首《凡例》，《续修四库全书》（史部）第794册，上海古籍出版社2002年影印本。

典100卷，事例1220卷，图270卷，所载由嘉庆十八年（公元1813年）至光绪十三年（公元1887年）。

《清会典》的资料来源主要有4大类：一是朝廷颁布的重要法律；二是各衙门的法律文书；三是《清实录》中有关典制的资料；四是其他记载清代典制的书籍。就事例的来源讲，主要是选自皇帝的谕旨、中央各衙门和督抚等的条陈、历年的成例。

《清会典》经过历朝的续修，体例和内容更加完备。乾隆《大清会典·凡例》云："会典以典章会要为义，所载必经久常行之制。兹编于国家大经大法，官司所守，朝野所遵，皆总括纲领勒为完书。"清代通过定期修订《会典》，把增补、删除或修正的典章制度以会典的形式确定下来。《会典》汇集了历年颁布的有关国家机构组织活动的各种法律规范，是国家机构活动的准则和依据。

第四节　君主诏令和格、式、敕、制书等的编纂

令是君主或以君主名义发布的各类命令的统称。它作为中国古代最重要的基本法律形式之一，其称谓、形式纷杂。检阅现存古代法律文献，令的存在状态大体可分为以下三种类型：一是君主根据治国需要随时发布的各种诏令；二是"著为令"的单行法令和以令形式表述的重要法律法规；三是令典。此外，历代之令还存在于以令为法源、通过编修敕令形成的具有独立法律形式的立法成果中，如唐代的格是编修君主敕令而成，唐式是从令分化而来，宋代的编敕是删集君主的敕令而成。

一　诏令、单行令

在中国古代，律、令典和其他国家常法具有长期的稳定性，不便于频繁修改。但法有尽而情无穷，国家的基本法律法规随着时势的变迁和新问题的不断出现，需要及时变通和补充，诏令就是适应这种需要而出现的法律形式。

诏令是古代君主或以君主名义随时制定、发布的下行命令文书的通称。因发布的对象、方式和内容范围不同，其称谓又分为多种。各代对诏令种类的区分也不完全一样。

西周以前的最高统治者，曾以誓、诰等形式，发布具有规范性、强制性的命令。如夏启伐有扈氏前曾发布《甘誓》、商汤伐夏桀前曾发布《汤

誓》、武王伐纣前曾发布《牧誓》、伯禽伐淮夷前曾发布《费誓》。这些誓都是针对军旅发布的，内容是出征前的动员令及对军队的纪律约束，无论是否真实，其法律特征的完备性尚待进一步考察。而周公东征平叛发布的《大诰》、康叔为诫谕禁酒发布的《酒诰》、分封康叔时发布的《康诰》、洛邑建成后周公告诫成王发布的《洛诰》等，则是针对普通臣民所发，有鲜明的“王言”性质，其国家制定性、普遍适用性等法的特征已基本完备，与后代诏令的性质、功能大体相同，只是名称相异而已。

秦统一中国后，确定国家最高统治者称号为“皇帝”，同时确立文书行文体制，将皇帝发布“命”的文书称为《制》，发布“令”的文书称为《诏》。《制》主要涉及人事，数量虽多，适用面却比较窄，上升为法律规范的可能性较小。《诏》涉及其他政治、经济、社会事务，通常有普遍的适用性，因而成为法律规范的重要来源。《诏》是令的载体，表明出于王言；令是《诏》的内容，表明皇帝的意旨、执行方式和责任、违反后果等，两者关系密切，因此后世常合称“诏令”。秦代发布的令，既有与民生、经济有关的《田令》、《垦草令》，也有与礼制和社会生活管理有关的《谥法令》、《津关令》，还有包含刑罚内容的《焚书令》、《吏见知不举令》、《以古非今偶语诗书令》等。史籍记载虽非全貌，秦令以单行令为主、各种规范内容并包的特点，仍然显而易见。

两汉时期，令是仅次于律的重要法律形式。汉代统治者重视令的制定和颁行。《汉书·杜周传》云：“前主所是著为律，后主所是疏为令。”又据后人对汉代令性质的解释：“天子诏所增损，不在律上者为令。”① 按照前句话的意思，律是前代君主所定，令是后嗣君主所定，律、令之间的区别仅在于制定者不同。而按照后句话的解释，令是君主对律所作的增改且未被纳入律的法律规范。这说明两汉时期律、令二者的性质和功能还缺乏严格的区分，表述令的各种立法成果的形式也远没有后代那样详细和清晰。从史籍和出土文物的记载看，汉代的诏令多是针对特定的人或事单独发布的，不一定具有长期的法律效力。单行令也多是以皇帝诏书的形式发布的，其内容主要是有关新的制度或新的行为规范，或者是对旧令和旧例的补充、追加，因而具有法律规范性和一定稳定性。

两汉诏令大多散佚。关于汉代诏令的史料，《四库全书》中现存《两汉诏令》23卷，其中，宋代人林虙编《西汉诏令》11卷，宋代人楼昉编

---

① 《汉书》卷8《宣帝纪》文颖注，中华书局1962年版，第253页。

《东汉诏令》12卷，收入诏令600余件。诏令的形式有册文、制、敕、诏、诰、策命、玺书、教、谕等。

汉代时，每当新皇帝即位后，就对前朝皇帝以制诏形式颁布的令进行清理，把适合治国需要的令编入律或汇集成令集。从文献和出土的汉简中有关令的记载看，汉令的编纂大体有3种情况：一是将单行令按干支顺序以甲、乙、丙为名编纂，如《令甲》、《令乙》、《令丙》。二是挈令，以地区和官署的名称编纂，是地区或官署汇编的法令集。如《乐浪挈令》、《北边挈令》是以地区名为法令称谓的，《光禄挈令》、《太尉挈令》、《大鸿胪挈令》、《御史挈令》是以官署名为称谓的。三是以内容为名编纂的令集，其中职官管理类的令集有《秩禄令》、《宫卫令》、《品令》、《任子令》、《予告令》、《功令》、《受所监临令》，经济管理类有《田令》、《水令》、《马复令》、《金布令》、《缗钱令》，礼仪类有《祠令》、《祀令》、《斋令》，军事类有《戍卒令》、《公令》、《卖爵令》，司法类有《狱令》、《箠令》、《谳狱令》，胎养、养老类有《胎养令》、《养老令》。在上述令集中，《令甲》、《令乙》、《令丙》和挈令属于综合编纂类令集，以内容为名的令集属于单行法令集。由于令集的内容多是限于某一时期、某一地区或某一领域法令的汇编，而且多种令集同时行用，还不能说某一令像后世的《晋令》、《贞观令》那样，在国家法律体系中居于最高法律地位。

魏晋至唐宋，律、令的功能发生了重大变化。律成为刑事法律的专称，令典成为表述行政、经济、民事、军政、文化教育及诉讼方面非刑事的综合类法律规范的法律形式。诏令作为君主随时发布的法令，其内容既有刑令，也有众多的非刑事法令。诏令的功能主要用于补充和修正律、令、格、式等形式的国家“常法”之不足，其效力也往往在“常法”之上。君主因事因时发布的各类不同形式的诏令，一般不允许在执法和司法中广泛使用。诏令只有“著为令”或编修入典、律、令、格、式等“常法”之后，才有普遍适用的效力。

唐代时，君主诏令的制定和发布十分频繁。北宋宋敏求编《唐大诏令集》130卷，成书于北宋熙宁三年（公元1070年），是唐代290年间各朝帝王诏令的汇编。现存该书的各种版本，都非全帙，缺第23卷。《唐大诏令集》内分帝王、妃嫔、追谥、册谥文、哀册文、皇太子、诸王、公主、郡县主、大臣、典礼、政事、蕃夷等13类，共收诏令1460多件，其于政治、经济、文化、法律、军事、外交等有关国家大事，无不毕载。该书所收诏令，绝大多数是以诏、制、敕、册文形式发布的，少量是用诰、赦、德音、策问、令、批答等形式发布的。①

宋代诏令的形式较之唐代又有发展。《宋大诏令集》是北宋九朝皇帝诏令的汇编，撰者不详，相传为宋绶后代子孙于南宋绍兴年间编成。全书240卷，另有目录2卷，现缺失44卷和目录上卷，现存诏令3800余条。该书按诏令内容分类，现存有帝统、太皇太后、皇太后、皇太妃、皇后、妃嫔、皇太子、皇子、亲王、皇女、宗室、宰相、将帅、军职、武臣、典礼、政事17门，各门下又设若干类、目，其中政事门最为庞杂，占全书现存篇幅的一半左右。《宋大诏令集》所收诏令范围广泛，大多是以诏、敕、制、册文、书、令、赦、表、德音、御札、手书、状、议、批答、策问等形式发布的。②

元代，中国古代法律体系的主要法律形式由律令向律例转变。关于元代的诏令，泛称圣旨、制诏，没有像唐宋那样按照发布对象和适用范围的不同，把其严格区分为各类规范的形式。《大元通制》中有“制诏”，是皇帝颁布的敕令，共94条。

明清两代，采用以典、律、例为主要法律形式的法律体系，诏令的称谓和编纂形式有了新的变化，以往的一些著述认为“明清无令”，其实不然。检阅《明实录》，有关皇帝诏令和“著为令”的单行令的记载比比皆是。弘治《大明会典·凡例》云：“事例出朝廷所降，则书曰诏，曰敕。臣下所奏，则书曰奏准，曰议准，曰奏定，曰议定。或总书曰令。”③《明史》卷72《职官一》云：“凡上之达下，曰诏，曰诰，曰制，曰册文，曰谕，曰书，曰符，曰令，曰檄，皆起草进画，以下之诸司。”《会典》所记明代君主发布之令也比比皆是。按明人的立法观念，皇帝诏敕“著为令”者，也称为事例。明代的事例多是由皇帝诏敕而来。明代诏令散见于诸多史籍和法律文献中。明人编纂的有关明代诏令的有《皇明诏令》和《皇明诏制》等书，其中《皇明诏令》篇幅较大。《皇明诏令》系明傅凤翔于嘉靖十八年（公元1539年）任巡按浙江监察御史、福建按察使副使期间辑成刊行，此后浙江布政使司又于嘉靖二十七年（公元1548年）校补重刊。收录自小明王韩林儿龙凤十二年（公元1366年）至明嘉靖二十

① （宋）宋敏求编：《唐大诏令集》，洪丕谟、张伯元、沈敖大点校，学林出版社1992年第1版。

② 司义祖点校：《宋大诏令集》，中华书局1962年第1版。

③ （明）申时行等重修：万历《大明会典》书首《弘治间凡例》，中华书局1989年影印本，第5页。

六年（公元1547年）共182年间明代十位皇帝的诏令507篇。其中：太祖72篇，成祖73篇，仁宗15篇，宣宗71篇，英宗95篇，景帝20篇；宪宗62篇，孝宗24篇，武宗22篇，世宗53篇。这些诏令均系明代十朝有关重大朝政要事和法律制度的决策性文献，① 诏令的形式主要有令、旨、檄、诏、敕、谕、书等。

清代皇帝颁布的诏令，数量远远超过前代，诏令的形式与明代大同小异，有诏、制、册书、诰、敕、朱谕、谕旨等多种。较之明代而言，以谕旨形式发布的诏令数量大大增多。清廷定期修典修律，适时把重要的皇帝谕旨纳入国家常法。清人编纂的君主谕旨汇编性文献甚多，《清实录》和《四库全书》中都收入了大量的清代皇帝上谕，国家图书馆藏有《大清诏令》清抄本。

自魏晋至明清，各代君主在发布诏令的同时，还颁行了大量的各种单行令，其内容涉及行政、经济、民事、军政、学校管理和社会生活的各个方面。因本书篇幅所限，难以详述，仅以有重大影响的田令为例，三国时期曹魏颁布有屯田令，西晋武帝太康元年（公元280年）发布有占田令，北魏孝文帝太和九年（公元485年）颁布有均田令，北齐武成帝河清三年（公元564年）颁布有均田令。隋唐至明清各代也颁布有类似的法令，如明初朱元璋颁布有核田令、垦田令、屯田令，清初颁布有圈地令、垦田令，清朝康熙、雍正、乾隆时期颁布有禁止夺田换佃令等。单行令通行全国，是国家的重要法规。

中国历史上各代君主发布的诏令和各种单行令，不仅具有较高的法律效力，也是律典、令典、会典和其他国家常法的法律渊源，对于完善国家的法律制度发挥了巨大作用。

二　格

据《晋书·陈頵列传》记载，"赵王伦篡位，三王起义，制《己亥格》，其后论功虽小，亦皆依用"。这说明"格"作为法律形式在晋代已经出现。南北朝时期，格在立法中被较多地使用。南朝的格多是依诏令随事制定，调整范围包括礼仪、行政、经济等领域。如宋有规范官员车服制度的《九条之格》、《二十四条之格》，齐有《杨格》、《策秀才考格》等。

---

① （明）傅凤翔辑：《皇明诏令》，杨一凡、田涛点校，收入《中国珍稀法律典籍集成》乙编第3册，科学出版社1994年版。

《隋书·经籍志》录有“《梁勋选格》一卷”、“《梁官品格》一卷”。北朝各国也重视格的制定。《唐六典》卷6《尚书刑部》注文中记：“后魏以格代科。”北魏宣武帝时，曾制《正始别格》。东魏孝静帝兴和三年（公元541年），颁行《麟趾格》15篇，是东魏“省府以之决狱，州郡用为治本”的基本法律。北齐文宣帝时重新刊定《麟趾格》。隋朝以律、令、格、式为基本法律形式，制定有《开皇格》。因史籍所记北朝、隋代制格的资料甚少，我们还无法对其内容、功能做出准确的阐述。

唐高祖武德元年（公元618年），命刘文静等制定新法。因政权初创，百废待兴，来不及全面修法，刘文静等在对隋开皇律令删改、补充的基础上，制定出临时法规《武德新格》53条，同年颁行天下。至武德七年（公元624年）颁布武德律、令时，53条新格被纳入新律。由此看来，《武德新格》内容偏重于刑律。

唐太宗即位后，国家立法活动全面展开，在编纂律、令、式的同时，也进行了频繁的编格。从贞观元年（公元627年）起，历时十年撰成《贞观格》18卷，于贞观十一年（公元637年）正月实施。《贞观格》以尚书省二十四司为篇名，共24篇，是在删选武德、贞观以来发布的3000余条制敕的基础上，定留700条而成。《贞观格》留本司行用，未颁行全国。这种以“编录当时制敕”为格的做法为后嗣君主所遵循。唐高宗永徽二年（公元651年）颁行《永徽留本司刑格》18卷，《永徽散颁格》7卷。此次编格中，把格区分为“留司”和“散颁”两种，前者适用尚书各司，后者颁行全国。唐代的格源于制敕，内容涉及行政、刑事、民事、军政和社会生活的各个方面，能够及时体现君主的意志，顺应时势的发展变化，具有适应性、灵活性、变通性的特点，能够对律、令、式发挥补充、修改的作用。中唐之前，各朝基本上是进行定期的、全面的编格。如武后在位时编有《垂拱留司格》6卷、《垂拱散颁格》2卷，中宗时编有《神龙散颁格》7卷。睿宗年间修格时，把留司格和散颁格合编为《太极格》10卷，此种编格体例为玄宗、文宗两朝所仿效。至玄宗朝，先后编有《开元前格》、《开元后格》、《开元新格》各10卷。文宗时又编纂《开成详定格》10卷。

唐代中期以后，在政局动荡的情况下，唐代统治者停止了律、令、格、式的编修，编纂“格后敕”成为朝廷主要的立法活动。“格后敕”虽然与格都是编录当时的制敕，但编入格的制敕是经过精心删辑、加工足以长期行用者，而“格后敕”是制敕的汇编，除删除掉少数内容前后矛盾者外，其他均予收入，分类编辑。与唐前期行用的格比较，“格后敕”的适用范围比较狭窄，内容偏重于刑狱。“格后敕”的功能是既能修改、补充律、令、式，也能修改补充格，其法律效力比律、令、格、式更高。“格后敕”的编纂始于唐玄宗开元十九年（公元731年）的《格后长行敕》。之后，德宗、宪宗、文宗、宣宗几朝都进行过“格后敕”的编纂。如德宗贞元元年（公元785年）尚书省奏进《贞元定格后敕》30卷，宪宗元和二年（公元807年）许孟容等奉敕删定《元和格敕》30卷，宪宗元和十三年（公元818年）郑余庆等奉敕详定《元和格后敕》30卷，文宗大和元年（公元827年）颁行《大和格后敕》40卷，文宗大和七年（公元833年）颁行《大和新编格后敕》50卷，文宗开成元年（公元836年）颁行《开成详定刑法格》10卷，宣宗大中五年（公元851年）颁行《大中刑法总要格后敕》60卷。

北宋前中期，主要沿用唐代的格，本朝编修的格较少，且基本是单行格，计有《长定格》、《循资格》、《编敕格》、《考试进士新格》、《以阶易官寄禄新格》、《铨曹格敕》、《刑部格》等。宋神宗元丰二年（1079年）改制后，神宗给格下的定义是“设于此以待彼之谓格”。据《宋史》卷199《刑法一》，此后在编纂格时，“命官之等十有七，吏、庶人之赏等七十有七，又有倍、全、分、厘之级凡五等，有等级高下者，皆为格。”这样，格的内容和功能发生了重大变化，由原来的综合性法律规范变为非刑事的制度性法律规范，成为令的量化性、细则性规定。元丰改制之后的宋格，是令的实施细则，其中《赏格》占很大比重。

三　式

式作为独立的法律形式，广泛运用于隋唐、五代、两宋的立法。关于式的源头，学界认识不尽一致。有的学者认为式作为法律用语和法律形式在西周时已经出现，更多的学者把云梦秦简中的《封诊式》视为中国古代最早的式，认为式作为法律形式形成于战国时期。《封诊式》的简册出土时已散乱，只有前两节《治狱》、《讯狱》有关审理案件时的注意事项，与隋唐之式稍类似，其余20余节包括了大量地方文书和案例，如亦属《封诊式》，则难以与隋唐之式相提并论。

晋太康元年（公元280年）制定有《户调式》。南北朝时期西魏文帝大统十年（公元544年），“魏帝以太祖（宇文泰）前后所上二十四条及十二条新制，方为中兴永式，乃命尚书苏绰更损益之，总为五卷，班于天下”①，后世称为《大统式》。《大统式》的内容，已难详考。据学者考证，认为它是类似隋唐令式的行政类法律。②

隋代以律、令、格、式为基本法律形式。隋代之式，源于南北朝之式。隋式已失传，但史籍中有关于隋式的明确记载，如《隋书》卷3《炀帝纪上》：“（大业）四年……颁新式于天下。”

唐承隋制，式是国家最稳定的四种基本法律形式之一。有唐一代，制定有《武德式》、《贞观式》、《永徽式》、《麟德式（乾封式）》、《仪凤式》、《垂拱式》、《神龙式（删垂拱式）》、《太极式》、《开元三年式》、《开元七年式》、《开元二十五年式》等。③《唐六典》卷6《尚书刑部》载：“式以轨物程式。”唐式是以行政法律为主，兼有军事、民事及诉讼规范掺杂其间的综合性法律，属于非刑事法律规范。唐式系从唐令中分化而来，是以行政类法律为主的非刑事综合类法律，与唐令的性质极为相似，往往是一些具体制度或有可操作性的实施细则。

五代时期，式的编纂和功能沿袭唐旧，后梁制定有《梁式》20卷，后唐制定有律令格式286卷，后周制定有式20卷。

宋代初期沿用唐式，《宋刑统》所附9条式篇目，一准于唐。宋太宗时颁布的《淳化式》，无异于唐《开元式》的翻版。英宗至神宗熙宁年间颁布的《在京诸司库务条式》、《诸司敕式》、《熙宁贡举敕式》、《熙宁编三司式》、《将作监式》、《熙宁新定孝赠式》等，其性质功能与唐式相同。宋神宗元丰改制后，式的内容发生了重大变化。宋神宗把式定义为“使彼效之之谓式”，在编纂时，“表奏、帐籍、关牒、符檄之类凡五卷，有体制楷模者，皆为式”。④这样，式的内容仅为公文程式，在国家法律体系中的功能和地位较之隋唐和北宋前中期已大大下降。

宋代以后，式已不是国家基本的法律形式，但在立法中也偶有使用，如明代前期曾颁行有《礼仪定式》、《学校格式》等。清代时，国家各级衙门的活动规范及其细则，都以则例的形式予以规定，式不再作为一种独立的法律形式在立法中使用。

① 《周书》卷2《文帝纪下》，中华书局1974年第1版，第28页。

② 霍存福：《唐式辑佚》，《中国法制史考证续编》第8册，社会科学文献出版社2009年版，第5—6页。

③ 同上书，第10—32页。

④ 《宋史》卷199《刑法一》，中华书局1985年新1版，第4964页。

四　编敕

敕是皇帝诏令的一种形式。敕者，自上命下之词。由于敕一般是针对特定的人和事而发，为一时权制，最初并未成为具有稳定性和普遍性的法律规范，称为“散敕”。要把这些散敕上升为一般法律，就要通过“编敕”这一立法程序。在中国法律编纂史上，编敕始于唐初，当时称为“编格”。唐代规定，皇帝在刑事方面发布的散敕，在司法实践中不得随意援用，只有经过编修成为“永格”，才能广泛使用，以补充律的不足。唐玄宗开元十九年（公元731年），把这类法律文件开始改称“格后敕”。“格后敕”是唐代中后期重要的法律形式。据《旧唐书·刑法志》载，开元十九年，曾删撰《格后常行敕》6卷，颁于天下，此后又编修有《元和删定制敕》30卷、《元和格后敕》30卷、《太和格后敕》50卷以及《大中刑法总要格后敕》60卷等，内容以刑事法律为主。

自五代时期后唐起，编修当朝皇帝敕形成的法规不必与朝廷已定的格相对应，格后敕改称为“编敕”。这一时期，编敕仍以刑事法律为基本内容。后唐编修有《清泰编敕》30卷，后晋编修有《天福编敕》31卷，后周编修有《大周续编敕》。

有系统的编敕始于宋代。宋代编敕以神宗元丰年间改制为分界，前后情况有所不同。宋太祖在位期间的《建隆编敕》，是北宋的首次编敕，共4卷106条，内容由《周显德刑统》内削出的格、令、宣、敕及北宋初期的散敕编集而成，是一种包括刑事和非刑事诏敕的综合性质的法规，与《宋刑统》同时颁布施行，此后直到神宗年间的《熙宁编敕》，均是采取以年代为序的编纂体例，不分门类。从宋真宗年间的《咸平编敕》起，改为按唐律12门分类编纂体例。神宗元丰改制后，把以往编敕中诸种法律规范合而为一的编纂体例，改为按敕、令、格、式4种法律形式分类编纂。《元丰敕令格式》是以《熙宁编敕》为基础，充分吸收了编敕以外的宋代所行用的敕、令、格、式的内容，经过融合、调整、提炼等立法活动，成为新制定成的法规，至南宋末年均采取此种体例。就其法规内容而言，元丰改制后，敕成为纯粹的专门补充律典的刑事法规，令、格、式则替代了单行的令、格、式。此外，南宋还于律、令、格、式之外，编纂“条法事类”。

编敕是宋代经常性的立法活动，据《宋史·艺文志》不完全记载，宋代编敕有80余部。有全国通行的具有普通法性质的编敕（宋人称之为

“海行编敕”、“海行法”），还有适用地方的“一州一县编敕”，以及适用于朝廷各部、司、监的具有特别法性质的“一司一务编敕”、“农田编敕”。其中宋代最重要的属于全国范围内统一行用的编敕，有《建隆编敕》4卷、《太平兴国编敕》15卷、《淳化编敕》30卷、《咸平编敕》11卷、《大中祥符编敕》30卷、《天圣编敕》13卷、《庆历编敕》16卷、《嘉祐编敕》24卷、《熙宁编敕》17卷、《元丰敕令格式》72卷、《元祐敕令式》54卷、《元符敕令格式》134卷、《政和敕令格式》138卷、《绍兴敕令格式》138卷、《乾道敕令格式》244卷、《淳熙敕令格式》248卷、《庆元敕令格式》244卷等。①

五　制书

中国古代的皇帝命令，是法律规范最重要的来源之一。秦代的皇帝命令主要有制、诏两种，确定于秦始皇元年（公元前221年），《史记·秦始皇本纪》：“命为制，令为诏。”② 汉代皇帝命令的种类有所增多，《后汉书·光武帝纪上》李贤注引建武元年九月注引《汉制度》：“帝之下书有四：一曰策书，二曰制书，三曰诏书，四曰诫敕。……制书者，帝者制度之命，其文曰制诏三公，皆玺封，尚书令印重封，露布州郡也。”③ 汉代制书与诏书的功能很难区分，但“帝者制度之命”的特色比较突出。

隋唐时期，皇帝命令的种类进一步增多，不过诏、敕仍是主要形式。载初元年（公元689年），武后“自以‘曌’为名，遂改诏书为制书”。④《唐六典》对唐玄宗时期的王言制度作了记载：“凡王言之制有七，一曰册书，二曰制书，三曰慰劳制书，四曰发日敕，五曰敕旨，六曰论事敕书，七曰敕牒”。其中制书主要用于“行大赏罚，授大官爵，厘革旧政，赦宥降虏”，慰劳制书则用于“褒赞贤能，劝勉勤劳”。⑤

从现存文献看，明代君主制书的内涵较前代扩大，有广义和狭义两种。狭义的制书是指皇帝随时发布的单个制书，其适用对象和功能与唐代相同，此有明人编纂的《皇明诏制》为证。广义上的制书，则是指以君主名义颁布的各类法律典籍，《大明律》、《大明令》、《诸司职掌》、《宪

① 戴建国：《宋代法制初探》，黑龙江人民出版社2000年版，第13页。
② 《史记》卷6《秦始皇本纪》，中华书局1959年版，第236页。
③ 《后汉书》卷1上《光武帝纪上》，中华书局1965年版，第24页。
④ 《旧唐书》卷6，《则天皇后本纪》，中华书局1975年版，第120页。
⑤ 《唐六典》卷九《中书省集贤院史院匦使院》，中华书局1992年版，第273—274页。

纲》、《军政条例》等均属于制书范围，此有明人编纂的《皇明制书》为证。

朱元璋建立明朝后，面对乱世，无暇详定各类基本法律。开国伊始，在颁布洪武元年律的同时，先以文字简明扼要的《大明令》确认国家的基本法律制度，然后采取逐步颁行制书的方式完善国家法制。洪武朝颁布重要制书的情况是：其一，洪武初至二十九年（公元1396年）间，先后编纂了《洪武礼制》、《孝慈录》、《礼仪定式》、《稽古定制》等，用以规范礼仪制度。其二，洪武十八年（公元1385年）到洪武二十年（公元1387年）间，先后颁布了名为《大诰》的文告四编，其中《御制大诰》74条，《御制大诰续编》87条，《御制大诰三编》43条，《大诰武臣》32条，共4编236条。4编《大诰》内容由“官民过犯”案例、峻令和明太祖对臣民的“训导”组成，用以警醒和惩治奸顽。其三，洪武二十六年（公元1393年）三月颁行了《诸司职掌》，该典籍以职官制度为纲，下分十门，分别详细地规定了吏、户、礼、兵、刑、工六部及都察院、通政司、大理寺、五军都督府的官制及其职掌。《诸司职掌》是明初最重要的行政立法，也为明一代职官制度奠定了基础。明正德《会典》就是以《诸司职掌》为蓝本编纂的，正如万历《明会典》书首《弘治间凡例》所说：“《会典》本《诸司职掌》而作。”其四，洪武年间，明太祖还以制书形式颁布了《皇明祖训》，作为子孙、宗室和后代恪守的“家法”；编纂了《宪纲》40条，用以规范监察制度；编纂了国子监和州府县学规，用以规范各类学校制度；编纂了《教民榜文》，用以规范民间事务管理制度。这些以制书形式颁布的非刑事类“常法”，与《大明令》、《大明律》构成明初的基本法律，并以例为补充法，组成比较完整的法律体系。

洪武朝颁行的制书，称谓、法律形式比较杂乱。从明初到弘治年间始修《会典》的一百多年中，明代君臣经过长期的实践，立法指导思想逐渐成熟，实现了从洪武朝的律、令、制书、例为基本形式的法律体系，到以会典、律、例为基本形式的法律体系的转变。自宣德朝始，例的地位逐渐提高，原来以“制书”形式颁布的国家“常法”，改为以“条例”命名。如宣宗宣德四年（公元1429年）六月颁布了《军政条例》，英宗正统四年（公元1439年）十月颁布了《宪纲》条例，弘治十一年（公元1498年）七月颁布了《吏部条例》。以“条例”为朝廷精心修订的“常法”的称谓，虽然其制书的性质未变，但把所有的法律规范都纳入到以典、律、例为基本立法形式，以例为主的法律体系，使法律形式更加简约，法律体系的构成更加科学。

第五节　例的法律形式及功能的演变

一　例的法律形式

在中国古代法律体系中，例作为重要的法律形式，曾经为许多朝代所采用。例的前身是秦汉的比和故事。魏晋至唐、五代时期，例从成为法律用语到被统治者确认为国家的一种法律形式，经历了漫长、曲折的演变过程。唐、五代以条例、则例、格例的形式，制定了不少行政、经济管理方面的法规。宋、元两朝，例作为国家的补充法，名目繁多，其中“断例”的制定和适用影响尤深。明代注重制例、编例，于会典、律、诏令之外，形成了以条例、则例、事例、榜例为内容的完整的例的体系，例的法律地位得到了新的提升。这一时期，刑例进一步完善，以例补律，以例辅律，律例并行；在刑例之外，又制定了吏、户、礼、兵、工诸例。清代在沿袭明制的基础上又多有新创，特别是在以则例为主体的行政例的制定方面成绩斐然。清王朝在“以《会典》为纲，则例为目”的法律框架下，制定和颁布了大量的单行行政法规，全面地完善了国家的行政法制。明清两代制例数量之多，为历代所不及，仅现存的这两代制定的单行条例、则例和例的汇编性文献就达上千种。在中华法制文明发展史上，例具有其他法律形式不可替代的独立存在的价值，在国家社会生活中发挥了极其重要的作用。

历史上例的称谓名目繁多，其中在立法中运用最多的是条例、则例、格例、事例、榜例、断例等，与例的内涵、功能相同的法律形式还有决事比、故事等。

（1）决事比。以已经生效的法律判决为以后判决案件的比照，这就是决事比。“决事比”主要应用于秦汉时期。这一时期，“决事比”除主要是指司法判例外，还包括比照行政先例处理各种事务的含义。由于秦汉两代作为行政先例的决事比极少使用，故决事比也可以说是司法判例的专称。汉代的死罪决事比是审判过程中比照已判决的死刑案例的选择适用，因当时的死罪案件一般要经过最高统治者批准，所以死罪决事比的判例性质及合法性是不言而喻的。决事比通常是一个个的具体案件，但为了方便各级官吏阅读、利用方便，决事比也会被编纂集合，这类决事比在结构上就成了一个复合体。

（2）故事。故事就其本义而言，是指从前发生的某一件或某一类事情。但作为古代法律体系中一种法律形式的故事，则有其特定的含义，它是指历史上对人们的行为具有重要影响的各种先例。故事不是前人有意识的创制，而是后人反复选择适用的结果。历代的君主、大臣和著名人物在其治国实践及社会活动中，都有其行为、行动，并为处理实际事务和解决各类问题作出决定，其中有极少数的行事具有示范效用，存在供人们效仿的价值，被后人征引，作为提出建议、进行论证以及作出决策或者决定的根据。故事包括礼仪、行政、军政、司法等先例。其产生途径以仿效、征引等作为形式。它通常是以一个先例构成一个故事，存在形态是具体的。但也有一些经过汇编、加工而成的故事，其结构方式是复数，存在形态是概括性的。故事作为行政先例，曾在两汉至南北朝时期被各代广泛使用。

（3）事例。事例的本义是“以前事为例”。它是在行政或审判活动中，通过处理某一事件或某一案例形成的并被统治者确认为具有法律效力的定例。魏晋时期，事例是以单数之例的形式出现的，如曹魏的钟毓事例、东晋的蔡谟事例等，并可以与故事相互替代，是从故事、旧事向旧例过渡中的一种称呼。《元史·刑法志》说到《大元通制》的编纂时指出：“大概纂集世祖以来法制事例而已。”这里的事例已具有个案的意义。明朝时，统治者针对国家社会生活中出现的新问题，因事适时立法，颁布了大量的各类事例。明代的事例大多是以事为例，属于单数结构。但也有少数诸如《节行事例》等以“事例”命名的单行法规，是由若干事例汇编而成，是以概括的法律条文表述的。明代还把各类因事立法而形成的行政事例附于会典之后，称之为“会典事例”。会典事例的形态是概括性的，它的编纂体例是以官统事，以事隶官，即把事例按其性质分类编于吏、户、礼、兵、刑、工六部以及都察院、通政使司、大理寺等门之下。清代事例的制定和编纂沿袭明制，特别是在会典事例的编纂方面又有新的进展。清王朝为使各级衙门和官吏的活动有典有则，知所遵守，康熙、雍正、乾隆、嘉庆、光绪五朝曾纂修《清会典》。康熙、雍正两朝《会典》一依《明会典》体例，乾隆朝实行典、例分编。嘉庆、光绪两朝在纂修《清会典》的同时，按年编载行政实例，一事一例，编定嘉庆《会典事例》920卷、光绪《会典事例》1220卷。会典事例的大规模编纂，全面地完善了清代的行政法制。

（4）断例。《晋书·刑法志》曰：“法者，盖绳墨之断例。”晋代时，断例一词乃法之通称。断例在两宋时期成为刑事法律汇编的名称，有刑名断例、法寺断例、特旨断例之别。从字面上理解，这三种断例可能分别是指刑名案例、司法机关判决的案例、皇帝裁决的案例的汇编，因文献阙失，对它们各自的内容及相互区别，尚难论定。元朝编纂的《大元通制》由三部分组成：一曰诏制，二曰条格，三曰断例。其中断例由717个条目组成。从《大元通制》和《元典章》所载断例看，许多条目的内容是概括性法律规定，也有一些断例是具体案例。

（5）条例。条例是通过一定的立法程序制定的规范性文件。它一般情况下由多个条文构成。其形态上表现为概括的方式，不是针对某个具体的人或事。“条例”一词在汉代已经出现，其含义是分条列举的意思，主要运用于经学研究。条例作为法律用语最初出现在南北朝时期，是被作为刑事律条的代称，如北魏廷尉少卿杨钧在上书中就把魏律的条文称为“条例”[①]。在唐代，仍有把律典条文称为条例的情况，《唐律疏议》中就有“诸篇罪名，各有条例”[②] 之语。不过，唐朝的条例作为国家法律体系中的补充法，已被广泛使用于举仕任官、赏功酬勤、刑罚赦免、国计民务等诸多方面，具有法律实施细则的性质。宋代王安石变法时期，条例被赋予特殊的使命，设条例司为变法机关，条例成为推行变法的暂行立法，乃至在某些特定场合成为条与例的合称、法律的代称。在执法实践中，“有条以条决之，有例以例决之，无条例者酌情裁决”[③]。条例被确认为国家法律体系中的基本法律形式始于明代。明代在法制建设中注重编例，不仅在刑事法律领域实行律例合编、律例并用，而且于刑事条例之外制定了不少吏、户、礼、兵、工类条例。由朝廷编修的“条例”，其含义是指“分条”编纂、列举“奏定之例”，是“条”与“例”两事合称意义上的法律用语。

明代的例是由条例、事例、则例、榜例组成的一个完整的例的体系，在这一体系中条例作为经朝廷精心修订、具有稳定性的法律形式，处于核心的地位。清代沿袭明制，又有所变革。如果说明代颁行的单行条例大多属于行政类法律、法规的话，清代的条例则主要用以表示刑事法规，除《钦定科场条例》等极少数单行行政法规仍沿用了“条例”的称谓外，条例这一法律形式通常用于刑事立法，当时人们把《大清律例》中的附例和

---

① 《魏书》卷111《刑罚志》，中华书局1974第1版，第2881页。

② （唐）长孙无忌等：《唐律疏议》卷26《杂律》篇首，刘俊文点校，中华书局1983年第1版，第479页。

③ 《宋史》卷371《徐处仁传》，中华书局1985年新1版，第11520页。

续纂的刑例称为条例。条例在明清时期的治国实践中，发挥了特别重要的作用。

中国古代条例的概念有狭义和广义两种。上述所说的条例，是立法中对这类规范性和稳定性较强的法律文件的称谓，即严格意义上的、狭义性质的条例。由于古人往往把各种形式具有“条举事例”特征的例都泛称为条例，从广义上讲，事例、则例、格例、榜例也都属于条例的范畴。

（6）格例。格例最初出现于唐代，这与格是当时重要的法律形式之一有关。它是复数的结构，概括的形态。在唐、五代时期，格例是在行政过程中产生的，主要用于官吏的选举和管理方面。宋代史籍中，也有格例的零星记载，其内涵和作用与唐代相同。元代的许多文献都提到格例，不过这一时期的格例的概念是格与例的合称，格是指条格，例是指断例。条格和断例是元代法律的主要形式，格例在绝大多数场合下是元代法律的总称。

（7）则例。“则”是标准、等差或法则、准则、规则之意，“例”是指先例、成例或定例。清人文璧在论及“则例”的含义时说：“聚已成之事，删定编次之也。”① 则例是通过立法程序制定出来的，是通过删定编次先例、成例和定例并经统治者确认的行为规则。则例属于复数结构，具有概括性形态。则例之名起于唐、五代时期，当时还只是偶尔用之，其内容大多是有关官吏俸禄及钱粮方面的规定。宋代有驿券则例、锄田客户则例、推恩则例、中书则例、商税则例、苗税则例等。元朝《至元杂令》中有笞杖则例、诸杖大小则例。② 明以前各代，则例不是主要的法律形式，它只是一些国家机关或地方官府在实施某些行政和经济法律制度的过程中，因实际需要而制定的标准或规则，在国家社会生活中的作用是有限的。明代时，则例作为规范钱物管理、收支的标准、等差和有关事项具体运作规则的定例，被广泛适用于行政、经济、军政管理等领域。当时朝廷颁行的则例种类甚多，有赋役则例、商税则例、开中则例、捐纳则例、赎罪则例、宗藩则例、军政则例、官吏考核则例及钱法、钞法、漕运、救荒等方面的则例。就这些则例的性质、功能和法律地位而言，它们是诸如赋役法、税法、开中盐法、钞法、钱法等重要法律和各种与钱物相关的管理制度的实施细则。清代时，则例的法律地位有了新的提升。清代的则例是

---

① （清）文璧等纂修：《钦定内务府现行则例》书首文璧等题本，故宫博物院藏清咸丰内府抄本。

② 黄时鉴辑：《元代法律资料辑存》，浙江古籍出版社1988年版，第43—45页。

在以《会典》为纲、例为实施细则的法律体系框架下制定的，它是国家机关活动和重大事务管理的规则，其内容以行政立法为主，涉及的领域十分广泛。这一时期，朝廷不仅制定了《六部则例》、各部院则例，中央机构各司制定的各类细则也多以则例为名，则例成为规范清代行政机构组织和活动规则的主要法律形式。

（8）榜例。中国古代在信息传播技术不够发达的情况下，榜文成为君主向民众公布政令、法律和上情下达的重要载体。榜文是兼有告谕、法律和教化多重功能的官方文书，就其内容功能而言，大体可分为两类：一是以告谕、教化为宗旨，内容是告谕事项或指陈时弊，申明纲常礼教和治国之道，意在使人知所警戒，趋善避恶。二是公布国家法律和地方官府制定的政令、法令，要求臣民一体遵守。后一类榜文具有法律的规范性和强制性，其作为有法律效力的文书，是国家法律体系的有机组成部分，也是古代法律形式之一。制定和发布榜文在中国有悠久的历史，然“榜例”作为法律用语和朝廷的重要法律形式始于明初。明王朝把以榜文形式发布的定例称为榜例。《军政备例》所载 73 条榜例，就是明宣宗宣德三年（公元 1428 年）至孝宗弘治三年（公元 1490 年）间发布的有关军政事宜的部分榜例。[①] 榜例是针对时弊和某种具体事项，向百姓和特定的社会群体公开发布的。榜例发布时大多为单数结构，也大多是具体的事例，其内容是概括性法律条文的榜例甚少。然经过删定汇编成单行法规的榜例，则表现为复合形态，也被称为条例。榜例与其他形式的例，既关系密切又有区别。用以公布某一事例或某一则例、条例的榜例，它与所公布的“例”的内容是重合的，是同一种法令、法规的不同称谓，也可以把其称为某一事例或某一则例、条例。榜例与其他形式例的不同之处，仅在于它是采用榜文这一特定形式颁布的，具有直接面对公众的特色。

在中国古代法律体系中，例是实施国家的基本法律制度不可缺少的、有效的法律形式。一部中国立法史表明，随着时间的推移和社会的进步，例在国家社会生活中发挥的作用就愈突出。特别是明清两代，制定了大量的条例和则例等，不仅刑事法律需要通过以例补律、以例辅律的途径实施，国家社会生活的各个方面都需要以例规范。现存的中国古代法律法规中，有关例的文献占全部法律总数的一半以上，也可证明它在历史上法律中的地位是何等重要。

① （明）赵堂撰：《军政备例》，天津图书馆藏清抄本。

二　例的形成、发展和法律地位的变迁

从秦汉到明清，例的形成和发展经历了一个漫长的过程。从统治者对例的态度看，前后经历了三个时期，即秦汉为司法例广泛适用时期，两晋至隋唐为限制司法例适用时期，宋至明清是注重多种形式例的制定和编纂的时期。如果从例的法律地位变迁的层面分析，明代以前，例在国家法律体系中处于补充法的地位；进入明代以后，例的法律地位逐渐提高，制例成为国家主要的立法活动；特别是明代中叶到清末，朝廷建立的律与例并重、重视制例的法律机制，使例实际上成为国家法律的主体。

为什么具有司法例性质的“决事比”在汉代曾得以广泛应用，而魏晋至隋唐时期包括司法例在内的例的发展十分缓慢并往往被加以排斥？为什么宋、元两代曾重视编例而例终究未成为与律并重的国家主要法律形式？出现这种情况的原因是多方面的，但最主要的是与中国古代实行成文法制度和统治者对完善成文法体系的认识及其做法有关。

中国古代的成文法制度产生于先秦。秦在统一中国的过程中，出于富国强兵的需要，强调法制一统、严明法纪，初步建立了以律、令为核心的成文法体系。汉承秦制，以律、令为主要法律形式。秦汉时期，成文法体系处于发育阶段，立法技术亦不成熟，法律形式比较纷杂。在这种情况下，统治者对于司法例的运用采取的是比较宽松的态度。

魏晋是成文法走向成熟的时期。中国古代法律在秦汉时期走过了一段由简趋繁的路程，到制定魏律、晋律时，立法贯彻了“法贵简约”的精神，删繁就简，意味着面对无限广阔和极其复杂的社会现实，势必增加法律条文的不确定性和自由裁量的弹性空间，客观上存在例发挥作用的环境。但是，因这一时期已制定了相对完备的律典和令典，于律、令之外，又有科、式、故事等法律形式作为法典的辅助立法，这些法律形式大体可以适应治理国家的需要，加之当时的统治者推崇的是以传统的法律形式完善成文法制度，凡是与这一制度相悖的法律形式都被视为法制的对立物，从而对例的出现采取了排斥的态度。

唐代时，统治者建立了中国历史上空前完善的成文法制度，把几乎所有的行为规范都纳入律、令、格、式等法律形式的范畴，对司法例的运用采取排斥的态度。详刑少卿赵本仁曾编纂《法例》三卷，以期作为断狱的依据，“时议亦为折衷”。唐高宗认为，唐代的法律已经“条章备举，轨躅昭然”，将现实生活概括无余，“临事遵行，自不能尽”，没有必要“更

须作例”，《法例》的存在只能是增加“烦文”，带来的只是“不便”，故明令废止《法例》。这里应该指出，唐代以令、格、式颁布的许多法律，实际上与明清时期的条例、则例、事例的功能并无多少区别，只是名称不同而已。

成文法的优点是以抽象概括的方法，明确人们的行为规范，有助于实现全国法制一统，防范官吏曲法为奸。然而，法律面对的是“事有无穷之变”的社会现实，有限的法律条文无法解决层出不断的新问题，“法有限而情无穷”是法律发展始终面临的矛盾。

宋代时，随着土地私有制的发展，租佃制的普遍确立、手工业和商业的繁荣，生产关系发生了新的变化，各阶层的利益冲突日益增多，各种经济和民事纠纷大量涌现，原有的法律体系很难适应变化的社会状况。于是，在法制变革思潮的推动下，例这一法律形式逐渐得到统治者的青睐。朝廷除制定了若干条例、则例以完善国家的行政法律制度外，还制定了大量的断例，用以处理律无明文规定的疑难案件。然而，宋代在适用例的过程中，对于如何处理例与法的冲突、旧例与现行例的矛盾还缺乏经验，加之官吏恃权弄法，“以例破法”的问题时有发生，统治集团内部对于例的运用也存在争议。对使用例持反对态度者认为：“三省六曹，所守者法，法所不载然后用例。今顾引例而破法，此何理哉？且既用例矣，则当编类条目与法并行，今或藏之有司，吏得并缘引用任其私意，或至烦渎听聪，甚无谓也。”① 与此同时，也有人提出了采取引例入法的方式解决例与法冲突的思想。认为例虽然有其弊端，但又不可尽废，解决问题的正确办法应是“收可行之例归于通行之法，庶几公共而不胶”，即将处于法律体系之外的例吸收纳入法律体系之中。有宋一代，由于没有形成比较成熟的律例关系的思想，也没有制定出行之有效的处理例与律、例与其他法律形式相互关系的法律措施，因此，宋朝虽然注重编例，但最终未能建立起系统的例的体系。

蒙古人入主中原，建立了元朝。元代在司法实践中广泛用例，刑事和民事案件的审理往往以例作为审判的依据，例在很大程度上取代了成文法。在立法方面，元代仿效南宋，把断例作为重要的法律形式，《大元通制》、《至正条格》中就收有大量的断例。然而，蒙元统治者对于成文法

① （清）徐松辑：《宋会要辑稿》第164册《刑法一》之21，中华书局1957年第1版，影印本，第6472页。

制度的性质、功能和作用缺乏深入认识，没有继续就如何协调例与法关系的问题进行探索，对于例的运用采取了放任的态度。按照中国古代的成文法制度，在没有成文法适用的情况下，司法案例须经皇帝批准确认为定例，才允许在司法、执法中援引使用。只有元代是例外，没有严格限制判例的适用，一般是由“都省准拟”，判例即可成立。在受汉法律文化影响较深的一些大臣的推动下，元代也制定有成文法典，但统治者对制定法典态度并不很积极，他们没有意识到例与法的区别及冲突，更不用说探索解决冲突的途径了。这样，宋人没有完成的处理法与例相互关系的任务，只能留待明、清两代去解决。

进入明代以后，以条例、则例、事例、榜例为内容的例的体系逐渐形成，制例、编例成为国家经常的、基本的立法活动。例这一法律形式之所以能够走上明代法律舞台的中心，是国家法制建设的实际需要和制例经验日趋成熟的必然产物。一方面，社会经济发展带来的无穷无尽的新的问题，迫切需要用一种形式相对简单但内涵极其丰富的法律形式，规范国家事务管理的细则和人们行为的准则，例的功能的多样性使它能够满足统治者的这一需求。另一方面，统治者在寻求建立更完善的法律体系的过程中逐步形成了比较成熟的律例关系思想，为明清以例为主体的法律体系的建立提供了明确的指导原则。

例的体系创立于明初。明太祖朱元璋在率领群臣立法定制的过程中，注重总结和吸收前代法制建设的经验，又根据明初的国情实际有所创新。为了建立起既“酌中制以垂后世”又“当适时宜”的法律机制，他提出了“当计远患”、“当适时宜”、“法贵简当”等一系列立法指导原则，并提出了律与刑例相互关系的思想。说：“法令者，防民之具，辅治之术耳，有经有权。律者，常经也；条例者，一时之权宜也。”① 从“常经”与“权宜之法”并用的思想出发，洪武年间在刑事法律制度方面，曾几次修订《大明律》，颁行了大量的作为“权宜之法”的刑例。为了健全国家的行政和各种法律制度，于刑事法律之外，颁行了《大明令》、《诸司职掌》、《宪纲》、《洪武礼制》等重要的“常经”之法及各类条例、则例、事例和榜例。洪武朝把例确认为重要的立法形式，在治国实践中广泛使用。

① （明）吕本等辑：《明太祖宝训》卷3，中国国家图书馆藏明万历三十年春秣陵周氏大有堂刊《新镌官板皇明宝训》本。

从明初到弘治《问刑条例》颁行前，明代君臣经过一百余年的立法和司法实践，进一步完善了制例和律例相互关系的理论。这一理论的主要内容是：在刑事立法方面，刑例的制定必须遵循“盖立例以辅律，贵依律定例”的原则，即立例的宗旨是“以例补律”，制例务须符合律意，不得与律文的规定相冲突；在司法领域内，实行律与刑例并行、“以例辅律”的原则；在对待刑律与各类非刑事例的关系上，实行诸法并重、诸法并行的方针。为了完善国家的行政法律制度，明代统治者确立了以《会典》为纲、行政例为目的法律编纂原则。在修订《会典》的同时，制定了作为《会典》补充法的各类行政例。在上述立法思想的指导下，明代中后期先后三次修订《问刑条例》，两次颁布《会典》，颁行了《吏部条例》、《宗藩条例》，修订了《宪纲》和《军政条例》等，制定了大量的各类有关行政、经济、军事、民事、教育方面的例，又根据例的功能，把其区分为条例、事例、则例、榜例。这一时期朝廷制定的所有法律，除刑律和皇帝发布的诏令外，其他法律全部纳入了例的体系。由于朝廷的基本法律制度和绝大多数法律都是以例的形式规定的，例成为法律体系中的主要部分。明代的法律体系较之前代而言，法律形式更加简明和规范，其涵盖的领域更加宽广，法律规范的内容则更加丰富，从而把国家的法制建设提升到了一个新的高度。

明代建立的例的体系，为清代所继承，并较前代有所创新和发展。清朝在仿效明制、实行律例合编的基础上，从乾隆朝起，各朝坚持定期修订刑例，以补律之未备。为了完善行政法律制度，清代自康熙朝起，先后五次纂修《大清会典》。乾隆时，又将典、例分立，编纂了《乾隆会典》和《乾隆会典则例》。此体例为嘉庆、光绪两朝所沿袭，只是把“会典则例”改为“会典事例”。这两朝颁行的《嘉庆会典事例》、《光绪会典事例》，极大地完善了当时的行政法律制度。为了强化对国家行政、经济、刑事、民事、军事、教育的全面管理，清代以则例的形式颁行了数以百计的各种单行法规，如六部则例、盛京各部则例、《理藩院则例》、《大理寺则例》、《都察院则例》、《国子监则例》、《翰林院则例》、《鸿胪寺则例》、《钦定宗人府则例》、《钦定总管内务府现行则例》、《钦天监则例》、《太常寺则例》、《通政使司则例》、《詹事府则例》、《总管内务府畅春园现行则例》等中央各部、院、寺、监则例；《八旗则例》、《闽海关常税则例》、《旗地则例》、《热河工程则例》、《热河园庭现行则例》、《山海钞关则例》、《万寿山工程则例》、《圆明园万寿山内庭汇同则例》等特定事务则例等。则例作为规范国家机关的活动规则及一些重大事项的实施细则被广泛采用，成为行政立法的主要形式。与此同时，清代进一步健全了以则例、事例、条例为基本形式的例的体系，以例的形式颁行了许多旨在完善经济法律制度、民事法律制度、少数民族法律制度、秋审制度方面的单行法规，颁布了大量旨在规范地方行政和民间事务管理的地方法规，从各个方面空前完善了国家的法律制度。

第六节　地方立法及其载体

中国自古以来就是一个幅员辽阔的多民族国家。因各地自然和人文地理状况各异，统一的全国性立法往往不能有针对性地切实解决各地方具体问题。为此，制定地方法规和民族性法规，就成为完善法制的有效方式。

一　地方立法概况

从现存的史料看，有关地方立法的大体情况如下：

其一，自秦汉以来，历朝都重视强化君主专制的中央集权制度，强调法的统一性，因而从总体上说，地方立法不够发达。

其二，就加强地方法制建设而言，有关治理地方的重要法律、法令基本上是由朝廷制定的。除少数属于单行法规外，多数法律规范包括在朝廷颁行的各种国家制定法中，而由各级地方政府制定的法规相对较少。地方法律体系主要由中央政府制定的地方特别法、地方长官和官府颁布的各种地方法规、法令构成，以自治自律为特色的民间规约虽然不属于地方法律性质，但对于完善地方法制有重要的作用，是地方法制秩序的重要组成部分。

其三，地方法令、法规的制定者是县以上各级地方官府的长官以及朝廷派遣巡视、管理地方事务的朝臣。地方立法有一定的批准程序，立法内容不得与朝廷法律相抵触。

其四，就历朝由地方政府颁行的法规而言，宋代以前的有关记载很少。现见的地方法令、法规文献，大多是明代中叶之后制定的。从明代中后期到清末，随着社会变革和经济的发展，地方立法也愈发达，在清代后期达到高潮。

其五，地方法令、法规是朝廷法律的实施细则，各种官方文书是地方立法的载体，明代以前，地方立法尚未形成独立的法律形式。明清两代，条约成为地方立法的重要形式。

二 地方立法的沿革及法律载体

地方立法在中国古代出现较早，并经历了漫长的发展过程。《睡虎地秦墓竹简》中的《语书》，是秦统一中国前秦国的南郡太守腾发布的一道政令，其内容既有立法，又有执法，是地方长官为贯彻国家政令发布的实施细则。《语书》是现见的我国最早的地方性法令，这说明由地方长官发布政令的做法，至迟在战国时期就已存在。

汉代时，太守专郡，综理庶绩，权力甚重。郡守往往被赋予“便宜从事”的权力，可以根据本地的实际需要发布政令，必要时可便宜行事，也就是说，郡守有一定的立法权。条教、书、记等是地方法令、政令的发布形式。条教是“条”和“教”的结合，既有教化含义，又有教令的意思，是发布地方法规的一种形式。“书”、“记”、“檄”是汉代地方官府文书的名称，“书记”是汉代地方管理事务中官方文书的总称。当时衙门下发公文，或称为“移书”，或称为“下记”。“书记”被当时的人们“如律、令”一样看待，可见其具有法律效力。虽然不能把“书记”都看作地方法规类文件，但可以肯定许多“书记”的内容是地方性法规。汉代地方法制文书的内容以贯彻执行诏书、律令者为多，有的还引用了诏书的文字。很多府书中结尾处有“如律令”字样，这是汉代公文常用语，表示文件具有法律效力，要求下属衙门和官吏遵照文件执行。

唐代的地方法律由四部分构成：一是中央为某些地区制定的特别法；二是地方长官以条教、条约、科约等形式制定的地方性法规；三是随着实行羁縻州制，民族区域法转化成为地方法；四是乡法，即民间通行并为官方认可的风俗习惯规则。唐代的地方立法水平较前代有了较大的提高。敦煌出土的《沙州敦煌县行用水细则》（亦称《唐沙州敦煌地区灌溉用水章程》），就是在民间习惯和前代地方法规基础上形成的地方性水利管理规范，可以说是唐代中央法规《水部式》在敦煌地区的实施细则。

宋代的地方法律由中央制定的特别法和各级地方长官发布的法令、法规组成。中央特别法是适用于某一行政区域的敕，其制定程序分为起请、看详与批准。起请除了陈述立法的理由外，在大多数情况下还写明拟议的法条。看详是对拟议的法案进行审查，提出同意（或者否定）的理由及修改意见，特别法由皇帝批准颁布。地方特别法的形式有诏令、敕（敕榜）和例。条教、条约及约束是地方官府颁布的法令、法规的主要形式。

元代统治者为蒙古民族，与汉民族以及其他民族的生产方式、生活方式、风俗习惯有较大差异。行省制的确立是中国古代地方行政体制的重要演变。元代的行省不仅是朝廷控制和指挥地方的重要机构，也是各级地方政府权力会聚的枢纽。行省权力的加强，为中央制定地方特别法提供了保障。

《通制条格》是元代法典《大元通制》的重要构成部分，其条格部分有关地方事项的法条可以看作是中央特别法。省级建制是元代的最高地方建制，其下有路府州县各个层级。层次的增加，使得行省客观上取得了较大的行政审批权力，可以利用审核下级地方政府请示的机缘，制定适合本地区的法规。

唐宋元时期，各级地方官府和长官除以条教、约束等形式颁布地方法规、政令外，发布榜文、告示、禁约也是地方长官施政经常采用的形式。《古代榜文告示汇存》收录的《朱子文集大全类编》所载朱熹榜文、《勉斋先生黄文肃公文集》所载黄榦榜文、《紫山大全集》所载胡祗遹榜文、《秋涧集》所载王恽告示等，就是这类文献的代表。[①]

明代地方立法出现了繁荣的局面，法律形式更加多样化，立法数量也远远超过前朝。特别是明代中后期，地方立法活动空前活跃。当时，除各级地方长官发布了大量的政令和制定了不少地方法规外，朝廷派出巡按各地的官员也针对地方的时弊，以条约、告示、檄文、禁令等形式，颁布地方性法规。

条约是明代地方立法的主要形式，其内容比较广泛，涉及吏治、安民、钱粮、学政、约束兵丁、监禁、救荒、庶务、关防、狱政、词讼、乡约、保甲、风俗等社会生活的各个方面，在明代地方法律体系中居于最高层次的地位。条约的制定或发布者，有总督、巡抚、巡按、提督学政官员和省府州县长官、通判、教谕等。就条约涉及的范围而言，大体可分为两类：一类是有关全省或某一地区多项事务治理的综合性条约，另一类是只涉及学政或军政、盐政、漕运等管理的专门性条约。《中国古代地方法律文献》甲编[②]中收入的20多种明代地方性条约中，属于综合性的地方条约有：姚镆的《督抚事宜》，王廷相的《巡按陕西告示条约》，陈儒的《莅任条约》和《总宪事宜》，海瑞的《督抚条约》，郭应聘的《巡抚条约》

① 杨一凡、王旭编：《古代榜文告示汇存》，社会科学文献出版社2006年第1版。

② 杨一凡、刘笃才编：《中国古代地方法律文献》甲编（10册），世界图书出版公司2006年第1版。

和《总督条约》，吕坤的《风宪约》等。这类条约大多是地方长官或朝廷派出巡视地方事务的官员于上任之初或实施重大的政务之前，基于加强地方综合治理的需要而制定的，内容比较宽泛，其中一些条约具有施政纲领的性质。而收入该书的地方性条约中，姚镆的《广西学政》、王廷相的《督学四川条约》、陈儒的《学政条约》、海瑞的《教约》、薛应旂的《行各属教条》和《出巡事宜》，是学政管理方面的条约；姚镆的《巡抚事宜》、郭应聘的《考选军政禁约》、吕维祺的《南枢巡军条约》，是军政管理方面的条约；张珩、戴金、雷应龙、李佶、朱廷立发布的《禁约》，是盐政管理方面的条约；王宗沐的《漕政禁约规条》、吕坤的《粜谷条约》、吕维祺的《约法十事》，是漕运和钱粮管理方面的条约。专门性条约往往是由主管或巡查某项具体事务的长官，针对某一专项事宜发布的。

清代地方立法较之明代有了重大的进展。当时，地方政府和长官以条约、章程、规条等法律形式，颁布了大量的各种地方法规和政令，形成了比较完备的地方立法体系。清代州县官为在具体行政中有法可依，进行了更为细致的立法活动，发布了大量的告示、条约、章程、堂规、署规、示谕等，州县立法在清代地方立法中占有重要地位。在清代中后期地方立法成果编纂中，“省例”的纂辑、刊印标志着我国历史上的地方法制建设已进入比较成熟的阶段。“省例”的含义既是指用以发布地方法规、政令的法律文书或这类文书的汇编，也是指刊入这些文书或汇编中的每一种法规、法令或具有法律效力的规范性文件。省例汇编类文献，其内容是以地方行政法规为主体，兼含少量朝廷颁布的地区性特别法。被称为省例的各种形式的地方法规、政令或具有法律效力的规范性文件，适用于当时省级政府管辖的地域，在本省范围内具有普遍的、相对稳定的法律约束力。现见的代表性省例汇编类文献有《湖南省例成案》、《治浙成规》、《粤东省例新纂》、《江苏省例》、《福建省例》等。

地方立法在清末达到高潮。面对西方列强的侵入、社会动荡和国家政局的变化，各地出于救亡图强、维护基层政权和社会治安的需要，积极推进法制变革，制定了一系列的专门性的单行地方法规。如旨在推进地方政治改革的谘议局章程、试办地方自治章程，加强财政和税务管理的厘金章程、清赋章程和各种税则，健全司法制度和提高办案水平的地方审判厅章程、监狱管理章程、清理讼狱章程，加强社会治安管理的各类城市管理章程、警务章程，以规范地方教育为内容的各种学堂章程，以社会救济为内容的赈捐章程、义仓章程等。清末的地方立法与清前期、中期比较，具有立法数量多、专门性法规多、内容更加近代化的特点。

三　边疆部族立法

由中央政府管辖或归附朝廷的藩属地区的少数民族立法，是古代地方立法的有机组成部分。一般来说，历代王朝对这类地区实行什么样的法律法规通常采取两种态度：

一是归附的藩属地区或中央政权还不能完全控制的少数民族地区，采取由少数民族首领根据民族习惯和自行制定的法规进行管理。唐、宋、明各代在边疆民族地区，设置府、州、县等地方行政单位，任命归附的当地统治者为官吏，这种行政单位唐称羁縻府州，宋称羁縻州县，明置羁縻卫所。这些地区通行的规则，基本上都是经过中央政府确认的本民族原有的习俗或法规。据《旧唐书·南蛮西南蛮传》载，唐代时，黔州之西的东谢地区的少数民族，长期实行的部族管理制度是："皆自营生业，无赋税之事。谒见贵人，皆执鞭而拜。有功劳者，以牛马铜鼓赏之。有犯罪者，小事杖罚之，大事杀之，盗物倍还其赃。婚姻之礼，以牛酒为聘。"[①] 贞观三年（公元629年），其首领谢元申归附唐朝后，被封为刺史，隶黔州都督府。东谢原来实行的部族规则如旧，这样，其部族规则的性质发生变化，成为唐代地方法制的一部分。

二是中央政权能够控制的少数民族地区，由朝廷制定适合于该地区行政、经济状况和宗教、风俗习惯等诸方面的法律法规。比如，清代时，在蒙古地区颁行了《蒙古律例》，在青海地区颁行了《禁约青海十二事》、《西宁青海番夷成例》，在新疆地区颁行了《钦定回疆则例》，在西藏地区颁行了《钦定西藏章程》，于嘉庆二十二年（1817年）颁布了管理蒙、回、藏等地区民族事务的通例《理藩院则例》，这些法律都属于国家制定法性质。

本章小结

掌握有关法律形式和法律体系的基本常识，是开启中华传统法律宝库的入门钥匙，也是学好中国法制史这门课程的基础。为了让读者对中国古代主要法律形式的沿革及法律体系的演变的情况有比较清晰的了解，本章内容结构由6节组成。(1) 在本章开头说明法律形式的概念、法律体系的

① 《旧唐书》卷197《南蛮西南蛮传》，中华书局1975年第1版，第5274页

概念和基本构成要素的基础上，第1节从纵向研究的视角，简述了各代的法律形式和法律体系，并对中国古代法律体系的特征和法律形式变革规律作了概述。(2) 第2、3节阐述了律和律典、令典及会典的沿革情况。因令典、会典均系国家大法，二者有密切的沿革关系，故放在一节中阐述。(3) 第4节介绍了皇帝诏令和由令派生或汇编敕令形成的独立法律形式。式是由令分割而来，格、敕、制书都是皇帝命令的形式，因而把这些法律形式列在一节中阐述。(4) 第5节阐述了例的法律形式及其功能的演变。例在明以前属于权制之法，在各代法律体系中属于补充法性质。明代以后，其法律地位逐步提高，明代的则例、榜例、事例以及清代的事例，仍然发挥着补充法的功能，而明代的条例和清代的则例，则逐渐成为表述国家常法的重要法律形式。(5) 第6节阐述了地方立法的情况和载体。地方立法是朝廷制定法的实施细则，属于补充法或权制法的性质，在明以前还未形成独立的法律形式。明清两代地方立法逐步加强，出现了条约等独立法律形式。地方立法是中国古代法律体系的组成部分，要全面阐述古代法制的面貌，不可忽视地方立法的研究。

思 考 题

1. 名词解释

古代法律形式　古代法律体系　大经大法　常法　权制之法　令典　会典　律　诏令　式　格　编敕　制书　决事比　故事　事例　断例　条例　则例　榜例　省例　条约

2. 简答题

(1) 简述各代的主要法律形式。

(2) 简述中国古代法律形式变革的基本规律。

(3) 简述中国历史上律的功能、法律地位及编纂体例演变的三个发展阶段。

(4) 简述古代君主诏令的功能。

(5) 简述两晋至唐宋令典的沿革。

(6) 简述唐式的性质及其编纂概况。

(7) 简述明清会典的性质。

(8) 简述中国古代法律体系中“例”的法律形式。

(9) 简述“例”在中国法律编纂史上功能和法律地位的变迁。

(10) 简述中国古代地方立法的概况。

3. 论述题

(1) 简论中国古代法律体系的基本特征。

(2) 为什么说典、律、令、例是中国古代最重要的四种法律形式?

阅读参考文献

1. 沈家本:《历代刑法考》，中华书局1985年第1版。

2. 程树德:《九朝律考》，中华书局2003年第1版。

3. 杨一凡、刘笃才:《历代例考》，杨一凡主编《中国法制史考证续编》第1册，社会科学文献出版社2009年第1版；2012年再版。

4. 尤韶华:《〈尚书〉所见的法律形式——〈周书·吕刑〉辨析》，杨一凡主编《中国古代法律形式研究》，社会科学文献出版社2011年第1版。

5. 龙大轩:《汉代律家与律章句考》，《中国法制史考证续编》第5册，社会科学文献出版社2009年第1版。

6. 霍存福:《唐式辑佚》，《中国法制史考证续编》第8册，社会科学文献出版社2009年第1版。

7. 李玉生:《唐代法律形式综论》，收入《中国古代法律形式研究》，社会科学文献出版社2011年第1版。

8. 吕志兴:《宋代法律形式及其相互关系》，收入《中国古代地方法律形式研究》，社会科学文献出版社2011年第1版。

9. 苏亦工:《明清律典与条例》，中国政法大学出版社2000年第1版。

10. 杨一凡、刘笃才编:《中国古代地方法律文献》丙编第1册《前言》，社会科学文献出版社2012年第1版。

第四章　行政法律制度

内容提要

历代执政者为保障国家机器正常运转，使各级机构和官吏职责有章可循，都很注重制定行政法律法规，不断完善行政法律制度。本章从古代的行政立法、中央行政组织、地方行政组织、官员管理法律制度、行政监察制度五个方面，概要地阐述了中国古代的行政法律制度。

中国历代执政者为了保障国家机器的有效运转，使各级机构和官吏职责有章可循，都制定了大量的行政法规，其内容涉及中央与地方的行政组织、官员的管理、行政监察等方面，形成了完备的行政法律制度。

第一节　中国古代的行政立法

在中国古代，随着国家法律的产生，行政立法就出现了。春秋末期，列国的政治体制发生了巨大的变化，各诸侯国都重视公布成文法，其中就包括一定数量的行政立法。战国时期，君主官僚政治体制初步形成，行政法律开始大量出现。秦汉及以后各代，为了实现对辽阔疆域内各项事务的有效管理，各代都很注意因时变革，不断完善行政法律制度。

一　秦汉至魏晋南北朝的行政立法

秦统一中国后，制定了不少行政法律。1975 年湖北云梦睡虎地出土的竹简中记载的法律，涉及官吏任用的有《置吏律》、《除吏律》、《除弟子律》；涉及官吏调任的有《效律》；关于内史职事的有《内史杂律》；关于司空职事的有《司空律》；关于军功与封爵的有《军爵律》、《中劳律》等。

两汉行政法规除援用秦朝的《置吏律》、《效律》、《传食律》、《行书律》外，新增的有《食律》、《尚方律》、《史律》、《钱律》等多种。汉代以律、令为主要法律形式，汉令中包含了很多行政类法规法令，如《金布令》、《田令》等。

魏晋南北朝的行政立法的主要形式是“令”。曹魏有《州郡令》45篇，《尚书官令》和《军令》共180余篇，还有《邮传令》等。晋代制定的《晋令》，是以行政法律为主体的法典，其与律同时颁行。《晋令》40篇，下设户、学、贡士、官品、吏员、俸廪、服制、祠、户调、佃、复除、关市、捕亡、狱官、鞭杖、医药疾病、丧葬、杂上、杂中、杂下、门下散骑中书、尚书、三台秘书、王公侯、军吏员、选吏、选将、选杂士、宫卫、赎、军战、军水战、军法（共6篇）、杂法（共2篇）等门。

南朝宋、齐令略同于晋令。梁有《梁令》30篇，即户、学、贡士赐官、官品、吏员、服制、祠、户调、公田公用仪迎、医药疾病、复除、关市、劫贼水火、捕亡、狱官、鞭杖、丧葬、杂上、杂中、杂下、宫卫、门下散骑中书、尚书、三台秘书、王公侯、选吏、选将、选杂士、军吏、军赏，大抵依《晋令》损益而成。佚文尚可见于《唐六典》卷5注、《隋书·礼仪志》及《隋书·百官志》等。《陈令》亦有30卷，已失传。

北魏以令、格、式等形式颁布了大量的行政法律。关于北魏令，《唐六典》卷6注说：“后魏初，命崔浩定令。后命游雅等成之，史失篇目。”这些令到唐代时已失传。从史书中还可见到的北魏令有品令、职令、狱官令、田令等。其中北魏孝文帝太和九年（公元485年）颁布的田令，是以国家名义对土地实行分配和调整，旨在推行均田制度的法令。北魏的“格”作为一种法律形式出现于北魏末年，是从魏晋的科发展而来的。《唐六典》卷6注说：“后魏以格代科，于麟趾殿删定，名为麟趾格。”《麟趾格》于东魏孝静帝兴和三年（公元541年）年颁行。北魏时，“式”成为行政立法的形式之一。西魏文帝时，宇文泰辅政，于大统元年（公元535年）主持编定24条新制。后又续编10条。大统十年（公元544年），西魏文帝命尚书苏绰加以整理，总为5类，颁行天下，谓之《大统式》。

北齐以令与格的形式进行行政立法。北齐令分“令”与“权令”。《唐六典》卷6注说：“北齐令赵郡王睿等撰令50卷，取尚书二十八曹为其篇名。又撰权令二卷，二令并行。”据《隋书·刑法志》的解释，权令的意思就是暂作为令的补充。北齐的格，除一般曹司格以外，还有权格。《唐六典》卷6注文说：“北齐因魏立格，撰权格与律令并行。”因为是针对某一时期临时颁布的，不便续立篇名，故称“权格”或“别条权格”。

二 隋唐时期的行政立法

隋唐时期，以令、格、式等法律形式颁布的法律法令中，有大量的行政立法。

令由诏令汇编而成。唐武德时期裴寂等在修纂《唐律》的同时，也修纂了《唐令》。至贞观初，又令房玄龄等刊定《唐令》。此后各朝曾多次对《唐令》进行刊定。《唐令》30 卷，下设 27 目，即官品（上下）、三师三公台省职员、寺监职员、卫府职员、东宫王府职员、州县镇戍岳渎关津职员、内外命妇职员、祠、户、选举、考课、宫卫、军防、衣服、仪制、卤簿（上下）、公式（上下）、田、赋役、仓库、厩牧、关市、医疾、狱官、营缮、丧葬、杂令。共计 1546 条。

格是在皇帝对国家机关发布的敕的基础上，经整理汇编而成，故又称敕格。唐代编定的格有：《贞观格》18 卷，房玄龄等删定；《永徽留司格》18 卷，《散颁格》7 卷，长孙无忌等删定；《永徽留司格后本》，刘仁轨等删定；《太极格》10 卷，岑羲等删定；《开元格》10 卷，姚崇等删定；《留司格》是中央行政机关六部二十四司各自的日常办事规章，《散颁格》是全国通用的官吏办事规章，均以尚书省二十四司为篇名。

式是国家机关的公文程式和活动细则。唐代有《永徽式》14 卷，《垂拱式》、《神龙式》、《开元式》各 20 卷。《唐式》以尚书省各部门以及秘书、太常、司农、光禄、太仆、少府、监门、宿卫等机构名称为篇目，计 33 篇。

三 宋元明清时期的行政立法

宋代行政立法成果保存至今的有《吏部七司条法》残卷、《景定吏部条法》和《庆元条法事类》。

《吏部七司条法》编成于南宋绍兴十五年（公元 1145 年），收录了很多与吏部有关的敕、令、格、式。宋理宗时修成的《景定吏部条法》，今仅存 9 卷，分为差注、奏辟、考任、荐举、关升、磨勘 6 门，均为南宋时期关于吏部人事行政事务的规定。

《庆元条法事类》全书共 80 卷，附录 2 卷，所收为南宋初年至庆元间敕、令、格、式及随敕说明。分职制、选举、文书、榷禁、财用、库务、赋役、农桑、道驿、公吏、刑狱、当赎、服制、蛮夷、畜产、杂门 16 门，为南宋法律及有关制度的汇编。

金代的行政法律有《太和令》与《六部格式》。《泰和令》修订于泰和元年（公元1201年），其内容是自《官品令》、《职员令》之下，依次为《祠令》48条，《户令》66条，《学令》11条，《选举令》83条；《封爵令》9条，《封赠令》10条，《宫卫令》10条，《军防令》25条，《仪制令》23条，《衣服令》10条，《公式令》58条，《禄令》17条，《仓库令》7条，《厩牧令》12条，《田令》17条，《赋役令》23条，《关市令》13条，《捕亡令》20条，《赏令》25条，《医疾令》5条，《假宁令》14条，《狱官令》106条，《杂令》49条，《释道令》10条，《营缮令》13条，《河防令》11条，《服制令》11条。《六部格式》有30卷。这两部法规均已失传。

元代颁行的《至元新格》中，包含了大量的行政法律。《大元通制》的职制、祭令、学规、食货各篇也有行政法规的内容。元仁宗时编纂的《风宪宏纲》，元英宗时期编纂的《元典章》，辑录了有关国家根本制度的诏令和政令，对每个机关的设置、行政职能和管理程序等作了具体规定。

明代以令、条例、则例、事例、榜例等法律形式，颁行了数量浩瀚的各种行政法律。特别是由朝廷精心修订的一些通行于明代的单行行政类条例，对完善明代行政法律制度发挥了重大作用。明建国之初，颁布了《大明令》，对明朝的基本制度进行了全面的规定。洪武二十六年（公元1393年）颁布的《诸司职掌》，以职官制度为纲，分别规定了吏、户、礼、兵、刑、工六部及都察院、通政司、大理寺、五军都督府的设置与职掌，是通行明代的最重要的行政立法。明代颁行的有代表性的单行行政法规还有：《责任条例》、《洪武礼制》、《礼仪定式》、《教民榜文》、《宪纲条例》、《礼仪定式》、《吏部条例》、《军政条例》、《马政条例》、《邦政条例》、《宗藩条例》、《六部条例》、《台规》等。为了便于执法官员查阅历朝颁行的重要法规，从明英宗时起开始修纂会典。于孝宗弘治十五年（公元1502年）编成《大明会典》180卷，颁行天下。此后，世宗嘉靖八年（公元1529年）进行续修，通称《嘉靖续修会典》，未颁行。神宗万历四年（公元1576年）重修会典，于万历十五年（公元1587年）完成，通称《万历重修会典》。明会典取材于明代官修律、令、礼、式、宪纲和诸司档案籍册，以六部官制为纲，按宗人府、六部、都察院、六科、诸寺、府、监、司的次序，分述各衙门的职掌和事例，是一部以行政法为主的法典。

清代在“以典为纲，则例为目”的法律框架下，制定了以则例为主体的大量的单行行政法规。如康熙时制定的《钦定处分则例》、《续增处分则例》、《六部考成则例》，雍正时制定的《六部则例》、《钦定吏部则例》、《工程做法则例》等。自乾隆朝始，清代行政法制建设进入成熟阶段，行政法律体系濒于完善，则例的纂修实现了制度化和规范化。清廷除制定和定期修订规范各部、院、寺、监等中央机构活动的则例外，还制定了宫廷、经济、少数民族管理及一些特定事项方面的则例，如《宗人府则例》、《钦定宫中现行则例》、《钦定王公处分则例》、《钦定总管内务府现行则例》、《理藩院则例》、《蒙古则例》、《漕运则例》等。

清代的行政法规汇集于《大清会典》。《大清会典》共修纂了5次。康熙时修纂的称《康熙会典》，共162卷；雍正时修纂的称为《雍正会典》，共250卷。乾隆时重修会典，称为《乾隆会典》，其体例为典、例分编，《会典》100卷，《会典则例》180卷。此后，嘉庆、光绪两朝又修纂两次，《嘉庆会典》共80卷，《嘉庆会典事例》920卷；《光绪会典》共100卷，《光绪会典事例》1220卷。五朝会典的体例基本上按宗人府、内阁、吏部、户部、礼部、兵部、刑部、工部、理藩院、都察院、通政使司、内务府以及其他寺、院、监分目。乾隆、嘉庆两朝会典增设乐部、中书科，并将列入会典图。光绪又在会典中增设总理各国事务衙门。

第二节　中央行政组织

稳定的政治秩序要靠庞大的行政组织来维持。历代统治者都很重视行政组织的建立和完善，并通过立法把各级行政机构及其职掌从法律上确定下来，故行政组织也是各代行政法律的重要内容。考察历代官制，二十四史中《职官志》记载的各代的行政机构、官职、品级及职掌等，都曾在当时的法律中有明确规定。也可以说，各代颁布的行政法律是二十四史作者记述官制所依据的最基本的文献。比如，阅读《明史》和《清史稿》两书《职官志》，可知其记载的这两代行政组织的有关情况，是分别据明代颁行的《诸司职掌》和《大明会典》及清代颁行的《大清会典》编纂而成。一些学者认为应当把各代职官志作为考察行政立法的资料来读，这种观点是有道理的。

一　先秦时期的中央行政组织

中国最早的国家是在氏族组织的基础上发展而成的。由氏族组织发展为部落联盟，由部落联盟发展出拥有特殊权力的首领和从属的专职官员。

夏、商与西周时期的最高统治者称王。西周的分封制，所封多为同姓与亲戚，自王以下，按等级有诸侯、卿、大夫等各级封君。春秋时代在卿大夫的家内实行家臣制，家臣可以随时调动。战国的中央机构以将相为首，实行文武分途。相是百官之长，将是武官之长。此外有尉掌管军事，御史为国君的秘书，郎中掌管宫内传达和警卫，卫尉掌管宫门的禁卫，太仆掌管车马，廷尉掌管司法，主客掌管外交，内史掌管租税，少府掌管山海池泽等。秦汉时期的三公、九卿即由这些职官发展而来。

二　秦汉时期的中央行政组织

秦朝建立了由丞相、太尉、御史大夫等组成的中央机构。丞相辅助皇帝掌管行政。《汉书·百官公卿表》云："相国、丞相，皆秦官，金印紫绶，掌丞天子助理万机。"[①] 太尉是掌管军事的最高官员。《汉书·百官公卿表》云："太尉，秦官，金印紫绶，掌武事。"[②] 御史大夫一方面是皇帝的秘书，另一方面掌管监察。御史大夫有自己的办事机构，叫御史大夫府。御史大夫之下有御史丞、御史中丞、侍御史、监御史。

秦朝中央机构还有管理具体事务的诸卿。奉常，掌管祭祀、礼仪；郎中令，负责宫廷警卫，侍从皇帝，顾问应对；卫尉，负责皇城警卫；太仆，负责皇帝的车马和马政；廷尉，负责司法审判；典客，掌管与少数民族交往事务；宗正，负责皇族、宗室事务；治粟内史，掌管全国农田谷物和财经等事务；少府，负责皇室的财政事务。

汉初沿秦制，设丞相，辅佐皇帝，处理政务。丞相负责国家的政策制定和施行，参与决定军国大事及官吏的任用、封赏和考课等。太尉是最高的武官，掌全国军事。汉朝太尉时设时废。御史大夫，为监察官之首。御史大夫的办事机构叫御史府。其属官有御史丞、御史中丞、侍御史，还有其他御史、诸曹掾史。

汉成帝时改太尉为大司马，改御史大夫为大司空。汉哀帝时改丞相为大司徒，逐渐形成了三公制。东汉初年，仍沿袭三公制，为司徒、司马、司空，共同担任宰相，分别对皇帝负责，改变了一人独任宰相的状况，便于皇帝集权。汉朝的官员分中朝和外朝，中朝办事机构在宫内，主要是侍

---

① 《汉书》卷7上《百官公卿表》，中华书局1962年第1版，第724页。

② 同上书，第725页。

候皇帝，处理一些文书事务，但无权干涉政务。中朝官主要有大将军、太傅、侍中、中常侍、中书、尚书等。外朝官如丞相、三公、九卿才实际负责全国政务，但他们不像中朝官那样经常在皇帝身边活动。为加强权力，皇帝逐渐重视中朝官，中朝官中的尚书职权日益扩大，汉成帝时出现了尚书台组织，东汉时进一步发展。自此以后，三公之职虚设而已。《后汉书·陈宠传》载："今之三公，虽当其名而无其实，选举诛赏，一由尚书，尚书见任，重于三公。"① 尚书台设尚书令一人，一般由士人充任，武帝叫宦者充当，称"中书令"。仆射是尚书台副手，协助尚书令工作。光武帝将尚书台扩为六曹：三功曹主管年终考课诸州郡事，吏部曹主管选举、祠祀事，民曹主管缮修、功作、盐池园囿事，客曹主管护驾、少数民族朝贺事，二千石曹主管词讼事，中都官曹主管水火、盗贼事。每曹设尚书一人。

汉代中央机构中还有诸卿负责具体事务。包括太常、郎中令、卫尉、太仆、廷尉、典客、宗正、治粟内史、少府、中尉、将作少府等。

三 魏晋南北朝时期的中央行政组织

曹魏初年，沿袭东汉设太尉、司徒、司空为三公，但都不参与朝政，尚书台也变成了执行机构，决策权力逐渐归于中书省。中书原为皇帝近臣，负责发布政令，后发展成为执掌机要的中枢机构。

晋代仍以中书执掌机要。虽然名义上以尚书令为最高行政长官，但实际上权力掌握在中书省。由于中书省权力日大，危及君权，所以，南北朝时又出现了用门下省来牵制中书省的做法。门下省的长官称侍中。东汉时设侍中寺，晋时改称门下省。门下省除兼管部分宫廷事务外，主要是作为皇帝的机要顾问机关。凡属重要政令，皇帝都要征求侍中的意见，使之与中书省互相制约，以便于皇帝的驾驭。

南北朝时期，尚书、中书、门下三省并列为宰相机构。北周按照《周礼》进行官制的改革，建立三公、六官制。

四 隋唐时期的中央行政组织

隋文帝代周以后，废除六官制度，恢复了三省制。为避其父杨忠讳，把中书省改为内史省，门下省的侍中改为纳言。到了唐代又改回中书和

① 《后汉书》卷46，中华书局1965年第1版，第1565页。

侍中。

尚书省。尚书省是最高的执行机关，长官为尚书令，尚书令除参与讨论军国大事外，主要领导尚书省具体执行中书门下送来的皇帝诏旨，和经门下审阅、皇帝批准的各种奏章，以及太子、亲王、公主的命令。尚书省还设左、右仆射为副长官。

中书省。中书省除草拟诏令外，还处理尚书省及其他中央和地方机关的上报奏章和公文，并可以参加国家大事的讨论。长官为中书令，中书令下设侍郎二人，是中书省的副长官。中书侍郎之下又有中书舍人。

门下省。长官为侍中，“凡军国之务与中书令参而总焉，坐而论之，举而行之”①。侍中是宰相之一，除参与军国大事的讨论外，还审阅上行文书，并提出意见，送呈皇帝裁决。同时对中书省草拟的诏旨，如认为有错误，可以批注送还，叫做“封驳”，或“封还”，即对原诏旨提出不同意见，送回中书省重新草拟。门下省除侍中外，还有侍郎2人，为门下省副长官。其下有给事中、录事、主事以及左散骑常侍、谏议大夫、左补阙等谏官。

三省长官中书令、侍中、尚书令共议国政，没有固定场所，后在门下省设政事堂，三省长官有了固定的办公场所。唐中宗迁至中书省。

尚书省长官总办公机构为“都省”，下设六部，吏、户、礼三部在左，兵、刑、工三部在右，由左、右仆射分领。

吏部，掌管全国官吏选授、勋封、考课等事务。设尚书1人，为长官。侍郎2人，为副。下设吏部、司封、司勋、考功四司。

户部，掌管全国田户、均输、钱谷等事务。设尚书1人，为长官，侍郎一人为副长官。下设户部、度支、金部、仓部四司。

礼部，掌管全国礼仪、祭享、贡举等事务。设尚书1人，为长官。侍郎一人，为副。下设礼部、祠部、膳部、主客四司。

兵部，掌管全国武官选授及地图与甲仗等事务。设尚书1人，为长官。侍郎一人，为副。下设兵部、职方、驾部、库部四司。

刑部，掌管全国司法行政并参与审判重大案件。设尚书1人，为长官。侍郎一人，为副。下设刑部、都官、比部、司门四司。

工部，掌管全国百工、屯田、山泽等事务。设尚书1人，为长官。侍郎一人，为副。下设工部、屯田、虞部、水部四司。

---

① 《旧唐书》卷43《职官二》，中华书局1975年第1版，第1842页。

尚书省六部二十四司是执行政令的具体机构。各部的头司，如吏部司、户部司、礼部司、兵部司、刑部司、工部司职权最重，机构也大于其他各司。各司除设郎中、员外郎为正副长官外，又视各司事务的繁简，设各种属官若干人。

五 宋辽金元时期的中央行政组织

宋初，中央机构改革的主线是通过机构间的分权、牵制，进而强化皇帝对国家机构的操纵权和对国家事务的决定权。宋初一改唐中枢三省的体制，以两府三司共治国事。所谓“两府”，是指中书门下与枢密院。中书门下是宋朝的最高行政机关，其长官中书门下平章事，通常由二三人担任，实际行使宰相的权力。但是宋朝为防范宰相权力过重，又设副相参知政事。同时以枢密院为最高军事行政长官，枢密院的长官枢密使与宰相品级相等，与中书门下并称“二府”。三司是指盐铁司、度支司和户部司三个机构，其长官为“三司使”，地位略低于参知政事，但总管国家财政，被称为“计相”。宋通过这些机构的设置，将宰相原有的财权、军权一一分割，使之难以独揽一切，与皇权抗衡。另外宋还保留了唐代的三省六部，但又增设直属机构，如审官院、太常礼院、审刑院等，侵夺了三省六部原有的权力。

宋初皇帝出于集权的需要，设官分职，本无可厚非，但由于对各机构的职权、编制、隶属关系缺少明确的划分和限定，造成了有权无名与有名无权的机构并存，政出多门、权力分散、效率低下的后果。元丰年间，经过一百多年的努力，宋朝的中央集权的政治体制已经相当的稳定，于是在宋神宗的主持下，进行了一次官制改革。这次改革裁汰了诸如三司等机构，对国家机关重新分工，恢复了三省六部原有的权力，以三省长官为宰相，重新执掌行政、财政甚至还有军政大权，形成了较为统一的行政管理体系。

元朝用中书省一省制取代沿行已久的三省制。中书省设中书令，统领百官，处理政务。中书令下设左右丞相各1员，平章政事4员，左右丞各1员，此八人均为宰相，号称“八府宰相”。凡军国重事共同讨论，提出方案，由皇帝裁决。中书省下设吏、户、礼、兵、刑、工6部，是具体管理全国各项政务的执行机关。

此外，元朝的中央组织：还有大宗正府，管理蒙古人的诉讼案件；大司农司管理农桑、水利、学校、饥荒等事项；宣政院管理宗教和少数民族事务。宣徽院，掌供御膳；太常礼仪院，掌祭祀礼乐；典瑞院，掌宝玺符牌；将作院掌管工匠和手工业生产；通政院，掌管驿站；中政院，掌管宫中财赋营运供给等。

六　明清时期的中央行政组织

明代的中枢机关是内阁与六部。自秦开始的宰相制度，至此为之一变。洪武十三年（公元1380年）朱元璋借“胡惟庸党案”之机裁撤中书省，废除宰相，由其亲自接管六部。并下令称，今后臣下有敢再议设立宰相者，文武群臣即时劾奏，处以重刑。他一再告诫臣下，自秦始置丞相，不旋踵而亡。汉、唐、宋因之，虽有贤相，然其间所用者多有小人，专权乱政。明朝罢相，设五府、六部、都察院、通政司、大理寺等衙门，分理天下庶务，彼此牵制，所以权力归于朝廷，所以才能维持政局的稳定。这里所说的朝廷，实际是指朱元璋本人。罢相以后，中央的府、部、院、寺，分理庶务，各不统属，一切大权都由皇帝掌握，所以不必担心大权旁落。这样，皇帝就在事实上兼任了宰相，皇权和相权合而为一，从制度上集君权与相权于一身，保证了皇帝的专制独裁。

随着权力空前的集中，一切政务都要皇帝亲理又是很难办到的。洪武十五年（公元1382年）仿宋制设殿阁大学士，明成祖以后改称“内阁大学士”，又因其办事地点在皇宫内，故称“内阁”。太祖时内阁大学士只有正五品，只是皇帝的秘书，侍从左右，备顾问而已。内阁也不过是皇帝的办公厅或秘书处。内阁成为中央的重要机构，始于明成祖。

初期的阁臣权力有限，诸司有事直接向皇帝奏闻，无须向阁臣汇报。从仁宗以后，阁臣职位日渐重要，官制上虽没有“首辅”之名，但实际上内阁却有主要柄政者，于是习惯上就称内阁中主要负责人为首辅。景泰以后内阁设诰敕房和制敕房，由其掌办一切诏敕机密文书。正统年间，国家有重大事务，内阁大学士可会同各衙门于内阁会议。内阁已成为明代全国行政中枢机构。景泰以后，六部承奉皇帝意旨，无所不领，而阁权益重。世宗嘉靖中叶以后，夏言、严嵩先后柄政，俨然成为真宰相，朝位班次俱在六部之上。

明朝阁臣有“票拟批答”的职权。就是用一个小条子（即票）拟具意见，附在奏本之上，送皇帝斟酌。待皇帝看过，把小条子拿掉，亲用红笔批示，称“朱批”。“朱批”颁示朝臣，这便是正式的谕旨。票拟是阁臣的主要职责，要求必须亲自拟定，不得假手他人，否则便是违法。票拟要求须在内阁进行，因为事关国家机密，不得带回私宅。

阁臣的任用，初由皇帝直接任命，谓之“特简”，后由廷臣推荐，叫做“廷推”。阁臣由廷推任用，嘉靖以后渐成制度。明代内阁阁臣人数没有一定，少则一二人，多则十余人，和唐代设置宰相的情况类似。崇祯时至50余人。

明建国之初，沿用元制，尚书六部隶属于中书省。洪武十三年（公元1380年）废中书省以后，六部的职权和地位大大提高，成为直接对皇帝负责的中央最高一级行政机关，六部各设尚书一人，左右侍郎各一人。下置各司设郎中一人、员外郎一人。

吏部掌理铨政，主管文官的考核与任免。下设文选、验封、稽勋、考功四清吏司。吏部对官吏的任免，阁臣一般不得干涉。但有明一代宦官专权，内阁首辅也常常俯首听命，吏部尚书欲正直用人，而不受司礼太监的制约是很难的。

户部尚书掌天下户口、田赋之政令，稽版籍、岁会、赋役实征之数，以下达所司。每十年编订黄册（即户口簿册）一次，详列每户户主、户口、田产以及应负赋役，一式四份，分存各级政府，作征收赋役的根据。户部还受理全国田宅、户口、婚姻继承等案。户部按省下设十三清吏司，各掌其分省之事，每司下设民科、度支、金科、仓科，民科主管所属省府、州、县地理、人物、图志等；度支主管会计夏税、秋粮、存留、起运、赏赐、禄秩之经费等；金科主管市舶及鱼盐、茶钞税课及赃罚之收折；仓科主管漕运，军储出纳料粮。

礼部掌全国礼仪、祭祀、宴飨、贡举等事务。下设仪制、祠祭、主客、精膳四清吏司。

兵部掌管全国武卫官军选授、简练等事务。下设武选、职方、车驾、武库四清吏司。

刑部掌天下刑名及徒隶、勾覆、关禁等事务。下设有十三清吏司，各掌管其分省及兼领所分京府、直隶之刑名。

工部掌管全国百工、山泽等事务。下设营缮、虞衡、都水、屯田四清吏司。

明朝六部以户、刑二部最为重要，各辖十三司，实行按地区划分辖区的制度，这是前代所没有的，从此打破了隋、唐以来中央机关六部二十四司的体制。

清朝的中枢机构主要有内阁、军机处和六部。

清在入关前有内三院的建制，即内国史院、内秘书院、内弘文院，各设大学士一人。内国史院掌管编撰史书、撰拟表章；内秘书院掌管起草外交文书和敕谕、祭文等；内弘文院掌管解释古今政事得失向皇帝或皇子进讲，并教育诸亲王等。顺治年间一度改为内阁及翰林院，不久又改为内三院。至康熙时，始复设内阁及翰林院，遂为定制。顺治时定殿阁为中和、保和、文华、武英四殿，文渊、东阁二阁；乾隆时去中和殿，增体仁阁，改为三殿三阁，遂为定制。大学士满、汉各一人。协办大学士满汉各一人。大学士掌管重要政令的起草，但实权基本操纵在满洲贵族手里。

军机处的前身是雍正时临时设置的军机房。雍正七年（公元 1729 年）因为对西北用兵，考虑到内阁官员在太和门外连日值宿，恐泄露军机，始设军机房于隆宗门内，专门处理军务。雍正十年（公元 1732 年）年始正式改称办理军机处，简称军机处。在军机处任职者无定员，最多时达六七人，由亲王、大学士、侍郎或京官充任，称为军机大臣。在任命时按个人资历分别为军机处行走、大臣上行走、大臣上学习行走等。其僚属称为军机章京，掌缮写谕旨、记载档案、查核奏议等。军机处与内阁的分工，开始时规定为内阁管日常行政，军机处管军事。后来军机处的权力不断扩大，逐渐成为政务中枢，使内阁成为闲曹。军机处草拟的诏旨，有的通过内阁转发，有的是军机处直接发出。军机大臣每日觐见皇帝，商承处理军国要事，用面奉谕旨的名义对各部门各地方负责官员发布指示，称为“廷寄”。

清代沿明制在中央设六部，六部各设尚书、侍郎、郎中等官员若干名。六部的官员满汉各半，但实权掌握在满官手中，汉官基本上负责办理具体事务。清代六部虽为中央机关，但职权较明朝削弱了，比如对地方督抚六部无权直接指挥，只能奏请皇帝颁发下达命令。

第三节　地方行政组织

一　秦汉时期的地方行政组织

秦朝在地方实行郡县制。秦统一后分全国为 36 郡，后来增至 40 郡。郡设三个主要官吏，即守、尉、监。郡守是郡的最高行政长官。郡尉负责郡内军事事务。郡监负责监察郡守及其他官吏，直接受中央御史中丞领导。郡除守、尉、监外还设丞，协助郡守处理各项行政事务。县是基层行政组织，设令、长为县的行政长官。万户以上的县设令，万户以下的县设长，都由中央任命。属官有丞、尉。县丞是文官，负责县内的钱粮和司法；县尉掌管军事，维持全县的治安。

秦朝在县下设乡、亭、里等基层组织。《汉书·百官公卿表》记载：“大率十里一亭，亭有长。十亭有乡，乡有三老，有秩、啬夫、游徼。三老掌教化。啬夫职听讼，收赋税。游徼徼循贼盗。县大率方百里，其民稠则减，稀则旷，乡、亭亦如之，皆秦制也。”①

西汉初期，分封制与郡县制并行。汉初分封了一些诸侯王，诸侯王在封国内权力很大，有行政权、财政权、司法权。有实力的诸侯王与中央分庭抗礼，最终爆发了七国之乱，通过平定叛乱和总结教训，朝廷逐渐削弱王国的力量。王国逐渐为中央完全控制，与郡县基本相同。

汉代地方设郡，以郡守为长官，郡守的权力很大，有任免本府属吏之权，有控制属县行政的权力。郡有郡尉、丞等其他属官。郡尉辅助郡守掌管全郡的武装，负责兵丁征调、训练，镇压平民的反抗。主簿掌礼仪；贼曹主捕盗贼；功曹主管郡诸曹掾的任免、赏罚。决曹主司法审判。议曹主议论参谋。督邮主监督属县。

郡府除有尉、丞等佐官外，还有许多属吏，按所管的事务分为许多门类，如户曹、贼曹、田曹、水曹、仓曹、金曹、集曹等。

汉武帝时期把全国分为13个监察区，除司隶校尉所辖区域外，其12部刺史所辖区域均称为州。东汉时，刺史名义上仍是监察官，实际上与行政长官无异。至东汉末，改刺史为州牧，遂正式形成地方的州、郡、县三级制。州牧常兼将军之职，渐为地方割据政权。魏晋时期统治者鉴于州牧之权过重，难于控制，废不复置，仍改为刺史。

二 隋唐至元朝时期的地方行政组织

开皇元年（公元583年）隋朝废郡，直接以州统县，州刺史的执掌相当于汉代的郡守。隋文帝废除了汉代以来太守自行任免属吏的制度，自九品以上均由朝廷任命。沿至唐代，成为定制。这期间隋炀帝及唐玄宗曾改州为郡，刺史改称太守，但不久即恢复。州为地方高级行政机关，除刺史外，较重要的州还设有主管军政的大都督府、都督府等机构，刺史与都督分掌民政与军政，各有官署。唐玄宗时边疆地区设节度使。安史之乱后，内地也设节度使、观察使。

① 《汉书》卷7上《百官公卿表》，中华书局1962年第1版，第742页。

宋代地方行政机关为三级制，路一级为大行政区，其下为府、州、军、监，为同一层级，县为第三级。

路设四司。安抚司掌军事与民政，称为帅司；转运司掌财赋及谷物的转运等事务，称为漕司；提点刑狱司掌司法、刑狱和监察，称为宪司；提举平常司掌常平仓及贷放钱谷等事务，称为仓司。这四个司的长官都是皇帝派出的使臣，是路的四种主要长官。宋代对于职权较重的外官多方牵制，安抚使虽兼知州，统辖文武，而财权仍在转运使及其他临时派遣的财务专官手中，又在安抚司中设走马承受一官，有事可直接向皇帝报告，不经安抚使之手。所以每一路有四个系统的长官，职权互有不同而又互相牵制，以防止大行政区长官专断之弊，避免重蹈唐代节度使专权的覆辙。

宋代的府、州、军、监各设知府、知州、知军、知监，其副职均为通判。所属有幕职、推官，及六曹参军等官。

辽朝在汉人区域内以道为大行政区。道的长官为部总管处置使。道以下为府、州、军、城。府设府尹或知府。州分节度州、观察州、团练州、防御州、刺史州五等。府州之下均有辖县。以上所述的是南面官系统。在北面官系统中有部族52个，属国60个。

金朝地方的第一级行政机构为路，路下辖府、州、军、城。府州之下辖县。路设转运使、提刑使、安抚使等，掌管各方面事务。州分为节度州、防御州、刺史州三种。节度州以节度使为主官，防御州以防御使为主官，刺史州以刺史为主官。

元代在路之上设行中书省，简称“行省”，全国共设11个行省。另有一个由中书省直辖的区域，称为腹里。行省原为中书省的派出机关，所以其组织与职权方面仍然保留着中书省机关的某些特点。各行省设丞相一员，从一品；平章二员，从一品；左右丞各一员，正二品；参知政事二员，从二品。丞相为一省长官，必须由蒙古贵族担任，权力很大，掌管辖区内钱粮、兵甲、屯田、漕运等重要事务。

行中书省下有道、路、府、州、县各级。路一般设总管府，以总管为长官，其属官有同知、治中、判官、推官、经历、主事、照磨、译史、通事等。除直隶所辖县外，辖有府、州，府、州辖县。但也有不辖县的州，又有不隶于路而直属于省的府、州。此外，吐蕃的军民政务由宣徽院管辖。设在吐蕃地区的管理机构为宣慰司，下辖万户府、千户所。在西南沿边地区则设置招讨司、宣抚司、长官司、军民府、万户府等。行省设设丞相、平章政事等官。诸路总管府总管以下内部属官有同知、治中、判官、推官、经历、主事、照磨、译史、通事。

元代路、府、州、县的统领关系，“大率以路领州、领县，而腹里或有以路领府、府领州、州领县者，其府与州又有不隶路而直隶省者”①。

元代在行省和路之间设道，设肃政廉访使或宣慰使司，为省与路之间的承转机关。

三　明清时期的地方行政组织

明清的地方行政机关分省、道、府、县诸级。州与厅，直隶者与府同级，散州散厅与县同级。

明代实行省、府、县三级制，间或有省、州二级和省、府、州、县四级制。

省是明代地方最高一级行政机构，另设承宣布政使司，布政使为一省行政长官。另有提刑按察使司，掌一省司法审判的监察事务。都指挥使司的都指挥使为一省最高军事长官。三者又俗称为“藩司”、“臬司”和“都司”，合称为“三司”。三机构地位平等，互不统属，共同向皇帝负责，使其彼此牵制，便于皇帝操纵。一省内又分为若干道，作为监察区而非一级行政机构，根据需要设置一些没有辖地的专职道员。

府一般直隶于布政司。省辖府的长官为知府，负责辖境内的风化、讼狱、赋役等事务。北京的顺天府和南京的应天府直隶于中央，其长官称府尹。知府之下有同知、通判、推官等属官。明初改路为府，至宣德三年（公元1428年）天下共有府159个。

州分为直隶州和府属州两类。前者直接隶属于省，其地位与府相似。后者地位与县相似，又称为散州。其长官为知州，另有同知、判官等官职。

县是明朝第三级行政机构。长官是知县，其下有县丞、主簿、典史各一人。负责一县的养老、祭祀、贡士、宣法、彰善、听讼、治安等事务。明代共有1171县。县下设乡，实行里甲制度。其作用主要是征收赋税和维护地方治安。

清朝以总督综理一省或二、三省军民政务。有直隶总督，江南、江西两江总督，福建、浙江闽浙总督，湖北湖南湖广总督，四川总督，陕西甘肃陕甘总督，广东广西两广总督，云南贵州云贵总督。康熙四年（公元

---

① 《元史》卷58《百官七》，中华书局1976年第1版，第1346页。

1665年）五月，确立一省设一巡抚的原则，不设巡抚的省份则以总督兼巡抚事。巡抚管理一省地方政务，宣布诏令，管理军民，执行法律，考察官吏，还有省内的关税、漕运、盐政。

清朝既设总督，又置巡抚，本意是实行军民分治。清省下也设道，有分守道与分巡道。二者职掌并无区别，都是督察府、州县的行政长官，其辖区也不重叠。道作为布政司与府州县之间的一级机构，州县的文书先申府，府申道，道送司，司再呈巡抚与总督，较为烦琐。

清代府州县的设置基本沿袭了明代的制度。

第四节　官员管理制度

在中国古代，各级官员是行政管理的承担者，君主集权制度是靠庞大的官僚体系来维系的。官员的素质如何，吏治是否清明，关系着朝廷的治乱兴衰。为此，历代都很注重吏治建设，关于官员的选拔、任用、考核、待遇等都制定了详尽的法律规范，形成了比较严密的官员管理制度。

一　官员选任制度

夏、商、西周的主要任官制度是世官制，王族、贵族世代承袭各种官职。春秋时期列国卿大夫都是世袭贵族。此外还有其他的选官途径，如《礼记·王制》云："命乡论秀士，升之司徒，曰选士。司徒论选士之秀者而升之学，曰俊士。升于司徒者，不征于乡；升于学者，不征于司徒，曰造士。……大乐正论造士之秀者，以告于王，而升诸司马，曰进士。司马辨论官材，论进士之贤者以告于王，而定其论。论定，然后官之；任官，然后爵之；位定，然后禄之。"① 这是对于士的逐级选拔。《周礼·地官·乡大夫》云："三年则大比，考其德行道艺，而兴贤者能者，乡老及乡大夫帅其吏与其众寡，以礼礼宾之。"② 指的是"乡论秀士"之制。

春秋战国时期主要的选官途径有以下4种：

（1）荐举

荐举即推举贤能者任官。春秋时期，列国的执政多以宗室充任，外人很难受到重用。秦国的宗法限制较少，多从下层人物中举用人才，如穆公

---

①（元）陈澔：《礼记集说》，《四书五经》中国书店1985年第2版，第75—76页。

②（汉）郑玄注，（唐）贾公彦疏：《周礼注疏》卷第31《地官司徒·乡大夫》，上海古籍出版社2010年第1版，第416页。

对百里奚的重用。战国时期，列国荐举之风盛行，卿大夫及接近国君的人都可以直接向国君荐举贤能之士。《战国策·齐策》载："淳于髡一日而见七人于宣王。"

（2）游说入仕

因游说或上书而得官，为战国时士人入仕途径之一。当时孟子、荀子以及韩非、李斯等均以此入仕。

（3）以客入仕

战国时期通过做国君或卿大夫的食客可取得官位。战国时盛行养士之风，国君养士，最著名的如齐国国君在临淄设稷下学宫，招集文人学士上千人；燕国国君筑黄金台，礼聘天下贤人智士。

（4）军功入仕

战国时秦国法律规定，因作战有功可授予官职。《韩非子·定法篇》载："商君之法曰，斩一首者爵一级，欲为官者为五十石之官；斩二首者爵二级，欲为官者为百石之官。官爵之迁与斩首之功相称也。"

汉代选拔任用官吏，大致有以下几种途径：

（1）从开国功臣中选拔，主要是建国初期。

（2）通过学校培养，在中央设立"太学"，招收贤俊好学者入学学习，经过考试成绩优良者，可以补官，这是各级官吏的来源之一。

（3）征辟，对特定人才的任用方式。征辟又分征召与辟举。征召又有两种不同情况：一种是皇帝诏令各郡，要求推举"贤良方正能直言极谏者"，经皇帝面试，即"对策"后，任用为官。一种是皇帝征用有特殊才能或德高望重之士。皇帝所下的特诏聘书，叫做"辟书"，由皇帝派遣使者专程聘请。辟举，也叫辟除，对于辖区内有名望和才能的人，高级主管官吏或地方上郡守以上的官吏可以向中央推荐或自选为属吏。

（4）察举。察举制度始于西汉而盛于东汉，由郡国每年向中央推举一定数量的人才选用为官。被举人的条件，选拔人才的科目，往往因时因事的需要而定。总的来看主要有以下几种：

一是"孝廉"、"秀才"。孝廉，是指孝顺廉洁。这一科目，始于汉武帝元光元年（公元前134年），这一年朝廷令郡国举孝廉各一人。汉统治者认为在家孝顺父母又能廉洁奉公的人，任官以后，能忠君守法。所谓秀才，是指优秀之才，即有文化有才干的人。汉初以秀才作为推荐人才的科目之一。

二是贤良方正。贤良方正是汉代选拔人才的条件之一，也是科目之一。汉文帝时为了询访政治得失，下诏举贤良方正直言极谏之士。

三是孝悌力田。汉代为提倡孝道和发展农业生产，从惠帝时起，开始设立，奖励有孝悌德性的人和努力种田的人。

四是明经、明法、文学。汉代有一定专门知识的人可以入仕。如西汉时，龚遂以明经为官，薛宣以明习文法被任命为御史中丞。

五是考试。汉代，通过一定考试可以为官。《汉书》卷三〇《艺文志》云："汉兴，萧何草律，亦著其法曰：'太史试学童，能讽书九千字以上，乃得为史。'"

六是纳赀。纳赀是指向政府交纳一定数量的钱财即可为官的制度。两汉时期很多人通过纳赀进入仕途。如张释之"以赀为骑郎"①。东汉灵帝时，"初开西邸卖官"，"二千石二千万，四百石四百万，其以德次应选者半之，或三分之一，于是西园立库以贮之"。② 可见，汉代卖官是为弥补财政之需。

此外，还有因军功得官者，以父兄为官任其子弟为官者。任子弟为官，因为"不以德选"，故流弊很大。

魏晋南北朝时采用九品官人法以荐举人才。魏文帝曹丕采纳吏部尚书陈群的建议，开始实行九品中正制。于各州郡设中正官，即州设大中正，郡设小中正，中正官将各地人士按才能分别评为九等，向中央推荐，由朝廷选用。只要在品第之内，一般都可以做官。只是被评为上品的，做官较高，升迁较快；评为下品的，只能做小官，且升迁较慢。九品中正制的初衷是只论人才优劣，不考虑出身的尊卑，但在实行过程中，出身高官的州郡中正官所荐举的基本是士族出身的人员，逐渐形成了"上品无寒门，下品无士族"的局面。到了南北朝，官员选拔更强化了重门阀而轻寒贱的风尚。另外，魏晋南北朝还沿用了汉代征辟和察举的方法。

隋唐时期确立了通过国家统一考试的方法选拔官员的科举制度。科举制在隋朝正式确立，为唐所沿袭、改进。唐代的常科考试科目繁多，有秀才、明经、明法、明字、明算，又有一史、三史、开元礼、道举、童子，而明经又分五经、三经、二经、学究一经、三礼、三传、史料等。其中只有进士一科受到重视。考生的来源有两种：一种是生徒，包括国子监、弘文馆、崇文馆的学生，他们在学校内考试合格后便可直接参加尚书省礼部

---

① 《汉书》卷50《张释之传》，中华书局1962年第1版，第2307页。

② 《后汉书》卷8《灵帝纪》，中华书局1965年第1版，第342页。

举行的考试，称为省试；二是乡贡，凡是不属于上述诸学的其他考生，须先持身份、履历证书向州县报名，经县与州逐级考试后，合格者被保送到京城参加省试。科举考试有程式的规定，关于经史有帖文、口义、墨义三种程式；关于时务，用“策试”的方法；关于文艺，有诗赋、杂文两种文体。大抵唐制诸科，帖文、经义、策论三者并试，进士一科，其初只试策，后乃帖经兼试杂文，开元以后，并增诗赋。

宋代对科举考试规定了各种防弊的措施，如禁止夹带书本，试官亲戚须送别头考校，称为避亲移试；此外在试卷上采取糊名、誊录和弥封。辽初职官多由帐院所选，后来亦有科举，专门为汉人而设。其制分乡试、府试与省试。金代凡科举应试者通称举人，进士是科举的一科。自从金代规定以词赋、经义、策论中选叫进士，律科、经义中选叫举人，始以举人为专称。世宗时又设女直（即女真）进士科，初只试策，后增试论，即所谓“策论进士”。考试分乡试、府试、会试、御试四级。元代于延祐二年（公元1315年）始行科举，分进士为左右榜；蒙古、色目人为右榜，汉人、南人为左榜。

宋代在官员的任用上还有一种差遣制度。当时官制有“官”、“职”、“差遣”之分。官，只是作为评定品级的虚衔；职，是代表才学声望的虚名；差遣，是实际授予的职务。有官有职，只是虚职，必须有“差遣”，才能担任实际的职务。三省、六部、二十四司的官吏，除非有圣旨，并不管理机关的事务，本机关的事务由皇帝另外任命其他官员管理，而自己则被“差遣”去管理另一机关的事务。如无“差遣”，则成为只领俸禄不做实事的闲官。差遣制度的目的是使官员的名义上的职务与实际职务分离，从而便于皇帝随时撤销其实权，以便加强皇权。这样也造成了另一个严重后果，就是官员冗滥，人浮于事，形成了巨大的财政负担。

明朝科举三年一试，省一级称乡试，在各省布政司考试，中试者为举人；次年集于京师称会试，在礼部贡院考试，中试者参加由皇帝主持的在宫廷中进行的殿试（又称廷试），考中者称进士，每场考试一般以一日为限。考试内容仍以“四书五经”为主，采用“八股文”形式。科举成为获得任官资格的最普遍和最重要的途径。永乐以后，能入内阁者几乎均为进士出身，论资排辈成为任官的通例。官吏的选任分为四种：一是“大选”，一般在双月进行，有新科进士选授、官员大考升迁等；二是“急选”，一般在单月进行，主要是对文官的改授、改降、“丁忧”与候补等；三是“远方选”，指对边远地区官员的委任；四是“岁贡就教选”，指对会试落选的举人选授学正、教谕之类的官员。此外还有“谏选”（从贡、监生中选择可充任州、县正官者）等制度。

清朝仍以科举作为选官的基本制度。清朝于顺治二年（公元1645年）颁布《科场条例》，正式开科取士。清朝科举考试分县试、府试、院试、乡试、会试、殿试逐级进行。乡试在省城举行，三年一次，叫做“大比”。考中的称“举人”，第一名称“解元”。中举者第二年参加会试。会试在京城举行，由礼部主持，考中者为“贡士”，第一名称“会元”。殿试录取名次分三甲，一甲三名，第一名状元，第二名榜眼，第三名探花，赐进士及第；二甲若干名，赐同进士出身。一甲可直接授翰林院官职。二甲可直接授翰林院庶吉士。三甲可参加翰林院庶吉士考试，考取后入院读书。

清朝科举考试，优待满族士子，分满汉两榜。清初为笼络汉族知识分子，特设“博学鸿儒科”，还设有“经济特科”、“孝廉方正科”等。

清朝的任官途径很广泛，除了科举考试之外，还有贡生、监生、荫生、议叙、杂流、捐纳、官学生、俊秀等途径。任官有正途和杂途之别，科甲、贡生、荫生为正途，此外为异途。异途经保举，与正途一样任官，但不能任科、道官。只有正途可以为翰林、詹事以及吏、礼二部官。

清朝皇帝直接任命官员叫“特简”，不受任何法律的限制。由大臣互推任用的叫“会推”。对有功及因公殉职的官员子弟，可以“恩荫”。

二　官员考核制度

商周分封制时期的考核有巡守与述职。巡守亦作“巡狩”，指天子巡察诸侯所守地方，属于政治性的督察，对于政绩优良的予以表扬，政绩不佳的予以批评。述职是商周时期诸侯向天子陈述职守。

战国时期官吏的考核方法有察访与上计。察访由国君派出使者，察访官吏的善恶。上计是指官吏把一年的“计书”上报国君。“计书”就是统计的簿册，包括仓库存粮数，垦田和赋税数，户口数以及治安情况。国君根据上报的情况对官吏进行考核。对成绩不佳的立即免职。

秦汉袭战国之制实行上计制度，作为考核官吏的具体办法。汉制，郡县每年年终将管内的户口、钱谷、盗贼之数上报上级官府，县令、长上计于郡国守、相，郡国守、相上计于丞相。秦代考核官吏的标准有“五善五失”。五善指忠信敬上、清廉无谤、举事审当、喜为善行、恭敬多让。五失指奢侈无度，妄自尊大，擅自决断，犯上弗知害，轻士人而重钱财。汉代考核官吏除使用上计的方法，按部门考核官吏外，并与部刺史以“六条”察郡国的监察制度相结合。

魏晋南北朝时期重视考课方面的立法。魏明帝时令散骑常侍刘劭撰都官考课72条，作为都官尚书考察官吏的依据。晋武帝时采纳杜预的建议，制定了五条课郡县法，即正身、勤百姓、抚孤寡、敦本息末、去人事。①此法自晋至南朝宋、齐、梁、陈一直沿用。西魏、北周时又有“六条课太守、县令法”，此法在西魏时以诏书的形式颁布，所以又称《六条诏书》，在当时被看作国家的施政纲领，要求官吏必须熟悉其内容。作为考课的标准适用于所有的行政官员。至于考课的时间，曹魏时三年一次。晋起初也是三年一考核，后改为六年一次。南朝先为六年，后改为三年。北魏沿用晋制“三年一考，考即黜陟”②。

唐代考课，诸司之长，每年考核其属下的功过，分为九等，称为司考或初考。诸司考定之后，送尚书省总考，皇帝并敕派使臣以校之，称为校考。唐代主管考课的机关是吏部考功司。

其考课标准是“四善”、“二十七最”，四善是指品德，即德义有闻、清慎明着、公平可称、恪勤匪懈。二十七最是指能力，是根据各官署职掌不同所提出的具体要求。一曰献可替否，拾遗补阙，为近侍之最；二曰铨衡人物，擢尽才良，为选司之最；三曰扬清激浊，褒贬必当，为考校之最；四曰礼制仪式，动合经典，为礼官之最；五曰音律克谐，不失节奏，为乐官之最；六曰断决不滞，与夺合理，为判事之最；七曰部统有方，警守无失，为宿卫之最；八曰兵士调集，戎装充备，为督领之最；九曰推鞫得情，处断平允，为法官之最；十曰雠校精审，明于刊定，为校正之最；十一曰承旨敷奏，吐纳明敏，为宣纳之最；十二曰训导有方，生徒充业，为学官之最；十三曰赏罚严明，攻战必胜，为将帅之最；十四曰礼义兴行，肃清所部，为政教之最；十五曰详录典正，词理兼举，为文史之最；十六曰访察精审，弹举必当，为纠正之最；十七曰明于勘覆，稽失无隐，为勾检为之最；十八曰职事修理，供承强济，为监掌之最；十九曰功课皆充，丁匠无怨，为役使之最；二十曰耕耨以时，收获剩课，为屯官之最；二十一曰谨于盖藏，明于出纳，为仓库之最；二十二曰推步盈虚，究理精密，为历官之最；二十三曰占候医卜，效验居多，为方术之最；二十四曰讥察有方，行旅无壅，为关津之最；二十五曰市廛不扰，奸滥不行，为市

① 《晋书》卷3《武帝纪》，中华书局1974年第1版，第58页。
② 《魏书》卷7《高祖纪下》，中华书局1974年第1版，第175页。

司之最；二十六曰牧养肥硕，蕃息孳多，为牧官之最；二十七曰边境肃清，城隍修理，为镇防之最。

考核后分为上、中、下三等九级，每等级均有具体的规定，如一最四善为上上，一最三善或无最有四善为上中；一最二善或无最而有三善为上下；一最一善或无最而有二善为中上；一最或无最而有一善为中中；职事粗理、善最弗闻为中下；爱憎任情、处断乖理为下上；背公向私、职务废缺为中下；居官谄诈、贪浊有状为下下。流外官的考核，分为四等；以清谨勤公为上，执事无私为中，不勤其职为下，贪浊有状为下下。

宋代的考课之法有磨勘与历纸之分。所谓磨勘，是朝廷指定特别官员或官署考核百官的功过，其性质与唐代的考校同；所谓历纸，就是考状，由诸司长官于平时记其所属善恶为考核的根据，其性质与唐代的司考同。考核的标准有善最之法。宋初仿唐的四善而分为三等：政绩优异为上，职务粗理为中，临时弛慢为下。神宗时又以四善四最考核守令，四善的内容与唐同。四最即狱讼无冤，赋税不扰，为治事之最；农桑垦殖，水利兴修，为劝课之最；屏除盗贼，民获安居，为镇防之罪；赈恤困穷，不改流移，为抚养之最。通善、最为上、中、下三等。绍兴中于四善四最之外，复以八事考课监司守令，八事指举官当否、劝课农桑、增恳田畴、户口增损、兴利除害、事失案察、平反狱讼、觉察盗贼。辽代考课之法有廉察与廉问。廉察是皇帝敕派使臣暗访百官的功过；廉问是皇帝指定专人或亲自覆核廉察的结果。金世宗时按等级划分官吏为廉能或污滥不职，各为三等。金章宗时参酌唐制制定县令以下官员的考课法，其考核内容仿唐宋之制分为四善十七最。金宣宗兴定初又行辟举县令法，而以六事考之，其内容为田野辟、户口增、赋役平、盗贼息、军民和，词讼息。元代考课有廉访与计年。元初，诏各道置肃政廉访使考察官吏。武宗至大三年（公元1310年）令考功印历纸给亲民官员，年终时监治官验属官的政绩作出书面的评定，由肃政廉访使进行考校，行省吏部尚书依此对官员进行黜陟。

明代考课有考满与考察，二者相辅而行。考满按年劳确定是否晋升，分为称职、平常、不称职三等，三年一考，三考以后依“职掌事例”决定升降。考察京官与外官分别进行，劾以八法，即贪、酷、浮躁、不及、老、病、罢、不谨。对于京官的考察，称为京察，每六年举行一次。四品以上者，采用自陈的方式报皇帝裁决；五品以下的分别致仕、降调、闲住、为民四等，具册奏请核定。对外官的考察，称为大计。每三年举行一次。州县以月计上报府，府以岁计上报布政司，届满三年，抚、按通核官员事状报吏部以定去留。

清沿明制，考满之法与明同，顺治十二年（公元1655年）顶考满议叙例，三品以上自陈，四品以下官由各衙门呈吏部会同都察院察议具奏。考察亦分京察与大计，清代京察改为三年一次，以四格八法为升降标准。四格为守（操守）、才（才干）、政（政绩）、年（年资）；八法为贪、酷、罢软无为、不谨、年老、有疾、浮躁、才力不及。其后去贪、酷二类，改为六法，大计之制同明。

三 官员俸禄制度

汉代有粟石品级制，以石数的大小来表示官员的品秩，从万石下至百石分为十六级。曹魏以九品顶官级，以品少者为贵。北魏仍设九品，每品又各分正、从，共18等。北齐沿袭北魏之制，惟增设流内比视官13等，自视从三品起至视从九品。北周依《周礼》之制，分官品为九命，以命多者为贵。隋朝恢复九品之法，每品分正、从，共为18等，称为流内；又定流内视品，起自正二品，至于九品，分为正、从，共为16等，谓之视流内。唐流内分九品，自四品以下又分为上下阶。视流内自五品至九品，又各分正、从。宋朝仍用九品之制，共分正、从，共18等。金元明清之制均同于宋。

两汉的俸禄以谷粟支付，以石计。西汉定制，秩万石月支俸禄粟250斛，中二千石月180斛，二千石月120斛，比二千石月100斛，千石月90斛，比千石月80斛，六百石月70斛，比六百石月60斛，四百石月50斛，比四百石月45斛，三百石月40斛，比三百石月37斛，二百石月30斛，比二百石27斛，百石月16斛，斗石者月11斛以下。东汉时除千石比六百石月粟各减10斛、比四百石月粟减5斛外，其余均同西汉。

魏晋以后，官品之制兴起，俸禄制度逐渐改为以土地、实物为主。曹魏的官品多沿袭汉代，官俸也略同于汉，但当时值汉末大乱之后，财政困难，实际上并不能如汉制支付。晋代实行占田制，品官有职田以充俸禄。此外，并给谷、绢、绵、菜田、田驺之类，因官品大小而有等差。给田驺即是供给力役，自汉以来的所谓给吏卒多少，实际上也是供给力役，可以说是一种广义的俸禄。南朝宋、齐、梁、陈的俸禄制度与晋为一个系统。北朝各国的俸禄制度又为另一个系统。北魏官禄每季一请，给绢、谷；又随近给公田，收益以供公用，更代相传，不得出卖，为隋唐公廨田的起源。北齐官俸均给布帛，另外各给干力。北周官俸给谷粟，以石计，丰年颁全俸，中年颁中俸，荒年不给禄。

隋唐俸禄包括土地、实物及货币三项。土地方面有永业田与职分田。永业田所有权归私有，可以传于子孙；职分田所有权属国家，官员以职位得拥有其收益。实物指禄粟，以石计。隋制于每年春秋两季发给；唐制每年一次发给，以民地地租支付，无粟则以盐为禄。货币指俸料钱。隋文帝时因百官供费不足，台省府寺各置公廨钱，收息给付。唐俸料钱按月付给。所谓俸钱，包括厨食料如薪炭，衣服料如丝缎，办公料如纸笔，侍役料如防阁、庶仆、仗身、白直、手力等。开元中将百官料钱合为一色以月俸为名，各据本官随月给付。

宋代俸禄月给俸钱，春秋给衣料，另有禄粟。不过其时货币流通已广，布粟一般都折钱付给，故俸禄实际上均以钱支给。金代行钱帛禄粟之制。岁俸支给钱、币、绢、绵，并有职田之制。京官无职田，外官自三品以下始给职田。职田岁入之粟送于官仓，官员从职田中应享受的收入，按定额随月俸发给。元行俸银禄粟之制。禄以米支给，按品级高下规定其数额；俸银以锭计算，每锭 50 两，以品级定数额。外官并有职田之制，无职田者酌量给粟麦。

明代实行俸钞折色之制。洪武时百官全给米，间以钱钞，唯九品杂职全给米。其后钞价日贱，又折米为布，布价又跌，官俸因此日薄。中叶以后官员俸给有两种支给办法，一为本色，一为折色。本色包括三项：即月米、折绢米、折银米。月米不问官的大小均为一石；折绢一匹当银六钱；折银六钱五分当米一石。折色包括两项：本色钞与绢布折钞。绢每匹折米二十石，布一匹折米十石。文武官俸正一品者，本色仅占十分之三，递增至从九品，本色至十分之七。

清代俸禄以银米支给。满汉文武官员的俸禄按品级发给。在外文官俸银与京官同，不给禄米。正俸之外，按职务等级另给银钱，称为养廉银，文职养廉银始于雍正三年（公元 1725 年），此年以特旨增汉官俸米，而各部堂官又加恩给予双俸。乾隆元年（公元 1736 年）仿双俸之例将在京大小文官俸银加一倍赏给，令自次年春季实施。武职养廉银始于乾隆四十六年（公元 1781 年）。以前武官例以亲丁名粮为养廉，至此始照文官之例议给。

第五节 行政监察制度

中国古代的行政监察制度是独具特色的，历代统治者都注重监察制度的完善，以便加强对官员群体的监督、管理，维持官僚体制的有效运转。

一　先秦时期的监察制度

西周时期，御史“掌邦国、都鄙及万民之治令，以赞冢宰。凡治者受法令焉。掌赞书。凡数从政者”。[①] 居于中央六官之首的大宰也具有一定的监察权。每年年终，大宰“令百官府各正其治，受其会，听其致事，而诏王废置。三岁，则大计群吏之治，而诛赏之”。[②] 此外，小宰、宰夫也具有一定的监察权。

战国时期，君主官僚制度取代了世卿制度，各国开始设立执掌监察职能的御史一职。并加强了有关监察的立法，如齐威王任用邹忌为相，定法律以督奸吏。

二　秦汉时期的监察制度

秦朝以御史大夫主持中央的监察系统。设立御史府，由御史大夫掌管监察包括丞相在内的百官的行为。御史大夫还有权参与朝议，辅助丞相处理政务，职权的范围比较广泛。御史中丞辅助御史大夫行使职权，由于御史大夫事务繁杂，实际上由御史中丞负责具体的监察事务。

秦朝在郡一级设监郡御史，称为“监”或“监御史”。《汉书·百官公卿表》云：“监御史，秦官，掌监郡。”[③] 监御史隶属于御史大夫，主要职责是代表皇帝监察地方官吏。

西汉时期的中央监察机构是御史府，最高长官是御史大夫，御史大夫“位次丞相，典正法度，以职相参，总领百官，上下相监临”。[④] 副官为御史丞和御史中丞，属官有治书侍御史、侍御史、御史内史、御史主簿、督运漕御史、绣衣御史、监御史以及掾、史、属等。

御史中丞是御史府中行使监察职能的主要官员，据《汉书·百官公卿表》记载御史中丞“在殿中兰台，掌图籍秘书，外督部刺史，内领侍御史员十五人，受公卿奏事，举劾按章”。[⑤] 由于御史中丞接近皇帝，所以权力

---

① （汉）郑玄注，（唐）贾公彦疏：《周礼注疏》卷第 31《春官宗伯·御史》，上海古籍出版社 2010 年第 1 版，第 1028 页。

② （汉）郑玄注，（唐）贾公彦疏：《周礼注疏》卷第 2《天官冢宰·大宰》，上海古籍出版社 2010 年第 1 版，第 68 页。

③ 《汉书》卷 7 上《百官公卿表》，中华书局 1962 年第 1 版，第 741 页。

④ 《汉书》卷 83《朱博传》，中华书局 1962 年第 1 版，第 3405 页。

⑤ 《汉书》卷 7 上《百官公卿表》，中华书局 1962 年第 1 版，第 725 页。

较大，汉成帝时将御史大夫改为大司空后，御史中丞一度成为御史府的实际长官。

司隶校尉是御史系统以外的特殊监察组织。负责监察三辅、三河、弘农七郡，又负责监察京畿地区和朝廷官吏。东汉设御史台为中央主要的监察机构，由于御史大夫更名为大司空，御史中丞成为御史台的最高长官。御史中丞下设治书侍御史 2 人，侍御史 15 人。

汉初废除秦朝常驻地方的监御史，致使地方官员缺乏监督，造成了地方吏治的腐败。因此，汉惠帝三年（公元前 192 年），恢复监御史。汉武帝元封五年（公元前 106 年），划分全国为十三州部，每州作为一个监察区，京畿一州，由司隶校尉兼理，其余 12 州各设部刺史一人，作为皇帝派往地方的监察官，此外，还在《监御史九条》的基础上制定《六条察郡之法》，规定了刺史的监察范围。刺史隶属于御史府，受御史中丞统领，属官主要有别驾从事史 1 人，辅助刺史工作；治中从事史 1 人，协助刺史处理各项文书；主簿一人，掌管诸曹文书。此外，还有功曹书佐、律令师等。刺史每年巡查所属郡国，年终到京师御史台报告监察情况。东汉初期，仍分天下为 13 州，设刺史 12 人，各领一州；后刺史权力逐渐行政化。

三 魏晋南北朝时期的监察制度

两晋的最高监察机关仍为御史台，负责纠举百官的违法行为。长官为御史中丞，下设治书令史、治书侍御史、侍御史、殿中侍御史，此外还有监搜御史、符节御史、令史、禁防御史等多人。司隶校尉掌管京畿地区的纠察。

南朝时期中央监察机关为御史台，大体沿袭晋制，但各朝台官设置稍有变化。宋设侍御史 10 人，分理具体事务；宋与齐均不设殿中侍御史；梁、陈设侍御史 9 人，另设殿中侍御史 4 人。

北魏太祖时期，仿魏晋旧制设御史台，称“兰台”，以御史中丞为长官，下设侍御史等官，但不久废除，经过多次反复，直到孝文帝才正式确立御史台为最高监察机关，长官称御史中尉。北魏分裂为东魏与西魏以后，御史台的设置与作用有所不同。东魏仍设御史台，长官为御史中尉。西魏恭帝时进行官制改革，设司宪中大夫 2 人，为最高监察官。北齐的监察体制多沿北魏，设御史台。以御史中丞为长官，下有治书侍御史、侍御史、殿中侍御史，录事，领符节署令，符玺郎中等。北周取代西魏后，周武帝宇文邕根据《周礼》对政治体制进行重大改革，御史台长官为司宪中大夫，领有司宪上士2人，司宪中士若干人，司宪下士8人。

四 唐宋时期的监察制度

唐代以御史台为最高监察机关。以御史大夫为最高长官，武则天时改置左、右肃政台，睿宗时恢复旧制。唐玄宗时基本上形成了一台三院的体制。御史台下设三院。台院设侍御史4人，另有内供奉2人，掌管纠举百官，审理案件。殿院，设殿中侍御史6人，内供奉3人。纠察朝会、祭祀过程中百官的相关仪式。察院，武德初年，设监察御史8人，负责纠察百官、郡县、刑狱以及朝仪。此外，唐初分全国为10道监察区，由监察御史10人分巡州县。开元二十一年（公元733年）改全国为15道，监察御史也增至15人。监察御史在御史中的品级虽低，但权力很大，是皇帝的耳目之司，百官畏惧。察院是御史台三院中最重要的职能部门。

唐朝对地方的监察采取两种方式：一为监察御史巡按州县，一为派出使臣巡察地方。

宋朝的监察机关仿唐制，中央设御史台，以御史中丞为长官；其下有台院、察院和殿院，设有侍御史、殿中侍御史、监察御史，分掌三院监察事宜。仁宗明道年间还专门设立了谏院，设左右谏议大夫，与御史台共同承担监察职责。宋朝的监察制度与唐有所不同。第一，宋朝实行台、谏合一制，谏官和台官一样，把百官作为监督的对象。宋以前谏官专门负责监督皇帝，向皇帝规谏讽喻，而宋朝谏官“凡朝政阙失，大臣至百官任非其人，三省至百司事有违失，皆可谏正”。[①] 这完全是出于加强君主权力的需要。第二，台谏之官必须由皇帝亲自任命，允许风闻弹奏，不受任何限制。因此被皇帝所利用，成为牵制宰相等政府官员的一种力量。宋朝台谏官在政治斗争中起到了很重要的作用，往往当宰相欲有所作为时，台谏官便议论纷纷，结果是宰相未及施政就离位了。南宋时，台谏官往往被权臣作为专权和排斥异己的工具。第三，加强了对地方的监察。路一级以监司行监察之权，州则由通判监察，沿边和战事地区以走马承受行使监察权，形成了以监司为主、辅以通判、走马承受等的地方监察体系。为了保证监察官履行其职责，宋朝规定了监司出巡制度和失察受罚制度，并对监察官

① 《宋史》卷161《职官一》，中华书局1977年第1版，第3778页。

进行再监察。由尚书省监察御史，由御史台监察地方监司官，再由监司监察走马承受。

宋朝的监察权同其他权力一样，被分散到各个不同的部门，但并没有削弱监察力量，相反由于更多部门的介入、参与，使得宋朝的监察更加严密，在加强专制主义中央集权的过程中发挥了重要的作用。

五　辽金元时期的监察制度

辽朝南面官中设御史台，有御史大夫、御史中丞、侍御史等官。又仿唐之“殿院”，在御史台内设殿中司，置殿中、殿中丞等官。金朝以御史台为最高监察机关，设御史大夫，从二品，为御史台长官，掌纠察朝仪、弹劾官邪、勘鞫官府公事。

元世祖至元五年（公元1268年），设御史台。御史台与中书省、枢密院是互相独立的三个中央机关，御史台监察中书省、枢密院及其他行政机关的活动。元代提高了御史台长官的品级，改变了唐宋的三院制，改台院为殿中司，原台院的职权并入察院。殿中司仅设殿中侍御史2人，正四品。“凡大朝会，百官班序，其失仪失列，则纠罚之；在京百官到任假告事故，出三日不报者，则纠举之；大臣入内奏事，则随以入，凡不可与闻之人，则纠避之”①。察院成为御史台的主体，增加了监察御史的员额，监察的范围也扩大了。

元代在地方设立了行御史台。至元十四年（公元1277年）在扬州设江南诸道行御史台，至元二十七年（公元1290年）设云南诸路行御史台，大德元年改为陕西诸道行御史台。行御史台是中央御史台的派出机构，有权弹劾行中书省、宣慰司及以下诸司官员的违法行为；纠察正官、管军官、诸色官的失职和违法行为；纠察并协助平反冤案等。

至元六年（公元1269年），设立提刑按察司，至元二十八年（公元1291年），改按察司为肃政廉访司。至元成宗时，全国划分为22道，即22个监察区，由中央御史台直接管辖的8道，称“内八道”；江南行台所管辖的10道，称“江南道”；陕西行台所辖的4道，称“西四道”。每道廉访使两员，副使两员，此外还有佥事、经历、知事等属员。肃政廉访司监督各道所属的地方官员，涉及民事、钱谷、司法、科举等方面。

---

① 《元史》卷86《百官二》，中华书局1976年第1版，第2179页。

六 明清时期的监察制度

明代中央设立了以都察院为主体、自成体系的专门监察机构，号称“风宪”衙门。都察院就是前朝的御史台，元末朱元璋起兵称吴王之时，即设立御史台。朱元璋将御史台与总政事的中书省、掌军旅的都督府并列为朝中的“三大府”，特别指出，“御史掌纠察，朝廷纪纲尽系于此，而台察之任尤清要”。明洪武十四年（公元1381年），即朱元璋废中书省之后的第二年对御史台作了一次大的改组，首先是改御史台为都察院，掌纠劾百司，辨明冤枉，提督各道，为天子耳目风纪之司；其次是降低都察院的品级，取消大夫、中丞等御史台一二品的长官，只设七品的御史若干人。这样的变动看来是削弱了监督职权，实际上则是与明太祖废中书省罢丞相的措施相一致的，目的在于加强皇权。不久，明太祖察觉这样的体制不适应需要，又升都察院的品级，设左右都御史为主官，正二品；左右副都御史、左右佥都御史次之。都御史号称“总宪”。

明朝都察院的职责是“肃政饬法”，即“纠劾百司，辨明冤枉”，是“天子耳目”。具体包括：第一，弹劾结党营私、违反法纪、投机取巧的官员；第二，与吏部一起考核评定百官；第三，与刑部、大理寺一起审理重大案件。

都察院在都御史、副都御史、佥都御史之下设监察御史110人，分属13道。道大体与明朝的13省和南北两京相对应，如陕西道管陕西省的监察事务，云南道管云南省的监察事务，依此类推。明朝自永乐起以北京为国都，南京为陪都，其周围称北、南直隶（大体是今河北省、江苏省范围），不设省。两京的中央机关和北、南两直隶的地方府、州、卫、所分别划归各道监察。

监察御史具体行使都察院的监督职权，对内外百官的违法犯罪和一切失职行为进行弹劾，对所见所闻进行纠察，就政事的得失利弊直言以谏，对朝会、祭祀进行纠仪和监礼及其他政务监督。御史上奏可以是“露章”，也可以是“封章”。既可以是公开的，也可以是秘密的，但必须“明著实迹，开写年月”，而不得“虚文泛诋，讦拾细琐”。①

监察御史只有正七品，其名位虽低，但不可视为都御史的僚属。与六部不同，都御史和每个监察御史都可以直接上书皇帝。御史上书不必经过

① 《明史》卷73《职官二》，中华书局1974年第1版，第1769页。

都御史，所奏参劾的事项，都御史也无权过问。在一定意义上可以说，监察御史是“独立”行使监督权力的。明朝的御史位卑而权重，以敢言而著称于史，在明代的政治生活中起了较大的作用。明代多任用年轻气盛的官员担任御史，他们勇于任事，有报国之心，涉世不深，较少世故，上书言事时，也就少有顾忌。

明代还设有六科给事中。给事中原为唐宋的言官，主掌谏议封驳，是门下省的属官。明初，设给事中为独立机关，后分为六科。即吏科、户科、礼科、兵科、刑科、工科给事中，简称“六科”。明代六科是独立的监察机关，不属都察院。六科各设都给事中1人，分设给事中4—10人不等。六科对相应的六部，专有所管，各科分别上奏，但对重大事情，各科可以联奏。在废中书罢丞相，六部地位提高以后，六科给事中的作用也大大加强了。六科为监督六部而设，六部是行政执行机关，而六科则是监督机关，以“稽查六部百司之事”为己任，凡是皇帝诏令圣旨下达，要经六科分类抄出，交付六部等机关执行；重大政令的执行情况，六科还要向皇帝复奏报告。六部的章奏和执行政务有误者，六科有权驳正并报告皇帝。

六科给事中的一项职责就是“封驳”。“封”，即对已颁行下达的圣旨，认为不当或确有未便施行之处，六科给事中有权将这项圣旨“封还执奏”，即暂停执行退回皇帝。“驳”，即对内阁、部院、各省的奏章确有错误的，六科有权“驳正”。

明朝六科给事中仅七品，与御史相同，发挥着以低官监督高官的作用。六科与御史分设不同的机关，目的也在于使其互相监督，不使皇帝的耳目被一面之词所蒙蔽。

明代地方的监察机构有巡按、按察使和布政使。

巡按，即巡按御史。明朝经常派都察院的监察御史巡行各省地方，名为“代天子巡狩”。明代派出的巡按御史就是代表皇帝对地方进行“巡按”的，相当于“钦差大臣”，对地方官员进行监察，行使监督权。巡按每省派一人，南、北直隶各派二人，此外在北方的军事重地宣大（宣府、大同）、辽东等地也各派一人，巡视本管境内各地。

巡按到地方后，其职责有以下几方面：第一，考核地方省、府、州、县官员，对地方官的政务、品德、才干等进行全面考察，接受投诉举报。第二，审录复查案件，调集省内重大疑难案件，受理当事人申诉，平反冤狱。第三，检察地方各种政务，如巡视仓库、道路、桥梁、户口、驿站，核算审计税收财政，查看祭祀坛场等。第四，宣扬风纪，慰问地方孤老，勉励学生，表扬良善之民，翦除豪强恶人。

明朝巡按虽然只用七品御史担任，但由于是代表皇帝，所以极具权威，可以“大事奏裁，小事立断”。对于地方各省五品以上大员可以据实“参纠”，六品以下官员“贪酷显著者”，当即拿问。所以，在明代地方官场上，巡按一到无不震惊。虽然朝廷为防止巡按专擅，规定巡按不准凌辱府州县官，但实际上，知府以下见巡按“长跪不起”，布政使等也仅“列位随行”，“俯首至膝”，甚至兼带都御史、副都御史、侍郎等衔出任地方总督、巡抚等大员，见巡按也很“谦逊”，因为他们怕巡按借故弹劾。

按察使，是全省的“风宪”衙门。明代的按察使与布政使、都指挥使同为省级长官。按察使主掌“一省刑名按劾之事”，即复审复核全省案件，此外，“振扬风纪，澄清吏治”，即监察本省官员也是其主要职责。

明初在省内分设各道按察分司和府、州、县按察分司，选用才德兼备的青年儒生为“试佥事”，任按察分司之职。凡是官吏好坏，政务利弊，试佥事都有权纠举。这是明太祖加强地方监督机制的措施，但过于琐细，“试佥事”的地位不明确，与地方长官职权混淆，于是取消了府、州、县的分司，各道分司改为“分巡道”。明朝的分巡道是按察使的派出机关，一般由按察司副使、佥事担任，分巡省内若干府县，有的驻省城，有的驻辖区内州县，但都应定期在辖区内巡视。设分巡道的目的是“恐守（知府）令（知县）贪鄙不法”。即监察府州县官，促使其遵法守纪。

明朝的布政使也派出参政、参议分守省内地方府州县，视察民间疾苦，称为分守道。

明朝的宦官有事也被用来监督官员。明初朱元璋吸取历史上汉、唐宦官专权的教训，下令严禁宦官干预政务。但是，明成祖在夺取皇位的“靖难之役”中得到宫中太监的内应，开始信用宦官。明中叶以后的皇帝，又多荒于政务，遂依靠太监为心腹。有的皇帝怕外朝的大臣们权重难以驾驭，便有意识地利用宦官来监督大臣。特别是命将出征、镇守，往往派宦官“监军”，代表皇帝监督将领。有时还派宦官出巡地方，任矿监、税使、採办等差。宦官干政终于成为明代根深蒂固的时弊，与皇帝利用宦官监督文武官员有很大的关系。

清朝入关前，曾借鉴明朝制度，设立都察院作为最高监察机关。都察院初设时有承政、参政等官。入关后，顺治朝对官制进行改革，将承政改名为左都御史，主管院事，满汉各1人，满员一品，汉员二品。将参政改名为左副都御史，满汉各2人；设汉左佥都御史1人；另设右都御史、右副都御史、右佥都御史若干人。康熙时期，左都御史入议政大臣，正二品。雍正八年（公元1730年），满、汉都御史均升从一品，地位、品级与六部尚书相当。乾隆十三年（公元1748年），裁去左、右佥都御史，设左都御史满汉各1人，主掌院事，左副都御史满汉各2人，为实际主管官员，遂成定制。

顺治元年（公元1644年），初设由都察院统辖的15道监察机关，各道办公官署设于都察院官署内。各道监察御史除掌管弹劾违法官员，审核本省刑名外，还分工协管各部、寺、院、监的监察事务。

顺治三年（公元1646年），京城东、西、南、北、中五城各设一监察区，各设察院，负责稽查京师地方奸邪及维持京城治安，因其职务重要，由都察院直接管辖。五城察院以巡城御史为长官，满、汉各一员。

在清朝的地方行政体制中，总督和巡抚管辖一省或数省，总揽军事行政司法之权。同时，总督兼都察院右都御史衔，巡抚兼都察院右副都御史衔，兼有监察地方之权，其权力超越道监察御史。督抚以下设提刑按察使司，作为一省的最高司法监察机关。分属于布政使司和按察使司的守道与巡道，也有监察地方府、州、县的职能，故有“监司”之称。

顺治初仿效明巡按御史之制，每省派御史一人巡视省下地方，纠劾贪官污吏，查拿豪蠹盗贼，权力很大。顺治朝巡按御史时设时停，至顺治十八年（公元1661年）停止。雍正年间在一些省份派出巡察御史，近于顺治时的巡按御史，至乾隆元年（公元1736年）停派各省巡察御史。清朝还根据情况派员稽查某项专门事务，如巡盐御史，掌稽查盐课盐运情况；巡漕御史，掌稽查漕运；巡仓御史，掌稽查仓场诸务；查旗御史，掌综核八旗事务；查监御史，稽查刑部南北二监。此外还有巡江御史、巡视屯田御史、巡视茶马御史等。上述稽查特定事务的专差御史，随着形势的变化时存时废。

清朝还制定了《都察院则例》、《钦定台规》等专门的监察法规。顺治年间的《巡方事宜十款》是规范地方巡按监察事务的法规。

本章小结

中国古代的行政法律源远流长、内容丰富、体系完善。春秋末期，国家的政治体制发生了巨大的变化，各诸侯国相继公布了成文法，其中就包括一定数量的行政立法。战国时期，君主官僚政治体制初步形成，行政法律开始大量出现。秦汉及以后各代，为了实现对辽阔疆域内各项事务的有效管理，各代都很注意因时变革，不断完善行政法律制度。稳定的政治秩序要靠庞大的行政组织来维持。历代统治者都很重视行政组织的建立和完善，并通过立法把各级行政机构及其职掌从法律上确认下来，故行政组织也是各代行政法律的重要内容。在中国古代，各级官员是行政管理的承担者，君主集权制度是靠庞大的官僚体系维系的。官员的素质如何，吏治是否清明，关系到朝廷的治乱兴衰。为此，历代都很注重吏治建设，并就官员的选拔、考核、待遇等方面历代统治者都制定了详尽的法律规范，形成了一整套比较严密的官员管理制度。中国古代的行政监察制度是独具特色的，历代统治者都注重监察制度的完善，以便加强对官员群体的监督、管理，维持官僚体制的有效运转，有些制度对于当代的行政监察立法仍然具有重要的借鉴意义。

思考题

1. 名词解释

三省制　郡县制　察举　科举　磨勘　御史大夫　都察院

2. 简答题

（1）简述隋唐时期行政立法的形式及代表性成果。

（2）简述明代中央内阁制及其特点。

（3）为什么说则例是清代行政立法的主体？

（4）简述几部明清两代最有代表性行政法律的名称，并扼要阐述其基本内容。

（5）宋代的监察机构是怎么设置的？

3. 论述题

（1）试论行政法律在中国古代法律体系中的地位。

（2）试论中国古代监察制度的特色。

阅读参考文献

1. 蒲坚：《中国古代行政立法》，北京大学出版社 2007 年第 2 版。

2. 杨一凡、田涛主编：《中国珍稀法律典籍续编》第 1、2、3、6、7

册，黑龙江人民出版社 2002 年第 1 版。

3. 俞鹿年：《中国官制大辞典》，黑龙江人民出版社 1992 年第 1 版。

4. 袁刚：《中国古代政府机构沿革》，黑龙江人民出版社 2003 年第 1 版。

5. 刘子扬：《历代地方官制考》，紫禁城出版社 1988 年第 1 版。

6. 周振鹤：《中国地方行政制度史》，上海人民出版社 2005 年第 1 版。

7. 陈国平：《明代行政法研究》，法律出版社 1998 年第 1 版。

8. ［日］织田万：《清国行政法》，李秀清、王沛点校，中国政法大学出版社 2003 年第 1 版。

9. 张晋藩：《中国监察法制史稿》，商务印书馆 2007 年第 1 版。

10. 杨一凡编：《中国监察制度文献辑要》，红旗出版社 2007 年第 1 版。

第五章　刑事法律制度

内容提要

中国古代刑事和行政立法是中华法系中最为成熟和发达的部分，本章对古代刑法的基本原则和相关制度、罪名体系和刑罚制度的变迁进行了阐述。认为无论是技术性刑法原则，还是伦理性刑法原则，都体现了传统刑法思想鲜明的特色；而罪名体系和刑罚制度的变迁，则体现了刑事立法技术的进步和刑罚文明的发展。

第一节　基本原则及相关制度

一　刑事政策："刑罚世轻世重"

西周初年，以周公为代表的西周统治者在总结前代政治经验和用刑经验基础上，提出了"刑罚世轻世重"理论，并以此作为国家的刑事政策，来指导法律实践。《尚书·吕刑》载："轻重诸罚有权，刑罚世轻世重。"此处，"权"是权衡、度量。这一原则要求根据时事的变化，根据国家的具体政治情况、社会环境等因素来决定用刑的宽严轻重。具体标准表现为："一曰刑新国用轻典，二曰刑平国用中典，三曰刑乱国用重典。"①"典"为刑法、刑罚。也就是主张在刚刚夺取政权，建立新国家时，用刑应刻偏于轻缓，以稳定民心。当国家安宁、政局稳定时，用刑应该平和适中，不轻不重。当时局动荡、国家出现骚乱不安因素时，则要重典治乱世，用严刑峻法来镇压暴乱，恢复和稳定社会秩序。

"轻重诸罚有权"的理论和做法，后来被融入中国政治理论之中，对后世各封建帝王施法用刑有很大影响。特别是"重典治乱世"的理论，历

① 《周礼注疏》卷 34《秋官·大司寇》，上海古籍出版社 2010 年第 1 版，第 1318—1319 页。

史上多次被封建帝王用作实施严刑峻法的理论依据。春秋时，子产有“宽猛相济”的主张。认为“惟有德者能以宽服民，其次莫如猛”①，表现在刑事政策上，也就是轻重相济，以重为主。战国时，法家大都强调“礼、法以时而定，制、令各顺其宜”②。当时之世既“争于气力”，故必须“重刑轻罪”。儒家的荀子则强调“治则刑重，乱则刑轻，犯治之罪故重，犯乱之罪故轻”③。曹操治魏，也强调“治定之化，以礼为首；拨乱之政，以刑为先”；而明太祖朱元璋更明申此旨，对建文帝称：“吾治乱世，刑不得不重；汝治平世，刑自当轻。”④ 可谓深得此中真谛。

二　技术性刑罚原则

（一）累犯加重处罚，俱发从重

中国古代对一个人犯数罪的情形，在定罪量刑时有累犯加重与俱发从重的区分，依据二者主观心理状态上存在明显差别：俱发罪的数罪都是在裁判以前所犯，在犯罪人的主观心理上尚难确定其有怙恶不悛的心态，故权从一重，即对数罪中的重罪科处刑罚，轻罪的刑罚已被吸收于重罪刑罚中了；累犯则系前罪已处罚完毕而又重新犯罪，从而可见犯罪人在主观心理上表现出不思悔过的特点，实属“罔有悛心，怙终其事”，因而“峻之以法，用惩其罪”，加重处罚，自属当然。

关于累犯加重处罚，唐律中无累犯的确切概念。但出现了与之相似的“累科”。《唐律疏仪·名例律》规定：“诸犯罪已发及已配而更为笞罪以上者，各重其事。”并说：“已发者，谓已被告言；及已配者，谓犯徒已配，而更为笞罪以上者，各重其后犯之事而累科之。”唐律的累科以犯罪被告发和判处徒刑已发配者作为条件，这同今天的刑法关于累犯的概念有所不同。唐代对累科采取“各重其后犯之事”的处罚原则。也正如《疏议》举例所说，已断定徒役三年而未到配所，再犯流罪，处流二千里，决杖一百，加上流罪应役的一年，总共劳役四年。封建统治者一向把累科视为威胁社会的严重犯罪，所以采取加重处罚的原则，唐代对累科的处罚，既注重后犯之罪，又兼顾前犯之罪，从而反映了中国古代累犯加重原则的固有特点。宋元明清时期，对屡犯加重基本沿用唐制，但对盗罪的更犯，

① 刘利、纪凌云译注：《左传》，中华书局 2007 年第 1 版，第 275 页。
② 《商君书》，中华书局 2009 年第 1 版，第 7 页。
③ 方勇、李波译注：《荀子》卷 12《正论》，中华书局 2011 年第 1 版，第 283 页。
④ 《明史》卷 93《刑法一》，中华书局 1974 年第 1 版，第 2283 页。

三犯加重科刑之制，与唐代稍异。

按宋制，强盗罪应科死刑而特减死贷命者，再犯即列于经首六项死罪之一，应处死刑；又盗经断后仍更行盗，如已经官司两次断遣，至三度更犯，不问赃物多少，均处死刑。《宋刑统》继承了唐律关于累科加重的内容，在立法中规定对累科犯罪者，哪怕依律仅处杖、徒刑者，俱刺配远恶州军。至元代，盗窃初犯杖释，再犯配役；强盗不伤事主，止斩首犯，从犯刺配，再犯不分首从均处死刑；内都江南人为盗，黥其面，三犯谪戍辽阳；盗禁御马者，初犯谪戍，再犯处死。明清律规定，窃盗初犯并于右小臂刺"窃盗"二字。再犯刺左臂，三犯者绞。清雍正年间定例，凡属前科窃盗，赦后犯窃，被处充军、流、徒刑者，释放后又连窃三次以上，同时并发，便是积匪猾贼，发极边烟瘴地充军。

关于俱发从重，在《秦律》中已有俱发从重的规定，故"诬人盗值廿，未断，又有它盗，值百，乃后觉，当并赃以论，具行真罪、又以诬人论？当赀二甲一盾"[①]。汉律也规定"一人数罪，以重者论"的制度。晋律沿用汉律，有"以加论者，但得其加"之制。《唐律·名例律》："诸二罪以上俱法，以重者论。（二罪）等者，从一。"又有"若一罪先发，已经论决，余罪后发，起轻若等（轻于或等于前罪），勿论；重者更论之，通计前罪，以充后数。"这是判决后发现新罪的数罪并罚原则。"即以赃致罪，频犯者并累科"，这是一种特殊的数罪并罚，即屡犯贪赃之类犯罪，则累计其多次赃物数额定罪。可见《唐律》对数罪俱发的处罚原则规定的已经相当系统。宋元明清皆沿用唐律规定。

（二）区分故意和过失

早在西周时期，在观念上和制度上已经开始区分故意犯罪和过失犯罪，并对其给予截然不同的处罚。据史载，西周有"三宥之法"，即对三种情况下的犯罪要宽宥和原谅。"一曰过失，二曰弗知，三曰遗忘。"这说明当时对过失犯罪，对于犯罪在主观恶性程度上的差别，已经有比较清楚和深刻的认识。《尚书·康诰》中记载周公曾指教即将统治殷商遗民的康叔说："人有小罪，非眚，乃惟终，……有厥罪小，乃不可不杀。乃有大罪，非终，乃惟眚灾，……时乃不可杀。"其中，"眚"是指过失之意，"非眚"即为故意。周公认为，如果一个人犯罪虽小，但是故意为之，而

---

① 睡虎地秦墓竹简整理小组整理：《睡虎地秦墓竹简·云梦秦简·法律答问》，文物出版社1978年第1版，第172页。

且是经常性的惯犯，则罪虽小，也不可不杀，若是有人犯了大罪。但属过失行为，而且偶然犯之，并非故意惯犯，这种人所犯虽大，也不能杀。所谓“宥过无大，刑故无小”，就是指这种对过失从轻甚至减轻处罚、而对故意犯严加惩处的刑罚方法。

秦简《法律答问》中：“甲告乙盗牛若贼伤人，今乙不盗牛，不伤人，问甲何论？端为，为诬人；不端，为告不审。”此处端即故意，不端即过失。故意控告不实为诬告，过失控告不实为告不审。故意和过失所构成的罪名不同，在量刑上遵循故意从重，过失从轻。

在《唐律》中，谋杀人、故杀人、斗殴以刃杀人，皆处绞刑或斩刑；但过失杀伤人一般处罚较轻，且听赎。《唐律·名例律》规定：“其本应重而犯时不知者，依凡论；本应轻者，听从本。”《疏议》说：“假有叔侄别处生长，素不相识，侄打伤叔，官司推问始知，听依凡人斗法。”就是侄儿不识叔叔而殴伤叔叔时，依凡人之间的斗殴罪处罚，而不应按照侄儿殴伤伯叔的重罪论处。“又如别处行盗，盗得大祀神御之物，如此之类，并是犯时不知，得依凡论，悉同常盗断。”就是在别处盗窃得到宗庙或宫殿之宝物而仅仅以为是凡人之物时，就不能按“大不敬”的重罪处罚，只能按照一般盗窃罪处罚。这就是“本应重而犯时不知者依凡论”。其本应轻者，或有父不识子，主不识奴，殴打后然始知，悉须依打子及奴本法，不可以凡斗而论。是名本应轻罪者听从本。这就是说，父打子，主打奴，如果打时不知，事后乃知，就不能依照凡人之间斗殴之罪处理，而应该“准五服以制罪”即按照尊长殴打卑幼的情形处理。因为尊长打伤卑幼处罚轻，凡人之间殴伤处罚重。这就是“事应轻者听从本”。这些规定都贯彻了故意和过失的原则。然中国古代对故意和过失概念的规定与现代刑法规定仍有一定差异，这是应该注意的，不可简单类比。

（三）自首制度

自首者，自露其罪也。所谓善莫大于改过。在法律上正式规定自首制度始于秦律，规定自首减免刑罚，消除犯罪后果减免刑罚。秦简《法律答问》载：“把其假以亡，得及自出，当为盗不当？自出，以亡论。”意即携带所借官家的物品逃之，如自首，只于逃亡之罪论处，免其盗窃罪，又如，隶臣妾在服刑期间逃亡，后自首，当笞五十，补足期。这显然已因“自出”（自首）减刑。另外，关于消除犯罪后果，秦简云：“将司人而亡，能自捕及亲所智（知）为捕，除毋罪。”即监领人犯而将人犯失去，能自己捕获以及亲友代为捕获，可以免罪。

汉律中的自首叫“自告”或“自出”，汉律规定“先自告出其罪”，汉简《二年律令》中的《具律》云：“其自出者，死罪，髡为城旦舂。”意思是说如果应当判死刑的罪犯自首，那么可以“髡为城旦舂”。又《亡律》规定：“诸亡自出，减之，毋名者，皆减其罪一等。”“诸舍匿罪人，罪人自出，若先自告，罪减，亦减舍匿罪者。”但汉律的自首原则又有例外规定：（1）对卑幼杀伤尊亲及奴婢杀伤主人则不适用自告减刑的原则。这可见《告律》：“杀上大父母、父母，及奴婢杀伤主，主父母妻子，自告不得减。”（2）数罪并发时只免处其自首之罪，其未自首之罪，仍予追究。例如《汉书》卷四十四《衡山王刘赐传》有：太子刘孝，“先自告反，告除其罪”。这里的“先自告反”，是指他先自告有谋反罪，但他同时还有与其父王御婢通奸的罪行，未自首，因此，“孝坐与王御婢奸”罪，弃市。（3）对犯罪集团中的出谋划策者，“造意”、“首恶”者不得因自告而减免科刑。如淮南王刘安谋反，淮南中郎伍被参与计事，“后事发觉，被诣吏自告与淮南王谋反，踪迹如此。天子以伍被雅辞多引汉美，欲勿诛。张汤进曰：‘被首为王画反计，罪无赦。’遂诛被”。①

“自首”的概念，曹魏初期已出现，后历代相沿。至隋唐，对自首制度的规定已十分详细。唐律明确自首的概念为犯罪未被告发而主动到官府交代的行为。《唐律·名例律》：“诸犯罪未发而自首者，原其罪。”《疏议》说：“若有文牒言告官司……虽欲自新，不得成自首。假有已被推鞫，因问，乃更别言余事，亦得免其余罪。”这就是说，唐律中的自首，一般在两种情况下构成：一是犯罪未被发觉时；二是在交代此罪时主动交代彼罪。此外唐律还有以下多种“视同自首”的规定：代首，遣人代首与本人自首同；容隐者告，得相容隐者告发与本人同。需指出的是他人代首或相容隐者告发后，犯罪者本人须到官府受审，否则不得免罪。宋元明清大致沿用《唐律》的规定而稍有变通。

（四）有限罪刑法定与刑罚类推适用

《唐律·名例律》：“诸断罪皆须具引例令格式正文，违者笞三十。”《唐律·断狱律》：“诸制敕断罪，临时处分，不为永格者，不得引为后论。若辄引致罪有出入者，以故失论。”这都是唐律关于刑事审判须受成文法限制的规定。这些规定，近于今日所谓“罪刑法定原则”，但比起晋人刘颂的“律法断罪，皆当以法律令正文。若无正文，依附名例断之。其

① 《汉书》，岳麓书社2009年第1版，第542页。

正文、名例所不及，皆勿论”[1] 的主张尚有一定距离。而且，这种近似罪刑法定主义的规定又被另一些规定所冲淡。《唐律·杂律》规定：“诸不应得为而为者，量为请罪，庶补阙遗，故立此条。”就是说给了法官在法定罪刑之外的一定的临时治罪权。同时，《唐律·断狱律》规定：“事有时宜，故人主权断制敕，量情处分。”也就是说皇帝的审判权永远不受法定罪刑的限制。因此在只有治民之法，没有治君之法，皇权尚存的中国古代，罪刑法定只能说是“有限的罪刑法定”。

中国古代在司法过程中遇到法无规定的情况时，往往“比附论刑”，使审判官具有很大的自由裁判权。最甚为汉代“春秋决狱”，凡论刑定罪皆依《春秋》之微言大义，论心而定，造成严重的司法擅断情况。《唐律·名例律》对于法无明文之规定的情况明确指出，“诸断罪而无正条，其应出罪者，则举重以明轻；其应入罪者，则举轻以明重”。这相当于当今一些国家仍保留的“类推适用”原则。这是罪刑法定原则的例外。《唐律·贼盗律》疏议说：“金科虽无节制，亦须比附论刑。岂为在律无条，遂使独为侥幸。”意思是即使刑律无相应定罪条文，也不能使有些恶行逍遥法外，一定要“比附论刑”。

所谓“举重明轻”，是指比照从前（被免于处罚的）更重恶行判决先例来决定眼下正待判决（较轻）的恶行而不加处罚（“出罪”）；所谓“举轻明重”，是指比照从前（被给予处罚）的更轻的恶行判决先例来决定对眼下正待判决的（较重）恶行而加以处罚（“入罪”）。

（五）保辜制度

保辜制度是指在伤害罪的定罪科刑中，于伤情未定之一定期限内，由加害人负责包治被害人的伤病。汉代法律上确定了保辜制度。《急就篇》有“疾病保辜谑呼号”条，注末“保辜者，名随其状轻重，令殴者以日数得之，限内至死，则坐重辜也。”至《唐律》则《斗讼》篇对保辜作了详细规定，“诸保辜者，手足殴伤人限十日，以他物殴伤人者二十日，以刃及汤火者伤人者三十日，折跌肢体及破骨者五十日。限内死者，各依杀人论；其在限外及虽在限内以他故死者，各依本殴伤法”。这就是说，法律对于这类情形规定10天至50天的期限，受害人在期限内死亡，加害人则以杀人罪（斗杀）论罪定刑；受害人在期限外死亡或在期限内因其他原因死亡，加害人则以殴伤罪定罪量刑。保辜限内康复可以减轻处罚，“诸斗

---

① 《晋书》卷30《刑法》，中华书局1974年第1版，第938页。

殴折跌人肢体及瞎其一目者，徒三年；辜内平复者，各减二等”。这一技术处理原则在《宋刑统》中沿而不改，明清律典有所完善，至今西方国家刑法中还有使用者。

（六）区分“七杀”和“六赃”。

为了区分人命罪案的动机、情节和结果轻重，中国古代刑法把人命罪从技术上区分为“七杀”，以便更好实现罪刑相适应。所谓七杀，包括：1. 谋杀，即二人以上预谋杀人。张斐律表谓“二人对议谓之谋”，“唱首先言谓之造意”。《唐律·贼盗律·谋杀人》：“诸谋杀人，徒三年。已伤者，绞。已杀者，斩。”唐律强调谋杀必须两人以上，到《大清律例》中则“或谋诸心，或谋诸人”，则一人犯罪也可定为谋杀罪。2. 故杀，即无预谋的故意杀人。张斐律表谓“其知而犯之谓之故”。《唐律·斗讼律·斗殴杀人》规定：“以刃故杀人者，斩。虽因斗，而用兵刃杀者，与故杀同”。3. 斗杀，即在打架斗殴中致人身死，亦称“殴杀”。唐律疏议谓“斗殴者，元无杀心，因相斗殴而杀人者，绞”。4. 劫杀，指强盗抢劫杀人，或劫夺囚犯而杀人。《唐律·贼盗律·强盗》规定：“诸强盗，不得财，徒两年。一尺徒三年，二匹加一等。十匹及伤人者，绞。杀人者，斩。其持杖者，虽不得财，流三千里。五匹，绞。伤人者，斩”。5. 戏杀，即本无杀人动机，因动手嬉闹而愤激杀人。张斐律表谓“两和相害谓之戏”。《唐律·斗讼律·戏杀伤人》规定：“诸戏杀伤人者，减斗杀伤二等。虽和，以刃，若乘高、覆危、入水中，以故相杀伤者，唯减一等。”6. 误杀，由于判断失误而杀错了对象。唐律疏议谓“假如甲共乙斗，甲用刃杖欲击乙，误中于丙，或死或伤者，以斗杀伤论。不从过失者，以其元有害心，故各依斗法。至死者，减一等，流三千里”。7. 过失杀，指本无杀人动机，因过失而致人死亡。《唐律·斗讼律·过失杀伤人》规定：“诸过失杀伤人者，各依其状，依赎论。”

这类区分，今天看来或不无交叉重叠，但在当时反映了刑事立法的技术高度。区分杀人罪的不同情节、性质和种类，并予以区别对待，对于正确定罪量刑有积极意义，也是传统刑法思想和刑法制度走向成熟的标志之一。

所谓“六赃”是指中国传统刑法中关于六种非法获取公私财产的犯罪的通称。唐律依行为人身份、财物的性质和获取的手段，将该类犯罪区分为六种：1. 强盗赃，指以暴力获取公私财物，即抢劫。强盗不得财，徒二年，得财一尺徒三年。得财十匹以上及伤人者凌，杀人者斩。手持凶器的，得财赃值五匹，处绞刑。伤人的处斩刑。2. 窃盗赃，指以隐蔽手段将公私财物据为己有，即“潜行隐面”取财的行为。不得财笞五十，得财一尺杖六十，每一匹加一等。五匹徒一年，每五匹加一等，五十匹加役流。监守自盗比窃盗加二等处罚，赃值满三十匹处绞刑。3. 受财枉法赃，即官吏接受贿赂，故意违反法律作出有利于行贿人的裁断。受财赃值绢一尺杖一百，每一匹加一等，十五匹处绞刑。4. 受财不枉法赃，即官吏受贿但没有违法办事。受财赃值绢一尺杖九十，每二匹加一等，三十匹加役流。5. 受所监临赃，指官吏在自己权属范围内收受下属吏民的钱财。受财赃值一尺笞四十，每一匹加一等，八匹徒一年。每八匹加一等，五十匹流两千里。6. 坐赃，泛指五者以外的一切非法所得。如官吏非法科敛，官吏向部下百姓借债，官吏与百姓不公平交易，擅自役使百姓，私自经营公产得利，都以坐赃论。赃值一尺笞二十，一匹加一等。十匹徒一年，十匹加一等。罪止徒三年。明清律加重对强盗罪的处罚，凡强盗获取财物的，不分首从和赃值的多少，一律处斩刑。强盗罪从此出六赃之列。

以上六赃之罪名，强盗、窃盗规定在贼盗律中，受财枉法、受财不枉法、受所监临一般指官吏而言，故规定在职制律中，坐赃致罪规定在杂律中。六赃的分类法和以赃值多少而论刑的原则被历朝历代刑法所继承，尽管历史上不乏有人批评“以赃论罪”原则忽视实际危害程度的一面，但其在打击经济犯罪问题上的合理性和有效性，还是值得我们认真研究的。

三　伦理性刑罚原则

以律为代表的中华法系是“一准乎礼”的典型，儒法合流后的中国古代正统法律思想，体现出了极浓的中国伦理精神。以下刑事法律原则及制度正是这一特点的体现。

（一）亲亲相隐

即“亲亲得相首匿”，指在直系三代血亲之间和夫妻之间，除犯谋反、大逆外，均可互相隐匿犯罪行为，而且减免刑罚。这一原则最早可见于孔子主张“父为子隐，子为父隐，直在其中矣”①。汉代儒家思想一定为尊之后，“亲亲得相首匿”便成为汉律中定罪量刑的一项原则。汉宣帝地节四年诏：“父子之亲，夫妇之道，天性也。虽有祸患，犹蒙死而存之，诚爱结于心，仁厚之至也，岂能违之哉？自今子首匿父母，妻匿夫，孙匿大

---

① 张燕婴译注：《论语》，中华书局2006年第1版，第195页。

父母，皆勿坐。其父母匿子，夫匿妻，大父母匿孙，罪殊死，皆上请廷尉以闻。”[①] 据这一原则，卑幼若首匿尊长，不负刑事责任；尊长首匿卑幼，除死罪上请减免外，其他也不负刑事责任。

《唐律》继承了汉律以来“亲亲得相首匿”的制度，贯彻了儒家“亲亲相隐”的法律原则。《唐律·名例律》规定：“诸同居，若大功以上亲及外祖父母外孙，若孙之妇、夫之兄弟及兄弟妻，有罪相为隐。部典奴婢为主隐，皆勿论；即泄露其事及擿语消息，亦不坐。其小功以下相隐，减凡人三等。若谋叛以上，不用此律。”其含义是：所有同居亲属（不论服制）均可相隐，不同居的小功以下亲属相隐也可减轻处罚。但如果所犯系“十恶”中危害君权的犯罪和造畜蛊毒、杀一家非死罪三人及肢解人等犯罪，则不得容隐，否则一并治罪。宋、元、明、清各代均继承了这一制度。

（二）服制定罪与存留养亲

依服制定罪是《晋律》首创，目的在“峻礼教之防”。它是指亲属间的犯罪，据周礼所订的五等丧服所规定的亲等来定罪量刑。五服由亲到疏分别为斩衰、齐衰、大功、小功、缌麻。五服制度原为确定亲疏的标志，自晋“准五服以治罪”后，五服制度便有了法律意义。在人身侵犯类案件中，服制愈近，以尊犯卑，处罚愈轻；以卑凡尊，处罚愈重。在侵犯财产类案件中，不分尊卑，比照常人减等科刑。在奸非类案件中，则不分尊卑，服制愈近，科刑越重。由于服制定罪是自汉以来礼法合流的又一体现，以后历代律典均相沿用。明清为强调礼的突出地位，更将丧服八图列于律首，以解释五服的范围及“准五服以治罪”的原则。

留养，亦称“存留养亲”，指犯人直系尊亲属年老应侍而家无成丁，死罪非十恶，允许上请，流刑可免发遣，徒刑可缓期，将人犯留下以照料老人，老人去世后再实际执行。《北魏律·名例》规定：“诸犯死，若祖父母、父母七十以上，无成人子孙，旁无期亲者，具状上请，流者鞭笞，留养其亲，终则从流，不在原赦之例”。这是中国古代法律家族化、伦常化的具体体现。这一内容亦为后代法律承袭。

（三）特权制度

1. 八议

曹魏时制定律典，首次明确规定了“八议”制度，“八议”的范围为

① 《汉书》卷8《宣帝纪》，中华书局2005年第1版，第176页。

议亲、议故、议贤、议能、议功、议贵、议勤、议宾。“亲”指皇室一定范围的亲属，具体包括皇帝袒免以上亲及太皇太后、皇太后缌麻以上亲，皇后小功以上亲；“故”指皇帝的某些故旧，主要是长期侍奉皇帝并蒙受恩宠的近臣；“贤”指朝廷认为“有大德行”的贤人君子；“能”指“有大才业”，能整军旅、莅政事，为帝王之辅佐、人伦之师范者；“功”指“有大功勋”者；“贵”指职事官三品以上、散官二品以上及爵一品者；“勤”指“有大勤劳”者；“宾”指“承先代之后为国宾者”，即前两个王朝君主的嫡系后裔。这八种人犯了死罪，官府不能直接定罪判刑，而要将其犯罪情况和特殊身份报到朝廷，由负责官员集体审议，提出意见，报请皇帝裁决。犯流以下的罪，要减一等论罪。但若犯十恶罪，则不适用上述规定。

2. 官当

《晋律》在沿用“八议”同时，规定“除名比三岁刑”，“免比三岁刑”。虽不能确定晋代以“除名”、“免”抵罪，但这种相比的做法，实为以后“官当”之制的滥觞。三国、两晋、南北朝时期，多行“九品中正制”，朝廷用人以家世门第为标准，为保证世族地主在国家政权中的地位，进一步扩大官僚的律上特权，“官当”制度遂应运而生。继晋之后的梁，在官身犯，只处罚金，《北魏律·法例》规定：公、侯、伯、子男五等爵，每等抵三年徒刑。官品从第五品起一阶当刑二年；免官者，三年后照原官阶降一级叙用。《陈律》则正式使用“官当”一词，规定品官犯罪判五年、四年徒刑的，准用官职抵二年刑，余刑居作外，属公罪过误，可处罚金；判二年徒刑的，可用赎刑。及至隋、唐，“官当”制日臻完备。明、清始，为加强官吏控制而被取消，但“罚俸”、“降级”仍可为特权使用。

3. 上请

唐律规定的一项保障贵族官僚封建特权的基本原则。“上请”与“八议”有很多的相同之处，其区别主要在于，其适用对象的品级比“八议”略低，他们是皇太子妃大功以上亲、应议者期以上亲及孙、官爵五品以上者。对这些人犯死罪，司法官吏也不得擅自处理，必须先奏请皇帝裁断，以使其予以减刑或免刑，与“八议”不同的是，司法机关在奏报中可以明言依律应斩或绞。适用“上请”制度的限制条件也比八议要多，除犯“十恶”外，“反逆缘坐，杀人，监守内奸，盗，略人，受财枉法者”，均不得适用“上请”制度。如所犯为流罪以下，减一等处罚。

4. 例减

“例减”制度其适用对象品级又低于“上请”，适用于七品以上官及应请者的近亲属。他们如犯有流以下罪，可以直接减刑一等处罚。

5. 收赎

其适用对象的品级又低于“例减”，它适用于九品以上官，及应议、请、减者及近亲属。他们犯流刑以下罪可以铜赎刑。对于赎的限制性条件更多，即犯“十恶”及五流罪者，均不在减赎之列，仍依法流配。为官的，要依法除名。

（四）重惩“十恶”

中国古代法典中“十恶”源于“重罪十条”，“重罪十条”正式入律始于北齐。北齐律将直接危害国家根本利益的最严重的十种犯罪置于律首。这十条是：“一曰反逆，二曰大逆，三曰叛，四曰降，五曰恶逆，六曰不道，七曰不敬，八曰不孝，九曰不义，十曰内乱。其犯此十者不在八议论赎之限。”隋唐律在此基础上发展为“十恶”，《唐律·名例律》规定国家必须重惩的“十恶”是：谋反、谋大逆、谋叛、恶逆、不道、大不敬、不孝、不睦、不义、内乱，犯“十恶”者均处以重刑，且为常赦所不原，即使属“八议”范围者，亦不得议、请、减。随后“十恶”成为定制，并为宋、元、明、清历代承袭。

（五）区分犯罪人身份

1. 老、少、废、疾犯罪减免处罚

据史籍记载，西周时期有“三赦之法”：“一赦曰幼弱，再赦曰老耄，三赦曰蠢愚。”① 对于这三种人，如果触犯法律，应该减轻、赦免其刑罚。《礼记》也记载：“八十、九十曰耄，七十曰悼。悼与耄，虽有罪不加刑焉。”这一原则正是西周时期“明德慎罚”的法律思想以及“亲亲”礼治原则在刑法定罪量刑方面的具体体现。作为一项“矜老恤幼”的典型制度，西周时期减免老、幼刑罚的做法，后世各朝都得以继承和发扬。在汉、唐时期，老幼犯罪减免刑罚的制度进一步规范化。直到民国时期的刑法典中，仍有“八十以上及喑哑人，得减轻其罪”的规定。

唐代区分三种情况处理。凡年七十岁以上、十五岁以下及废疾，犯流罪以下，收赎；年八十岁以上，十岁以下及笃疾，犯反逆、杀人罪应死者，上请；年九十岁以上，七岁以下虽有死罪，不加刑。唐代统治者认

① 《周礼注疏》，上海古籍出版社2010年第1版，第1383页。

为，老、少、废疾等犯罪，是因为“皆少智力”的缘故。因为他们“不堪受刑”，所以采取从轻处罚的原则。对于教唆上述人犯罪者，则采取处罚教唆者的原则。

2. 官民有别、良贱有别

中国古代就奉行“刑不上大夫”的原则。官僚或贵族犯罪不承担或很少承担刑事责任（危害社稷的除外）。

汉代规定“上请”、或称“先请”之制，规定一定秩级以上的贵族官僚在犯罪后，刑官不能擅断，必须奏请皇帝裁决，由皇帝斟酌定罪科刑。

在中国古代，良人和贱民是范围最为广泛的一个身份等级。良人是指国家的编户齐民，范围大致包括士、农、工、商。贱民在战国秦汉时期主要是包括官私奴婢，商人、赘婿、后父等也列入贱籍，身份较奴婢要高；魏晋南北朝及隋唐宋元各代，则包括奴婢、部曲和官户、工乐户、杂户、太常音声人等。良民和贱民在刑事责任上的差别主要体现在良贱互犯杀伤罪与奸非罪上。凡良犯贱，减等科刑；贱犯良，则加等处罚。

3. 华夷有别

这主要是针对我们今天所说的外国人以及中国境内的少数民族，按照《唐律疏议》的解释，是指“蕃夷之国，别立君长者”。

《唐律疏议》卷六规定，“化外人”犯罪如系同类犯罪，则问其本国之制，依其俗断之，为属人主义；如系“异类相犯者”则按《唐律》处断，此为属地主义。对于中国人在外国或是少数民族地区犯罪问题，唐律未作规定。明代改行属地主义，凡化外人犯罪者，并依《大明律》论断。清律继承了明律的规定。

值得注意的是清律对中国人在外国或少数民族地区犯罪也作了规定，如内地人在蒙古地区抢劫，依《大清律》；如蒙古人与民人伙同抢劫，核其罪名，依重者问拟。

此外，从宋代开始，向境外贩卖人口、铜铁、米粮和船只等违禁品的，照中国法律处罚断罪。这说明随着海外交往的发展，对于国人在境外的犯罪也开始追究。

第二节 罪名体系

一 三代“以刑统罪”时期的罪名

三代刑法体系的特点是“以刑统罪”，这是中国历史上刑法产生的最初阶段的特点。由于三代刑法体系处在萌芽的阶段，因此大多过于简陋，而且带有极强的政治色彩，其目的在于维护王权的统治。虽然关于法律的起源问题学术界一直存在争议，但关于“以刑统罪”的三代刑法体系特点基本没有多大异议。除了各种官方形式如“誓”、“命”、“训”等制定刑法之外，这一时期其刑法还体现出很强的随意性，所谓“临事制刑”，并致力于“刑不可知，则威不可测”的目标。

这一时期其主要罪名有：

（一）夏代的主要罪名

1. 不孝罪。《孝经·五刑章》称：“五刑之属三千，而罪莫大于不孝”，不孝罪是夏代刑法所打击的最大犯罪。忠孝是要求人们自觉遵守的起码的伦理道德准则，也是维护正常社会关系的基本行为规范，在家国一体的基本政治结构下，为了加强的亲族的凝聚力，进而效忠王朝以巩固贵族的统治，不孝必然遭到社会舆论的普遍谴责。

2. 不从誓命罪。出于维护王权的需要，夏代统治者首先将维护部落联盟酋长权威地位的习惯，改变为巩固君权的习惯法。夏启在征伐有扈氏而发的《甘誓》中规定：对从征人员不从“誓命”者，一律处死在祖庙前，并罪及妻子眷属。

3. 昏、墨、贼罪。《左传·昭公十四年》引《夏书》说：“昏、墨、贼、杀，皋陶之刑也。”春秋时期晋国叔向解释道：“己恶而掠美为昏”，即自己干了坏事还要掠取别人的美名掩饰罪恶为昏；“贪以败官为墨”，即贪图好利，败坏官纪为墨；“杀人不忌为贼”，即肆无忌惮地随便杀人为贼。凡犯有昏、墨、贼三项罪名者一律处以死刑。

（二）商代的主要罪名

商代继续沿用夏代不孝、不从誓命等罪名，同时也创制了一些新罪名。

1. 违抗王命罪。商王盘庚在决定迁都于殷时曾明确宣布，对敢于反对迁都的庶民要给予极其严厉的制裁。他说：“乃有不吉不迪，颠越不恭，暂遇奸宄，我乃劓殄灭之，无遗育，无俾易种于兹新邑。”[①] 意思是说，谁敢不守正道，胡作非为，不恭奉上命，趁机干坏事，实施各种犯罪，我就要把他们赶尽杀绝，不让他们的劣种遗留在新都。这一罪名在西周时进一步强化。凡违背王命、不执行王命者都要诛杀。如果杀害君王，更是最大

① 慕平译注：《尚书》，中华书局2009年第1版，第92页。

的犯罪，要处以撕裂肢体的酷刑。《周礼·夏官·大司马》说：“放弑其君则残之。”残，就是撕裂肢体的刑罚。

2.“三风十愆”罪。商朝初期，为防止官僚腐化堕落，督促官吏遵守法纪，商代对统治集团内部规定了“三风十愆”罪。“三风”，指巫风、淫风、乱风。所谓巫风指沉湎歌舞；淫风指贪财好色，怠惰政事；乱风指轻慢圣人之言，拒绝忠告，疏远年长德劭之人，亲近凶顽或无知幼童。“十愆”即十种犯罪行为，即横舞、酣歌、淫于货色、游畋、侮圣言、逆忠直、远耆老、比顽童等。“三风十愆”罪是直接影响到统治阶级长远利益的严重犯罪行为。

3. 疑众罪。疑众罪是指蛊惑人心、制造混乱的犯罪行为。主要包括：制作违禁乐舞、奇装异服、奇技淫巧；言行虚伪狡诈又巧言辩解；坚持习用并宣扬违法理论；顽固顺从非法事物且文过饰非；假托鬼神、祭祀名义而悖礼逆制。

4. 乱政罪。所谓乱政罪，主要包括三种政治性犯罪：一是随意曲解并破坏法律政令；二是扰乱法定名分或变乱政治法度；三是利用旁门左道干扰统治秩序。

5. 弃灰于公道罪。《韩非子》说：“殷之法，弃灰于公道者断其手”，即对将灰土、垃圾弃于街道、大路上要处以断手之刑。

（三）西周的主要罪名

1. 不孝不友罪。西周继承了夏商以来的不孝罪，发展成不孝不友罪。《尚书·康诰》载：“元恶大憝，矧惟不孝不友。”不孝敬父母，不尊敬兄长，所危害的不仅是家庭伦理和亲情关系，而且是破坏宗法制度的行为，会因此造成社会秩序的紊乱，所以不孝不友在西周被看作罪大恶极的犯罪，要“刑兹无赦”。

2. 犯上作乱罪。即“庶民之乱暴力正者，矫诬犯禁者，作言语而不信者，以告而诛之”①。“力正”，指凭强力自以为是；“矫诬”，指诈欺诽谤；“作言语而不信”，指造谣惑众。凡是这些都是犯上作乱的行为。对于这些犯罪行为都必须上报朝廷，加以诛杀。甚至连奴隶和平民聚集在一起，或相互往来的正常活动，也要被怀疑为可能发起暴乱而受到严惩。

3.“变礼异乐”罪、“改变制度”罪。《礼记·王制》说“变礼异乐为不从，不从者，君流”，“革制度衣服者为叛，叛者君讨”。即对任意更

① 《周礼注疏》，上海古籍出版社 2010 年第 1 版，第 1411 页。

改礼乐制度的要处以流放刑和军事讨伐。该两罪主要用于维护周礼稳定，只有诸侯、贵族等特殊群体才能构成此罪。

4. 群饮罪。西周初年，周公等西周统治上层在总结殷商灭亡的经验教训时认识到，殷商统治者酗酒废事，荒淫无度，日夜饮酒作乐，是导致殷朝灭亡的教训之一。为此周公告诫康叔：要禁止周人聚众饮酒。《尚书·酒告》记载："群饮，汝勿佚，尽执拘以归于周，予其杀。"意思是周人聚众饮酒，你不要让他们跑掉，要把他们全部逮捕起来，送到京城，让我处死他们。但对于殷商遗民的此类行为，周公则要求采用另一种措施："乃湎于酒，勿庸杀之，姑惟教之。"①

5. 杀人越货罪。越，抢劫；货，财物。即杀人并抢劫财物，是侵犯生命与财产安全的重大犯罪。西周法律对于其他侵犯他人财物的犯罪，也有相应的处罚。

6. 盗窃罪和拐骗奴隶罪。《尚书·费誓》有载："逾垣墙，窃牛马，诱臣妾，汝则有长刑。"臣妾指男女奴隶。对盗窃牛马和拐骗别人的奴隶的犯罪，要处之以刑书上规定的刑罚。

二 以"盗贼"为中心的罪名体系

与三代以"以刑统罪"的罪名体系不同，战国后期基本形成了"盗"、"贼"为中心的罪名体系，开始与刑罚相分离。基于"王者之政，莫急于盗贼"的理念，把"盗"与"贼"作为具有种属性质的罪名置于中心地位，其他的罪名围绕"盗贼"罪名设置，是这一罪名体系的基本特点。

《晋书·刑法志》曰："魏文侯师于里悝，集诸国刑典，造《法经》六篇：一、盗法；二、贼法；三、囚法；四、捕法；五、杂法；六具法。"②"以为王者之政，莫急于盗贼，故其律始于《盗》、《贼》。盗贼需劾捕，故著《囚》、《捕》二篇。其轻狡、越城、博戏、假借不廉、淫侈、逾制，以为《杂律》一篇。又以《具律》具其加减。是故所著六篇而已，然皆罪名之制也。商君受之以相秦。"关于《法经》的真伪，学界存在争议。但从出土的秦律看，刑律以贼盗罪名为多。《云梦秦简·法律答问》中共有189条，其中三分之二以上的内容都是解释有关盗、贼罪名及其刑

① 慕平译注：《尚书》，中华书局2009年第1版，第189页。

② （唐）长孙无忌等：《唐律疏议》卷第1《名例》，刘俊文点校，法律出版社1999年第1版，第2页。

罚适用的，今人说秦的刑律罪名以“盗贼”为中心，应当说是有其依据的。

盗是侵财夺国，贼是伤身害命。前者危害私有制和家天下，后者是危害人身和削弱生产力，都和统治者根本利益相矛盾，故成为刑法的打击重点。以《盗》、《贼》为中心的罪名体系有自己的特点，明显体现出刚刚具备萌芽状态下的罪名体系的简陋性，

进入汉代以来，罪名体系开始扩展，但仍然是围绕着盗、贼为中心的罪名体系特征。汉高祖刘邦初入关中，便与民众约法三章，“杀人者死，伤人及盗抵罪”①。汉高祖总结秦朝暴政的经验教训，仅保留了秦律有关盗、贼的部分内容，“余悉除去秦法”。后萧何制定汉律，在沿用盗法、贼法、囚法、捕法、杂法、具法基础上，又增加了《户》、《兴》、《厩》三篇，但盗、贼仍然是罪名体系的中心。后又相继制定了多种刑律，具体罪名内容不断增加，预示着以盗、贼为中心的罪名体系即将发生变化。由于汉代并未修订通行全国的刑法典，所以这种罪名体系变化在汉代并未完成。

除了上述以盗、贼为中心的罪名体系下所确立的主要罪名，秦汉两代随着社会的发展，随着不断出现的新问题，两代还曾制定了许多单行的律法，皇帝也经常颁布诏令。这些律令主要是关于侵犯皇权的罪名及封建宗法伦理的罪名，致使原有以盗贼为中心的罪名体系开始面临冲击，日益显示出无法适应社会及其法制发展变化的要求。

三　以“十恶”为核心的罪名体系

汉代已有“不道”、“不孝”等罪名，所谓：“汉制九章虽并湮没，其不道不敬之目见存。”其他如“作上”“犯上”“大不敬”“大逆”“降叛”“禽兽行”等罪名，早见于秦汉以来律令之中。魏律规定：“夫五刑之罪，莫大于不孝。”

晋律有不孝罪弃市的规定，北魏律、南朝宋律皆严惩不孝罪。北齐则将此罪列入“重罪十条”，虽属八议，亦不减免。晋律沿之。张斐上《律表》解释：“亏礼废节，谓之不敬”，“逆节绝理，谓之不道”。由此可见，此时的概念仍较笼统，不像后世明确。

南北朝时，进一步罗列罪名，《北魏律》定：“大逆不道腰斩，诛其同

① 韩兆其译注：《史记》，中华书局2010年第1版，第84页。

籍，年十四以下腐刑，女子没县官。”且将害其亲者视为大逆不道之重者，处轘刑；将为蛊毒者视为不道，“男女皆斩，而焚其家”。南梁律则规定：“某谋反，降，大逆以上，皆斩；父母子同产男无少长，皆弃市；母妻姊妹及应坐弃市者，妻子女妾同补奚官为奴婢；赀产没官。”

《北齐律》所定“重罪十条”，则从更广泛的意义上予以概括，包罗了封建宗法制度的各个方面。进一步把礼法结合起来，强化了对君权，父权，夫权的维护。隋唐律在此基础上发展为“十恶”定制，并为宋、元、明、清历代承袭。

《唐律·名例律》规定国家必须重惩的“十恶”是：一曰谋反，谓“谋危社稷”，即阴谋推翻君主和政权；二曰谋大逆，谓“谋毁宗庙、山陵及宫阙”，即图谋损毁皇帝家庙、祖坟和宫殿；三曰谋叛，谓“谋背国从伪”，即图谋叛国；四曰恶逆，谓“殴及谋杀祖父母、父母，杀伯叔父母、姑、兄、姊、外祖父母、夫、父之祖父母、父母者”，即对尊亲属的人身伤害；五曰不道，谓“杀一家非死罪三人，肢解人，造畜蛊毒、厌魅”；六曰大不敬，谓“盗大祀神御之物、乘舆服御物，盗及伪造御宝，合和御药误不如本方及封题误，若造御膳误犯食禁，御幸舟船误不牢固，指斥乘舆，情理切害及对捍制史，而无人臣之礼”；七曰不孝，谓“告言、诅詈祖父母、父母，及祖父母、父母在别籍异财，若供养有缺，居父母丧身自嫁娶、若作乐、释服从吉，闻祖父母、父母丧匿不举哀，诈称祖父母、父母死”；八曰不睦，谓“谋杀及卖缌麻以上亲，殴告夫及大功以上尊长、小功尊属”；九曰不义，谓“杀本属府主、刺史、县令、现受业师，吏、卒杀本部五品以上官长，及闻夫丧匿不举哀，若作乐，释服从去及改嫁”；十曰内乱，谓“奸小功以上亲、父祖妾及与和者”。

隋唐律将“十恶”规定于《名例》篇中，置于罪名体系的核心地位。其具体的罪名被分置于卫禁（罪名涉及违反警卫之法和关禁之制的行为）、职制（罪名涉及违反官吏职司法制的行为）、户婚（罪名涉及违反户籍、土地、赋税徭役以及婚姻家庭制度的行为）、厩库（罪名涉及违反官私牲畜、仓库管理、财物出纳管理规定的行为）、擅兴（罪名涉及擅自征调军队、违反军法和非法营建工程、违反建筑工程管理规定的行为）、贼盗（罪名涉及危害国家政权、皇权统治和侵害他人人身安全和财产利益的行为）、斗讼（罪名涉及打架斗殴及非法诉讼的行为）、诈伪（罪名涉及诈骗与伪造行为）、杂（罪名涉及其他类犯罪行为）、捕亡（罪名涉及逃亡及违反逮捕规定的行为）、断狱（罪名涉及有关囚禁、审讯、判决及执行等方面的行为）等11个大的篇幅之下，它们连同《名例》篇一起，构成了唐律十二篇的结构体例。

四 以“六部”统辖的罪名体系

唐律确立了以“十恶”为核心的罪名体系后，随着历史的发展和社会的变迁，大致至两宋时代已经形成了“律不足以周事情”的认识，因而宋代编敕、编例就成为弥补律典罪名体系不足的主要形式，但《宋刑统》本身并未对自唐以来的罪名体系进行大的变革。明朝初年编纂律典时，也一度试图恢复唐律的罪名体系，洪武元年律和洪武七年律均是以唐律为蓝本的，其中洪武七年律“篇目一准之于唐，曰名例，曰卫禁，曰职制，曰户婚，曰厩库，曰擅兴，曰贼盗，曰斗讼，曰诈伪，曰杂律，曰捕亡，曰断狱。采用已颁旧律二百八十八条，续律百二十八条，旧令改律三十六条，因事制律三十一条，掇《唐律》以补遗一百二十三条，合六百有六，分为三十卷”①。但这种十二篇体例既同当时的社会现实不甚融合，也同洪武十三年后废除丞相制度、皇帝直辖六部的政治体制改革不相适应，为此洪武二十二年律便创立了在名例律下按吏、户、礼、兵、刑、工六部分类编纂的七篇体例。洪武三十年定本《大明律》共计30卷，460条，其中《名例》1卷47条；《吏律》2卷，含《职制》、《公式》篇共33条；《户律》7卷，含《户役》、《田宅》、《婚姻》、《仓库》、《课程》、《钱债》、《市廛》篇共95条；《礼律》2卷，含《祭祀》、《仪制》篇共26条；《兵律》5卷，含《宫卫》、《军政》、《关津》、《厩牧》、《邮驿》篇共75条；《刑律》11卷，含《盗贼》、《人命》、《斗殴》、《骂詈》、《诉讼》、《受赃》、《诈伪》、《犯奸》、《杂犯》、《捕亡》、《断狱》篇共171条；《工律》2卷，含《营造》、《河防》篇共13条。

明代所确立的以中央六部名称统辖的新罪名体系为后代所继承，清代制定《大清律例》时，相沿而未改。明清律体例的这一变革，突出显示了这一时期中央集权专制统治的加强，使国家权力与法律更加紧密地结合在一起。同时按各罪所违犯的法律关系的性质概括分类，也表明了法典编纂者概括能力的提高，这样就使得六部下各篇所归类的罪名在形式上更整齐划一，在内容上更具同一性。

---

① （明）宋濂：《进大明律表》，（明）陈子龙等选辑《明经世文编》卷一，中华书局1987年第2版，第5页。

五 中国古代的具体罪名

(一) 危害国家罪

皇权是封建国家一切权力的核心，所以维护皇权是国家法律的首要任务，为达此目的一系列打击侵害封建政权基础的犯罪制定于各朝各代的法律之中。

1. “稽缓制书”、“被制书施行有违”、“受制忘误”、“写制书误”、“受制出使辄干他事”、“盗制书”、“诈伪制书”等罪名。皇帝关于国家经济和军事活动的决策和计划，各项重大的人事安排，对于各类突发事件的处理等，绝大多数通过诏令、制书的形式实现。因此，诏令、制书的发布渠道是否畅通，就直接影响到皇权的实际行使，唐律就这一系列活动中的部分不规范行为确定了以上罪名。

2. “上书奏事有误”、“应奏不奏”、“不应奏而奏”、“越言上”等。在国家行政管理体系中，所有事关军国大计的事务都必须经过皇帝的批准方能施行。唐律规定了各级臣僚应奏请皇帝批准的事务种类，确定了以上相关罪名。

3. “阑入宫殿”、“阑入御在所”、“冒名宿卫”、“登高临宫中”等罪名。法律注重保护皇帝本人的人身安全，设立了以上罪名。

4. “谋叛”、“越度缘边关塞”、“私予外国人禁兵器”、“擅发兵”、“乏军兴”等罪名。谋叛罪指背叛本朝投靠他国或以所领国土，改易旗帜归属外邦的行为，沿边的关塞是与邻国的领土相接的重要地段。唐朝政府对其严加控制，违者受到严惩。

5. 贼盗罪。宋朝建国初社会矛盾十分突出，表现在宋法中，贼盗罪所涉及的行为比较广泛，妖书妖言罪就是其中一种。该罪是行为人编造怪力奇异之书，谎称鬼神之语，妄说吉凶或者利用邪教惑众。

6. 谋反政治性犯罪。明朝统治者为巩固中央集权的封建君主专制，把镇压谋反、谋大逆、谋叛等政治型犯罪放到首要地位。因为这些犯罪罪大恶极，事关宗社安危，因此要从重处罚。凡谋反者，本人不分首从皆凌迟处斩，连坐处绞由父子扩大到祖、孙、伯、叔父等所有十六岁以上男子，明显加大镇压力度。谋叛者，本人不分首从皆斩，并把连坐处罚亲属由父、母、妻、子扩大到妾、女、祖、孙、兄弟等，施刑具无分别一并处罚的方针。

7. “奸党”罪、“交结近侍官员”与“上言大臣德政”罪。是明太祖洪武年间为打击官僚“朋党为奸”而增设的一项新罪名，目的就是要强化封建中央集权的君主专制，严防并惩治臣下变乱，但因这项犯罪不具有刑法上的确定性，所以很容易成为封建统治者随意杀戮功臣宿将的任意性规范。

8. 清朝的危害国家罪。清朝在危害国家罪方面，基本援用前代，但有一个特色罪名就是文字狱。明末清初以来，随着江南地区资本主义萌芽的成长和反清复明运动的开展，在汉族知识分子当中兴起了抨击封建专制的启蒙思想和反清的民族主义思潮。无论是启蒙思想还是反清思潮都动摇了满清专制统治的基础，清朝统治者为了加强满族的君主专制统治，在思想文化领域中大兴文字狱。打击的对象是具有启蒙思想和反清民族意识的知识分子。但《大清律例》中，对以文字罪人并无正条，在定罪量刑过程中，比附“谋反”、“谋大逆”的条款来拟断。这种类推适用，不仅对犯罪者本人处刑畸重，而且株连极为广泛。

（二）侵犯财产罪

1. 强盗罪。即以威胁的手段或暴力方式获取他人财物。唐律对强盗罪的处罚极为严厉。强盗而未得财物，处徒二年之刑；赃物满一尺者，徒三年；赃物满十匹即处绞刑。如果手持武器而实施强盗行为，即使不得财，亦处流三千里之刑；赃满五匹者，即处绞刑。宋朝法律对劫盗罪，自《宋刑统》到《贼盗重法》，处刑成加重的趋势，特别是对因劫盗而杀人者，不分首从皆处死。元律规定诸强盗持杖且伤人者，虽不得财，皆死。不曾伤人且没有得到财物，徒两年半，如果得到了财物，徒三年；至二十贯，为首者死，余人流远。即使谋而未行的盗窃罪也要施以刑罚。另外，对有些盗窃行为，如偷盗牲畜还要处以肉刑，例如对盗牛马者劓。按《大明律》规定，犯强盗已行而不得财者，皆杖一百流三千里；但得财者，不分首从皆斩。较之《唐律疏议》强盗不得财徒两年，十匹及伤人者绞的规定，明朝对严重的抢劫犯罪明显加重了刑事处罚。

2. 其他财产罪。包括：“卖口分田”、“占田过限”、“盗耕种公私田”、“妄认公私田”、“在官侵夺私田”、“盗耕人墓田”、“盗葬他人田”等罪名。

（三）侵犯人身罪

1. 杀人罪。唐律将杀人罪分为六种：故杀、谋杀、斗杀、戏杀、误杀、过失杀。宋代刑律把杀人罪分为七种，增加“劫杀（指以暴力的方式夺取他人财物并剥夺他人生命的行为）”，即七杀。

2. 伤害罪。伤害罪分为故意伤害、过失伤害、共同伤害、两相伤害、持械伤害。唐律将伤害的程度分作伤与折伤。“见血为伤”；“折伤，谓折齿以上”，谋杀至伤，绞；斗殴致伤，杖六十，致折伤，徒二年；故意伤害，“不因斗竞，故殴伤人者”，加斗伤罪一等；斗殴而误伤旁人，以斗伤论；因戏而致伤，减斗伤二等；过失伤人，以赎论；二人相斗，互致伤害，“各随轻重，两论如律；后下手、理直者，减二等”。伤害人实施伤害行为时若手持兵器或其他器械均加等处罚。

3. “杀一家三人罪”。大明律规定：凡杀一家三人，凌迟处死，财产断付死者之家，妻、子流两千里，为从者斩。这比唐律杀人者本人处斩要严酷得多，即不但本人凌迟处斩，而且家属连坐流刑两千里，抄没家产，反映出明代统治者强化镇压的立法意图。

4. 肢解人罪。肢解人是用残忍的手段肢解活人，或杀人后肢解的恶性犯罪。《大明律》对这种严重犯罪施行重点打击，凡肢解人者凌迟处死，财产断付死者之家，妻、子流二千里，为从者斩。即不但处死罪犯本人，还要将主犯的家属流放，抄没所有财产。

5. “采生折割人罪”。即是采用迷信手段残暴杀人、伤人的恶性犯罪。它与其他犯罪的重要区别是采用妖言妖术的迷信手段杀人，或生取人耳、双目、手、足及腹脏等。《大明律》采用从严打击的方针，即不论罪犯已杀伤或未杀伤者，一律本人处死，财产抄没给被害人之家，并牵连妻子及本管里正。

（四）官吏职务犯罪

1. 刺史县令等私出界罪。州县地方官须在其辖区内守土治民，非因公事不得越出本管理地界，违者构成上罪。

2. 事直代判署罪。各级机构对于上行下发的各种文书由专人签署，各类文案也由专人制判，若有其他非应签署、制判之人代署、代判即构成本罪。

3. 受财枉法罪和受财不枉法罪。监临主司接受当事人的财物，因而对相关案件曲法处断，即按所受赃值量刑：一尺杖一百，每一匹加一等，赃满十五匹，绞。如果虽接受当事人财物，但并未曲法处断，亦计所受赃量刑：一尺杖九十，每两匹加一等，赃满三十匹，加役流。

4. 枉法娶人妻妾罪。当事人把自己的妻、妾、女嫁给监临官，而监临官因此曲法判案者，对该监临官以奸罪加二等处罚。

5. “官司出入人罪”。是指司法官员在审判活动中因自己的故意和过失，致使有罪判无罪，重罪判轻罪，或无罪判有罪、轻罪判重罪，需负刑事责任。故出入人罪，指司法官员因谋取不当利益或畏惧权势故意使有罪判无罪、重罪判轻罪或无罪判有罪、轻罪判重罪的行为。故意出入人罪，全出全入的，以全罪论；故意从轻入重或从重入轻者，原则上以所剩论。失出入人罪，指司法官员因自己的过失而导致出入人罪行为。按照《宋刑统》的规定："断罪失于入者，各减三等；失于出者各减五等。"这里的减等是与故出入人罪相比较。

（五）破坏家庭秩序罪

1．"违反教令罪"，子孙必须服从祖父母、父母的教令，违者构成该罪。

2．"供养有阙罪"，子孙对年老的祖父母、父母在生活上必须尽心供奉，否则构成该罪。

3．"冒荣居官"罪，子孙为官必须为父、祖讳不得在其名称与父、祖的姓名相同的官府、职务上任职，否则构成该罪。

4．"委亲之官"罪，祖父母、父母年老或有病，符合入侍条件的，子孙应居家侍奉；若为贪官位而离家任职构成该罪。

5．"不孝罪"，为父母服丧期未满即参加荐选为官活动，若在正丧二十五个月之内构成该罪。

（六）破坏社会秩序罪

1．"无故于城内街巷走车马"罪。指无特殊情况在城市内快速行驶车马。

2．"向城官私宅射"罪。指向城内及官私宅屋射箭、投扔石块。

3．"在市人众中惊动扰乱"罪。指在市内散布流言，以惊扰民众。

4．"越州镇戍等城垣"罪。指私自越过圈围各州、镇、坊市的城垣、篱栅等。

5．"非时烧田野"罪。指于每年二月一日以后十月三十日以前的庄稼生长收获季节在田野烧火。

6．"见火不告不救"罪。指发现火起，随近之人必须呼喊他人，共同灭火。

7．"盗决堤防"罪和"故决堤防"罪。指用水而盗决堤坝或为报私仇或为防止自家利益受损而决开堤坝。

8．"不修堤防"罪及"修堤失时"罪。指各级官府不修堤坝或者不及时修筑堤坝以防水患。

第三节 刑罚制度

中国古代自始至终都以“五刑”指称刑罚体系，但“五刑”的含义既有区别，具体内容在各时代也不尽相同。从原始社会末期到夏商周三代，是以肉刑为中心的“五刑”体系，西汉时开始刑罚改革，废除肉刑，向徒流刑过渡。到唐代形成了以徒流刑为中心的“五刑”体系，一直到清末。

一 原始五刑

夏去古未远，继承和吸收了原始社会末期“兵刑一体”的模式，逐步确立起墨、劓、剕、宫、大辟的五刑制度，多体现于征伐、杀戮中。商代强调王的绝对权威，刑罚最为酷烈，死刑除斩刑外，见于史书的还有醢、脯、炮烙、焚、剖心、刳、剔等刑杀手段。西周是三代刑罚制度的集大成者，西周吸取了前朝的得失，强调“用刑宽缓”，将教化与刑罚结合起来，形成了以圜土之制、嘉石之制为名的徒刑、拘役等刑罚，以及赎刑、流刑等制度作为五刑的补充，标志着起源时期的中国古代刑罚趋于成熟。

“五刑”即是指墨刑、劓刑、剕刑、宫刑、大辟，是夏商西周时代的主要刑罚。据《魏刑·刑法志》载：“夏后氏正刑有五，科条三千”，“大辟二百，膑辟三百，宫辟五百，劓、墨各千，殷因于夏，盖有损益”。西周还有“九刑”之说，增加了流、赎、鞭、扑四刑。五刑可以分为两大类，一是死刑；一是肉刑。具体内容表现如下：

（一）死刑

大辟即是死刑，适用于重大犯罪，是五刑中最重的刑种。常见的执行方法有斩、杀、焚、辜、磬、活埋、沉水、杀人沥血、弃市等。行刑地点通常是大夫于朝，庶人于市。

（二）肉刑

肉刑主要有墨刑、劓刑、剕刑、宫刑四种：

墨刑，又称“黥”刑，为五刑中最轻的一种刑罚手段，是指在脸上刺字，然后浸沾墨水之中，是既伤身体又侮辱其人的刑罚。

劓刑，指割鼻之刑。适用对象比较广泛，包括变更君主的命令、变更等级名分、侵犯他人财产和人身的行为。

剕刑，又称刖、膑，指断足，断足为全足还是仅为足趾历来众说纷纭。至于膑，指去膝盖骨之刑，著名军事家孙膑即受此刑。

宫刑，此刑多用于处罚淫罪之刑。其处刑方法，郑玄说：“男子割其势，女子幽闭。”

在早期的中国历史上，肉刑的使用极为普遍，它以割裂肌肤、毁坏肢体为其主要特征，手段十分残酷。表现在刑法思想上，惩罚刑和报复刑占据了主流。

二　春秋战国时期的刑罚

春秋战国时期一直到秦朝，中国社会发生了翻天覆地的巨变。在刑罚制度方面，奴隶制的五刑继续得到沿袭并强化，同时，为适应富国强兵、加强对新征服地区的戍守和开发以及强化中央集权的需要，徒役刑和迁徙刑在这一时期得到广泛采用。这一时期也是奴隶五刑向封建五刑的过渡期。总体说来，这一时期的刑罚体系呈现出以下特点：

其一，死刑的执行方法有所增加，手段极为残酷。有史可查的有：戮，有生戮和死戮之分；车裂；腰斩；剖腹；枭首；镬烹，指用大锅盛上热水煮等。原有的族刑，发展为夷族、夷宗、夷乡，扩大了适用范围。

其二，出现了一些新的刑种。用徒刑和罚金取代肉刑，当时的徒刑有：鬼薪，指为宗庙砍柴三年，“当为祠祀鬼神伐山之新蒸也”，一般男子服此刑。女子服白粲，指“以为祠祀择米也”；城旦，指服筑城苦役四年；隶臣妾，其中男称隶臣，女称隶妾。此外罚金的使用较以前更为广泛，秦有“罚赋”，赵有“罚金”等。

其三，赎刑使用范围扩大。有的肉刑甚至死刑都可以赎免，如“赎黥”、“赎死”。

此外，春秋战国至秦朝，虽无流刑，但却有迁和谪，与流之性质大致相近。迁刑要求被处迁刑者应全家迁往荒僻或新开拓的地方居住并服劳役或戍边，且“终生毋得去迁所”。谪指将处罚之人罚去戍边或充实新开拓地区，也有“非谪罪而欲为冗边五岁”以赎免其母亲或兄弟的隶臣妾身份之例。

三　汉朝的刑制改革

西汉建立后，统治集团认真总结“秦二世而亡”的历史教训，在“休养生息”的同时决定改革以肉刑为主的旧刑罚制度。公元前167年，汉文帝下诏废肉刑，进行刑制改革。

文帝时期改革肉刑，据史书记载，是由于缇萦上书引起的。缇萦的父亲淳于意当时为齐太仓令，为官清廉，仅因行政过失致罪被押赴长安入诏狱，按律将受到黥刑处罚。淳于意的小女儿随父进京并上书文帝，称“妾父为吏，齐中皆称其廉平，今坐法当刑。妾伤夫死者不可复生，刑者不可复属，虽后欲改过自新，其道亡繇也。妾愿没入为官婢，赎父刑罪，使得自新”①。汉文帝怜悯其意，同时深感肉刑的残酷，于是在文帝十三年（公元前167年）下诏废除肉刑。之后，丞相张苍、御史大夫冯敬提出了具体的改革方案：黥刑改为髡钳城旦舂；劓刑改为笞三百；当斩左趾者，改为笞五百；当斩右趾者，改为弃市。以上改革的初衷本是要通过废除肉刑以减轻刑罚，给犯罪之人以自新之路。无奈所改笞数既多，受笞之人“率多死”，加上当斩右趾者改为弃市，实际上造成了“外有轻刑之名，内实杀人”的局面。针对这种情况，继位的汉景帝于前元元年（公元前156年）和中元六年（公元前144年）两次重订律令，减少笞数，将劓刑笞三百降为笞一百，斩左趾笞五百降为笞二百。同时颁布《箠令》，规范笞具的制作和用刑过程，如笞杖用竹板制成，长五尺、宽一寸，末端厚半寸，笞打部位为臀部，过程中不得更换行刑人等。至此，已废除肉刑为核心的汉朝刑制改革大致完成。汉代自文景帝废除肉刑后，其刑罚体系由死刑、徒役刑、笞刑等刑罚种类为主构成，而同时又辅之以肉刑、禁锢及族刑、罚金等刑罚种类。

肉刑本是奴隶制的刑罚，它在汉初之所以仍被采用，是奴隶制残余在刑罚制度上的反映。文景二帝废除肉刑，顺应了历史发展的潮流，有利于保护社会生产力。尽管在刑制改革的过程中，局部范围内曾有过一定程度的反复，甚至有倒退；比如斩右趾刑改为死刑弃市，由轻变重；宫刑本已废除，但后来又予恢复等，但这些毕竟都属支流。废除肉刑使我国古代的刑罚手段由野蛮残酷变得相对文明。改革后的汉朝刑罚，除死刑外，主要是劳役刑和笞刑，这就为封建制五刑（笞、杖、徒、流、死）的形成奠定了基础。因此，文景二帝改革刑制，是我国古代法制史上具有历史意义的事件，是由奴隶制五刑向封建制五刑过渡的重要标志。

四 唐朝刑罚体系

隋朝在《开皇律》中所定五刑为：死刑、流刑、徒刑、杖刑、笞刑，它以其较为合理的刑种、刑等设计，构成封建刑罚制度的成熟形态，为隋

① 《汉书》，岳麓书社2009年第1版，第183页。

以后历代封建王朝的法律制度所采用。唐朝即是继承隋朝所确立的五刑制度，并在刑名含义、刑种等级、刑具规格、执行方式等方面，作了进一步系统、明确的规定。具体内容表现如下：

笞、杖、徒、流、死五种法定刑，按轻重等级，共分为二十等。

笞刑，五刑之中最轻的一种。笞刑的轻重，以次数区分；每十次为一个等级。笞刑分五等，分别为：笞十、笞二十、笞三十、笞四十、笞五十。对于笞刑，允许其以缴纳罚金的形式，免于实际执行。执行笞刑时，以楚条抽打被行刑者的腿部和臀部，不得抽打人体的其他要害部位。

杖刑，重于笞刑，而轻于徒、流、死刑。杖刑亦以次数区分等级。最低杖刑为杖六十，每十次为一个等级。杖刑分为五个等级，分别为：杖六十、杖七十、杖八十、杖九十、杖一百。杖刑亦准许以铜赎刑。执行时，以更大的楚条抽打被行刑人的腿部、臀部、背部。

徒刑，剥夺犯人的自由，并强迫其从事侮辱性的劳役。徒刑以时间区分等级，最低的徒刑为徒一年，每半年为一个等级，共分为五等：徒一年、徒一年半、徒二年、徒二年半、徒三年。符合赎刑条件的罪犯，可以以铜赎刑。徒刑犯从事劳役时，皆身带锁或枷，还不得如常人一样，身着方巾和衣带。

流刑，五刑之中仅次于死刑的重刑，它是将罪犯流放远方，并强制服苦役，最早北齐时正式将流刑列入五刑之中。流放以距离区分等级。最轻的流刑为流二千里，每五百里为一个等级。共分三等：流二千里、流二千五百里、流三千里。符合赎刑条件的罪犯，同样可以以铜赎刑。服此三等流刑者，均同时服苦役一年。唐武德年间，将部分死刑改为断趾刑；贞观年间，又以“加役流”之刑替代断趾刑。“加役流”是在最高的流刑之上，增加服苦役的时间，为流三千里，服苦役三年。

死刑，剥夺生命之刑，为刑罚之极。死刑分为绞、斩二等，斩重于绞。受绞刑者，生命结束，但可以保留完尸；而受斩刑者，身首分离。符合赎刑条件者，可以铜赎刑。绞、斩二刑，均赎铜一百二十斤。

五 宋朝刑罚体系的变化

宋朝的刑罚制度基本上沿袭隋、唐五刑制度，但是在笞、杖、徒、流、死刑的基础上又有所发展变化，增加了一些新刑罚，总体趋向于严酷。具体表现在：

1. 折杖法。宋太祖为减缓唐末、五代以来的严刑峻法以笼络人心，在

《宋刑统》中规定了“折杖法”。“折杖法”即是指将笞、杖、徒、流刑折合为臀、脊杖处罚，从而使“流罪得免远徙，徒罪得免役年，笞杖得减决数”，使刑罚有所减轻。

2. 管置刑。这种刑罚主要对象是针对除名、勒令停职的官员而设置。是指将犯人安置到一定地区进行改造的刑罚。管置刑分为：羁管，是指羁系而管束之；编管，是指运送他所，并量立役作时限，无得髡钳；编置，轻于编管，谓编籍而安置之。

3. 刺配刑。是一种混合刑，包括决杖、刺面、流配三个内容。即将罪犯先处脊杖，然后刺面，再发配到某地服劳役或军役的刑罚。宋初将刺配用作重罪贷死之刑，“既杖其脊，又配其人，且刺其面，一人之身，一事之犯，而兼受三刑”。但配刑实际很是残酷，如发配沙门岛和远恶州军者，距死刑不远。

刺配在宋朝是使用的最多、最广泛的刑种，南宋孝宗时其条文多达570条；被判此刑者也越来越多，使此刑成为一种常用刑。

4. 凌迟。按沈家本的解释是：“本言山之由渐而高，杀人者欲其死之徐而不速也”[①]，是一种用利刃碎割罪犯的身体，使其在痛苦中缓缓死去的死刑执行方法。凌迟创始于五代时期，宋初未用，至仁宗时开始适用，并逐渐发展为一种常用刑。

此外，在财产犯罪的定罪量刑的标准问题上，宋代较前代发生了很大变化。以盗窃为例：唐代以绢计赃，由于绢价不断变动，宋初改为以钱计赃。《宋刑统》承《唐律》之旧，仍以绢匹为准，但在敕中又以钱贯为准，形成两个标准并行的局面。对于绢钱的不断变动，宋代盗法规定详细，并在不同时期做出相应调整。

六　明朝刑罚体系的变化

刑罚趋重，是中国封建社会后期刑罚制度发展一个重要特点，至明朝刑罚残酷，尤为明显。明朝除继续适用封建五刑以外，又设置了充军刑、枷号刑，实行廷杖制度。

（一）充军

充军虽然在宋元时期就已经存在，但使其发展为正式刑却始于明朝。充军远近不等，从四千里到一千里，凡充军者均行廷杖一百。充军分为

① （清）沈家本：《历代刑法考·刑法分考二》，中华书局1985年第1版，第111页。

“终身”、“永远”两种，终身充军是指本人充军到死，死后刑罚执行完毕；永远充军是指本人死后，还要罚及子孙，由子孙后代代替继续充军，直至“丁尽户绝”为止。

（二）枷号

明初创立枷号刑，是指强制罪犯戴枷于监狱外或官府衙门前示众，以示羞辱，使之痛苦。明代的枷号有断趾枷令、常枷号令、枷项游历之分。刑期分为一月、二月、三月、六月、永远五种。枷号重量有十几斤至几十斤不等，最重者达到一百五十斤之重。

（三）廷杖

廷杖是指在皇帝的决定和监督下，在殿廷前对“违抗”皇命的大臣直接施以杖刑的法外刑罚，由司礼监监刑，锦衣卫施刑。明代“廷杖之刑亦自太祖始矣”。

除此以外，明朝大量施用的法外刑罚还有：挑筋、断脊、枭首、剥皮等。特别是酷吏审判时动辄用一些酷刑，如廷棍、烙铁、灌鼻、钉指等。

七　清朝刑罚体系的变化

清律仍然沿用笞、杖、徒、流、死五种法定刑罚，但在五刑的具体适用上有一些变化。表现如下：

（一）五种法定刑罚的变化

其变化主要表现在具体适用上：笞刑自十至五十，分为五等；杖刑自六十至一百，亦分为五等；徒刑自一年起，以半年为一等，至三年止，并赋以杖刑，亦分为五等。徒刑的执行一般是“发本省驿递，其无驿县，分拨各衙门充水火夫各项杂役，限满释放”①；流刑分为二千里、二千五百里、三千里三等。减死入流，为次死之刑，但也赋以杖一百，强制劳役一年；死刑分绞、斩两种，根据罪行程度或“立决”，或“监候”。“立决”适用于重大的犯罪，一经皇帝批准，立即执行，所以又称“决不待时”；“监候”适用于死刑中相对较轻的罪行，一般是留待秋后，经秋审大典再决定是否执行死刑。

（二）五刑之外的刑罚

五刑之外，徒刑有总徒、准徒；流刑有迁徙、充军和发遣；死刑有凌迟、枭首和戮尸；另有刺字、枷号等附加刑。

---

① 《清史稿》卷143《刑法二》，中华书局1977年第1版，第4194页。

“充军”是明朝时介于流刑和死刑之间的刑罚，在清代被广泛沿用，分为附近充军、近边充军、边远充军、极边充军、烟瘴充军五等，号为“五军”。值得注意的是由于清朝军制的不同，没有“终身充军”和“永远充军”的区别，所以实际上充军与流刑并无不同，只是极边、烟瘴的距离要远远大于流三千里而已。充军是清代常用的刑罚。发遣是指将罪犯发配给驻防士兵做奴隶，所以遣犯的地位比流犯和军犯还要低。它也是清朝常用的刑罚。

“凌迟”又称极刑，清朝对凌迟刑在适用范围和行刑方式上较前朝都有所发展，如在适用范围上增加了劫囚、发冢、谋杀人、杀一家三人、殴伤业师、殴祖父母及父母、谋杀本夫等等。同时在行刑方式上，较前朝更为残酷，据《大清律集成》所载：“凌迟者，其法乃寸而磔之，必至体无残服脔”；枭首也是清朝广为施用的死刑之一，它最初只适用于凌迟重犯，后来又扩及到对江洋大盗、爬城行劫、粮船水手行劫施以枭首之刑；戮尸是对凌迟和枭首的一种补充，凡是应该处以凌迟或枭首的罪犯在执行之前已经死亡的，对罪犯的尸体所施加的斩戮之刑。“凌迟”、“枭首”、“戮尸”等残酷刑罚是封建社会末期统治阶级维护其专制统治的极端手段，试图以酷刑压迫民众的反抗。

刺字刑，此刑在清朝得到广泛适用，主要表现在适用范围愈加广泛，清初刺字之刑只适用于少数几种犯罪，如盗窃、“逃人”，发展到后来又有刺缘坐、刺凶犯、刺逃军逃流、刺外遣改遣改发等；刺字的方式也趋于规范化：刺字的部位，初犯先刺右臂，再犯刺左臂，更犯刺右面、左面；刺字的内容有刺事由、刺管束地方，并分刺满汉两种文字。

（三）满汉异罚，满人在刑罚适用上享有特权

满人在触犯律、例时可以不像汉人那样，遵照《大清律令》决罚，他们可以享有“减等”、“换刑”的特权。如果满人所犯为轻罪，应处以笞刑或杖刑，一般执行鞭刑；如所犯罪行较重，须处以徒刑、流刑、充军、发遣的，可按罪行轻重折换为枷号，枷号最初只适用于满人，作为免发遣的一种优待。后来枷号也作为一种加重处罚的手段适用于汉人，有“盗窃再犯加枷”、“犯奸加枷”、“逃军逃流加枷”等定例。

清朝刑罚制度有由重变轻的方面，但更主要的是由轻变重。这完全是由于统治阶级强化体制秩序，实行威吓预防的需要。

本章小结

从西周时起，“轻重诸罚有权，刑罚世轻世重”的指导思想就开始形成，成为中国古代刑事政策的主流。累犯加重、俱发从重处罚，区分故意和过失，自首原罪，有限罪刑法定和刑法类推使用，保辜制度以及“七杀”、“六赃”的制度规定，体现了中国传统刑事立法技术的成熟，而亲亲相隐，服制定罪与存留养亲，八议、官当、上请等等级特权，重惩“十恶”，官民有别、尊卑有别、良贱有别、华夷有别的身份区分，深刻体现了儒家伦理和宗法思想对中国古代刑法的影响。因此，中国古代刑律中，其罪名体系和刑罚制度，都有一以贯之的继承性和清晰的历史发展脉络，体现了中国刑事立法技术的进步和刑罚文明的发展。

思　考　题

1. 名词解释

明德慎罚　　德主刑辅　　明刑弼教　　五刑　　八议　　十恶　　官当　　七杀　　六赃　　常赦所不原　　监守自盗　　保辜

2. 简答题

（1）简述“轻重诸罚有权，刑罚世轻世重”。

（2）简述中国古代罪名体系的变迁。

（3）如何理解“诸断罪而无正条，其应出罪者，则举重以明轻；其应入罪者，则举轻以明重”？

（4）简述“亲亲得相首匿”的制度。

（5）简述汉朝的刑制改革。

（6）简述宋代的折杖法。

（7）何为奸党？

3. 论述题

（1）概论中国古代刑事法律制度的基本特征。

（2）简论中国古代五刑制度的变迁。

阅读参考文献

1. 高潮、马建石主编：《中国历代刑法志注释》，吉林人民出版社1994年第1版。

2. （唐）长孙无忌等：《唐律疏议》，刘俊文点校，法律出版社 1999 年第 1 版。

3. （清）徐本等：《大清律例》，田涛、郑秦点校，法律出版社 1999 年第 1 版。

4. （清）沈家本：《历代刑法考》，中华书局 1985 年第 1 版。

5. 程树德：《九朝律考》，中华书局 1988 年第 2 版。

6. 蔡枢衡：《中国刑法史》，中国法制出版社 2005 年第 1 版。

7. 黄秉心：《中国刑法史》，上海书店 1992 年影印本。

8. 张伯元：《律注文献丛考》，杨一凡主编《中国法制史考证续编》第 2 册，社会科学文献出版社 2009 年第 1 版。

9. 戴炎辉：《唐律通论》，台湾元照出版社有限公司 2010 年第 2 版。

10. 戴建国：《宋代刑法史研究》，上海人民出版社 2008 年第 1 版。

第六章　经济法律制度

内容提要

中国古代为加强经济管理，促进经济发展，增加国家税赋，进行了纷繁的经济立法，建立了与社会经济状况相适应的、比较完善的经济法律制度。本章概括论述古代的农业法律制度、手工业和商业法律制度、财政税收法律制度、金融法律制度，并分析论证其积极作用与局限性。

在东亚历史上，中国很早就成为一个疆域辽阔、人口众多的农业国家。由于各地自然条件千差万别，经济发展状况复杂多变，历代政府从国情出发，适时制定和实施经济管理法律规范，调整社会经济关系，保障国家经济正常运转。作为中国古代法制的重要组成部分，学习和研究经济法制对完整、准确揭示中国古代法制面貌及其与经济发展之间的互动关系，具有重要意义。

第一节　农业法律制度

一　土地法律制度

（一）奖励垦荒

土地是农业的根本。奖励垦荒为中西农业法制普遍之规定。中国法制史上，至迟在宋代（公元960—1279年）时，法律就明确规定，开垦荒地即获得所有权（“永业”），耕种三到五年以后才对垦荒地“起税”，而且所起之税仅为垦荒面积的三分之一或五分之一。元代法令规定，南宋“新附民”和贫民垦荒，起科年限从三年展宽到六年，免除杂役。明初法令规定，在山东、河南开垦荒田者，永不起科。清代顺治帝时法令规定，开垦荒地即归农民所有，耕作六年后，才开始征收钱粮；在此六年内，免除一切差役。康熙十二年（公元1673年），又将对垦荒征税的年限由六年放宽到十年。

垦荒政策、法令并非一成不变，如清代康熙朝垦荒以恢复因战乱而凋敝的农业生产为主要目的，以恢复性垦殖为特征；雍正朝处于从恢复农业生产向缓解“人多地少”矛盾转变的过渡期，呈现出从恢复性垦殖向拓展性垦殖过渡的特征；到乾隆朝则是为了解决“穷民资生”问题，以拓展性垦殖向广深发展为特征。

（二）限制土地兼并

在中国法制史上，如何防止土地垄断于少数人之手、保护广大自耕农拥有一定数量的土地，是土地法律制度的核心问题。

先秦时期，在井田制未废以前，为土地公有私用制，自不发生土地兼并的问题。自井田制废弃以后，兼并之风起，出现了富者田连阡陌，贫者无立锥之地的社会问题。汉代武帝时，董仲舒主张限民名田，即采用直接限制私人占有土地面积的做法，以防止兼并，保障自耕农的利益。其后隋唐利用战乱后土地大片荒芜、人烟稀少的形势，施行均田制，按人口分配耕地和宅地，并随家庭人口的生死而增减。但随着官府手里掌握的田地越来越少，这一政策难以为继。原来禁止私人买卖土地的规定也成为具文。大致从唐代中期以后，均田制渐形废弛，土地私有制逐渐稳定。官府也基本放弃“限田”意图，将土地法律和政策的重点转向防止私人对土地的非法占有和使用，以维持地权的稳定与有序。如明代中期，王公贵族常非法侵占他人田地或向皇帝奏讨（一般都是以空闲田土或者无主荒地的名义奏讨，所谓“将有主之业，朦胧陈乞”）。明英宗、明宪宗、明世宗均曾颁布禁令，要求地方官将争议土地丈量明白之后归还原主。

二　水利法律制度

水利是农业的命脉。中国作为一个农业国家，很早就有兴修水利的传统，在一些古书中甚至有“筑堤如筑边，守堤如守边”的说法。唐代法律明确规定，地方官员“不修堤防”或“修而失时者”，杖七十；后果严重者，加重处罚。明清律均有“失时不修堤防”专条。但兴修水利必须首先申报，否则要以“擅兴”论罪。清律还规定，按照工程所需物料银和工价银数额之多少，决定审批等级和程序。这固然和当时“强干弱枝”的财政制度密切相关，也与水利工程需要召集大量民工，官府担心影响稳定有关。如元末红巾军起义最初即源于元政府组织的黄河水利工程，当时有“石人一只眼，挑动黄河天下反”的民谣，故明清两代对于兴修水利工程，多是持慎重态度。

为规范用水秩序、化解用水纠纷，汉律中已有“水令”的内容。西汉召信臣在郡守任内，“为民作均水约束，刻石立于田畔，以防纷争”。所谓“均水约束”，唐代颜师古解释说：“言用之有次第也。”这实际是一个地方性用水法规，可惜具体内容失传。现存内容比较完整的是唐代《水部式》。该法规定了灌溉用水的程序和原则：“凡浇田，皆仰预知顷亩，依次取用，水遍即令闭塞，务使均普，不得偏并。”唐人刘禹锡评论说：“按《水部式》，决泄有时，畎会有度。居上游者，不得拥泉而颛其腴。”清代对同一水道上中下游田地规定有不同灌溉时间，渠道阀门的启闭也有时间规定，必须照章办理，不得违反。嘉庆时还严禁民人私自筑坝，以免影响下游灌溉。可见从汉代到清代，其水资源立法精神基本一脉相承，都强调公平。

作为重要的粮食加工业，唐代碾硙业（利用水磨、水碓等水力设施进行粮食加工）发达，富贵之家借此牟利者不在少数，这与农业灌溉常生冲突。根据以农为本的基本国策，官府一般都选择站在农民一边。唐玄宗时期颁布的《唐六典》卷七明确规定：“凡水有灌溉者，碾磑不得与争其利。”此句后注云：“自季夏及于仲春，皆闭斗门，有余乃得听用之。”同时严禁官吏经营碾硙牟利，妨碍农业用水。唐高宗、唐玄宗、唐代宗时均曾集中开展拆除碾硙的行动，最多一次达80余座。南宋《庆元条法事类》卷49《农田水利》规定，一切有碍于农业用水的碾磑之类设施均须拆除。除了“地高水下”的情况外，不得在河道上“当渠造堰”，“若渠堰应修者，先役用水之家。”元代规定，在浇田时月停住碾磨，以免影响灌溉。

但也曾有短暂的例外。唐代末期，由于碾硙利润丰厚，又多为权势之家把持，加上关中气候变化、水量减少，官府一度放弃强制干预的政策，关中的农业生产也放弃水稻、改种对水量要求较低的小麦。这本是符合国情、顺应社会发展的改革，但到宋代又走回老路，关中地区这一改革举措未得到继续实行。

三 救灾法律制度

中国古代的农业灾害主要是蝗灾、水灾和旱灾。对蝗灾，主要是组织群众捕捉。明代和清代都规定，凡有蝗蝻之处，大小文武官员要组织民众“及时捕捉，务期全尽”。人手不足的，可以雇佣人夫，每人按天给付工钱若干。为鼓励捕蝗，官府还出钱收购民众捕捉的蝗虫。西汉平帝元始二年

(公元2年),“遣使者捕蝗,民捕蝗诣吏,以石豆受钱”。宋代为鼓励人民将蝗虫消灭在萌芽状态,特地提高蝗卵收购价格。清代安徽省从成虫捕捉困难、幼虫捕捉容易的角度出发,提高了成蝗收购价格。这一做法后为《户部则例》正式著录为例。

对水旱灾害,地方官须在一定时间内向朝廷报告,以获得援助与指导。①《唐律疏议》卷13规定,如果主管官吏“应言而不言及妄言”“旱涝霜雹虫蝗”灾害者,杖七十;“复检不以实者,与同罪;若致枉有所征免,赃重者,坐赃论。”《大明律》卷5《户律二·田宅》“检踏灾伤田粮”条沿用了唐律上述内容,并将刑罚加重为杖八十。明代还规定了上报时限,夏灾限以五月、秋灾限以七月,部分边疆地区可以推迟到七月和十月。清律除了继承明律规定外,还规定了“遇有灾伤,先赈济,后奏报”的原则和逐级上报时限:州县向省府报告,不过四十日;省府向中央报告,夏灾不出六月底,秋灾不出九月底。据清末法学家薛允升考证,清代地方官在遇到重大自然灾害时,除水灾外,多是不敢执行“先赈济,后奏报”的规定,往往影响了救灾工作的及时和有效进行。

历代在救灾工作中,通常采取以下措施:

首先,在灾害地区发放临时口粮。明代洪武时期规定,全灾地区给米则例为“大口六斗,小口三斗,五岁以下不与”,非“全灾”地区“一口借米一斗;二口至五口,二斗;六口至八口,三斗;九口至十口以上者,四斗;俟秋成抵斗还官。”永乐时期,苏松等地遭遇水灾,给米则例为“大口一斗,六岁至十四岁六升,五岁以下不与。每户有大口十口以上者,止于一石。”屯田如果遭灾,参照上述标准赈济。对因灾典卖子女者,由官府出钱赎还。受灾地区有能收养小儿者,每人每天给米一升。遭灾死亡的,官府出钱埋葬。当地人民有能掩埋尸首的,一躯给银四分。

又次,帮助重建家园,恢复生产。恢复生产的措施主要是借贷谷种、耕牛,最重要的则是帮助重建家园。清代乾隆《户部则例》规定:“地方猝被水灾,该管官确查冲坍房屋,淹毙人畜,分别抚恤,用过银两,统入田地灾案内报销。”每省损坏房屋的救助数额各异,根据原来房屋的经济价值(瓦房、草房还是土房)、损坏程度(全部被毁、材料还在或者稍有坍塌)、受灾人家的经济状况(极贫、次贫还是又次贫),确定补偿数额,

① 胡星桥、邓又天主编《读例存疑点注》,中国人民公安大学出版社1994年第1版,第193页。

如安徽省水冲民房修费银：极贫之户，瓦房每间四钱，草房每间三钱；次贫之户，瓦房每间三钱，草房每间二钱。广东省水冲民房修费银：大瓦房全倒者每间一两，半倒者每间五钱；小瓦房、大草房、大茅草房全倒者每间五钱，半倒者每间二钱五分；小草房、小茅草房全倒者每间二钱五分，半倒者每间一钱二分五厘。云南省水冲民房修费银：瓦房每间一两五钱，草房每间一两。法律还规定，对于房屋被冲毁的要马上予以救济，灾后还要复查，并根据损害情况再行补助。

又次，减免税粮。汉代规定，收成减少十分之四以上的灾区，可免去当年田租。唐代规定，收成减少四分以上的地区免租，六分以上免租、调，七分以上课役具免，若桑麻损尽者，各免调。宋代也有“破分之法”，根据灾情酌情减免受灾人户税额。明代规定，减免秋粮以十分为率，减免三分；减免粮草者，全灾者（按十分计）免七分，九分者免六分，八分者免五分，七分者免四分，六分者免三分，五分者免二分，四分者免一分，四分以下不免。万历时为扩大体恤面，又规定有田者减免税粮，无田者减免丁口盐钞（一种人口税）。清代规定，受灾程度不及五分，可以要求缓征钱粮。雍正时规定，凡遇蠲免钱粮之年，将所免钱粮分作十分，以七分免业户（地主），三分免佃户。

复次，实行工赈和劝富制度。宋神宗熙宁六年（1073 年）规定，在荒年时，可以动用常平仓中的钱谷来招募灾民，兴修水利工程。清代乾隆时期规定，各地平时要勘估各省待修城垣，列上各项工程优先顺序，一旦遇灾荒，就可以立即施行工赈。所谓劝富制度，指的是对积极参与或组织救灾的当地士绅，由朝廷予以各种形式嘉奖的制度。明代嘉靖年间，陕西灾伤重大。官府规定，富室将所积粟麦扣除本家食用之外，其余照时价粜与灾民，若每石减价一钱，至五百石以上者，给与冠带；一千石以上者，表为义门。

最后，对流民救济也有相应规定。关于口粮，明代规定，流民按照大口给谷二三斗、小口一二斗的标准救济。关于提供临时宿舍，《汉书·平帝纪》记载：“元始二年郡国大旱蝗，青州尤甚，民流亡，三公卿大夫吏民为百姓困乏献其田宅者二百三十人。以口赋贫民。（师古曰：计口而给其田宅）…又起五里于长安城中，宅二百区以居贫民。”宋代富弼曾在山东青州根据“户等”，征用当地人家的空闲房屋，安置流民，史称“宋富郑公弼安流法”。在另外一份公文中，富弼还规定，旅店“不得要流民房宿钱”。关于资助回乡和重建家园，明代规定，逃亡灾民若能回乡复业，倍给赈济银两，官给牛种。回乡流民没有房屋的，官府代为建造草屋四间。清代在此基础上，形成了比较系统的“留养资送”流民制度。

第二节　手工业和商业法律制度

一　手工业法律制度

中国古代手工业发达，门类繁多，工艺精湛，直到近代，纺织、陶瓷等依旧是部分农村经济的主要支柱。在手工业发展的过程中也形成了完善的手工业管理法律制度。

中国古代手工业者管理法律制度历史悠久，秦汉时，匠是以服役的名义征调来的。他们没有人身自由，产品归官府所有。自唐开始，手工业者的来源呈多元化，有朝廷的征调也有雇用。宋代的许多工匠都是朝廷雇用的，而不是一直依附于所服务的手工业作坊。元代实行强制性极浓的“匠户”制度，并为明代所沿用，明初继续实行匠籍和匠户劳役制度，将手工工匠专门编立匠籍，作为征发官营手工业劳动者的依据。匠籍人户的身份世代世袭，不得更改。匠户按其服役形式，分为轮班、存留和住坐三种。轮班匠以三年为一周期，轮流到京师服役三个月，如期交代。轮班匠因特殊制作的需要而存留于官府的，即为存留匠。存留匠服役于织染局和御器厂等处。住坐匠每月赴官手工业作坊中服役十天，若不赴班，月出银一钱由官府另雇他人。

随着商品经济的发展，社会雇佣劳动的扩大，出现工匠出银代役或私下雇人应役的现象。嘉靖四十一年（1562 年），朝廷明令轮班工匠征银代役，每名每年征银四钱五分，称之为“匠班银”，“自本年秋季始，将改年班匠通行证价类解，不许私自赴部投当。”① 此法实行后，官手工业中只剩下存留军民匠一万两千余名，官手工业明显衰落，值班匠只要缴纳匠班税，就可自由经营，不再服役。官府所需产品，越来越依靠市场。但是匠班银并不能真正解除手工工匠所受的劳役束缚，因为匠班银是基于匠户所具有的劳役义务的身份关系交纳的。

清代顺治二年（1645 年），除匠籍为民，匠户编入民籍，纳税当差。康熙三十六年（1697 年），匠班银首次在浙江并入地银一起征收。雍正二年（1724 年）实行“摊丁入亩”，匠班银被摊入地亩或地丁银，从而最终

---

① 《明会典》卷 189《工部九・工匠二》。

废除了这一制度。清代官营手工业的雇工基本上是从民间招募雇用而来的，所用原料也多是从市场采购而来。匠籍废除以后，匠户摆脱了对国家的人身依附，获得了自由身份，也促进了商品经济的发展。

中国古代手工业产品质量管理法律制度在先秦时期就出现了，《礼记·月令》说："物勒其名，以考其诚，功有不当，必行其罪，以穷其情。"《唐律疏议》卷16规定，制造器物，官为立样，仍题工人姓名，然后出售。兵器则须镌题年月及工人姓名。宋代书刊笔墨上都雕上刻工姓名及刊印书肆堂号，以示负责。在清代《工部则例》里，对于兵器等产品，则有产品署名制，以追究制造者和监造者的责任。

清代手工业管理法规除《工部则例》之外，官方还修纂了大量的《匠作则例》，据统计有70多种，涉及石作、瓦作、琉璃作、漆作、油作、画作、裱作、金作、银作、镀金作、铜作、玉作、珐琅作等四十余种门类的手工业的技术标准和操作规程。①

清代官府还针对民营手工业的经营管理发布了大量的告示、禁约、规条等地方性法规。

二　国内贸易法律制度

在中国古代，国内贸易主要通过集市的形式进行。按照法律，集市设置必须符合法定条件，且需要官府批准。集市交易也必须遵循相应的法律制度，包括（1）使用合法的度量衡。《唐律疏议》卷26规定，凡市场通行的度量衡，如斗、秤等，须经市场官吏鉴定，并加盖官印，方准使用，违者分别情节，给予笞至杖刑处罚。私自制造不合标准的斗、秤、尺等在市场使用者，笞五十；因此得利者，按其数额，准盗论。清律还规定：使用质量合格但系私造的度量衡器具，笞四十。（2）商品质量合格。唐代法律规定，商品有质量问题的不允许入市贸易，否则制造者、贩卖者和有关官员都要受到责罚。（3）严禁欺诈和欺行霸市。《唐律疏议》卷26规定，强买强卖、价格欺诈以及干扰正常交易，杖八十，因此获利，按照赃物数量，以盗窃论罪。

到明清时期，徽商、晋商相继走上历史舞台，国内贸易出现了一些新变化。其一，牙人和牙行成为商品交易的中间人和管理者，负责评估物

---

① 参见王世襄编著《清代匠作则例汇编（佛作、门神作）》序例，北京古籍出版社2002年版。

价，解决纠纷。明代牙行规模很大，经手货款常达数万金。为防止他们把持行市，《大明律》卷10规定，充当牙人和埠头者必须有一定产业，并且得到官府许可，官给印信文簿，才能营业。私充牙行、埠头者杖六十，所得牙钱没收入官。牙行、埠头必须按月向官府如实禀报经营状况，缴纳牙税。评估物价必须公平合理，违者要计所增减之价，坐赃论。入已者，准窃盗论，免刺，更不得与商人勾结扰乱物价，违者杖八十。明代牙行还承担“为罪人估赃”的工作，如果估赃不实，致罪有轻重者，以“故出入人罪”论，受财者，计赃以枉法从重论。清代法律规定，牙商必须先向官府领取牙帖，并按规定缴纳牙税。各省牙帖均有定额，由户部根据各省情况确定。所有牙帖俱由藩司衙门颁发，并报户部备案。牙税解交户部，禁止地方留存。牙侩必须选办事公正之人充当，并须提供财产作保。乾隆时期，规定牙商不能由与官府关系密切的胥役和“衿监”充任，以杜绝此辈倚势作奸，垄断取利，鱼肉商民。此规定后被载入《户部则例》。牙人和牙行的出现与壮大，是明清商品经济发达的结果，也促进了商品交易法制的进步。①

其二是分期付款的出现。赊买是中国传统社会一向就有的习惯，到清代中期，分期付款的做法开始进入成文法。雍正十一年（1733年）议准了旗人“指扣俸饷认买官房”办法，类似现代按揭买房，不同的是由官府（实际是买主）直接从卖主的俸禄里扣缴，房款扣缴完毕之后，即获得所有权，拆修自便，在此之前，禁止私行典卖或拆毁变卖砖瓦木料。乾隆三十五年（1770年）规定，如房产价银在千两以上，先交一半现银，其余八年内完结。千两以下，合计俸银可以五年完结者，仍著按年坐扣；如五年不能完结，先交一半，其余在五年俸内坐扣。嘉庆元年（1796年）规定，八旗官兵认买房地指俸饷坐扣者，其房价一千两以上者，先行交纳一半，其余定限八年坐扣完结；五百两以上，定限七年坐扣；三百两以上，定限六年坐扣；一百两以上，定限五年坐扣；一百两以下，定限四年坐扣。如果俸饷不敷坐扣，先行交纳一半，其余仍按年限坐扣。同治时期甚至还有分期付款买卖人口的规定，如价银十两至三十两者，定限一年扣完；三十两至六十两者，定限二年扣完；六十两以上者，定限三年扣完。②这应该是对民间习惯的借鉴。

① 范金民：《明清商事纠纷与商业诉讼》，南京大学出版社2007年第1版。

② 转引自经君健《清代社会的贱民等级》，中国人民大学出版社2009年第1版，第123页。

三　对外贸易法律制度

（一）互市立法

互市开始于西汉。此后历代均沿袭此制，宋代曾先后与辽、夏、金、元进行榷场贸易。

其一，互市设置。互市设置必须由皇帝亲自批准。因为其立废很大程度上取决于外交和民族政策，故变动频繁。互市地点一般设置在边境地区。王莽时在姑臧（今甘肃武威）通货羌胡，一日互市多至四次。东汉统治者长期在上谷宁城（今河北万全）开胡市与鲜卑、乌桓交易。西域方面，也出现“胡商贩客，日款于塞下”的盛况。清代北部边疆均设有互市。

其二，互市商品。互市既然是一种对外贸易，严禁兵器和重要物资盐、铁等出口，同时也不许输入禁物。唐玄宗时期禁止互市商品有锦、绫、罗、绣、织成绸绢丝、牛尾、珍珠、金、铁等。宋代以后实行茶马法，茶马也成为禁品。辽国也采取类似政策，贩马出境者处斩，家属发配边疆。

其三，严禁走私。汉代严禁商民私下与匈奴往来，违者重罚。《唐律疏议》卷8规定，私自进出边关徒一年。宋时中国境内有多个政权，走私禁令最严，曾制定《与化外人私贸易罪偿法》，宋国商人私自到辽境贸易者处死，辽国商旅擅自进入宋国贸易者，一旦擒获，可以当即处死。明代规定，少数民族必须以朝廷颁发金牌为凭，才能参加茶马互市。明清律均有“私出外境及违禁下海”专条。

（二）海上市舶立法

市舶贸易肇端于唐代，兴起于宋元，没落于明清。唐代开始设立市舶使，负责领导蕃长登记蕃货（即“籍其名物”），依据法令抽税或没收违禁货物。北宋先后在广州、杭州、宁波、泉州等主要外贸港口设置市舶司（或称为提举市舶司），负责有关出海贸易的办理、外舶抽解等。南宋大体继承此制，不过更为重视经济利益。南宋绍兴六年（1136年）规定，市舶司官员能抽分累计达五万贯、十万贯者，补官有差；闽、粤官员抽买乳香，每及百万两转一官。元代也是如此，不但每年派遣行省官员“监抽”，还实行“官本船”贸易，使官府也成为市舶贸易的主体。这是市舶制一大变化。立法方面，宋代颁发过《元丰市舶条例》，但没有流传下来。元代在继承宋制的基础上，先后于世祖至元三十年（1293年）和仁宗延祐元年（1314 年）颁布了两部舶法则。唐、宋、元时期，海上市舶立法内容主要如下：

其一，关于税收。唐时市舶税分为三种：舶脚，即船舶入口税；抽分，即货物税，上供朝廷，又称“进奉”；收市，即市税，大约为十分之一。宋代规定，所有物货均须先由“市舶司”抽解（即抽分，实即实物税），抽分比例为十五取一或十取其一不等，高者达十分抽二分。抽分后，再由官府有选择“博买”（即官买），其余可以在当地或外州发卖。未经抽解，舶者不得私取其货，违者没收全部货物。外商舶船因为风雨招致损坏时可以降低抽分比例。元初沿袭宋制抽分，其后改行与唐代相似“三抽制”：市舶船货先要按照（粗货）十五取二或（精货）十取二的比例抽分，再须交纳三十取一的舶税钱——以上两项均由市舶司监收，运到各地发卖时还要交纳商税三十之一。以上税则对中外商人一体适用。

其二，关于出口禁物。出于国家安全考虑，各代都有禁止出口货物。宋代禁止铜钱下海。元代仁宗延祐元年（1314 年）市舶法规定，金、银、铜钱、铁货、男子妇女人口、丝绵、缎匹、销金绫罗、米粮、军器等均不许下海贩卖，违者杖一百七下，船、货俱行没官，告发者商一半。

唐朝允许蕃商在中国定居、营业和婚姻，宋朝允许蕃商与官宦之家通婚。相比于对蕃商的优待，宋、元对华商的政策稍嫌苛刻。（1）出海审查烦琐苛刻。如宋代规定，华人出海经商，必须由当地人作保，向当地官府“投状”，经核实后发给“公凭”，再经官员检验有无违禁物之后，方可出海。元代规定，舶商出海，必须先向官府申请公验、公凭（类似外贸许可证），在公验、公凭上要详细填明本船船主、船员姓名、人数、船舶规模、货物名称、数量，往何国贸易等事项。（2）对违法者处罚过严。如宋代规定，“不请公据而擅行”，“徒二年，五百里编管”，“并许人告捕，给船、物半价充赏。其余在船人虽非船、物主，并杖八十”。元代舶商如果不向市舶司申请公验、公凭，自行发船下海，杖一百七，船、物没收。船舶出海，如果没有前往预定国家，而是改往他国，没收全部财货。如系不可抗力（如气候因素），按例抽解。宋代为防止舶商与北部辽国交接，规定“客旅于海道商贩者，不得往高丽、新罗及至登、莱界”，犯者论罪，货物没官。回港之后，要赴原批准出海的市舶司“请验”、抽分，不许投往他处市舶司。在抽分前严禁私自下货，违者按“漏舶法断没”。这一规定唐宋元皆同。至于走私处罚更重，如宋太宗时规定，私与蕃国人贸易者，百钱以上即论罪，十五贯以上黥面流海岛，过此送阙下。淳化五年（公元

994年）重申其禁，四贯以上徒一年，二十贯以上黥面配本州为役兵。

元代法律还规定，权势之家不得投资海外贸易，犯者没收一半家产。但因为海上贸易利润巨丰厚，禁而不止，最后“权势之家”包括蒙古贵族、大小官员甚至和尚、先生、也里可温（基督教徒）、答失蛮（伊斯兰教徒）均突破禁令，挤进争利行列。在这种情况下，元朝统治者改行默许政策，加强税收征管，严格执行抽分制度，以增加财政收入。至元二十一年（1284年），元朝统治者还曾推行“官本船”制度，即由官府出资购买船只和货物，招募私人经理，收益按照官七私三比例分配。尽管后来未能完全推行，但像元朝这样由国家和私人共同经营外贸的，在中国古代史上比较罕见。

（三）朝贡贸易制度

从明初洪武年间开始，一直到清末鸦片战争爆发，朝贡贸易始终是外商来华的法定贸易形式。

所谓朝贡贸易，古已有之，就是通过两国官方使节往返、以礼物赠答进行交换的贸易方式。明代将诸国进贡携带物品分为三类：一是国王贡献方物，名曰正贡；二是国王附搭品，名曰附来货物；三是使臣自进贡物。第一、第三两种皆为进贡品，必须进奉皇帝。第二种则属商品性质，贡使可以在市舶司所在地或者京师会同馆开市贸易。这是朝贡贸易具体形式。当然，这些都必须是在中国官方监督之下，参与贸易的中国商人也受到严格审查。

和市舶贸易相比，朝贡贸易具有如下特点：一是不先朝贡，不得贸易。也就是说，朝贡是主，贸易是辅。这是朝贡贸易根本特征，也是朝贡贸易与市舶贸易最大不同。二是抽分或抽解作为一种入口税，为唐宋以来已有制度，但对于朝贡贸易，朝廷一般不进行抽分，而且还实行“厚往薄来”政策，大加赏赐，以“怀柔远夷”。明廷对于贡船附载来华货物，不论在会同馆或市舶司所在地出卖，多不向外商征税。这是朝贡贸易和市舶贸易又一不同之处。因此，明代虽然仍设市舶提举司，但与前代市舶司“通市舶”的职能定位已大有不同。

到明代中期，外国来贡次数和人数越来越少，入贡诸国又不守贡制，往往挟带大量私物谋取私利。欧洲商人也已经来到中国海岸，其目的原就是通商，朝贡实非所愿。到弘治年间（1488—1505年），明朝统治者遂改变传统“怀柔政策”，变为“收入的政策”，[①] 进行抽分。凡是国王、王妃

---

① 梁方仲：《明代国际贸易与银的输入》，载《梁方仲文集》，中山大学出版社2004年第1版，第196页。

及使臣等人附至货物，以十分论，五分入官，五分给还价值，以钱钞相兼支付。其中，国王、王妃货物，给钱六分，钞四分；使臣等人货物，给钱四分，钞六分，奉旨特免抽分者，不为例。对贡舶附带货物抽分，意味着朝贡和贸易的关系发生了根本变化，所谓朝贡基本上成了形式，贸易则成为主要目的。

满清入关之后，重建朝贡贸易体制，非朝贡不得贸易，并规定进贡夷人，总数不得过二百人，进京朝觐不得过二十人，余皆在边等赏。乾隆六十年（1759 年）又颁布《防范夷商规条》，规定外国商人销货后必须立即回国，禁止在中国过冬；所有洋货必须通过公行[①]交易；公行行商不许拖欠货款，使夷商有所借口；夷商在中国停留期间，不许雇用中国仆役，不许坐轿，其家眷不许上岸，居住地由中国派兵保护等。这些措施阻碍了中外交往的发展，但在当时的历史条件下，也是保障中国主权的必要措施，对反击西方势力的侵扰有重要作用。因此，不宜全盘否定。[②]

（四）海禁立法

在中国古代史上，明太祖朱元璋是第一个实施全国性海禁政策的皇帝。从洪武元年（1368 年）发布第一个禁海令起到万历末年，实行海禁近 200 年之久。清统治者也拿起这面祭旗，于顺治十八年（1661 年）、康熙元年（1662 年）、十七年（1678 年）三次颁布“迁海令”，沿海居民一律内迁 50 里。清代曾在顺治十二年（1655 年）至康熙二十三年间（1684 年）、康熙五十六年（1717 年）至雍正五年（1727 年）实行海禁，这给对外贸易发展带来了极为不利的影响。明万历时就有人批评说：“我朝书生辈，不知军国大计，动云禁绝通番，以杜寇患。不知闽广大家，正利官府之禁，为私占之地。”[③] 但另一方面，明代永乐时曾经派遣郑和下西洋，隆庆初年正式开放海禁，郑成功及其部属多出身明末的海商家庭。清代也于雍正六年（1728 年）始开放海禁，允许闽、粤二省渔民出海，今天南洋一带的华侨绝大部分都是在清代漂洋过海定居于此的。[④] 可见，海禁并非明清对外贸易的全貌。

---

① 政府许可的中间商，俗称洋行，当时有十三家，都在广州，俗称广州十三行。

② 明朝于嘉靖二年（1523 年）击退葡萄牙于广东新会西草湾，嘉靖二十八年（1549 年）又击退于福建诏安走马溪，天启四年（1624 年）击退荷兰于澎湖。清初郑成功以武力收复台湾。清康熙二十年（1681 年）进攻郑克爽不用荷兰兵和兵船，康熙五十九年（1720 年）逮捕潜匿往来的西洋人。

③ （明）沈德符：《万历野获编》卷 12，中华书局 1959 年第 1 版，第 317 页。

④ 晁中辰：《明代海禁与对外贸易》，人民出版社 2005 年第 1 版，第 279 页。

从明清有关外贸法律与政策来看，在朝廷开放海禁期间，其出海对外贸易的主要内容与宋元时期并无根本差别。

首先，华人出海实行许可制。明代曾施行配额制。《东西洋考》卷7记载，凡华船下蕃前必须请引，回时缴销。每引征税各有定额，名曰引税（这实际上是一种特许金）：东西洋各国每引六两，鸡笼、淡水每引一两，其后各增加一倍。每次请引，以一百张为率，用尽即可继续请求。万历十七年（1589年），规定每年限船八十八引。后来请求者日多，乃增至一百二十引。清代规定，商民人等，有欲出洋贸易者，须于每年四月提出申请，并将出口船集中在指定港口，由地方官登记姓名，取具保结，给发执照，并将船身烙号刊名，令守口官弁查验，准其出入贸易。

其次，出海的船只，要按照规定的式样和规模打造。清朝规定，商船许用双桅，其梁头不得过一丈八尺，舵水人等不得过二十八名；其一丈六、七尺梁头者，不得过二十四名；一丈四、五尺梁头者，不得过十六名；一丈二、三尺梁头者，不得过十四名。此外，严禁卖船给外国人。明朝规定，打造二桅以上违式大船卖给外国人，为首者处斩，为从者发边卫充军。清代加大了对这一违禁行为的打击力度，规定如将船卖给外国人，造船人与卖船人皆判斩立决。

再次，不断扩大禁止出口货物范围。《大明律》卷15《兵律》“私出外境及违禁下海”条规定，凡将马牛、军需、铁货、铜钱、缎匹、绸绢、丝绵私出外境货卖及下海者，杖一百。挑担驮载之人，减一等。货物船车均没收，并以其中的十分之三赏给告发之人。若携带人口、军器出境下海者，绞。因而走泄事情者，斩。清朝除了军械、火药、硝黄等传统禁止出口的物品之外，还于雍正年间定例，严禁黄金白银违例出洋；严禁将铜铁等货，卖于外国，违者，拟绞监候。乾隆七年（1742年）将所禁物品扩展到粮食，如将米谷豆麦杂粮偷运外洋、接济奸匪者，绞立决。乾隆二十四年（1759年），又禁止蚕丝出洋。同年，又将绸缎、丝绢列入应禁范围。乾隆二十九年（1764年），因外商的恳求将蚕丝弛禁，但其他商品仍禁止如故。①

限制允许携带的物品的数量。清朝雍正时规定：每船携带食米，去暹罗（现泰国）的大船限三百石，中船二百石；去爪哇的大船二百五十石，中船二百石；去菲律宾的大船二百石，中船一百石。如若多带，按“接济

---

① 明清均禁止贩运人口，杜绝把人口贩运出口作为奴隶。因此外国人来中国拐骗人口当奴隶受到了阻碍，于是变相改为招募华工（即所谓“猪仔”）。

外洋例”论罪。各船所需用的钉、棕、麻等物，只许酌量携带，并且要登记清楚，以便查验。

最后，出洋要按时回国，严禁留居国外。康熙时期规定，留居国外者，解回立斩。雍正时期规定，进口船只于每年九月造报，入口船如因在外洋商务未清，未能按期进口，准于来年六七月进港；若遭风漂泊他处，取该地方官印结，随时可以返回，若故意迟延，徇私捏报，则要严厉责处。

税务方面，明朝有所谓“舶税”，包括三个部分：一是以船的长度计算征税，称为水饷，由船商承担。西洋船面阔一丈六尺以上者，征饷五两，每多一尺，加银五钱。东洋船小，减征西洋船的十分之三。二是按货物多少，计值征税，由铺商交纳，称为陆饷。三是加征去吕宋贸易回来只载白银的船只，每船加征白银一百五十两，称为加增饷。对于来华贸易的外商也适用同一税制。清朝除对进口米粮免税外，对其他货物均实行重税政策，以使其无利可图，从而限制中外贸易。

明清律例关于华人出海经商必须获得批准、禁止出口某些物资、按照规定缴税等规定属于一个主权国家的正当权力。有的学者引用明律“私出外境 及违禁下海”条，作为明代实行海禁的法律依据。这一论断值得商榷。明律的这条规定，其立法目的是禁止走私贸易，而海禁是禁止一切对外交往，二者内涵并不相同。另据光绪时期法学家薛允升称，清代后期对于下海“全无限制”，清律“私出成外境及违禁下海”条款“均具文”。薛允升甚至发出“今昔情形大相悬殊，此门所在各条，存而勿论可也”的感叹。[①] 当然，在海禁的政策下，所谓“走私”的范围难免扩大化，上述条文也就成为了海禁的法律依据，但这和海禁的区别还是很明显的。因此，不应把律典中有关禁止走私贸易的规定视为明清海禁和闭关锁国的制度根源，否则也不能解释明清外贸为什么还是有所发展。

第三节 财政税收法律制度

一 财政法律制度

中国古代财政体制大略划分为国家财政与皇室财政、中央财政与地方财政四块。就国家财政与皇室财政而言，在秦以前，基本没有分开，财政

① 胡星桥、邓又天主编：《读例存疑点注》，中国人民公安大学出版社 1994 年第 1 版，第 358 页。

收入都归皇室所有，由皇室支配。到西汉时期，国家财政与皇室财政才大体上分开。国家财政掌于大司农，皇室财政掌于少府与水衡都尉。但实际上二者很难区分，而且在大部分情况下都表现为皇室财政对国家财政的侵蚀。其中最突出的例子是明代皇帝不惜以万乘之尊，在全国广设皇庄，直接获取地租收入。

就中央财政与地方财政而言，比较明确的中央和地方分割赋税的制度是在唐代后期形成的。“安史之乱”中，唐玄宗下令各路军队自筹经费。战后这一政策得以延续。建中元年（公元780年）实行两税法后，正式确立“上供、送使和留州”制度，即将朝廷直接控制的各州的赋税分为三部分：一部分上交给朝廷；一部分输送于节度使、观察使府，亦称留使；一部分留作本州用度。这对当时巩固唐廷中央政权、稳定地方藩镇起到了积极作用，也是在秦汉奠定的财政制度经历千年发展后，在中央集权框架下重新划定中央与地方财政关系的新尝试。

宋初鉴于唐末五代的混乱，加强中央集权，在财政上则施行“上供法”，即地方财赋直接上缴中央财政，由中央统一管理和决定财赋的分配。宋代为此创制了“四柱清册”。“四柱”是指上期结存、本期征收、本期支出、本期实存四项构成。两宋使用“四柱清册”主要有两种情况：一是离任官员在向新任官员移交钱粮时，必须按照“四柱”格式编制清册，这实际是一种离任审计。二是各级地方官员向中央呈报财政报告，也必须统一按照“四柱”的格式分科编制。这些措施对于官府工作的顺利移交和朝廷及时了解地方财政状况、加强财政管理无疑有着积极的作用。后来明代在收取民户赋税时也使用“四柱清册”。宋代还依照唐朝的“国计簿”编制了“会计录”。会计录以预算、决算资料为基础，依照法定的会计和审计体制、财政收支项目进行归类整理，将全国财政收支总额和分类数字，如户口、赋税、经费、储运、禄食等项目加以编纂，为朝廷掌握财政收支盈亏情况、管理财政提供数据。这一制度也为后代沿用。

明代在继承旧制基础上有所改革，主要体现为田赋上的“起运”、“存留”制度。所谓起运，就是运到朝廷或他省（布政使司）的府、州、县，或各边镇都司卫所等军事区域部分。存留就是留供本地开销部分。此即所谓“起运以充国足边之需，存留以备支振乏之用”。①但实际上，明代地方

① 梁方仲：《田赋史上起运存留的划分与道路远近的关系》，载《梁方仲文集》，中山大学出版社2004年第1版，第443、450页。

官府只管征收、运解。

这种“强干弱枝”、“过路财神”式的财政法制固然有利于中央集权和国家统一，但也束缚了地方的经济社会发展。明末清初思想家顾炎武在《日知录集释》卷12中批评说，“国家取州县之财，纤毫尽归之于上，而吏与民交困，遂无以为修举之资。”清代同治时，曾国藩奉命到山西一带剿灭捻军，“银钱分文皆须入奏，难以放手办事。”①

二 赋税法律制度

中国古代税收种类主要有田赋和人丁税，合称赋役。田赋按田亩征收实物或货币，人丁税按人头摊派劳役或征收实物、货币，俗称人头税。人头税大部分都是劳役，按人头摊派。只要是成年男子，无论贫富，都必须亲身服役。汉代人头税有算赋（官府向成年人征收的人头税）、口赋（汉代官府向七岁至十七岁的儿童征收的人头税）和更赋（劳役）三种，到魏晋时合并为户调即按户征收的赋税，唐代中期两税法改革时，户调被摊入户税和地税中征收，明清时期又将人头税（役银）并入田赋中征收。但事实上人头税始终存在，如唐初租庸调里已经包含了人丁税，但官府还向人民摊派许多劳役。唐代中期户调被合并到两税中，到五代时又出现按人头收钱的“身丁钱米”，此税在宋代之后还在一些地方残存。宋代将地方官府开销和地方公益事业支出定为“职役”，由当地富户轮流承担。明代农民要承担均徭、甲役和杂泛三种劳役，或者交钱代替（役银）。因为丁税只有成丁才抽，农户靠壮丁劳动，如果交不出丁税就必须服役，对其生活影响甚大。就立法来说，赋有明确法律规定，徭役则多无常法，即使是在各朝代开国时期，因为服役家破人亡者亦屡见不鲜。因此，历次税法改革，减轻人头税特别是劳役，都是一个重要内容。

具体税额可分为三个层次：（1）全国税粮总额，由朝廷按照“量入为出”或“量出为入”原则确定；（2）各地分担额数由朝廷根据各地经济发展情况指定；（3）各户应纳税额由地方官府根据本地情况决定。此外，因为古代纳税方式以实物为主，国家还要确定各地交纳的实物种类。如明代洪武二十六年（1393年）全国税粮计有六项，其中夏粮三项：米麦4712900石，钱钞39800锭，绢288487匹；秋粮三项：米24729450石，钱钞5730锭，绢59匹。浙江布政司承担夏粮米麦85520石，钱钞20690

① 钟叔河编《曾国藩往来家书全编》（下），海南出版社1997年第1版，第304页。

锭，绢139140匹；秋粮米2667207石，钱钞86锭，绢59匹。其中，北平布政司承担三项，即夏粮米麦353280石，绢32962匹；秋粮米817240石。因为各地经济发展情况有别，税粮多少不一是普遍情形。

税率也由中央确定。中国古代基本上都是定额税率和比例税率，很少实行累进税率。清朝内地省份税率，中央只规定一个大概，具体仍由地方决定。清朝《户部则例》卷五规定，直隶每亩科银八厘一毫至一钱三分有奇不等，人丁每口征银三分至二两六钱有差。每省都有类似规定。新疆因为纳入版图较晚，另有"新疆赋额"专条。屯田税率也有专门规定。

但税额并非一成不变。税粮增加主要有两种情况，一是正税增加，即朝廷根据经济发展的情况或国家财政需要所作出的调整。如唐代建中三年（公元782年）官府下令，两税每贯增加二百。元代江南夏、秋两税税额沿袭宋代，延祐七年（1320年）下令每斗添加两升，即增收百分之二十。明代一条鞭法原额每亩税银五分，崇祯年间有的加至一钱以上。

二是在正税之外的附加。宋代利用各种名义，如沿纳、支移、折变、脚钱（运输费）、加耗（以税物损耗为名的加税）、预借、重催（纳税后重叠催税）、义仓、大斗、大斛、斗面、斛面（纳税时，税粮高出斗面斛面的堆尖部分）、呈样（以官员检查税物样品为名的加税）等加税。元代在征收税粮时，无论南北，每石加征鼠耗七升，实际上有的每石外加五斗，有时甚至一石要交三石之多。明初征粮每石加收雀鼠耗七升，后来逐渐增加，江南有加至七八斗者。清代实行耗羡归公，才在制度上解决了这一问题。

税额减免大致有五种情况。一是普免钱粮。如西汉时期将全国田租从十一之税减至三十税一。每朝开国之初为收买人心，也多实行减免。二是对于垦荒土地免征。三是对一些特定主体所有或有特别用途的田地，如元代蒙古人、清代旗人土地都减免税收。寺观田土、贞节烈妇家庭、族田义庄以及各种祭田、孔庙也可以申请减免税粮。四是对于一些特别地区，如皇帝家乡、皇帝巡幸地区、战区、灾区等，或减或免，没有定数。明代中期曾对苏松地区实行统一减赋，这主要是为了解决历史遗留的苏松重赋问题。五是根据地理远近，由国家统一规定减免比例。魏晋时期规定，边郡民户户调只纳规定数目三分之二，更远者纳三分之一。金朝规定：输纳粟麦，每三百里减免百分之五，即每石减收五升；输秸，自百里至三百里，减免百分之三至百分之十。明清也有类似规定。

在支付方式上，除了徭役（人丁税）以身服役之外，一般税收支付主要有两种方式：一是交纳实物，如田赋收稻谷，称“本色”，以钱折纳称“折色”，户调征绢、丝。二是交纳货币，如汉代的算赋、唐代户税。受气候、地域和其他因素影响，实际支付时多有变通，如宋代夏税主要以丝、棉、丝织品、大小麦、钱币等交纳，秋税征收稻、粟、豆类、草等。明初夏税征米、麦、钱、钞、绢，秋税征米、钱、钞、绢。大抵以米麦为主，丝绢及钞次之。明代“一条鞭法”改革后主要收银。南方和北方农作物品种不同，也造成税物品种不同，如元代南方夏税以税钱折纳税物较为普遍，而北方一般没有夏税钱。总的来说，古代中国商品经济不发达，实物交纳税粮占多数。

在纳税期限上，一般依据如下三个因素决定：一是农作物的成熟季节。只有在粮食成熟之后，农民才谈得上交粮纳税。因此，种植的是稻谷还是小麦，对税粮缴纳影响最大。事实上，古代的缴税期限基本和稻麦成熟时间相应。二是地理环境。其影响主要表现在两个方面：一是农作物成熟时间，比如水稻南方成熟早而北方晚；二是运送粮食时间。距离京师远的时间长，近的时间短。其结果是南北、内地和边疆的纳税期限早晚不一。三是支付方式。两税法改革特别是一条鞭法改革之后，以银纳税成为主流。谷物的成熟时间和纳税没有直接关系，这给税粮的征收带来了方便。以下是几个具体例子：唐代规定，夏税完纳时间不超过六月，秋税不超过十一月。宋代夏税一般是以六月一日至八月底为输纳期限，秋税以十月一日至十二月底为缴纳期限。而且两税输纳期限又各分为三限，作为二税起纳和催科的时间划分。金朝也有同样的规定：夏税以六、七、八月，秋税以十、十一、十二月为初、中、末三限，三百里以外展限一月。泰和五年（1205 年），秋税改以十一月为初限，寒冷地区夏税改以七月为初限。《大清律例》卷 11 规定，凡收夏税，于五月十五日开仓，七月终齐足。秋粮，十月初一日开仓，十二月终齐足。违者根据违限的时间长短，处以杖六十到一百不等的刑罚。

为防止偷税漏税和税吏贪污，中国古代比较重视纳税程序制度建设。宋代在纳税前两个月，官府向纳税户分别发放“由子”之类的通知单，上面开列本户的两税额。人户缴纳两税后，官府颁发税钞，上面盖印，以作缴纳的凭证。税印每个仓库各不相同，只能用于一次税收，用完即销毁。明代以户为单位编制黄册，按照“四柱式”的格式详细登记“旧管、新收、开除、实在之数”。旧管指该户原有人丁、产业；新收是指新增人丁、产业；开除是指减少的人丁、产业；实在是指现有人丁、产业。因此又叫

“四柱清册”。官府根据“四柱清册”向民户征收赋税。这一制度沿用到20世纪上半叶。

此外，还制定了所谓“易知由单”，就是官府用来催纳税人纳税的一种通知单，单内开载田地的种类、科则、应纳的款项、纳税期限等。至于各户应纳银粮钱数，则多用毛笔随栏填注。按照规定，此单应于开征之前发给纳税人，使得按期如数缴纳。清代起初采用易知由单和截票法，征收前先将列有税率、应纳钱粮数及现交钱粮数等栏的易知由单发给花户（民户），花户按限完纳后，发给截票，官府在钱粮入库时还要填入印簿，岁末缴司报部。同时，各官府还要造粮册及奏销清册，以防偷漏贪污。其后在执行过程中发现“截票”仍有漏洞，一些奸吏往往“借称磨对”将纳户的“截票”扣留不给，因而遂有已完作未完、多征作少征者。对此清朝又改为三联单法和滚单法。三联单分为票根、纳户执照、比限查截三联，各记载钱粮应征实数。票根给予催征差役，纳户执照给予税户，比限查截存于官，民户依次纳税。如三联单不载应征税额或不将单给予民户，准由民告官论罪。滚单法则以每里五户至十户为一单位，只用一单，上注明纳税人姓名及应纳税额及各限应完纳数，依户滚催。

关于中国古代赋税问题，向有“苛政猛于虎”之讥。究其实际，统治者横征暴敛确为重要原因，但却不是唯一原因。就经济结构来说，农业天性属于弱质产业，经济效益有限，而且极易受到天灾的影响。中国古代绝大部分民众都以农为生，加上人口繁多，每户耕地面积有限，辛苦劳作一年顶多不过温饱而已。同时，政府实施以农为本政策，打压私营工商业，人民亦无其他可以谋生之道。在这样的经济社会条件下，即使赋税再低，对一般民众来说也是沉重的负担。这也是中国古代官府和士人一再在轻赋薄敛、加强吏治上做文章的原因所在。当国家遭遇重大危机、必须增加开支之时，仍只有从农民身上找出路，其结局当然只有崩溃。

第四节 金融法律制度

一 借贷法律制度

借贷是中国古代社会开展比较早、比较重要的一种金融活动，有关法律规定也比较丰富。在提供融资渠道上，借贷具有不可或缺的价值，但在高利贷及各种逼债手法上，又备受批评。

早在春秋战国时代，就有许多私人从事货币贷放，至唐代，借贷问题涉及层面之广，已经达到相当普遍的程度，不但跨越官民两途，僧俗两界，且从地方乡里漫衍向上流阶层、城居人士，还出现了专门承担放款业务的质库、柜坊等机构。但中国古代法律并未禁止利息，反而赋予其合法性。如《宋刑统》卷26《杂律》："诸公私以财物出举者，任依私契，官不为理。"

同时，法律亦对借贷实行若干管制，主要是限制借贷最高利率和利息总额，即所谓"违禁取利"行为。唐代采取单利原则与一本一利主义，不许按复利计算。北宋《宋刑统》卷26《杂律》"受寄财物辄费用"条规定，每月取利不得过六分，积日虽多，不得过一倍，不得回利为本。南宋《庆元条法事类》卷80规定，每月取利不得过四厘，积日虽多，不得过一倍。因利为本者，杖六十。元代《通制条格》卷28"违例取息"条除了坚持"一本一利"的原则外，还禁止以人口或其他财产抵偿。《元典章》中也有"钱债止还一本一利"条的规定。明太祖朱元璋宝训规定："今后放债，利息不得过二分、三分。"《大明律》卷9"违禁取利"条规定，凡私放钱债及典当财物，每月收利不得过三分。年月虽多，不过一本一利。违者笞四十。以余利计赃，重者坐赃论。罪止杖一百。《大清律例》卷14《户律·钱债》"违禁取利"条规定同明律。

在特殊时期，朝廷还以诏令的形式直接赦免公私债务或推迟其清偿。《汉书》卷6《武帝纪》记载，汉武帝在册立卫子夫为皇后的诏书中规定，孝景三年以前的"逋贷""皆勿听治"。唐玄宗开元九年（公元721年）下令，豁免开元七年以前的欠账。宋代曾统一蠲免利息总量超过一倍的高利贷，在灾荒年份可以延期偿还债务。清代曾对旗债、印子钱等高利贷实行强制蠲免利息甚至没收本钱的措施。① 宋代还曾减免城市贫民的"房钱"（房租）。②

但因社会经济的强烈需求和供给不足，中国古代实际利率大都超过法定利率。为救济贫民、缓解高利贷造成的各种社会问题，中国古代官府曾尝试开设官方借贷。但成效不够显著。

二　典当法律制度

典当起源于寺院，唐代之后才流行民间。典当除了适用前述关于最高

---

① 刘秋根：《明清高利贷资本》，社会科学文献出版社2000年第1版，第214页。

② 张群：《居有其屋——中国住房权历史研究》，社会科学文献出版社2009年第1版，第59页。

利息的规定外，还有一些专门法规。

唐代禁止自营典当。皇帝曾经颁布诏令：“闻朝列衣冠，或代承华胄，或职在清途，私置质库、楼店与人争利，今日已后，并禁断。仍委御史台，察访奏闻。”而据《唐令拾遗》所载：“诸公私以财物出举者，任依私契，官不为理。每月收利，不得过六分；积日虽多，不得过一倍。……收质者，非对物主，不得辄卖；若计划过本不赎者，听告市司对卖，有剩，还之。如负债者逃，保人代偿。”这里是说，以动产典当，交易自由，但月息上限为六分；典当期限再长，仍不得超过一本一利。同时，典当机构只有在利息超过本金时，才可以向当地官府请求变卖质押物品受偿，且变卖当物的溢价部分必须返还当户。

金世宗大定十三年（1163 年），出台了中国历史上第一个有关官办当铺的专门法规，规定当本，按当物估值七成折价，即所谓“许典七分”，从而使官办当铺有了统一的折当比例的客观标准；关于利息，规定月利一分，即 1%，从而比当时民间当铺“重者五七分，或以利为本”者要大为降低；关于当期，既规定最长不过二年外，又允许展期一个月，从而比唐宋时期对当户的苛求减轻了许多。这项法律还专门提到当票的书写内容，及当物丧失后须由当铺承担赔偿责任的问题，以及设专人管理当铺、每月向上申报实情、违法必究等规定，亦颇有新意。

这项法律最重要的意义还在于，它是我国历史上出现最早的关于典当的完备法律，反映出金代统治者对本朝高利贷活动过于猖獗的一些限制，在客观上有利于促进封建社会典当业的不断发展和完善。

据《元史·刑法志》记载，元代法律规定：“诸典质不设正库、不立信巾，违例取息者，禁之。”《大元通制》则规定：“诸以财物典质，……经三周年不赎，要出卖。或亡失者，收赎金于元典物钱上，别偿两倍，虽有利息，不在准折之限。”由此可见，元代官方对典当双方的制约和保护是十分明确的。当铺不得违例取息，当物毁损须赔偿；当户逾期不赎，要缴纳相应利息，且在一定条件下由当铺对当物进行变卖。

清朝在入关前禁止典当。《满文老档·太祖》记载，努尔哈赤进驻辽沈地区后，下令：“诸申、尼堪的当铺全部停止。如果典当给银，邪恶的人将偷盗他人衣服，典当银钱逃走。”清入关之后，典当业重新得到支持和保护，但亦有一定限制。除了前述禁止官吏经营典当业的内容外，当铺还要按规定纳税。清顺治九年（1652 年）规定：“在外当铺每年征税银五两，其在京当铺并京铺，该顺天府酌量铺面而征收。”康熙三年（1664

年）户部规定："当铺每年征银五两，大兴、宛平店铺同。"十五年（1674年）定京城行铺税例，上等每年五两，余二两五钱。从中可以看到，唯独京城当铺受到酌征或减税的优惠待遇。

清代法律规定，当铺营业必须先领取营业执照。据《清朝通典》载："雍正六年（1728年）设典当行帖。"此处"行帖"，即为执照，亦称当帖、典帖。当帖制度规定："凡民间开设典当，均须呈明地方官转布政司请帖，按年纳税，奏销报部；其因无力停歇者，缴帖免税，当帖各省布政司加盖印章与各州县负责核发，一般均注明当铺经营的年限，定期更新换旧。"凡不报官备案、私自设立当铺者，视为违法，故俗有"公当私押"之称。

关于当物因火灾受损，《大清律例》卷14《户律·钱债》"费用受寄财产"条规定："凡典商收当货物，自行失火烧毁者，以值十当五，照原典价值计算作为准数；邻火延烧者，酌减十发之二，按月扣除利息，照数赔偿。其米麦豆石棉花等粗重之物，典当一年为满者，统以贯三计算，照原价值给还十分之三；邻火延烧者，减去原典价值二分，以减剩八分之数，给还十分之三，均不扣除利息。"

对于滋事图财、人为致祸如监守自盗、故意纵火等，清代法律规定给以刑罚制裁。《大清律例》卷14《户律·钱债》"费用受寄财产"条规定："如典商、染铺及店伙人等图盗货物，或先有亏短，因而放火故烧者，即照放火故烧自己房屋盗取财物，及凶徒图财放火故烧人屋，各本律例，从重问拟。"

关于当物失窃、毁损，清律亦有详细规定。《大清律例》卷14《户律·钱债》"费用受寄财产"条规定，当物被盗，损一赔一，"无论衣服、米豆、丝棉、木器、书画以及金银、珠玉、铜铁、铅锡各货，概照当本银一两再赔一两。如系被劫，照当本银一两再赔五钱。均扣除失事日以前应得利息"。即少则赔50%，多则赔偿100%。但"如赔还之后，起获原赃，即给与典主领回变卖，不准原主再行取赎"。即当铺一方面虽负有赔偿遗失混杂物之责任，另一方面又享有变卖查获赃物清偿本息之权利。

本章小结

中国古代实行"以农为本"的经济政策，为此颁布了比较多的垦荒、限田、水利和救灾等重农法令，其中不少内容为近代和当代中国所沿用。

同时，对工商业采取限制政策，禁止矿产开发，一些朝代还对外实行海禁。其结果不但给华商出海贸易带来极为不利的影响，也制约了中国经济和社会的发展。在财政上，从宋代开始实行“强干弱枝”政策，这加强了中央集权和国家统一，但也在一定程度上束缚了地方社会经济的发展。

思考题

1. 名词解释

水部式　限田　海禁　朝贡　违禁取利

2. 简答题

（1）简述中国古代的垦荒法律制度。

（2）简述中国古代产品质量法律制度的基本内容。

（3）简述中国古代农业税法的演变及其特点。

（4）简述中国古代朝贡贸易法律制度的演变。

（5）简述宋元市舶法律制度的主要内容和特点。

（6）简述明清海禁政策的演变与影响。

3. 论述题

（1）以“限田”与水利制度为例，比较中国古代法制与现代法制的异同。

（2）比较中国古代律例“违禁取利”条款与民国民法典、法国民法典、我国现行合同法、最高人民法院《关于人民法院审理借贷案件的若干意见》等有关规定之间的异同。

阅读参考文献

1. 刘海年：《战国秦代法制管窥》，法律出版社 2006 年第 1 版

2. ［日］加藤繁：《中国经济史考证》第四卷，商务印书馆 1973 年第 1 版

3. ［日］夫马进：《中国善会善堂史》，商务印书馆 2005 年第 1 版

4. 范金民：《明清商事纠纷与商业诉讼》，南京大学出版社 2007 年第 1 版

5. 吴景超：《第四种国家的出路》，商务印书馆 2008 年第 1 版

6. 梁方仲：《梁方仲文集》，中山大学出版社 2004 年第 1 版

7. 唐庆增：《中国经济思想史》，商务印书馆 2010 年第 1 版

8. 傅衣凌：《明清时代的商业与商人资本》，中华书局 2007 年第 1 版

9. 傅光明：《中国财政法制史》，经济科学出版社 2002 第 1 版

10. 韩铁：《美国宪政民主下的司法与资本主义经济发展》，上海三联书店 2009 年第 1 版

第七章　民事法律制度

内容提要

本章从中国传统社会及其文化的特质出发，首先对中国古代民事法律的基本特征及民事法律关系的主体加以辩证和界定。进而借助现代西方大陆法系民法理论对中国古代调整财产关系及人身关系的相关规范加以分类，着重探讨其中的物权规范、债权规范及婚姻、继承规范，并辅之以若干案例。

第一节　中国古代民事法律的特征

近代意义上的民法诞生于欧洲资产阶级革命以后，可以说完全是西方世界的创造。中国古代有无与近代西方民法相对应的民事法律制度，向来是比较法学家热衷谈论的话题。

我们认为，中国古代没有近现代意义上的民事法律体系，但并不等于说中国数千年历史上没有形成任何形式的民事规范。凡是注意到中国古代存在着发达的地方交易习惯和土地、房屋、借贷、租赁等货财交易的人，很难相信中国古代没有调整这些行为的公认规范，问题在于从何处以及如何发掘、归纳和整理可供当代社会利用的中国传统民事法律资源。

因年代久远，中国古代民事规范资料大多失传，但从地方志、历史档案、碑刻和担任过地方长官的个人文集以及各类地方法律文献中，仍可搜集到丰富的民事规范资料。比如，明刻本《萧曹遗笔》收入了不少明代的民事诉讼资料；清刻本《湖南省例成案》中《婚姻》、《钱债》两门收入了雍正、乾隆年间湖南省颁布的涉及民事活动的规范 18 条[1]。我们认为，加强地方法律资料的挖掘、整理和研究，会更加清晰地揭示中国古代民事

① 《萧曹遗笔》明刻本、《湖南省例成案》清刻本，两书现存于日本东京大学东洋文化研究所。

法律制度的面貌。

根据我们的调查了解，中国传统的民事规范除散存于历代律典的部分外，可能还存在于以下三个领域，即习惯、礼制和历代官方的民事判决文书。

首先说习惯。这是自清末修律以来，起步最早、发掘最多、收获也相对最大的领域。从清末到国民党政府，历次修订民法时，都曾对各地的民事习惯作过不同规模的调查，只是这些调查成果未能充分地应用于民法典的修订和司法实践之中。

其次是古代礼制中蕴涵的民事规范。中国传统法制滥觞于礼制。夏、商、周三代相替，礼制沿革，有损有益。逮至西周，礼制灿然大备，举凡婚姻、田土、钱债、宗祧诸制几无所不包。春秋伊始，礼坏乐崩，礼与刑逐渐分途。嬴秦以降，变革旧制，采择古礼中有裨于尊君抑臣、拱卫朝廷集权的内容，定为官礼，历代相沿，余礼大都废弃，其侥幸得以残存而影响及于民间者，仅限于婚丧嫁娶等方面，即对应于现代大陆法系民法上的亲属、继承法两个领域。然而，这个方面的研究一向被忽视，故相关成果亦显寥寥，但古礼对于民事活动的影响至今犹存。

再次是历代官方的民事判决文书。开展这方面的调查研究，可以帮助我们寻觅和理解历代官府据以审理民事案件的规范性依据及其背后隐含的法理。根据我们初步研究得出的认识，中国古代的民事司法判决背后确实大都隐含着抽象的公平、是非观念。值得注意的是，这些公平、是非观念与支配西方现实法律的理性原则具有相似、相通之处。不同的时代、不同的民族碰巧对公平和正义有相似的看法原不足怪，遗憾的是我们的前辈未能像欧洲人的先祖那样将这些相似的看法整理成逻辑严谨的法典或条理清晰的教科书。

因此，人们不得不认为，中国古代的民事审判确实处于初级、简陋的状态，尚未形成稳定的、系统的、具有普遍性指导意义的规范体系，乃至在民事审判中往往存在着很大的随意性，这与中国古代的刑事审判截然不同。中国古代的法官既不像其欧陆同行那样必须引用法典，也不像英美法官那样援引先例或创造法律，即便是适用习惯时，通常也无须引证和阐明。更普遍的情形是，法官的判决仅依据各自内心的是非和公平观念。当然，内心的是非、公平观念也是习惯和道德的产物。

第二节　民事主体

近代民法的基本前提就是承认自由平等的抽象人格。民法法系所谓权利能力的概念，说穿了，就是一切人，不分年龄、性别、出身、种族、职业、所属团体、国籍，在私法关系上是一律平等的。在中国古代法律上，只有具体的人格，没有抽象的人格，也没有“自然人”这样的术语，但古代法律上所说的人都指的是自然人。人因年龄、性别、出身及所属社会关系的不同，在享有权利、承担义务的能力上也各不相同。有西方学者指出：中国古代“没有公民”，“没有作为权利的承担者，享有权利能力，做出动机宣告，从事法律行为的人。没有可能构筑债法的契约法、侵权法或不当得利法，没有土地租佃法”。如果说，皇帝是法律承认的唯一的“人”，但他是没有义务的。① 的确，就整个社会而言，存在着自由人与奴婢、良人与贱民、士与庶之间的不平等；就家庭或家族内部而言，存在着尊卑、长幼、男女的不平等。无论就公法还是私法而言，中国古代社会都是一个不平等的社会。种种不平等对于构筑近现代意义上的民法无疑构成了巨大的障碍。

近现代民法一般规定权利能力始于出生、终于死亡，同时对胎儿的权利也予以不同程度的保护。然而在中国古人的观念中，未成年人是父母的附属物，往往可以随意处置。如历代普遍存在的溺婴现象，官府虽然经常发布告示劝止，但一般并无强制的效力。个别朝代有在法律上明令禁止并规定惩罚的尝试，但大都形同具文，无力执行。

与溺婴情形相近的现象是卖儿鬻女。旧时贫困人家，遇有天灾人祸，不得不卖儿鬻女以求暂渡难关。虽然自汉代开始，法律上即有“和买卖人”的禁令，唐代以后各朝律典均有禁止“略人、略卖人”的明条，但买卖人口的现象历朝都很普遍，从未禁绝。

近现代民法上设定行为能力制度，旨在保护未成年人及其他有行为障碍的人的权益。中国古代为征纳赋税，各朝法律大都有成丁年龄的规定，但从未规定私法意义上享有行为能力的标准。有人认为男子到服徭役的年龄可视为具有了民事行为能力，也有人认为可参考礼制的规定来加以判

① ［美］钟威廉：《大清律例研究》，参见高道蕴等编《美国学者论中国法律传统》，清华大学出版社2004年增订版，第421页。

断，因为行冠礼是古代男子成年的标志。

这两种看法似乎都不可取。就前者而言，大概主要是从体力和生活自理能力方面考虑，与行使私法上的权利及承担私法上的义务无关。就后者而言，或许具有一定私法上的意义。譬如，西周时，贵族男子在结发加冠后才可以娶妻，贵族女子在许嫁后才可以结发加笄。《礼记·曲礼上》说："男子二十，冠而字。"郑玄注谓："成人矣，敬其名。"《曲礼上》又说："女子许嫁，笄而字。"郑玄注谓："以许嫁为成人。"但这只是西周时期士这个阶层的礼仪，未必适用于其他阶层。实际上，后世民间允许结婚的年龄大都较低，十五六岁成婚的极为普遍，也未必都行冠礼。况且，男女成人只意味着达到了许可结婚的年龄，并不意味着同时享有了处分财产的权利。西方民法上设定行为能力，主要是从财产利益上考虑，且主要针对的是盛行个人财产制的西方社会。中国传统上盛行家庭或家族共财制，个人财产与家庭或家族财产很难区分，男子纵然已经成年，如果尚未分家析财，一般仍无权处分财产。

尽管在中国固有法上很难找到与西方民事行为能力对应的制度，但是并不能据此认定中国历代官府对未成年人在私法上的利益完全不予承认和保护。下试举清代的两个案例加以说明。

【案例 1】骆在元年幼无知，其父永山奉押在天长县，应与之议定，取有笔据，始能作售田之局。且蒋立江既是邻佑，何以不约立江到场，亦呼其子书字，亦只有十五岁之儿童，其中情弊显然，并查杜卖上契尚在永山之手，更不相合。杨九林着即押究，速将田价退清，以了其事。此判。①

【案例 2】原告：郭瑞堂；被告：郭夏松

"缘同治二年八月间，郭瑞堂向郭夏甸买受基地三间，土名上十亩，又向郭夏松之兄郭夏山买受同处楼屋系，右首第五、六、七三间，现在鸠工起造，郭夏松出而争执，经家族郭式丹等理处不明，以致同室操戈，互相控讼到案。……唯同治初年，郭夏松年幼，虽契内列名书押，必为其兄郭夏山所挟而又不分以钱，念其家境甚贫，即着郭瑞堂找出洋银二十四元，除经中已付十元外，仍缴洋银十四元，候给郭夏松收领，以为找绝之价。此亦使之睦族恤贫而已。各取甘结完案。郭瑞堂俟缴钱时再将契据、户册领还，郭篆丹有找契一纸，亦须具领。此谕。②"

---

① （清）赵幼班辑：《历任判牍彙记》第 3 册"判陈德龙等堂词"，中国社会科学院法学所图书馆藏清抄本。

② （清）倪望重：《诸暨谕民纪要》卷 3，清光绪二十三年刻本。

以上两案都涉及未成年人订立的契约是否成立的问题。就判词来看，法官似乎无意否认未成年人从事契约活动的主体资格，但对未成年人判断其行为后果的能力持怀疑态度。由于骆在元、郭夏松年幼无知，未能意识到他们签署的合同会对自己产生不利后果，法官的判决显然出于保护二人的利益而非剥夺二人的权利。这与现代民法上设立无行为能力或限制行为能力的制度以及英美合同法上有关合同成立的行为能力要求中的未成年人制度的精神是一致的。“案例1”中，法官否定了已签订的契约的效力，理由是骆在元的父亲尚在，应征得他的同意或应请骆的邻居蒋立江到场，颇近似现代民法上的法定代理人制度。“案例2”的情形与前案有相似之处，但因事情发生在多年以前，原告占有该基地已有相当时间，且被告之兄为共同签约人，故法官未否认该契约的效力。有日本学者说：“如果未成年人的行为总是不生效，这会给交易带来过于不稳定的因素。因此，民法为了实现保护未成年人和保护交易稳定性之间的协调，规定未成年人的行为姑且有效，但可以取消，如果得到了法定代理人的同意，即为有效。”① 本案中法官未承认被告的撤销权，显然是出于交易稳定的实际考虑，且许以一定的补偿，亦不失为两全之策。

第三节　物　　权

物权，顾名思义，即支配物之权利，而物则为物权之标的。《列子·黄帝》：“凡有貌象声色者，皆物也。”《荀子·正名》：“故万物虽众，有时而欲遍举之，故谓之物，物也者，大共名也。”可见，汉语中之“物”字系有貌象声色者之泛称，较之民法上所称的“物”要宽泛得多。

物之所有者或物权之主体，古时称物主、财主或业主。古代等级森严，物的占有和使用往往因身份等级的不同而有所限制，并非任何物皆可为普通人私有或使用。《左传·桓公十年》引周代谚语说：“匹夫无罪，怀璧其罪。”圭、璧之类贵重玉器只能由王公贵族拥有使用，普通人不得私藏。当然，随着时代的发展，愈往后世，限制越少。除了违禁物以外，古代法律对于物权之标的物并无限制，甚至人也可以成为物权的客体。物主对于其所有物，可占有、使用、收益及处分，不受限制。物主不因其所

① ［日］北川善太郎：《日本民法体系》，李毅多等译，科学出版社1995年第1版，第8、15页。

有物被窃盗、强夺而丧失其所有权，不论物转易何处，均有权追索。《孟子·万章下》说："非其有而取之者，盗也。"唐律《名例·以赃入罪》条规定："诸以赃入罪，正赃见在者，还官、主"。《疏议》进而解释说："本据应产之类而有蕃息。若是兴生、出举而得利润，皆用后人之功，本无财主之力，既非孳生之物，不同蕃息之限，所得利物，合入后人。其有辗转而得，知情者，蕃息物并还前主；不知情者，亦入后人。"也就是说，即便盗赃已转手数家，原物仍得还主。如有"蕃息"，不知情买主可获得蕃息，但对原物仍无权主张所有权。

与通常想象的古代东方没有私有制不同，中国古代私有观念非常发达，考古发掘业已证实，早在六千多年以前我国就出现了私有制。大汶口文化遗址的墓葬中，有单人墓、家庭合葬墓，并发现了大量的随葬品，说明财产的私人占有现象当时已经出现。

一 动产物权

古人称含有财产价值可为权利之客体者多用"货"、"财"、"物"或"产"、"业"。其中动产多称"货"、"财"、"物"。古代法律对于动产与不动产虽无明确的界定，但也意识到了其间的差别。唐律《贼盗·公取窃取皆为盗》条律文小注说："器物之属须移徙，阑圈系闭之属须绝离常处，放逸飞走之属须专制，乃成盗。"所谓"器物之属"、"阑圈系闭之属"、"放逸飞走之属"三类都是可以自行或被动移徙之物，大致相当于今日民法上的动产。又《唐律·妄认盗卖公私田》条疏议说："阑圈之属，须绝离常处；器物之属，须移徙其地……地既不离常处，理与财物有殊"。明代的《律条疏议》则称："雇赁者，车与船可以行走，故谓之雇，店、舍、碾、磨不动之物，就其处以用之，故谓之赁。"① 可见，"不离常处"的土地及"不动之物"即相当于今日民法上的不动产，但土地不称为财物，固定于土地之上的店、舍、碾、磨之类，虽称为"物"，但与可移动行走之物有别。足见，物之动与不动是古人区分动产与不动产的关键所在。

（一）动产所有权

关于动产所有权的原始取得，古代法律虽然没有近现代民法上那样清

---

① （明）张楷：《律条疏议》卷5，参见杨一凡编《中国律学文献》第1辑第2册，黑龙江人民出版社2004年第1版，第419页。

晰的概念，但已有类似的制度。

先占。无主物的归属，通常采用先占原则。唐律《贼盗·山野物已加功力辄取》条规定："诸山野之物，已加功力刈伐积聚，而辄取者，各以盗论。"明清律典也有相同规定，《大清律例辑注·刑律·盗田野谷麦》条："若山野柴草、木石之类，本无物主，人得共采，但他人已用功力砍伐积聚，是即其人之物矣，而擅自将去，取非其有，犹之盗也。"

拾得遗失物。《礼记·礼运》表达了对"路不拾遗"的理想社会的憧憬，《荀子·大略》也说："国法禁拾遗，恶民之串以无分得也"，表明了中国传统道德观的基本价值取向，这种价值取向无疑也对法律制度产生了很大的影响。拾得遗失物，历代并不实行即时的先占原则，而多采取先行报官认领，然后分别处分的制度。《周礼·秋官·朝士》规定："凡得获货贿、人民、六畜者，委于朝，告于士，旬而举之，大者公之，小者庶民私之。"注引郑司农语谓："若今时得遗物及放失六畜，持诣乡亭县廷。大者公之，大物没入公家也。小者私之，小物自畀也。"所谓"若今时"是指汉代的法律规定。唐律《杂律·得阑遗物不送官》条规定："诸得阑遗物，满五日不送官者，各以亡失罪论；赃重者，坐赃论。"《宋刑统》卷27所记唐《捕亡令》也规定："诸得阑遗物，皆送随近县，在市得者送市司，其金吾各在两京巡察，得者送金吾卫。所得之物，皆悬于门外。有主识认者，检验记，责保还之。虽未有案记，但证据灼然可验者，亦准此。其经三十日，无主识认者，收掌，仍录物色目，榜村坊门，经一周年无人认者，没官，录帐申省听处分。没入之后，物犹见在，主来识认，证据分明者，还之。"明清律的规定与唐令相同，唯拾得者可获得较大报偿。如《大明律》卷九《得遗失物》条规定："凡得遗失之物，限五日内送官。官物还官，私物招人识认。于内一半给与得物人充赏，一半给还失物人。如三十日内无人认识者，全给。"

拾得漂流物。唐、宋法令规定："诸公私竹木为暴水漂失，有能接得者，并积于岸上，明立标膀，于随近官司申牒，有主识认者，江河五分赏二分，余水五分赏一分。限三十日，无主认者，入所得人。"《宋刑统·杂律·地内得宿藏物》条又补充了若干令式的规定。

发现埋藏物。唐、宋、元法律均称为宿藏物、明清法律称埋藏无主之物。唐、宋律规定："诸于他人地内得宿藏物，隐而不送者，计合还主之分，坐赃论减三等。若得古器，形制异而不送官者，罪亦如之。”① 据《元史》卷105《刑法四》记载，元代法律规定：“诸锄获宿藏之物，在他人地内者，与地主中分，在官地内者一半纳官，在己地内者即同业主。得古器珍宝之物者，闻官进献，约量给价，若有诈伪隐匿，断罪追没。”明清律规定：若于官私地内掘得埋藏无主之物，并听收用。若有古器、钟鼎、符印异常之物，非民间所宜有者，限三十日内送官。

（二）动产质权

中国古代，物权上提供担保的标的物无论其为不动产、动产或人身，凡是将质物的占有交付对方的占有质，皆称为质。动产质的起源甚早，《说文解字》释“质”字字义为“以物相赘”，又释“赘”为“以物质钱”。唐代以后，多称为质、质举或典，可以说是典、质不分。近代多称“当”或“典当”。以典当为业的多称为当铺、典铺、质库、典库等。所谓“帖子”（当票）之类的名称，早在六朝时代就有了。当铺是普通民众融资场所，可以济缓急、维生计。古代的动产质权，通常是将担保物的占有移交于当主（债权人）而取得一定数额当本（贷款）的占有质，出质人（物主）在限期内保有质物的回赎权。但是经过一定期间后，若出质人不回赎（清偿债务本、息），则当主可以将质物下架，即以质物本身的所有权替代清偿，从而使债权人取得质物的所有权（流当、流质）。回赎限期一般较不动产的典权为短，最长一般不过三年。

中国古代，自由人也常被充当质权的标的物，此即所谓的“人质”。人质多为占有质，但主要是以人身的劳务抵充债务。敦煌发现的隋唐时代的人质文书中有“人无雇价，物无利头，便任索家驱使”之类字样，可见系以劳务充当利息，不付劳务报酬。

二 不动产物权

（一）概说

不动产的标的物为土地及其附着物，古代多称为“业”，不动产所有人则多称为“业主”。业字不但用于称呼不动产之所有权，典权、永佃权、地基权等强有力的用益物权亦可称之为业。我国古代法上的所有权不似罗马法上的绝对的、个人主义的所有权，常常附有种种的限制，多为相对的

① （宋）窦仪等：《宋刑统》卷27《杂律》，吴翊如点校，中华书局1984年第1版，第445、446页。

所有权，注重其使用收益的权利，比较近似日耳曼法上的所有权。

古代对典卖赁押等不动产物权的重要处分行为，习惯上一般要写立文契。但立契究竟是只起证明的作用抑或是处分行为之生效要件则有不同看法。唐代田令明确规定："田无文牒，辄卖买者，财没不追，苗子及买地之财并入地主。"[①] 开元二十五年再颁田令重申此制。故一般认为，唐代土地买卖立契报官乃要式行为，否则买卖行为无效。元、明、清时代土地典卖习惯上也须立契，明清律规定："典卖田宅不税契者笞五十，仍追契内田宅价钱一半入官。"但此条规定的主要目的在于征税，而典卖契约文书也仅起证明的作用，并非不可或缺之要件。典卖土地向官府缴纳契税后，由官府在原契后粘连一张纳税凭证，即"契尾"，然后骑缝加盖县印，称为"红契"或"朱契"。如未经税契盖章，则称"白契"。红契的证明效力虽高于白契，但民间典卖土地仍广泛流行白契，可见不税契的现象非常普遍。

（二）分割所有权

同一单位土地之上而有两个或两个以上的业主，此即"分割所有权"。据史料记载，一地两主的现象至迟在宋代已经出现，明清时代发达成形，在江南地区尤为盛行。所谓一田二主制或一田多主制，一种解释是将土地分割为上下两层，上层称田皮（面），下层称田骨（底、根），通常以原地主为骨（底）主，以原佃户或受业人为田皮（面）主。各地称谓不同，往往因地而异。也有解释一田二主制或一田多主制系根据土地使用的不同方面而分割的。既有耕地权，或者说负责对土地的耕作；也有收租权，通常也包括交纳赋税的责任；也许还有属于土地实际承耕人的单独地权。这些地权的名称各地不同，有各种富有特色的叫法，耕权常常被称为"地皮权"，而收租权则通常被称为"地骨权"。在某些省，如广东，耕权称之为"地"，与"粮"区分开来，后者是强调收租权的纳税责任方面。

无论如何解释，上、下层地权或者承耕权、收租权都是永续性的独立物权。权利之所有人可以自由处分其权利，不受他方牵制。与德国中世纪的分割所有权相比，后者附加了许多身份和土地使用规则的限制，仍不脱封建色彩。而中国的一田两主或多主，骨主和面主之间极少身份的牵连。虽然骨主可能是大地主或土豪，但面主为大地主的也不鲜见。面主对其权利的转让或借贷无须征得骨主的同意，反之亦然。

---

① 《唐律疏议》卷13《户婚·妄认盗卖公私田》条疏议引唐令。

（三）共同所有权

中国古代社会，个人常隶属于特定的团体。其中最主要的团体为家族（宗族）和村社。宗族常有公产，如宗祠、祭田、义庄、祖坟、墓田、族产等，村社也常有自己的公产，如村公地、村庙等。

明清时代，江南及广东、福建等地宗族势力十分强大，拥有大量的土地等社会财富。今香港的新界地区，在明清时代，宗族土地所有制已成为该地区主要的土地持有方式。占当地土地很大比重的耕地为宗族、寺庙、社团及教育等公共组织所占有。据对新界屏山一带的调查研究，屏山的土地所有制主要包括集体所有制和私有制两种形态。这里说的集体所有制系指由某一团体持有，所说的私有系指由单个人所有或兄弟几人共同所有。

宗族占有的土地在清代形成了集中经营的共有经济，其产权具有"按份共有"的特征，即采取"照房份"或"照丁份"、"照股份"的原则。宗族保留大量的共有财产主要有四个方面的用途，即祭祀祖先、救助族内贫困人口、支付宗族的各项公共费用、奖励学业有成的子孙等。即当时人所谓："夫祀田所以崇报本，义田所以恤宗支，公田所以需公费，而书田所以鼓励子孙于有成，使之上可佐圣朝，下可耀门闾也。"

一种观点认为，宗族产业为公同共有，即公同关系人（如家产的有份人）对一切共有标的物的共有。其关系人的份额是不确定的、潜在的应有部分。关系人不得任意处分其应有部分，共有物的管理及处分须经全体成员的同意。另一种观点认为，宗族产业，如祭田、族产等为习惯上法人之财产。在英国法上，通常定义为"习惯土地信托"(customary land trust)。①

（四）典权

典权是我国传统上特有的财产法律制度，其于何时起源已无从考究。就文献材料来看，不应晚于唐代，但在元、明、清三朝最为盛行。

典或称为质、当，明清法律上常与卖连称，足见其效力之大，堪与买卖相提并论。所谓典，即由出典人（原业主）将其不动产移转于承典人（典主、现业主）占有、使用、收益而取得典价之处分行为。《大明律附例·典雇妻女》条小注云："归价听赎曰典。"俗语道："一典千年活。""一卖千休，寸土不留。"可见典与买卖有本质的区别。但是自元代以后，典常与活卖相混淆。从经济效用上看，两者确实非常接近，典价与活卖的

---

① 参见苏亦工《中法西用——中国传统法律及习惯在香港》，社会科学文献出版社 2002 年第 1 版，第 385—388 页。

价金相差也不太大。所不同的是，典权转移对典物的占有，但不转移对典物的所有权。关于典权的性质，一种观点认为是担保物权，一种观点认为是用益物权，还有一种折中观点认为是兼具担保物权和用益物权的特种物权。清末第一次修订民律草案时，日本人冈田朝太郎认为中国的典权与日本民法典上规定的不动产质权相同，故民律第一次草案没有写入典权。其后我国民法学界有学者提出典权为用益物权，不同于日本的不动产质权。南京国民政府在修订民法典时，正式纳入了典权。民国“民法典”第911条规定：“典权，即支付典价，占有他人不动产，而为使用收益之权。”

第四节 债 权

一 总说

“债”，古文作“责”。东汉许慎撰《说文解字》释“责”为：“求也。”清人段玉裁撰《说文解字注》云：“古无债字，俗作债。”清人朱骏声撰《说文通训定声》也说“债”是“责”的俗字。因此，“债”字的本义就是向人提出请求。现今中国民法上所用的“债权”、“债务”等术语，尽管均系汉字组合，但却是清末起草民律草案时从日本引入之外来语。当然，日本人最初翻译法、德等国民法典时，选择“债”作为与西文 obligatio（拉丁）、obligation（法）、Schuldverhaeltnis（德）、obligation（英）对应之术语，显然也是依据汉字的本义。因而，所谓“债权”，从汉字本义上说就是请求权；所谓“债务”，就是应他人请求而承担的某种义务。

与现代社会一样，中国古代，债的关系的发生，最主要的也是基于契约。《周礼·秋官·朝士》：“凡有责者。有判书以治则听。”又《周礼·天官·小宰》：“听卖买以质剂。”注云：“听讼责者，以券书决之”，意即：“凡称责而抵冒不偿，或偿不如约及未予而诬贷，已偿而妄索，以此成讼者，并以券书之有无、真伪决之。”①

从以上《周礼》的记载及古人的注解来看，中国在先秦时代既已承认契约关系的法律效力。发生争端时，如果双方持有作为契约关系存在的书面证据，官府便为之审理处治。清乾隆间出土于陕西长安县的传世铭文《曶鼎》记载了据认为属于西周孝王时期（公元前884—前870年）的一次动产买卖诉讼。买方曶用一匹马一束丝与卖方交换五个“夫”（奴隶），

① （清）孙诒让：《周礼正义》，中华书局1987年点校本，第171—172页。

因卖方悔约引起争讼。结果曶胜诉，法官邢叔裁决买卖契约有效，卖方应履约将五个“夫”交给曶。这段铭文说明，西周时代的官府已经承认了契约具有法律效力，当一方悔约或拒绝履约时，官府会予以强制执行。

秦汉以后直迄明清，因契约而发生之债的关系，至少在理论上始终得到了官府的承认和保护。居延出土的汉简记载了公元28年的一桩诉讼案件的调查过程。候粟君缔约雇用寇恩贩5000条鱼到另一个城镇去卖，应卖40万钱，粟君给寇恩一头牛以供役使，并给27石谷为工钱。然而，寇恩没有赚到预期的40万钱，因此便卖掉了牛，总计所得为32万钱。回到居延后，寇恩将所得交与粟君，要求如约支付工钱并归还留在粟君妻子处的物品。粟君拒绝了寇恩的要求并向县廷提出起诉，指控寇恩仍欠他8万钱的债，他还认为寇恩没有得到卖牛的授权，因而应当赔偿损失。这桩案件中没有书面的契约，为了确认事实，县廷两次传唤寇恩并对比了他的证词和粟君的书面陈述。①

这个案件恰恰发生于《周礼》注中提到的郑司农（众）生活的那个时代。郑众说“谓若今时辞讼，有券书者为治之。”从本案的情形看，没有书面契约的口头契约，如果能够提供充分的证据，官府也是会“为治之”的。

至迟从唐律开始，历朝律典都以明确的立法形式规定了违约责任。《唐律·杂律》规定：“诸负债，违契不偿，……各令备偿。”《疏议》说：“负债者，谓非出举之物，依令合理者，或欠负公私财物，乃违约乖期不偿者……各令备偿。若更延日，及经恩不偿者，皆依判断及恩后之日，科罪如初。”《职制律》疏议还规定，即便是“官人”负债，也须偿还：“即断契有数，违负不还，过五十日者，以受所监临财物论。即借衣服、器翫之属，经三十日不还者，坐赃论，罪止徒一年。”明清律均沿袭唐律的规定，譬如《大清律·户律·违禁取利》条规定：“其负欠私债，违约不还者，五两以上，违三月，笞一十……罪止杖六十，并追本利给主。”官员负债，亦同唐律。虽然古代历朝律典均对负债违约规定了刑罚，但刑罚非常轻微，观其目的似不在刑罚惩戒，而在于明定是非，以便于契约的执行。

古代法律对于债务不履行，允许一定程度的自力救济，但不得过限。

① 甘肃居延考古队简册整理小组：《“建武三年候粟君所责寇恩事”释文》，《文物》1978年第1期，第30—31页。又参见宋格文《天人之间：汉代的契约与国家》，载高道蕴等编《美国学者论中国法律传统》，清华大学出版社2004年增订版，第210—211页。

例如《唐律·杂律》规定："诸负债不告官司，而强牵财物，过本契者，坐赃论。"《疏议》解释说："谓公私债负，违契不偿，应牵掣者，皆告官司听断。若不告官司而强牵掣财物，若奴婢、畜产，过本契者，坐赃论。若监临官共所部交关，强牵过本契者，计过剩之物，准'于所部强市有剩利'之法。"也就是说，法律上要求先告官府听断，但如果未告官而凭私力强制执行，如果未超出债务额，也不予处罚，只计算超出部分予以处罚。明清律也有类似的规定。然而在现实生活中，古代的民事纠纷往往伴随着大量的暴力行为。有日本学者根据淡新档案中保留的清代台湾诉讼案件的描述说："讨债时，债主会派一群地痞涌到债务人家中，'日日蜂拥滋扰'。另一方面，债务人也会胡搅蛮缠，对讨债人'污言辱骂，各持鞋支污物，驱之出走'等等。"① 那么，面对为数众多的民间暴力自助行为，政府的态度又是怎样的呢？据我们掌握的材料看，除非发生人命案件，官府大都采取视而不见，放任自流的态度，极少过问和介入。

二　契约

上古时代，契约文书往往因其形状和用途的不同而有各种具体的称呼。《周礼·秋官·朝士》："凡有责者，有判书以治则听。"郑玄注云："判，半分而合者。故书判为辨。"郑司农云："谓若今时辞讼，有券书者为治之。辨读为别，谓别券也。"所谓"别券"，即"分契"。周代所称"判书"，因用途的不同而有傅别、质剂、书契的分别。《周礼·天官·小宰》说："四曰听称责以傅别……六曰听取予以书契。七曰听卖买以质剂。"按照这个说法，傅别应近似今天的借贷契约文书，书契应类似赠与合同或提货签单，质剂应类似卖买契约文书。

从形状上看，三者也有不同。书契，《周礼·地官·质人》注引郑玄语："取予市物之券也。其券之象，书两札，刻其侧。""书契"有广狭两义。广义泛指一般文字或文书。狭义即郑玄所说的"取予市物之券"。又《周礼·天官·小宰》注引郑玄语："书契，符书也……谓出予受人之凡要。凡簿书之最目，狱讼之要辞，皆曰契"。

傅别，郑玄说："谓为大手书于一札，中字别之。"② 即将内容书写在同一简上，中间剖开，双方各执一片，要"合券"才能读通。清人袁枚撰

① ［日］滋贺秀三：《清代州县衙门诉讼的若干研究心得》，参见刘俊文编《日本学者研究中国史论著选译》，中华书局1992年第1版，第523页。

② （清）孙诒让：《周礼正义》，第167页。

《子不语》卷21《割竹签》云："黎民卖买田土，无文契票约；但用竹签一片，售价若干，用刀划数目于签上，对劈为二，买者、卖者各执其半以为信。日久转卖，则取原主之半签合而验之。"有学者认为，这种原始契约和傅别形式的契约基本相同，由此可以推知，傅别的原始形式可能也是这样。周代的傅别主要也是用竹简木牍做的，但使用了文字，所以较之黎族的竹签已有了很大进步。

质剂和傅别又有所不同。《周礼注疏》卷3《天官·小宰》引郑玄注："质剂，谓两书一札，同而别之，长曰质，短曰剂。"《周礼注疏》卷15《地官·质人》引郑玄注："郑司农云：'质剂，月平买也。质大贾；剂小贾。玄谓质剂者，为之券藏之也。大市人民、马牛之属用长券，小市兵器、珍异之物用短券'。"

清人孙诒让比较郑玄对书契、傅别和质剂的注解后指出："综校郑义，盖质剂、傅别、书契，同为券书。特质剂，手书一札，前后文同而中别之，使各执其半札。傅别，则为手书大字，中字而别其札，使各执其半字。书契，则书两札，使各执其一札。傅别札字半别；质剂则唯札半别，而字全具，不半别；书契则书两札，札亦不半别也。"①

当然，关于以上三种"判书"的形式，还有不同的理解。总括说来，"判书"形式的契约是分为左右两支，须合券加以验证。这应是契约的最古老形式，可以从一些少数民族依然保留的某些原始契约形式中获得佐证。后来又发展出了"合同"形式的契约。这种形式也分为左右两支，两支契上都写有全部契文，又在两契并合处大书一个"同"字，分开后两支契上各带半个"同"字。后来又发展为大书"合同"二字，分开后各带"合同"二字之半。合同契之名即由此得来，至迟在曹魏时代，合同契的形式已经出现。大约到了南北朝中期，又发展出了单契的形式。这种形式的契约文书不再是两份的判书或合同契，而是由契约一方出具给另一方收执的契约文书，无须合券验证文书的真伪，验证真伪的标记主要依据立契人的签名画押。这种形式的契约文书出现后逐渐取代了前两种形式，成为主流的、通行的契约文书形式。

先秦两汉的契约，多书写在金属、石碑、竹简或木牍上。从某些西周青铜器铭文中，已可看出当时契约条款的大致情形。两汉时代的简牍契约文书和碑铭已有不少发现和收藏。魏晋以后，纸契迅速普及。明清迄民国

① （清）孙诒让：《周礼正义》，第177页。

年间的纸契原件，现仍广泛保留下来。

从保留下来的契约文书材料看，中国古代的契约种类丰富多样，包括卖买、典当、借贷、雇佣、租佃、租赁、借用、保管、承揽、合伙、运输等。其中最为常见的当属田宅买卖、典卖、借贷契约。从契约主体看，有官府与私人之间、官营商业组织与私人之间，有私人与私人之间的契约；后者又包括私人商号之间、商号与私人或小商贩间的交易，同宗族之间或不同宗族之间的契约。从客体看，有涉及物或行为的契约，有涉及人身的契约，譬如卖身契等。下面试选择其中比较常见的两种契约类型加以介绍。

（一）买卖契约

买卖契约分动产买卖与不动产买卖。动产买卖通常为即时买卖，也有赊卖及定金买卖。动产买卖多系不要式行为。历代立法并不禁止奴隶买卖，但原则上禁止奴婢以外的人身买卖，只是在现实中未曾严格执行。

买卖契约中卖方承担瑕疵担保责任至迟在唐律（《杂律》）中已有明确的规定："诸买奴婢、马牛驼骡驴，已过价……立券之后，有旧病者三日内听悔，无病欺者市如法。"《疏议》说："若立券之后，有旧病，而买时不知，立券后始知者，三日内听悔。三日外无疾病，故相欺罔而欲悔者，市如法，违者笞四十；若有病欺，不受悔者，亦笞四十。"这是关于奴婢、牲畜买卖的瑕疵担保。自买卖成交后三日内，买主可以标的物瑕疵为由解除契约。唐律《杂律·器用绢布行滥短狭而卖》条也规定："诸造器用之物及绢布之属，有行滥、短狭而卖者，各杖六十；不牢谓之行，不真谓之滥。即造横刀及箭镞用柔铁者，亦为滥。"《疏议》说："凡造器用之物，谓供公私用，及绢、布、绫、绮之属，'行滥'，谓器用之物不牢、不真；'短狭'，谓绢疋不充四十尺，布端不满五十尺，幅阔不充一尺八寸之属而卖。"唐律以后的历代律典也都有相似的规定。

除瑕疵担保外，买主还需承担买卖标的物不受第三方追夺之责任。譬如田宅买卖契约中大都保证如有亲族邻里提出异议由卖方承担，与买主无干。另外，契约内大都订有恩赦担保的明文，即因买卖契约所发生之债权、债务关系不因适逢恩赦而解除。

中国传统上是个农业社会，田宅等不动产的买卖具有特别重要的意义。不动产买卖一般为要式契约，有着较为烦琐和严格的手续。唐代均田制被破坏以前，土地买卖受到国家的限制，并非所有的土地都可买卖，譬如口分田和永业田原则上不得自由买卖。唐代法律还规定土地买卖必须立契报官，否则买卖行为无效。均田制被破坏以后，官府对不动产买卖的控制逐渐松弛，买卖田宅虽然习惯上仍须立契，但报官的目的主要在于征税，并不影响买卖契约的成立。

在中国古代，对普通民众而言，土地房屋通常是最重要的生活资源，且常常为亲族等团体共同所有，因此田宅买卖一般要尊重特定关系人的先买权。《宋刑统·户婚律·典卖指当论竞物业》条规定："应典卖、倚当物业，先问房亲，房亲不要，次问四邻，四邻不要，他人并得交易。房亲着价不尽，亦任得价高处交易。如业主、牙人等欺罔邻亲，契帖内虚抬价钱，及邻亲妄有遮悋者，并据所欺钱数，与情状轻重，酌量科断。"如果不动产买卖之标的物上已设定典权，典权人也有先买权，典权人之先买权优先于亲邻。

不动产买卖合意达成后，买卖双方当事人一般须会同中证亲自勘察行将出卖之不动产，指定专人负责测量。勘察无误，须写立契约文书，文书内应标明标的物的坐落四至，然后由买卖双方当事人及中证人等签字画押。签押完毕，买方将价金交付卖主，卖主则将相关契约文书交付卖主。一般认为，根据中国的买卖法原理，证书的交付意味着标的物的转移。

不动产买卖契约订立后，还须向政府纳税。税契之制，始自东晋，唐代法律明定为不动产交易之成立要件。元、明、清地方各级衙门有官印契纸出售，但民间仍广泛使用私契。税契的主要目的是征税，但亦兼有公证之作用。

田地买卖还有"过割"的手续，宅无差粮，所以房宅买卖不言过割。所谓"过"即过户，"割"即割粮，即随着标的物由卖方移转至买方，相应的权利及纳税义务亦移转至买方。

（二）借贷契约

与现行民法一样，中国古代的借贷契约也分为使用借贷和消费借贷。元代人徐元瑞撰《吏学指南》解释"借"、"贷"二字字义说："以物假人曰借，从人求物曰贷……凡以官物假人，虽辄服用观玩，而昔物犹存，故称为借……凡资财、货贿之类……假此官物利己利人，虽有还官之意，不过以他物代之，而本色以费，故称曰'贷'。又从代者，谓以物替代也。"

可见，所谓"借"，类似现代民法上所说的使用借贷，借用人须以原物返还；"贷"则可以替代物返还。又《唐律·职制·贷所监临财物》条疏议说："贷时本许酬偿"，说明"贷"可以是有偿的。

无论使用借贷还是消费借贷，在中国都有很悠久的历史，而富户以高利贷盘剥穷人的现象更是历代皆有。《管子》卷9《问第二十四》载："问邑之贫人，债而食者几何家？……贫士之受责于大夫者几何人？"这说明私人借贷早在先秦已很普遍，富户甚至有专以高利贷为业者。赵宋以后，甚至出现了类似现代商业银行式的专职从事金钱、信贷交易的组织。

中国古代的借贷契约并无严格的形式要求，书契的证据意义远大于象征意义。这一点与西方历史上的情形不同；相反，倒与西方近代契约法的发展趋势颇为吻合。无论是"口头契约"还是"书契"，都极少看到有要求"除了缔约两造仅仅的合意以外所必需的""手续"。商人之间订定大宗金额的契约常常没有书契。不像盎格鲁－撒克逊法上的反诈欺条例要求某些类型的契约必须是书面的或签章的。也不似民法法系有特殊的形式要求或罗马法上所谓约定的仪式要求。由此看来中国古代的契约规范与近现代西方契约法的基本精神——注重当事人的合意而非契约的形式颇相一致。

三　损害赔偿之债

在中国古代，政府拥有极大的权威，对于侵犯人身和财产的违法行为，理论上均由政府运用刑罚的手段解决，不许当事人之间私和、私了。但现实中，由于中国地广人众，而官府又往往是高高在上，官僚主义盛行，效率低下，对民间琐事，既无兴趣，又无能力和精力照应，乃至民间发生的人身伤害、财产损害案件大多由当事人之间或由第三者调停解决。但是这种私和、调停等处理纠纷的方法，毕竟在不能获得官方法律的完全认可并加以规范化总结，因此，中国古代始终未能形成西方式的侵权行为法。在今天看来属于民事不法行为而应由侵权行为法管辖的案件，在中国古代基本上都被纳入到刑法的范畴。

另外，中国古代的家族纽带异常坚固，加之受儒家重视人命、重义轻利的反功利主义思想的影响，人们在观念上也不易接受以财产补偿方式处理人身伤害案件。固有法观念中所表现出来的强烈刑法色彩，与世界各国，甚至与中国周边少数民族的法观念相比，也显得相当独特。"杀人者死、伤人者刑"的同态复仇主义强有力地塑造了中国人的法观念，不仅在历史上深入人心，甚至直到今天仍然根深蒂固。如果政府不对杀人犯处以死刑，纵使百倍的财产赔偿也难以平息受害人家族的愤怒。《周礼·地官·调人》载："调人掌司万民之难而谐和之。凡过而杀伤人者，以民成之。鸟兽亦如之。凡和难、父之仇辟诸海外，兄弟之仇辟诸千里之外，従父兄弟之仇不同国。君之仇眂父，师长之仇，眂兄弟，主友之仇，眂従父兄弟。弗辟，则与之瑞节而以执之。凡杀人有反杀者，使邦国交仇之。凡杀人而义者，不同国，令勿仇，仇之则死。凡有斗怒者，成之，不可成者，则书之。先动者，诛之。”所谓“过而杀伤人者，以民成之”，历来有不同解释。郑注谓：“过，无本意也；成，平也。郑司农云：‘以民成之’，谓以立证佐成其罪也。一说以乡里之民共和解之”。又“鸟兽亦如之”，郑玄解释为：“过失杀伤人之畜产”，贾公彦疏谓：“亦谓过失杀伤人之鸟兽……亦以民平和之案。今杀伤人牛马之等，偿其值”。这段文字常被学者们引作支持中国古代存在着侵权行为法的证据。但是如果我们仔细加以分析，应能看出古人调解人身伤害案件的艰难。即便并非出于本意的伤害行为，致害人要想避免遭到受害人亲友的报复，也要远避他乡。

明清时代的中国周边少数民族，如蒙古族、满族和藏族等习惯法中均保留着以财产补偿方式处罚杀伤、财产损失等刑事犯罪行为。譬如清顺治五年（公元1648年），发生了朱和尚殴伤沈寿人命一案，所在县、府、道均认为朱和尚按律应绞，三法司亦拟绞监候。多尔衮却改判为：“朱和尚姑责四十板赔人一名。余依议。”并召刑部左侍郎阿拉善面谕说：“殴杀人命，据律应抵。或偶相互殴，误伤致死者，姑责四十板赔一人。如素有仇怨而殴杀者，仍依本律。俱确招奏请定夺，著为例。”此案由多尔衮钦定，其判决虽无直接的法源依据，但也绝非凭空创制。钩沉史料，依稀可见隐含在该判决背后的满族习惯法。顺治九年（公元1652年），刑部尚书刘余祐上书直接批评了多尔衮的以言乱法，间接批评了满洲法律文化传统：“人命抵偿，即约法三章亦云杀人者死。查五年七月有传谕：‘偶相互殴，误伤致死者，姑责四十板赔一人。’夫误伤原有本律，然亦云致死并绞。若以赔人作抵命，是开凶人以执法之端而死冤不雪矣。应照律定拟，庶人知畏法而不敢纵恶也。”①

对于单纯的财产损害，中国古代法律允许以财产赔偿的方式解决。譬如唐律中有“备偿”的规定，适用于财产损害，唯不得适用于人身、名誉、自由等损害的案件，但未形成一般的制度，只是分散于各篇中作个别的规定。唐律中又有惩赃还官或还主的规定，虽然有点类似侵权行为的赔偿，但还是一种刑事制裁手段。另外，唐律有赎刑的规定，适用于过失杀伤、老小废疾、官人及其亲属、罪疑难定，不科真刑之类的案件，也有点

① （清）刘余祐：《画一法守疏》，载《皇清奏议》卷5。

类似现代法上的损害赔偿，但赔偿额不以实际遭受损害的额度为标准，而是以应科之真刑换算，如科真刑，则不收赎。可见仍是替代刑罚，并非民事意义上的赔偿。

元代法律可能是受到蒙古习惯法的影响，有大量关于征烧埋银、追赔物价等规定。例如《元典章》42《刑部》卷4规定，过失杀，征赎钞给主；误杀、戏杀、谋杀等，皆征烧埋银两。明清法律大体上延续唐律的规定，但又受到元代法律的影响，对生命、身体的侵害，承认养赡费、医药费、烧埋银，等等，但不得适用于对名誉、自由等的损害。在术语上，明清律也有一定变化，唐律中所称的“备偿”，在明清律中称“赔偿”。但与唐律一样，明清律同样未能形成有关人身伤害和财产损害赔偿的一般性规则，仍是分散于各条中予以个别的规定；而且其所谓的赔偿，也与唐代一样，与其说是损害赔偿，不如说是制裁的一种方式。

第五节　婚姻与继承

一　婚姻

（一）结婚

婚姻是亲属关系发生的根源。中国古人向来重视婚姻，在儒家看来，婚姻是人伦之本，是一切社会组织和制度发端的基础和前提。《周易·序卦传》称：“有天地然后有万物，有万物然后有男女，有男女然后有夫妇，有夫妇然后有父子，有父子然后有君臣，有君臣然后有上下，有上下然后礼义有所错。”《礼记·郊特牲》则说：“天地合而后万物兴焉。夫昏礼，万世之始也。取于异姓，所以附远厚别也。”《昏义》也说：“夫礼始于冠，本于昏，重于丧祭，尊于朝聘，和于乡射，此礼之大体也。”

关于人类婚姻的原始形态，学说纷繁，难为定论。中国早期之婚姻形态亦当有过一个发展演变的过程。譬如所谓掠夺婚、自由婚、买卖婚、交换婚、服役婚乃至聘娶婚，西周以前可能都曾出现过，至西周最终以礼制规范定型为聘娶婚，从而确立了中国传统婚姻制度的主导形态，直迄清末，相沿数千年不改，至今仍对现代中国人的婚姻观念和婚姻实态发挥着相当的影响力。

1. 婚姻的性质和目的

与现代意义上的婚姻不同，中国传统婚姻是建立在家庭本位基础上的，婚姻的目的不是追求个人的幸福快乐，而是繁衍后嗣。《礼记·昏义》

说："昏礼者，将合二姓之好，上以事宗庙，而下以继后世也，故君子重之。"瞿同祖先生指出："婚姻的目的只在于宗族的延续及祖先的祭祀。完全是以家族为中心的，不是个人的，也不是社会的。"①

既然婚姻的目的不是为了个人而是为了家庭或家族，则缔结婚姻的主体或当事人不是行将结合的男女，而是男女双方的父母。《尔雅·释亲》说："婿之父为姻，妇之父为婚……妇之父母、婿之父母，相谓为婚姻。"可见，从"婚姻"这两个字的字义上也可看出中国古代婚姻的性质。

从古代婚姻的结构来看，是以男方即夫为中心的，婚姻仪式以男家为中心，婚后的共同生活处所以男家为原则。

2．婚姻关系的形式

人类婚姻关系的形式大致可以区分为多偶婚制（polygamy）和一夫一妻制（monogamy）两种类型。前者如传统的阿拉伯伊斯兰教社会，一名男子可以娶一个以上的合法妻子，这些妻子的权利、地位基本是平等的。后者如西方基督教社会，任何男女只能有一个合法的配偶。在此之外的性伴侣会被界定为情人或通奸的关系，不能获得法律上认可的配偶权利。

然而中国传统的婚姻关系的形式比较复杂，如果严格套用上述的标准，则中国传统社会的婚姻制度似乎既不属于前者也不属于后者。如果说纳妾属于多偶婚制或一夫多妻制，则无法解释为什么中国历代的礼、法都明文禁止一名男子娶一个以上的妻子。

唐律《户婚·有妻更娶》条说："依礼，日见于甲，月见于庚，象夫妇之义。一与之齐，中馈斯重，故有妻而更娶者，合徒一年。"此即所谓"礼无二嫡"之义 。《大清律例· 婚姻·妻妾失序》也明文规定："凡以妻为妾者，杖一百；妻在，以妾为妻者，杖九十，并改正。若有妻更娶者，亦杖九十，后娶之妻离异归宗。"因此，在许多中国人看来，中国传统的婚姻制度并非一夫多妻制。

但是，如果认为允许纳妾的中国传统婚姻制度是一夫一妻制的话，那又难以界定妾的地位。从前引清律律文来看，妾不是妻，亦不得在妻有生之年取而代之，这是十分明确的。但是从反面观之，律文并不否认、也不反对妾的存在。儒家经典《礼记·曲礼》有所谓"大夫一妻二妾，士一妻一妾"。据《宋刑统·斗讼律·夫妻妾媵相殴并杀》条所载唐宋法律规定："依令，五品以上有媵，庶人以上有妾。"明律许民年四十以上无子者

① 瞿同祖：《中国法律与中国社会》第2章《婚姻》，中华书局1981年第1版，第88页。

纳妾。《大清律例》干脆连40岁的限制也取消了，“则年轻有子娶妾非所禁矣”。①

大概正是由于妾的地位复杂难辨，有人将中国传统婚姻制度定性为“一夫一妻多妾制”。也有人认为：“如果说中国婚姻不是一夫一妻制，它也不是一夫多妻制。充其量只是‘特殊的一夫多妻制（Special Polygamy）’”。我们以为，中国人所坚持的“一夫一妻制”与西方人所理解的“一夫一妻制”，是不同意义上的。前者并不禁止一个男子可以有一个以上的合法配偶，但其中只有一个可以称为“妻”，其余的必须换个名称以示区别。排除了名分上的差别，也可以说中国传统婚姻制度是实质上的一夫多妻制。

3．婚姻成立的方式及其要件

《周易·屯卦》：“匪寇，婚媾。”据认为这是中国上古存在着掠夺婚的证据。尽管有人对此尚持怀疑态度，但旁参民族学的研究成果，认为中国早期存在着掠夺婚还是很有可能的。《周礼·地官·媒氏》：“中春之月，令会男女，於是时也。奔者不禁。”这段材料又被视为自由婚的明证。从常理推断，结合民族学的研究，说中国初民的婚姻常由男女相互爱慕而自由结合也是可信的。

有关买卖婚、交换婚、劳役婚等的零星记载见诸中国上古典籍的亦复不少，兹不赘述。单就确立于西周并成为流行于后世几千年的主导婚姻方式——聘娶婚而言，似应由买卖婚演变而来。聘娶婚之聘礼，就保留着浓重的买卖婚的色彩。另外，劳役婚，譬如招赘婚，即买卖婚的另一形态，也可以说是聘娶婚的一个变例。

关于婚姻成立的要件，可分为实质的要件和形式的要件。先说前者。

中国传统婚制，分订婚和成婚两个阶段。订婚是婚姻成立的必经程序。订婚须出于婚姻双方家长的意愿，此为婚姻成立之最实质要件。订婚作为一种法律行为，与其他契约一样，必须出于当事人之真实意思表示，不得有欺诈、胁迫等行为含混其间。唐律《户婚·为婚妄冒》条规定：“诸为婚而女家妄冒者，徒一年。男家妄冒，加一等。未成者，依本约；已成者，离之。”《疏议》曰：“为婚之法，必有行媒，男女、嫡庶、长幼，当时理有契约，女家违约妄冒者，徒一年。男家妄冒者，加一等。‘未成者依本约’，谓依初许婚契约。已成者，离之。”所谓“妄冒”即如

① 刘海年等整理：《沈家本未刻书集纂》，中国社会科学出版社1996年版，第348页。

以老充少，以庶充嫡，隐瞒残疾等重要事实，与契约本身规定不符者。唐律《户婚·违律违婚恐喝娶》条又规定："诸违律为婚，虽有媒娉，而恐喝娶者，加本罪一等；强娶者，又加一等。被强者，止依未成法。"另外，唐律《户婚·监临娶所监临女》条还规定："诸监临之官，娶所监临女为妾者，杖一百；若为亲属娶者，亦如之。"《疏议》曰："既是监临之官为娶，亲属不坐。若亲属与监临官同情强娶，或恐喝娶者，即以本律首从科之，皆以监临为首，娶者为从。"唐以后各朝律典也有相同规定。

需要特别强调的是，此处所说的当事人的真实意愿，是指订婚双方之家长的真实意愿，而非指行将成婚之男女的真实意愿。家长——通常为祖父母、父母或期亲尊长——为主婚人，家长虽亦可能征求男女之意愿，但此并非要件。《孟子·滕文公下》："丈夫生而愿为之有室，女子生而愿为之有家；父母之心，人皆有之。不待父母之命、媒妁之言，钻穴隙相窥，逾墙相从，则父母国人皆践之。"《诗经·齐风·南山》："取妻如之何？必告父母。既曰告止，曷又鞠止？析薪如之何？匪斧不克。取妻如之何？匪媒不得。"这些材料说的都是父母之命、媒妁之言对于传统婚姻成立的重要性。

主婚人如系大功以下亲属时，则可由男女本人决定。无主婚人时，或男子因仕宦、经商等原因外出时在外结婚，已成婚者，听由本人做主。若仅订婚，同时家长也在家乡为其订婚，则仍由家长决定。

主婚人在法律上也承担责任，如果婚姻违法时，因主婚人之亲疏不同，也有不同的法律后果。唐律规定："诸嫁娶违律，祖父母、父母主婚者，独坐主婚。若期亲尊长主婚者，主婚为首，男女为从。余亲主婚者，事由主婚，主婚为首，男女为从；事由男女，男女为首，主婚为从。"明清律规定期亲以上尊长及外祖父母主婚者，均独坐主婚；余亲主婚时与唐律规定相同。

中国古代法律对订婚和结婚的年龄并无限制，民间指腹为婚、割衫襟为亲、童养媳、童养婿等现象所在多有。古代法律上对于亲属间的婚姻有诸多限制，譬如禁止与下列人为婚：同宗亲属及其妻妾，外姻亲属尊卑失序者，舅及甥之妻妾，同母异父姊妹，妻前夫之女等，如已同这类人成婚，则视同相奸，强制离异。同姓不婚，本为西周礼制。《礼记·曲礼上》："取妻不取同姓，故买妾不知其姓则卜之。"《左传·僖公二十三年》说："男女同姓，其生不蕃。"北魏孝文帝时始以诏书形式定为禁令。同姓不婚可视为同宗不婚制的扩大，以男系为准。北周时亦禁止娶母同姓。自唐迄清，各代律典均有同姓不婚的明禁。

另外，居丧期间，譬如男女居父母、祖父母、伯叔父母、姑、兄姊等丧，妻妾居夫丧，不得嫁娶；祖父母、父母被囚禁时不得嫁娶。至明律改为祖父母、父母犯死罪时不得嫁娶，其余轻罪不禁；但奉祖父母、父母命而嫁娶者不罪。

关于婚姻的限制，不同的时代也不断有变化。譬如六朝至唐初，世族门阀影响较大，阶级分野尚严，不同阶级之间，不得通婚。唐律禁止良贱为婚即其一例。

次说婚姻的形式要件。

古代婚姻讲究明媒正娶，不得草率从事，以示有别于野合。依礼制，婚姻应符合所谓“三书六礼”的形式要求。六礼即纳采、问名、纳吉、纳征、请期、亲迎。前四者为订婚礼，后二者为成婚之仪式。三书就是“聘书”——纳采提亲时互相交换的文书；“礼书”——“纳征”送聘礼时互相交换的文书；及“迎书”即“亲迎”新娘时送给女家的文书。南宋以后，朱子家礼逐渐流行，六礼简约为三礼，“纳采”及“问名”合并为“采礼”，“纳吉”、“纳征”及“请期”合并为“纳币”，“亲迎”仍保存。而三书也废弛了，只是在提亲及送聘礼时所附上的红纸上写着所送的礼品清单。

与礼制相比，古代法律对婚姻成立与否的判断标准比较简明，不太拘泥于形式。唐律《户婚·许嫁女辄悔》条规定：“诸许嫁女，已报婚书及有私约，而辄悔者，杖六十。虽无许婚之书，但受聘财，亦是。”注云：“约，谓先知夫身老、幼、疾、残、养、庶之类。男家自悔者，不坐，不追聘财。聘财无多少之限，酒食非。以财物为酒食者，亦同聘财。”明清律的规定亦同。可见，按照法律上的规定，只要有聘财的授受，即推定为订婚契约的成立。而聘财的多寡并不重要，重要的是通过聘财的授受可以推断双方意思的合致。订婚契约一经成立，即具有约束力，如此时任何一方悔约，均应承担一定的后果。

成婚仪式主要包括亲迎、共牢合卺及庙见三个环节。这三个环节重在表达男家对新娘的接受。所谓共牢，即男女共食一牲；所谓合卺，即将一匏瓜一剖为二，新郎新娘各取其半饮酒，亦即现时所谓的喝交杯酒。庙见即新娘见祖祢的仪式，经庙见后，新娘始“成妇”。若未经庙见新娘即死亡，则须归葬娘家。依古礼，新娘入夫家三月后行“庙见”礼，《朱子家礼》改为三日。

(二) 离婚

离婚古称“仳离”，指夫妇因离婚而分别。在中国古代，由于离婚之主动权多操诸于男方，故有关离婚之术语亦大受其影响。离婚又可称作“决绝”、“绝婚”、“去”、“弃”或“出”。宋人称“休”、“休离”或“休妻”。元人更有称“休弃”者。明清以后，“休妻”遂为民间离婚的通俗用语。被离之妻则称作“出妇”、“去妇”、“弃妇”或“出妻”。这都是从男方立场上说的。从女方角度上说，则称“求去”或“请去”。也就是说，女方要想离婚必须“请”或“求”。单从语言上看，古代男女离婚之权也是不平等的。至于“离婚”一词的出现，当在晋以后，至迟不晚于南北朝。

有学者为离婚下的定义是“离婚云者，夫妻于生前解除其婚姻关系之谓也”，当然，这是从现代的意义上说的。中国古代的离婚概念较之现代所说的离婚要复杂得多，包括婚约的无效和撤销，解除婚姻关系及现代意义上的离婚。由于婚姻在中国传统意义上不仅是男女两个人之间的事情，更主要的是两个家庭甚或两个家族之间的大事。因此离婚不只是消灭夫妻个人之间的关系，乃是解除二姓之婚约关系。所谓：“昏礼者将合二姓之好，不好则不合矣。”若两家不合成仇，男女无相合之理，必须离异，这与现代的情形不同。

中国古代的离婚可分为“休妻”、“义绝”及“和离”三种形式。

“休妻”即丈夫单方面解除婚姻。礼制赋予丈夫休妻的正当理由，《大戴礼记·本命》有“七去”之说：“妇有七去：不顺父母去，无子去，淫去，妒去，有恶疾去，多言去，窃盗去。”后来法律也接受了《大戴礼》的这一说法，唐代及后世法律都载有“七出”的规定，成为丈夫休妻的法定理由。据《唐律疏议·户婚·妻无七出而出之》条载唐令规定：“一无子，二淫佚，三不事舅姑，四口舌，五盗窃，六妒忌，七恶疾。”明清律亦同。七出只是丈夫休妻的理由，但容忍不去的亦无不可，此与后面将要讲到的义绝不同。

有学者将七出分为两类，前者涉及个人责任，如淫佚、不事舅姑、多言、盗窃、妒忌等5项；后者则不涉及个人责任，如无子、恶疾。对于七出，古人已多有表示反对者，尤其是认为无子及恶疾，乃妇女之不幸，不可作为夫出妻之理由。古代法律也接受了礼制中“三不去”的规定，对“七出”加以限制。譬如《大戴礼记·本命》载：“妇有三不去：有所取无所归，不去；与更三年丧，不去；前贫贱后富贵，不去。”唐律《户婚·妻无七出而出之》条规定："诸妻无七出及义绝之状，而出之者，徒一年半；虽犯七出，有三不去，而出之者，杖一百。追还合。"所谓"三不去"，《疏议》说："一、经持舅姑之丧；二、娶时贱后贵；三、有所受无所归。"有此三项理由之一者，丈夫即不得以"七出"为由休妻。

从古代婚姻实践看，七出之条真正能起作用的也不过淫佚、盗窃和不事舅姑三项，此时纵有三不去之谊亦难挽回。其余4条很难付诸实行。以无子而言，由于在妻50岁以前不得以无子为由出之，故妻大都可满足三不去的条件。况且，解决夫妻不谐或无子的更便捷方法是纳妾而非出妻。出妻后若再娶妻必耗资甚巨，故人人多望而却步。更重要的是自赵宋以迄明清，离婚乃大不幸甚至大恶之事，被视为"人伦之变"；非不得已，决不轻言离异。

义绝是法定的强制离婚理由。义绝之说由来甚久，但何时入律，则甚难考定。依唐律《户婚·义绝离之》条规定："诸犯义绝者离之，违者，徒一年。"关于义绝的具体事由，《妻无七出而出之》条罗列为："殴妻之祖父母、父母及杀妻外祖父母、伯叔父母、兄弟、姑、姊妹，若夫妻祖父母、父母、外祖父母、伯叔父母、兄弟、姑、姊妹自相杀及妻殴詈夫之祖父母、父母，杀伤夫外祖父母、伯叔父母、兄弟、姑、姊妹及与夫之缌麻以上亲、若妻母奸及欲害夫者。"唐以后，历朝法律对于义绝之事由有增加之趋势。譬如宋令规定家长及夫逼妇为娼者为义绝；元代法律规定将妻转嫁卖休者为义绝；男妇告翁奸或翁调戏男妇者为义绝，等等。

清人沈之奇撰《大清律辑注》卷6《婚姻·出妻》条说："义绝者，谓于夫妇之恩情礼意，乖离违碍，其义已绝也。律中未曾备详其事，而散见于各条之中。其所指义绝者，亦复不同，有于法应离，不许复合者，如所云离异归宗，仍两离之之类……"① 若据此说，则明清律中的义绝事由不仅大大增多，而且其有关义绝的内涵也与唐律规定的义绝有所不同，事实上是借义绝之名，赋予了妻子请求离异的权利；唯因律囿于"妻不得自绝于夫"的框框，不特别挑明而已。

"和离"，即今天所谓协议离婚，在中国古代又称两合离婚、两愿离婚。《唐律·户婚·义绝离之》条内疏议规定，"'若夫妻不相安谐'，谓彼此情不相得，两愿离者，不坐而和离者，不坐"。《大清律例·户律·婚姻·出妻》门律文内也规定："若夫妻不相和谐，而两愿离者，不坐。"律

① （清）沈之奇：《大清律辑注》上册，法律出版社2000年第1版，第284页。

内小注谓："情即已离，难强相合"。

戴炎辉先生认为，两愿离婚通常是当夫妻不和、妻与公婆不和或夫家甚贫穷时采用。但当妻有可出之由、妻讼夫或义绝等情形发生时，亦可采用两愿离婚的方式。不过他又指出，在现实中，两愿离婚与单方面的离婚并无太大的差异。多数情形下，离婚系由丈夫发动，妻子被迫接受而已。① 陈顾远先生指出："协议离婚古亦有其事……盖不问其原因如何，只须男女合意分离，即可离矣。"但他又认为：在那"'礼义消亡，淫风大行'之时地，男女之婚配也简易，则其离异也不难，于是由小故而反目，以致两愿离者必成为通常之现象。后世各律虽准许夫妇之和离，然在实际上妻易为夫虐待，妻求去，夫往往不许，况以妻无去夫之理以制之，则和离之规定实一具文也"。② 陈鹏先生的观点似又不同，他说："古者夫妻'以义合'，亦以情合。倘情意不谐，勃谿时作，床笫之间，俨同敌国，势不能自强之使合。故律有和离之条法，自唐以后，均设明文。……而夫妻以不协而和离者，不坐"。他还特意列举了唐以后和离的若干事例。③

二 继承

（一）遗嘱

古代继承法考虑的主要是家庭，对于个人和社会则极少留意，这一点东西方都不例外。中国历史上，基本的社会单位是家庭、家族而不是个人，个人的人格往往被家庭和家族所吸收。在这样的社会里，遗嘱继承是不可能发达的。

在古代汉语里，遗嘱又作"遗属"、"遗书"、"遗言"、"遗命"等，其含义要比现代汉语中作为专门法律术语的"遗嘱"广泛得多，一般可理解为死者生前预留给后人的一种嘱咐，可能包括对遗产的处分但也可能不包括。东汉赵晔所撰《吴越春秋》卷6记大禹晚年，叹惜老之将至，乃嘱咐群臣："'吾百世之后，葬我会稽之山，苇椁桐棺，穿圹七尺，下无及泉，坟高三尺，土阶三等葬之'后曰：'无改亩以为居之者乐，为之者苦'。"此当可视为传说中最早的遗嘱。《尚书》中有《顾命》一篇，是周成王临终时嘱咐群臣、安排后事的遗命。所谓"顾命"，古人解为："临

---

① Tai Yen-hui, "Divorce in Traditional Chinese Law", *Chinese Family Law and Social Change*, p. 81.

② 陈顾远：《中国婚姻史》，岳麓书社1998年第1版，第152—153页。

③ 陈鹏：《中国婚姻史稿》，中华书局1994年版，第639—640页。

终之命曰顾命”。其文曰：“呜呼！疾大渐，惟几，病日臻。即弥留，恐不获誓言嗣，兹予审训命汝。昔君文王、武王宣重光，奠丽，陈教则肄，肄不违，用克达殷集大命。在后之侗，敬迓天威，嗣守文武大训，无敢昏逾。今天降疾殆，弗兴弗悟。尔尚明时朕言，用敬保元子钊弘济于艰难。柔远能迩，安劝小大庶邦。思夫人自乱于威仪，尔无以钊冒，贡于非几。”这段文字，又可视为中国古代文献中保留的最早的帝王遗嘱。当然，这些遗嘱都是政治性的，与这里所要说的遗嘱还有很大不同。我们所说的遗嘱，是具备近代法律意义，涉及财产权利的遗嘱。至于这种遗嘱在中国古代出现于何时，目前尚难考证。有学者认为，“典型的遗嘱继承汉代已出现”，其凭据是汉应劭《风俗通义》记载的一个案例。《太平御览》、《棠阴比事》也都转述了这个案例。

据宋代人桂万荣原著、明代人吴讷删补的《棠阴比事》记载：汉沛郡民家赀二十余万，一男才数岁，失其母，有一女不贤。其父病困，呼族人为遗书，令悉以财属女，但遗一剑，云儿年十五以此付之。其后又不与儿，乃讼之太守，司空何武省其书，顾谓掾吏曰，女性强梁，婿复贪鄙畏害，其儿且俾与女，实寄之耳。夫剑者，所以决断，限年十五者，度子智力足以自居或闻州县得以申理，其用虑深远如是。乃悉夺财还子。

该案中何武的判决似乎推翻了遗嘱，但这并不说明遗嘱继承本身在当时不获承认，而只是该案中的“遗书”，据何武推断并非被继承人的真实意思表示，因此予以推翻，这与现代遗嘱法的实质精神是十分吻合的。

唐宋法律均承认遗嘱继承的有效。《宋刑统·户婚律·户绝资产》条载《丧葬令》：“诸身丧户绝者，所有部曲、客女、奴婢、店宅、资财，并令近亲转易货卖，将营丧事及量营功德之外，余财并与女。无女均入以次近亲，无亲戚者官为检校。若亡人在日，自有遗嘱处分，证验分明者，不用此令。”

该令文定明了“身丧户绝”情况下的法定继承顺序，但遗嘱的效力优先于此。从该令文中，我们还可以推定，遗嘱继承以“身丧户绝”为前提，换言之，遗嘱继承不得剥夺配偶、子嗣的继承权，类似前引汉何武案中亲子在而立遗嘱的事，唐宋法律已不允许。据《名公书判清明集》卷5“继母将养老田遗嘱与亲生女”篇记载，至南宋时，又有户令规定：“诸财产无承分人，愿遗嘱与内外缌麻以上亲者，听自陈，则是有承分人不合遗嘱也。”这样，遗嘱继承的范围进一步缩小。概括地说：“宋以后的法律，一般都规定‘身丧户绝，别无应继之人，其田宅浮财……尽数入官’，不再有‘若亡人在日，自有遗嘱处分，证验分明者，不用此令’之类的但书。遗嘱继承失去了法律依据，法定继承遂成财产继承的唯一途径。不过，遗嘱继承并未因此绝迹，只要遗嘱不违背伦理和法律的精神，官府一般也承认其效力。”①

迄至明清，法定继承始终占据绝对主导的地位，遗嘱继承或者是在法定继承人空缺时应用的一种补充形式，或者是与法定继承并用的一种辅助形式，在保证法定继承人的主要权利的前提下，对部分遗产做出特别处分。下面试引证清人袁枚的一份遗嘱的开篇部分以说明后一种情况。

> 遗嘱付阿通、阿迟知悉：我以八十二之年，遭百余日之病，自知不起；故于嘉庆丁巳年闰六月十五日，将田产、衣裘分单交代。只存随园住房一所，田一百二十四亩；所以不分者，要留此园与汝兄弟同居。将我所住向南平屋三间作祠堂，供奉先祖神主；傍园之田作祭祀产。汝兄弟公收、公分、公用。②

法定继承之所以能在中国历史上长期居于垄断地位，与中国家庭制度的持久坚固有着最直接的关联。法哲学家指出：“法定继承的直接基础是建在血统关系及家产共有之上，则遗嘱继承的直接基础，是建在财产所有权之上；所有人除须履行其义务外，得自由处分其财产。遗嘱的权利是与财产所有权不能分离的，它由此而得到它的理由和意义。”③ 因此，即便是到了今天，对绝大多数家庭关系正常的中国人来说，以遗嘱方式处分遗产的仍属凤毛麟角。

（二）法定继承

法定继承，是指在被继承人没有留下遗嘱的情况下，由法律规定应继人的顺序和应继份。

中国古代的财产继承不必发生于被继承人死亡以后，被继承人健在时，也可进行财产的分割。因此单就财产意义上的继承而言，经常是与家产的分析混在一起的，很难做明确的区分。不过自唐至清，历代律典中都有涉及财产继承与分析的条款，尤以清代的定例最显完备，兹特以清代律

① 叶孝信等编：《中国民法史》，上海人民出版社 1993 年第 1 版，第 438 页。

② （清）袁枚：《袁枚全集》第 2 册“随园老人遗嘱”，江苏古籍出版社 1993 年第 1 版，第 1—4 页。

③ ［意］密拉格利亚：《比较法律哲学》下册，商务印书馆 1940 年第 1 版，第 811 页。

例为例，加以罗列说明之。

《大清律例》中涉及继承问题的主要是《户律·卑幼私擅用财》门所附的两个条例，前一条规定：“嫡庶子男，除有官荫先尽嫡长子孙，其分析家财田产，不问妻、妾、婢生，止以子数均分。奸生之子，依子量与半分。如别无子，立应继之人，与奸生子均分。无应继之人，方许承继全分。”后一条又规定：“户绝，财产果无同宗应继之人，所有亲女承受。无女者，听地方官详明上司，酌拨充公。”

另外，《立嫡子违法》门后附载4道条例，也都直接涉及财产继承问题，兹列举如下：

“……若立嗣之后，却生子，其家产与原立子均分。”

“妇人夫亡无子守志者，合承夫分，须凭族长择昭穆相当之人继嗣。其改嫁者，夫家财产及原有妆奁，并听前夫之家为主。”

“……若义男、女婿为所后之亲喜悦者，听其相为依倚，不许继子并本生父母用计逼逐，仍酌分给财产。若无子之人家贫，听其卖产自赡。”

“凡乞养异姓子，有情愿归宗者，不许将分得财产携回本宗。其收养三岁以下遗弃之小儿，仍依律即从其姓，但不得以无子遂立为嗣，仍听酌分给财产，俱不必勒令归宗。如有希图资财冒认归宗者，照例治罪。”

以上的6道条例，合并起来，以现代眼光观之，也不妨视为是清代，甚至中国古代的法定继承规则之大概。

本章小结

中国古代文明源远流长，独树一帜，自先秦迄明清，历代的制定法、礼制、官方民事判决文书和民间习惯均保留了极其丰富的民事法律资源，从中可以探询中国传统民事法律的特征及其内容。中国古代存在着社会阶级和家庭伦理关系上的不平等，这对构筑近现代意义上的民法体系固然有所障碍，但是在具体的财产交易关系中，当事人双方仍处于相对平等的地位，并在审判实践中运用了类似时效和监护等现代民事法原则。中国古代私有观念发达，财产的私人占有现象出现甚早。古代法律对于动产与不动产虽无明确的界定，但对其间的差别已初步有所意识，对于所有权的原始取得、动产质权等，法律上均有一定规范；不动产上之分割所有权、团体共同所有和典权等制度，则尤其彰显中国固有法之特色。债权因契约而发生者，自先秦以来始终受到官方法律的保护。动产和不动产交易中均广泛使用契约文书，从保留下来的契约文书材料看，中国古代的契约种类丰富多样，包括卖买、典当、借贷、雇佣、租佃、租赁、借用、保管、承揽、合伙、运输等等，尤以买卖、借贷最为典型。婚姻家庭规范向来最具民族性和地域性，中国亦然。自婚姻法中之订婚、成婚，离婚中之和离、七出、义绝、三不去至继承法上之家产分析，体现出中国古人的婚姻家庭观念。

思 考 题

1. 名词解释

田面底　　采礼　　和离　　七出　　义绝

2. 简答题

（1）简述中国古代的民事主体。

（2）简述中国古代法律关于动产所有权原始取得的规定。

（3）简述明清时代不动产分割所有权。

（4）简述中国古代法律关于结婚的限制。

（5）简述中国古代法定继承制度。

3. 论述题

（1）试论中国古代民事法律的基本特征。

（2）试论中国古代典权的性质。

阅读参考文献

1. 叶孝信等编：《中国民法史》，上海人民出版社 1993 年第 1 版。

2. 李志敏：《中国古代民法》，法律出版社 1988 年第 1 版。

3. 陈鹏：《中国婚姻史稿》，中华书局 1994 年第 1 版。

4. 瞿同祖：《中国法律与中国社会》，中华书局 1981 年第 1 版。

5. （唐）长孙无忌等：《唐律疏议》，中华书局 1983 年第 1 版。

6. 蒲坚：《中国古代法制丛钞》第 1 卷，光明日报出版社 2001 年第 1 版。

7. 林茂松编译：《中国法制史新论》，第 5—11 章，（台北）环宇出版社 1976 年第 1 版。

8. Rosser H. , Brockman, "*Commercial Contract Law in Late Nineteenth-Century Taiwan*", in J. A. Cohen etc (eds.). *Essays on China's Legal Tradition*, Princeton Univ. Press, 1980.

9. 苏亦工：《中法西用——中国传统法律及习惯在香港》，第4—6章，社会科学文献出版社2002年第1版。

10. 苏亦工：《发现中国的普通法——清代借贷契约的成立》，《法学研究》1997年第4期。

第八章　司法制度

内容提要

本章下设六节，分别阐述了中国古代司法机构及其职能的沿革、基本司法制度和重要司法原则。在概要叙述先秦至明清不同历史时期司法机构演变情况及其职掌、特征的基础上，着重介绍了起诉、审判和刑罚执行制度，并对古代司法原则、司法责任以及明代厂卫司法作了比较深入的论述。

中国古代在长期的诉讼、审判活动中，逐步建立了一套相当完善的、与当时政治、经济体制相适应的司法制度。古代司法只是实现社会管理职能的一部分，我们可以借助现代司法、行政分立的理论对其进行评介，但必须坚持尊重和比较客观地阐述历史的原则。从先秦到明清，诉讼分刑狱和民讼。刑狱为刑事诉讼，民讼则属民事纠纷，既有纯属民事案件，也有民事兼带刑事案件。地方和中央也设有处理刑事和民事的机构，民事案件一般在县、州、府一级已经解决。多年来，学界对处理民事审判制度尚缺乏深入的研究。因此，如何比较全面和正确地阐述中国古代司法制度，仍是当代学者的一个重要任务。本章仅对中国古代司法机构沿革和基本的司法制度、司法原则加以阐述。

第一节　中央司法机构

司法制度依托司法机构运行，因此，在叙述司法制度时，司法机构是最为基础的内容。司法机构是官制的组成部分，司法机构的沿革既与国家结构形式相关，又有自身的发展和演化轨迹。先秦的司法机构与其部落宗法社会的国家结构形式相适应。秦汉、魏晋南北朝时期中央实行三公、九卿制，隋、唐、宋实行三省六部制，明清实行六部制，司法机构作为这一体制的组成部分，随着中央机构的称谓、功能及其在各个历史时期的变动也有重大变化。

一　先秦中央司法机构

由于史料缺乏，我们对于先秦的司法机构还不能做出确切的阐述。关于古代中国司法机构最早的记载见于《尚书》。《尚书·舜典》说，舜命皋陶作士以定五刑。《史记》也记载，皋陶作士以理民。① 按汉代孔安国的解释，“士”相当于大理卿。也就是说，“士”是传说时期尧舜的司法官员。

夏朝是中国历史上有文字记载的最早建立的国家。在国家结构形式上，夏、商、周比较接近，属于部落宗法社会，夏朝更多的是部落的特征，周朝更多的是宗法的特征。夏、商、周分封部落、王室成员及功臣对分封地进行统治。无论是部落还是分封的王室及功臣，均为诸侯，各诸侯国拥有独立的行政、军事、司法权。在诸侯国中又进行分封，诸侯家族成员及受封的官员（卿、大夫）在其封地（采邑）有行政及司法权。

夏商周在这种国家结构形式的基础上分职设官。《竹书纪年》说：“夏后芬三十六年作圜土。”“圜土”一般解释为监狱。这就是说，夏朝已经出现监狱，同时也有相应的司法机构。有一种观点说，夏朝有司法长官“士”或“理”，商朝中央设司寇。只是夏、商的史料极少，依赖于金文和甲骨文的研究，而有关金文和甲骨文的一些论述属于揣测，难以成为确证。

西周的王畿及各诸侯国的司法官称为“司寇”。《尚书·立政》：“司寇苏公，式敬而由狱。”《左传·成公十一年》：“昔周克商，使诸侯抚封，苏忿生以温为司寇。”《周礼·秋官司寇》对司寇的官职及下属作了具体叙述。大司寇为中央常设最高司法审判官，主要职责是“佐王刑邦国，诘四方”，即在周王之下主管全国重大司法审判事务。大司寇下设小司寇，为具体负责审理案件、处理狱讼的常设司法审判官，其职责为“以五刑听万民之狱讼”。司寇之下设有士师等官，“掌国之五禁之法，以左右刑罚”，即负责中央禁令的执行和审查地方处理的案件。西周的司法机关，一般还设有若干属吏，如司刑、司刺、司约、司圜、掌囚、掌戮等，分别掌管各项具体司法事务。

西周中晚期的铜器铭文也有“司寇”的记载。有一种观点认为，司寇在西周并非专职的司法官，而只是兼职。司寇一职专司审判，并分为大小

① 《史记》卷2《夏本纪第二》，中华书局1982年第2版，第77页。

司寇，是东周，即春秋时期的制度，如《左传·宋成公十五年》记载宋国有“大司寇”、“少司寇”。《周礼》成书较晚，是儒家的经典，记述的是东周官制，以此推论西周的审判组织，并带有理想主义的色彩。也有一种观点认为，司寇只是治安警察，而并非审判官。

春秋各诸侯国的称呼并不统一。按《左传》记载，除司寇（如鲁国）外，还有“大士”（卫国）、“理”（晋国）、“士”（齐国）、“尉氏”（晋国）、“司败”（楚国、唐国）。战国时期的司法官的称呼依然有很大的差异，秦国的制度在统一全国后成为秦朝的制度。战国的司法机构是先秦到秦汉时期的过渡形式，而“司寇”在秦汉则成为一种刑名。

二 秦汉魏晋南北朝中央司法机构

秦的中央司法官职为廷尉。秦统一之前各国法官的称呼，晋为“理”，齐称“大理”，楚名“廷理”，秦则是“廷尉”。秦统一全国后，廷尉成为中央司法官职。廷尉是“廷”和“尉”的合称，“廷”，是“平”的意思，即公平；“尉”是秦武职官员的称呼。由于当时人们认为“兵狱同制”，所以司法官也称为“尉”，而诉讼又要求公平，故加以“廷”字，称为“廷尉”。实际上廷尉是文职官员。秦始皇时，李斯曾长期任廷尉，后由廷尉升任丞相。

廷尉的职掌，一是负责审理皇帝交办的案件；二是负责审办各地移送上报的案件，或审核各郡的重大疑难案件。按照《汉书·百官公卿表》的说法，属官有廷尉正、左右廷尉监。汉承秦制，西汉宣帝时，增置左右平。东汉光武帝省右监、右平，只设左监、左平。正、监、平被称为“廷尉三官”，出缺时由御史增补。廷尉府设有吏员，东汉增置140人。廷尉设有监狱，称为廷尉狱。三国两晋南北朝基本承用汉制，但其中也有变化。东吴曾设大理，北周改称秋官大司寇。北齐则改设大理寺，并扩大编制，设卿、少卿、丞各1人，其下设正、监、平各1人，律博士4人，明法掾24人，司直、明法各10人。

秦代设御史大夫，为三公之一，负责监察百官，代表皇帝接受百官奏事，管理国家重要图册、典籍，代朝廷起草诏命文书等。其属官侍御史负责司法监察。

汉代三公府有掾、史、属等吏员，分曹治事。曹，即官署的办事部门，分曹指的是分成各种办事部门，吏员由官员自行招募。涉及司法的有辞曹、决曹、贼曹。按《汉旧注》的说法，辞曹“主辞讼事”；贼曹

“主盗贼事”；决曹“主罪法事”。因三公权重，威胁皇权，逐渐被驾空，名称也有比较大的变化。西汉成帝时，尚书开始分曹，在尚书之下设五曹，其中三公曹负责断狱。东汉光武帝凡机要之事交尚书台，以此制约三公。尚书台位卑权重，设有六曹尚书。二千石曹掌管司法诉讼，中都官曹掌管水、火、盗贼。汉代宗室的司法机构是宗府。宗室人员若有犯法当髡以上，先上报宗正，宗正转奏皇帝，由其处置。宗府为历代所沿袭。

三　隋唐宋中央司法机构

隋代主要的中央机构为三省、六部、三台、五监、九寺，而其司法机构为大理寺、刑部、御史台。其中刑部为隋代所创设，御史台则沿用惯例，大理寺则沿用北齐的称呼。唐宋承隋制。

（一）刑部

隋代刑部为尚书省的六部之一，初名都官，后改称刑部，统领都官、刑部、比部、司门四司，主官为刑部尚书，主要属官有刑部侍郎及各司郎。唐代有刑部尚书1人，正三品；侍郎1人，正四品下。刑部的职责是制定律令、复核案件、会审及管理司法行政，即“掌律令、刑法、徒隶、按复谳禁之政”。属官中都官司、比部司负责监狱、财务、审计等司法行政管理；司门司则管理门关的启闭，检查经过物品，征税并没收违禁品。

宋代刑部共设官13人：尚书1人，侍郎2人，下设郎中、员外郎等属官。刑部事宜由尚书统管。刑部司分左右曹，侍郎一管左曹，一管右曹。如侍郎为独员时，则统管。刑部职掌与唐代基本相同：（1）制定刑事法律、法规，即“掌刑法”。对于不适用一般刑事法律的地区，则制定专门的刑事法规。（2）刑事司法，即“狱讼”。刑部负责皇帝交办案件，即“应诏狱”，以及处理朝廷任命的官吏的案件及督办奸盗命案，最主要的职责是负责审核案件。另有都官司、比部司、司门司3个附属机构。都官司负责徒流罪犯的管理，以及按照配隶法将各种罪犯发配充军。比部司负责审计，即“勾覆（稽考核查）中外帐籍”。司门司则负责门关、津梁、道路的“禁令”，以及其废置移复之事。

宋代与唐代稍有不同的是建隆年间另设审刑院，作为复核机构。另外还设立了登闻鼓院、登闻检院、理检院，受理直接向朝廷投诉的案件以及上诉的冤案。

淳化二年（公元991年），增置审刑院，设知院事1人，详议、详断、详覆官各若干人。知院事以郎官以上至两省官充任，详议官以京朝官充任，审核大理寺所断案牍后奏报皇帝。大中祥符二年（公元1009年），置纠察刑狱司，有纠察官2人，审查京城狱案。元丰三年（公元1080年）改官制，审刑院、纠察刑狱司“悉罢归刑部”。

（二）大理寺

隋代大理寺为九寺之一，负责官吏犯罪及平民死刑的复审。大理寺卿和少卿各1人，下分设丞、主簿、录事等官职。唐代龙朔年间，大理寺改为详刑寺，武后光宅年间，改为司刑寺。大理寺的职责是审理京师案件及复审各地上报流刑、死刑案件。

宋初置大理寺判寺1人，少卿1人。大理寺不直接审案。“凡狱讼之事，随官司决劾，本寺不复听讯”，即只审断地方上奏朝廷的疑狱。属官有大理正、丞、评事，分掌断狱。

（三）御史台

隋代时，御史台作为中央行政监察机构，职责庞杂，其中包含刑事司法职能。唐代沿袭隋制，御史大夫“掌以刑法典章，纠正百官之罪恶”，其副职为御史中丞。御史大夫、中书省的中书令、门下省的侍中，合称三司。凡冤而无告者，由三司“诘之”。其官属有三院，台院负责“纠举百寮”。三司会审时，侍御史与给事中、中书舍人在朝堂“更直”。若三司会审不是由主官出任，则由侍御史与刑部郎中、员外郎、大理司直、评事“往讯”。侍御史弹劾，则由大夫、中丞“押奏”。殿院设殿中侍御史9人，从七品下。察院设监察御史15人，正八品下。全国分为10道，即10个监察区。十道巡按负责“分察百寮”，除“弹劾”外，“巡按州县狱讼”是其主要职责之一。刑事复核由御史与刑部尚书“平阅”案件，处决囚徒由御史与中书舍人、金吾将军“莅之”监督。御史台不受理诉讼，有控告“可闻者”，则略其姓名，“托以风闻”。

宋同隋唐之制，御史台分台院、殿院、察院三院。宋初曾“置推直官二人，专治狱事”，后罢。吏员有前司主管班次、正副引赞官、入品知班、知班、书令史、驱使官、法司、六察书吏、贴司、通引官各若干人。

（四）皇室事务和民事诉讼的机构

大宗正司处理皇室事务，并“受其词讼”。

中央民事诉讼机构是户部。宋代户部分左右曹，婚姻继嗣、农田纠纷、请佃地土、民间立户分财、典卖屋业、陈告户绝等民事诉讼由左曹受理。

（五）三省诉讼机构

尚书省、门下省及中书省三省均参与处理刑事、民事纠纷事务，各设有吏房、户房、礼房、兵房、刑房、工房，分管六部。尚书省左司管理吏、户、礼房，右司管理兵、刑、工房。凡天下之务，包括听内外辞诉，六曹所不能与夺者，总决之。门下省由给事中“分治六房”，职责包括复核刑部、大理寺所断狱。凡刑部、户部不能定夺的刑事、民事报送尚书省、门下省。

四　辽金元中央司法机构

辽代中央机构分为北面和南面两部分，分设枢密院。北枢密院管理契丹聚居地区的事务，南枢密院管理汉人聚居地区的事务。北枢密院的刑事司法机构称为夷离毕院，设有夷离毕、左右夷离毕、知左夷离毕、知右夷离毕。另有十宫院左右司候司，掌诸斡鲁朵刑狱，各宫宫使同时兼管司法刑狱之事。斡鲁朵，辽宫帐名，亦作斡耳朵、斡里朵。契丹是游牧民族，其君长习于帐居野处，车马为家，转徙随时。故其宫帐之组成、管理、警卫与供给都有与之适应的特有制度。辽太祖起，各帝及太后之执政者皆置斡鲁朵。斡鲁朵既是其宫廷，又是其私产，有直属禁卫军、民户及州县，构成独立的军事、经济单位。帝后死后由家族继承。金、元沿用为官署之称。

南枢密院，即汉人枢密院。设有刑部，专掌刑狱；大理寺，掌刑狱审理，有提点大理寺、大理卿、大理少卿、大理寺正、大理寺直等官；御史台，有御史大夫、中丞、侍御史；详复院，掌平议案牍。其制度与宋相近。

金代初期没有专门司法机构，各级军政长官兼理司法。熙宗改革后，司法制度大多仿效汉制，但又具有民族特色。中央设刑部、大理寺、御史台等司法机构，其官员分别由女真人、汉人、契丹人担任，并设译史充当翻译，以解决断案中语言不通的问题。

元代司法机构沿用唐宋制度，并有所增删，设置上较混乱。中央司法机构沿袭御史台、刑部的设置，不设大理寺，审判权转归刑部。御史台与中书省、枢密院并列为三大机构。元代的中央审判机关是大宗正府和刑部。蒙古帝国建国之初，即设立札鲁忽赤，汉译断事官，审理蒙古、色目人的刑事诉讼。汉地的各种刑事、民事案件由各地的汉人诸侯处理。在设立中书省后，下辖六部，刑部为六部之一，“掌天下刑名法律之政令。凡大辟之按复，系囚之详谳，孥收产没之籍，捕获功赏之式，冤讼疑罪之辨，狱具之制度，律令之拟议，悉以任之”。[①] 而札鲁忽赤改称大宗正府，“止理蒙古公事”，即“凡诸王驸马投下、蒙古、色目人等，应犯一切公事”。[②] 大约在至元十六年（公元 1279 年）以后，将札鲁忽赤改为大宗正府。历代的宗正府都以处理皇族事务为主要职责，而元代的大宗正府则以审核刑狱为主要职责。刑部只管辖“汉人”的刑狱。消灭南宋统一全国后，江南的“南人”也归刑部管辖。大宗正府的大宗正及札鲁忽赤（断事官），只能由蒙古人和色目人充任。刑部尚书和刑部官员由汉人充任。大宗正府曾数度侵夺刑部对北部汉人刑狱的审核权。清人沈家本评论说，元代不设大理寺，刑部成为审判机构，而刑部又隶属中央行政机构中书省，意味着行政和司法的混合。同时，中书省还设有很多札鲁忽赤（断事官），与刑部的关系有待考证。

元代时，另有枢密院札鲁忽赤（断事官），掌军法审判；宣政院札鲁忽赤（断事官），专理僧人诉讼；中政院札鲁忽赤（断事官），理宫内案件。此外，还有道教所，主理道教案件。诸王府也有札鲁忽赤（断事官），处理领地内的诉讼事务。

元代中央设御史台，在江南和陕西设有行御史台，作为御史台的派出机构。全国分 22 道，设提刑按察司，后改名肃政廉访司，分别隶属御史台或行御史台。监察道的区划与行省有关又有所区别，有一省一道，有一省数道。审核刑狱和纠察违法是御史台和提刑按察司的主要职责。

五　明清中央司法机构

明代的中央司法机构为三法司：刑部、大理寺和都察院。与唐宋不一致的是刑部和大理寺的职能相互交换。刑部分管京师案件的审理和在外案件的复审，大理寺则分管对刑部和都察院审理和复审的案件的复核。清承明制。

明代刑部的职责在洪武年间基本上已经定制。刑部掌管司法审判权的同时，还有司法行政职能。其审判职能有初审、复审、会审；司法行政主要有监狱管理、月报、岁报，死刑执行。明代刑部的设置，在洪武年间曾有几次变化。原隶属中书省，洪武十三年（公元 1380 年）罢中书省，刑

① 《元史》卷 85《百官一》，中华书局 1976 年第 1 版，第 2142—2143 页。

② 《元史》卷 87《百官三》，中华书局 1976 年第 1 版，第 2187 页。

部成为正二品衙门。刑部尚书1人，正二品；侍郎1至2人（左右侍郎），正三品。初期分为总部、比部、都官、司门，二十三年（公元1390年）改为十二部，与地方布政司相适应，并以其名命名，如浙江部。二十九年（公元1396年）改为清吏司，此后没有大的变动。宣德十年（公元1435年），定为浙江、江西、湖广、陕西、广东、山东、福建、河南、山西、四川、广西、云南、贵州十三清吏司。各清吏司分管所属布政司的刑名，且量其繁简，兼管直隶州府并在京衙门。十三清吏司外，刑部还有司务厅、照磨所、司狱司三个直属机构。司务厅掌管印信，照磨所管理档案和统计，司狱司管理监狱。

明代大理寺只掌审判的复核。在级别上，大理寺低于刑部和都察院。但其职能却相当重要，只有经过大理寺的复核，案件才能判决执行。洪武十四年（公元1381年）定制，刑部、都察院、五军断事官、直隶府州县罪囚由左寺复核；十二布政司罪囚由右寺复核。万历九年（公元1581年）改为刑部十三司、都察院十三道左右分管。左寺复核6司、6道，右寺复核7司、7道。

都察院，即传统的御史台，由于其主要职能是举劾百官，兼有刑事司法的职能，故位列明代三法司之一。都察院的司法职能包括：逮问官吏，接受起诉、上诉，案件复核，参与会审，充军编发。明初，曾设御史台，与中书省、大都督府并列，为三大机构。中书省罢除后，六部升格，御史台与刑部平级。洪武十三年因胡惟庸谋反一案罢御史台，十五年设都察院，正七品，设十二道监察御史。十七年升都察院为正二品。永乐以后稍有变动，宣德十年定为十三道监察御史，分管十三布政司。都察院左右都御史各1人，正二品；左右副都御史各1人，正三品；左右佥都御史4人，正四品。十三道监察御史，正七品，每道7至11人，共110人。另有经历司经历1人，正六品，都事1人，正七品；照磨所照磨1人，正八品，检校1人，正九品；司狱司司狱初为6人，后为1人，从九品。各机构均配有不等的吏员和皂隶。

明成祖迁都北京后，在南京保留一套中央机构，包括刑部、大理寺、都察院等司法机构，但规模较小。这一建制一直延续到明代末期。

清代中央司法机构基本上沿袭明代制度，但稍有变化，其中雍正年间刑部扩大为十八清吏司，官员编制308人。另有律例馆、秋审处等机构。大理寺的官员编制只有20人，都察院的官员编制113人。三法司会审则由刑部主持。清代机构的特点是各级均分设满汉官员，包括司法机构，如刑部有满、汉尚书。清代设有专门处理少数民族及边境事务的理藩院，下属有理刑清吏司，“掌蒙古、番、回刑狱争讼”。

第二节 地方司法机构

商朝地方司法机构设有正、史，基层为士和蒙士。西周国都之外百里之内设有六乡，谓之国中，乡士负责审理其乡的案件。国都百里之外三百里之内为郊，四郊之内设有六遂，遂士掌四郊六遂的案件。秦汉至明清的地方机构多有变化，司法机构也随之发生变化。共同特点是县级及上一级机构（郡、府、州）的主官兼理诉讼，同时设有属官或属吏辅助诉讼。地方机构中有专理或兼理民事诉讼的部门，有些朝代设有更高层级的地方机构，其大都有专门的司法部门。历代地方机构中的司法部门、属官、属吏的名称、职能也多所沿革。辽金元的地方司法机构在沿用汉制的同时，具有其民族特色。

一 秦汉魏晋南北朝地方司法机构

秦汉地方机构有郡县两级。郡守（或称太守）除处理行政外，兼理诉讼。属官中，由断狱都尉治刑狱，都尉治盗贼。

汉代郡之外，还有国。汉分封同姓王和异姓王，王的领地称国，王国设相，属官与郡大抵相仿，领有属县。郡之下为县，按《后汉书》说法，与县同级的还有邑、道。管理少数民族（蛮夷）的县称“道”；公主的封地称“邑”。分封的侯国亦与县同级。县令、长又称啬夫、大啬夫、县主。县、邑、道的令、长及国相兼理诉讼。属官中县丞兼管诉讼，县尉负责捉捕盗贼。县尉之下还有亭长专职“求捕盗贼”。有狱掾、令史等吏员负责管理监狱。郡对其属县亦有监察机构，即五部督邮。

汉代十三州，作为中央的派出机构，并逐渐衍化为地方机构，各领数郡。刺史的职责之一是复核囚徒。汉光武帝建武十八年（公元 42 年），设刺史 12 人，各“主”1 州，另 1 州由司隶校尉兼领。司隶校尉的职责是“察举百官以下，及京师近郡犯法者”。

二 隋唐宋地方司法机构

鉴于南北朝时期地方行政机构的紊乱，隋文帝开皇三年（公元 583 年）“罢天下诸郡”，以州直接统县，为州、县二级制。隋炀帝大业三年

（公元607年）又改州为郡，但仅仅是名称的改换，并未恢复三级政区制。郡太守（长安、洛阳因为是京都所在，特置京兆尹和河南尹，不置太守）、县令兼理司法。太守下设置郡丞，属官有东、西曹椽和主簿，还设有司功、司仓、司户、司兵、司法、司士等书佐。司法主管诉讼、刑狱。县令下设县丞、主簿，县属机构有户曹和法曹，分别对口承担郡的六司分管的职责。

唐代地方机构复杂且多变，常有废复增减。前期，采用府（州）、县二级制，唐代中期演变为道、府（州）、县三级制。京都和曾作为陪都的州称为府，以显示其地位。另有军政机构都护府、都督府。此外还有王府。县令、州刺史、府尹兼理狱讼。县有办事部门司法负责诉讼。法曹司法参军事为六曹之一，为州府的司法官员，“掌按讯、决刑”，“鞫狱丽法、督盗贼、知赃贿没入”。州府的法曹配有吏员，大都督府有府3人，史8人；中府有府3人，史6人；下府有府2人，史5人。上州有佐4人，史7人；中州有佐1人，史4人；下州有佐1人，史3人。另外，还有监狱管理的吏员。“典狱以防守囚系，问事以行罚”。道的司法官员为推官，在节度使、观察使、团练使、防御使皆设1员，位次于判官、掌书记，掌推勾狱讼之事。

宋代地方行政区分为路、州、县三级，另有军、监的设置，大多与县同级，亦有与府州同级的。县设置与唐相仿，县以下有镇、砦官。知县直接行使司法官的职责，镇、砦官也有部分司法权。凡杖以上罪解赴本县，余听镇、砦官决遣。

府、州、军、监的司法官员为推官、司录参军、司法参军、司理参军、司户参军。知府、知州、知军、知监“兵民之政皆总”，包括狱讼之事。副职通判，亦就“狱讼听断之事，可否裁决”，共同签书施行。六曹官各有分工，其中司法参军掌“议法断刑”；司理参军掌“讼狱勘鞫”。诸曹官时有兼任，“间以司户兼司法”，但司理因以狱事为重，不兼他职。北宋开封府知府拥有特别司法权，凡中都之狱讼“皆受而听”，小事专决，大事则禀奏皇帝。“若承旨已断者”，刑部、御史台不得纠察。南宋临安府设有节度推官、观察推官、左司理参军、右司理参军、司户参军、司法参军，“城外内分南北左右厢，各置厢官，以听民之讼诉。分使臣十员以缉捕在城盗贼”。①

① 《宋史》卷166《职官六》，中华书局1985年第1版，第3944页。

宋代诸路分权而治，设置四司，无主从之分，各行其职。其中提点刑狱司由文臣或同时派文臣与武臣共同掌管地方刑狱之事，俗称“宪司”。武提刑、文提刑时废时置，下属有检法官、干办官，其职责为：审核所部之狱讼而“平其曲直”。所到之处，审问囚徒，详核案牍。凡有长期拘押未决案件，或盗窃逃窜未获，均以劾奏，并举刺官吏违法之事。而经略安抚司，经略安抚使一人，除掌一路兵民之事，亦有部分司法职能，“帅其属而听其狱讼”。若事难专决，则“具可否具奏”，而与机速、边防及士卒抵罪相关的，“听以便宜裁断”。另有巡检司置于沿边溪峒，或蕃汉，江、河、淮、海，巡逻州邑、擒捕盗贼，辖区或数州数县，或一州一县，各随所在，听府、州、县节制。

三　辽金元地方司法机构

辽代的地方司法机构包括三个方面：1. 京、府、州、县主要是汉人聚居区，长官为五京留守、府尹、县令等，既主管政务，又兼管司法。在长官之下设判官、司法参军等，专掌刑狱。2. 契丹部族的司法长官由诸部族长官兼理，同时设秃里、楚古等官职掌司法，由部族长官和秃里、楚古一起“亲鞫狱讼”。3. 各路统军使司、节度使司等军事区，设判官、掌法官、军事判官等官员，处理军队内的违法案件。

金代初期没有专门司法机构，各级军政长官兼理司法。熙宗改革后，司法制度大多仿效汉制。地方仍沿袭宋制，由行政机关兼理司法。章宗大定二十九年（公元1189年），各路设提刑司。推官成为地方正式职官，品秩为从六品或正七品。

元代的地方机构比较复杂，有行省、路、府、州、县五级行政机构。县大都直属路，有些县隶属府州；州有属府的，也有隶属路的，有些州辖县，有些州由县升级而来，不辖县。另有录事司，与县同级，直属路。县、司衙门是初审机构，只有正官才能主持审讯。县是达鲁花赤、县尹、县丞、县簿，录事司则是达鲁花赤、录事判官。县尉专职捕盗，县以下巡检司职责相同，都“不许接受民讼”。县、司衙门有吏员。县衙门称六案，或六房，分掌吏、户、礼、兵、刑、工。由于吏员数目有限，常将吏、户、礼三案（房）合在一起，兵、刑、工三案（房）合在一起。民事案件主要属户房，刑事案件主要属刑房。

州和县、司一样，没有专职的审讯官，州的官员都要承担审讯工作。州设达鲁花赤、州尹、同知、判官，其中判官兼捕盗，州判官有2员，轮流捕盗，可以主持审讯。不辖县的州是初审机构。辖县的州则为复审机构。

元朝各路总管府及各府亦沿置推官，掌治刑狱诉讼。府、路、行省是复审机构。各府官员有达鲁花赤、知府或府尹、同知、判官、推官各1员。路总管府的官员有达鲁花赤、总管、同知、治中、判官和推官。路、府推官“专管刑狱，通署刑名”，“凡有罪囚，推官先行穷问实情，须待愈成，通审圆署。事须加刑，与同职官圆问”。各路设有推官厅。全国有10个行省。行省原为临时派出机构，统一全国后，逐渐成为一级地方机构，行省直属机构中有理问所，由原来的行省断事官署改称而来，设理问2员（正四品），副理问2员（从五品）。

四　明清地方司法机构

明代的地方司法机构由三级组成。布政司有专门司法机构理问所，县、府两级没有专门的刑事司法机构。在地方机构中还有州，大州相当于府，小州则类同于县。知府、知州、知县兼理司法，但有负责具体事务的刑房。府设有推官1人负责司法。

各布政司设置理问所，正四品衙门，有理问1人，从六品；副理问1人，从七品；司狱司司狱1人，从九品，负责部分刑事司法事务。正德以后，理问所主要负责户、婚、田土等民事纠纷诉讼案件，以民事上诉案件为主。

府有知府、同知各1人，通判无定员，推官1人掌理刑名、赞计典。知府与推官的分工依案件的轻重程度，一般案件由推官审理，知府则亲理比较重要，或认为应由自己审理的案件。巡捕由同知或通判负责，尸伤检验则由通判或推官负责，监狱由司狱管理。府一般不收词状，负责对杖一百以上的案件进行复核，并接受上诉。但是对州县无法管辖，如跨州县的案件，或应由府审理的案件直接管辖。清初于各府设推官及挂衔推官。顺治三年罢挂职衔推官。康熙六年废除推官。

县有知县、县丞、主簿各1人。知县亲理刑事司法事务，包括缉捕、验尸、审判、监狱管理。巡捕由县丞或主簿分管协助。验尸，虽有仵作，知县应亲临现场。

各布政司、府、州、县由吏员组成吏、户、礼、兵、刑、工六房，无定员，依照事务繁简而定。其中刑房负责刑事事务，户房负责户、婚、田、土。明代还设有专门的巡捕机构，在京城为兵马司，在布政司、府、州、县为巡检司。兵马司还兼有其他事务，巡检司则专司巡捕。

按各布政司辖区分设提刑按察司，由都察院直接管理指导。提刑按察司在朱元璋立国前的吴元年设置，洪武十三年（公元1380年）与御史台同罢，十四年（公元1381年）复设。提刑按察司的职能与都察院的职能相同，负责行政监察兼有司法职能。宣德十年（公元1435年）与十三布政司相应，设有十三道提刑按察司。各道提刑按察司设有分司，视辖区大小及事务的繁简不等。各道提刑按察司设按察使1人，副使2人，并设佥事、经历司经历、知事等属官。

军事司法机构是设于军中专门受理军人诉讼的司法机构。明代的军事司法机构有四级，即千户所、卫、都司、大都督府，各级军事机构设有理刑官员，卫所称镇抚，都司、大都督府称断事或断事官。

第三节　起诉

中国古代司法制度和司法原则经过了数千年长期的发展演变和不断完善的过程，而各代或某一朝代的某一时期，又有各自的特征。司法制度包括诉讼制度、执行制度、司法责任制度和司法原则。诉讼制度包括起诉和审判。本节论述起诉制度。

一　诉讼管辖

诉讼应当向初审机构提起，但因案件的性质不同而有所区别。诉讼首先遇到的是管辖问题。管辖包括级别管辖、地域管辖和身份管辖。

（一）级别管辖

有观点认为中国古代无级别管辖，这是不准确的。级别管辖实际上是存在的。先秦时期，各级宗主在各自的领地内行使司法权，一旦下级宗主与其他人或其他宗主发生民事或刑事纠纷，只能向上级的宗主提起诉讼。秦汉至明清，县及其同级的司法机构均为最基层的机构。一般情况下，无论民事诉讼还是刑事诉讼皆向县级提起，并禁止越诉，目前能见到的最早的规定是《唐律疏议·斗讼》：“凡诸辞讼，皆从下始，从下至上，令有明文，谓应经县而越向州、府、省之类。”即使基层机构不能终审的案件，也要从基层司法机构起诉，并经其审理之后，提出初步意见，按照审级逐级移交。凡越诉者要处以“笞四十”的刑罚。《大明律·刑律·诉讼》规定：“凡军民诉讼，皆须自下而上陈告，若越本管官司辄赴上司称诉者，笞五十。”

但是，有几种情况实际上可以向上级司法机构起诉：（1）跨越地区的民事或刑事纠纷案件。尽管各代有关于地域管辖移送的规定，但限于交通条件，移送往往很不方便，故允许向上一级即府州直接起诉，也有州府认为应由自己审理这类案件，尤其是邻县之间的山林、田土、水流纠纷，这种纠纷往往伴随刑事纠纷，诸如械斗，并非某一个县可以处理的。此种案件多由州府接受起诉，或州府认为应由自己管辖。明代有大量此类案例。甚至有府推官默许越诉，受理一般性的田土户婚房屋纠纷案件。（2）控告官吏的案件。对官吏的控告一般是向被控告官吏的上一级司法机构提出，或者向监察官提出。从秦代开始，即有监察御史巡察地方，汉有刺史巡察地方，可受理这类案件。唐宋、明清时期，监察御史、按察使不仅察举百官，而且接受控告，并将相关的控告移交相应级别的司法机构审理。（3）京师案件。有些朝代京师的案件有专门的级别管辖。如宋的京师案件由开封府管辖，明代的京师案件直接由刑部管辖。（4）皇帝交办的案件，即所谓诏狱。几乎历代都有诏狱。诏狱一般由廷尉、大理寺或刑部受理。诏狱的来源有多种，或是监察御史的纠举，或其他官员的举劾，或皇帝本身直接提出。（5）下级司法机构不受理的案件，可以逐次向上一级司法机构起诉，直至通过通政司或登闻鼓向皇帝提出。

（二）地域管辖

为了明确跨越地区的民事或刑事案件归哪个地方司法机构受理，历代逐渐形成几种地域管辖的原则，即事发地、后发移先系、轻从重、少从多、原告就被论：（1）事发地，以唐代为例，《唐六典·刑部郎中员外郎》注引《狱官令》：“诸有犯罪，皆从所发生州县推而断之。”即无论犯罪案件的案犯及被害人来自何地，均由犯罪的发生地司法机构管辖。宋元明清皆沿用此制。民事案件及轻微刑事案件亦有采用案件发生地原则的。再以清代为例。清人吴坛撰《大清律例通考·刑律·诉讼》：“户婚、田土、钱债、斗殴、赌博等细事”，“于事干犯所在地方告理，不得于原告所在之州县呈告”。（2）后发移先系，《唐律疏议·斗讼》有“囚徒伴在他所者，听移送先系处并论之”的规定。一般是相距百里之内。《大明律·刑律·断狱》也有相应的规定，距离是三百里内，三百里外的“各从事处归断”。（3）轻从重，唐律和明律均规定，同案犯在不同区域被获，即使轻犯被获在先，仍发重犯所在地。（4）少从多，无论先发后发，或轻，或重，囚犯少的移送囚犯多的地区审理，唐、明律的规定相同。（5）原告就被论（告），以元代、明代为例，邻境民事纠纷及自诉刑事案件，原告到被告所在地起诉。《元史·刑法志》："诸州县邻境军民相关词讼，元告就被论官司归断。"《大明律·刑律·诉讼》："若词讼原告、被论在两处州县者，听原告就被论官司告理归结。"

（三）身份管辖

历代对于身份管辖均有规定。诉讼当事人的身份不同，由不同的司法机构受理。秦代置宗正府，掌管皇族、宗室事务。西汉沿置，为九卿之一。宗室亲贵有罪先向宗正申述，再上报皇帝而后处置，一般从轻。同姓王犯法，宗正也可参预审理，历代大多沿用此制，职掌大抵相同。但元代将宗正府改称大宗正府，成为与刑部并行的中央司法机构。辽、金、元设有两套司法系统，分别处理不同民族的司法事务。其他各朝代也有处理少数民族的司法事务的机构，如清代的理藩院；元代宣政院札鲁忽赤（断事官），专理僧人诉讼；中政院札鲁忽赤（断事官），专理宫内案件；道教所主理道教案件。《元史·刑法志》：军人、僧道、及投下[①]等诸色人，"但犯强、窃、盗贼、伪造宝钞、略卖人口、发冢、放火、犯奸及诸死罪"，由地方官府审理，而"斗殴、婚田、良贱、钱债、财产、宗从继断及科差不公，自相告言者"，由本管部门受理；军人、僧道、及投下等诸色人与民户相告，向地方官府起诉，由地方官府约会各相关管理部门共同审理。历代均有官员犯罪需要奏请皇帝批准的规定，具体规定不一，明代为京官及五品以上外官。明代的官学生员及获取科举功名者需要经学道、学政部门褫夺功名方可刑讯。

历代经常出现相关部门侵越职权，擅自受理军民狱讼。如京城的兵马司、地方的巡检司擅自受理民间诉讼，有些军事司法机构擅自受理民间诉讼，或受理军民之间的诉讼后不移交地方官府。一旦出现此类情况，朝廷大多会发文禁止，只是禁而不绝。

二　诉讼限制

历代大多有诉前调解制度及刑事和民事诉讼时效，并有诉讼资格、时间的限制。

---

① 元初两次对中原户口进行清检、登记。太宗孛儿只斤窝阔台八年（公元1236年），把所籍的中原民户分赐诸王、贵戚、斡鲁朵和军将，作为采邑，通称为"投下"，习惯上又把"投下"一词引申为拥有采邑的诸侯。

（一）诉前调解制度

最早记载调解的是《周礼》，说西周时有专职的“调人”负责调解事务。周代铭文也有调解记载。按《汉书·百官卿表》的说法，“乡有三老，有秩、音夫、游缴”，“音夫职听讼”，调解民间纠纷。唐代、明代诉前调解成为起诉的前置条件。《唐律》中规定，民间诉讼先由里正、坊正调解。明代朱元璋钦定《教民榜文》：“民间户婚、田土、斗殴、相争一切小事，不许辄便告官，务要经由本管官里甲、老人理断。若不经由者，不问虚实，先将告人杖断六十，仍发里甲、老人理断。”明代在各府州县及乡之里社设“申明亭”，张挂《教民榜文》，专事调处民间纠纷，调解不成，再诉至官府。清代康熙曾把调处息讼与“弭盗”、“完粮”并重，建立了邻里、亲族、保甲调解制度。

（二）诉讼时效

刑事诉讼时效，一般有不得告赦前之事，战国时秦国即有此规定。汉代及魏晋南北朝都规定官府不得受理告发赦前事。唐代告赦前之事，以诬告论，明代则以其罪论之。民事诉讼时效，按《宋刑统》规定，田地房屋纠纷，事后家长、见证人死亡，契书毁乱为20年；债务纠纷，债务人、保人逃亡为30年。南宋高宗时买卖田宅为3年。宋代有务限法。“务”即农务；入务即农忙，务开即农闲。据《宋刑统·户婚》“婚田入务”条，二月初一至九月卅日为务限期，不得受理田宅、婚姻、债负等案，而应于十月初一至次年正月卅日递状，三月卅日之前审结，逾期不结，须上报。但侵夺财产之案，虽在入务期，“亦许官司受理”。

（三）诉讼资格

诉讼资格有年龄和身份的限制。关于年龄的限制，《唐律疏议·斗讼》：年八十以上、十岁以下及笃疾者，除谋反、逆、叛、子孙不孝及同居之内被人侵犯外，“余并不得告”。明清沿袭其制。关于身份的限制，有些朝代限制在押犯提起诉讼。《唐律疏议·斗讼》设有“被禁囚不得告他事”条，明清也有同样规定。据《国语·周语》，西周禁止儿子对父亲提起诉讼。秦代家庭内部成员的诉讼称为“非公室告”，不予受理，告者有罪。汉律将告父母列为不孝重罪，处以弃市。唐律也将告父母、祖父母为不孝，作为“十恶”之一，除告发重罪外，处以绞刑。对五服①之内的尊

① 五服，根据血缘关系远近、长幼、男女等标准，将关系最近的亲属划分为五个等级：一等斩衰（cui）、二等齐（ji）衰、三等大功、四等小功、五等缌麻，在老人死亡后不同服制的亲属穿不同的孝服。在司法中，亲属相犯，根据五服和尊卑，处以轻重不同的刑罚。

长和卑幼也不得告发。宋、元、明、清皆沿袭其制。奴婢、部曲、雇工人和依附于主人的贱民告发主人，历代均视为重罪。按《元史·刑法四》：元代限制妇女的诉讼资格，但“寡居及虽有子男为他故所妨，事须争讼者，不在禁例”。

三 起诉

起诉有当事人起诉和监察御史起诉。起诉是现代司法用语，中国古代当事人统称“告”或“陈告”，监察御史起诉称“弹奏”或“奏闻”。

（一）当事人起诉

民事纠纷案件和斗殴等轻微的刑事案件，被称为“细事”，与原告的利益相关。民事起诉大多要求案情与己相关，明代法律规定，若因“不干己事”而陈告，要承担相应的刑事责任。刑事案件按现代司法用语则属告发或控告，即告发他人犯罪，既可与己相关，也可与己无关。重大的刑事犯罪不受上述规定的限制。

起诉与告发，历代并无法定的格式。一般有口头起诉和书面起诉两种。口头起诉，由官府记录。书面起诉，即书写诉状，这是许多原告或告发人采用的方式，故有“告状”之称。历代书状无一定之规，大多依习俗和惯例。也有一些地方官府或官员公布或推荐书状格式，如明代吕坤任山西按察使和以右佥都御史巡抚山西时，著有《实政录》，载有诉状格式。古代民间有专门的代书人，宋代还出现专门代人书写诉状的书铺，有的地方官府规定书状要经书铺代写或抄写并盖印方可递交。

受理起诉是地方官府的责任。如不受理，原告人或告发人可以逐级上诉，直至刑部或户部，甚至经通政司或击打登闻鼓，向皇帝提出上诉。击打登闻鼓是上诉的一种方式，即可以用于对不受理的上诉，也可以作为不服判决的上诉。

（二）监察御史起诉

包括提点刑狱司（宋）或提刑按察司（明清）在内的监察御史的起诉，有起诉和接受起诉两种。监察御史起诉是逮问官员审讯拟罪后送交审判机构定罪，一般有纠举逮问、告发逮问、复审逮问。纠举逮问指监察御史主动纠举官员；告发逮问指监察御史接受对官员的控告后逮问官员；复审逮问指监察御史复审案件时，对有责任的司法官员进行逮问。依照被逮问官员的级别，程序有所不同。明代监察御史对在外六品以下官员直接逮问，对在京及在外六品以上官员需先奏闻方可逮问。在外六品以下官员的逮问，询问明白后仍需奏闻定罪。监察御史甚至无须持有真凭实据，风闻弹奏。

关于接受监察御史起诉，明太祖洪武年间，规定凡告一般官员转上级机构，告布政司转按察司审理，而英宗正统年间则规定不得转委。至于田土婚姻案件，一般转委所在政府机构审理。

第四节　审判和执行

本节分为审理、复审、会审、刑罚执行四部分。本节是司法制度中最有特色的部分，尤其是复审、会审、死刑复核构成了多重监督制度，具体而又充分地反映了中国古代司法慎刑的基本原则，司法监察制度是司法制度的重要部分，由于司法监察制度基本上体现于复审、会审、死刑复核的过程中，不再另行论述。

一　审理

审理有和息、审讯、拟律、判决几个环节。

（一）和息

调解有“和息”之称。史籍有许多调解民间争讼的记载，《后汉书·吴右传》：东汉吴右任胶东侯相，“民有争讼者，辄闭阁自责，然后断其讼，以道譬之。或身到闾里，重相和解”。东汉刘矩任雍丘县令，每受理诉讼，皆劝撤诉。宋代规定，地方官府每遇听讼，于父子之间，则劝息教慈；于兄弟之间，则劝以爱友。元代凡是调处结案之诉，不允许重新起诉。明清均有州县官府调解。明末兴化府推官祁彪佳所著《蒲阳谳牍》载有许多和息的民事案例。清末董沛，历署江西建昌、上饶知县，在其《汝东判语》中称：“首先安民，安民之道，首先息讼。”

（二）审讯

历代审理采取纠问式，审讯方式是五听和刑讯。刑讯，即用“拷鞫”、“掠治”、“拷问”等暴力方式逼取口供，作为定罪量刑的依据，刑讯制度经历了逐渐规范的过程。刑讯前必先听讯。五听是司法官审理案件时观察当事人心理活动的5种方法，即辞听、色听、气听、耳听、目听的简称。按《周礼·秋官·小司寇》，西周时“以五声听狱讼，求民情：一曰辞听，二曰色听，三曰气听，四曰耳听，五曰目听”。据郑玄的注释，辞听是“观其出言，不直则烦”；色听是“察其颜色，不直则赧”；气听是

“观其气息，不直则喘”；耳听是“观其聆听，不直则惑”；目听是“观其眸子视，不直则眊然”。各代均以五听作为审理案件的重要手段。秦《封诊式》：“凡讯狱，必先尽听其言而书之……更言不服，其律当治者，乃谅（笞掠）。”《魏书·刑法志》：“诸察狱先备五听，验诸证信，犹不首实者，然后加以拷掠。”《唐六典》：“凡察狱之官，先备五听。”《唐律疏议·断狱》所引《狱官令》：“先备五听，又验诸证信，事状疑似，犹不首实，然后拷掠。”明清皆沿袭其制。

《礼记正义·月令第六》记载，周代已有刑讯：“命有司，省囹圄，去桎梏，毋肆掠，止狱讼。”《周礼》曰：“肆之三日。掠谓捶治人。”《后汉书·章帝纪》说，汉章帝刘坦在诏书中引《律》曰：“掠者唯得笞榜立。”按《魏书·刑法志》，北魏拷讯据年龄、身体而定，“拷讯不过四十九”，“量人强弱，加之拷掠”，并规定刑具和数目。唐代对法外用刑处以刑罚，按《唐律疏议·断狱》：“事须讯问者，立案同例，然后拷讯，违者杖六十”；“诸考囚不得过三度，数总不得过二百，杖罪以下不得过所犯之数”；“若拷达三度及杖外以他法掠者，杖一百；杖数过者，反坐所剩；以故致死者，徒二年。”宋承唐制。明清亦强调依法拷讯。《大明律》附有狱具图，其中有讯杖：“以荆杖为之，其凡重罪，赃证明白，不服招承，明文立案，依法拷讯。臀腿受。”《大明律·断狱》有“老幼不拷讯”的规定，并禁止故戡平人。“故戡平人者，杖八十；折伤以上，依凡斗论。因而致死者，斩。”但“依法拷迅邂逅致死者勿论”。清承明制。

这里所述仅为历代的刑讯制度。许多朝代于法定刑之外，还出现了大量的法外用刑和滥刑。

（三）拟律

历代均有相应的审级制度，各级司法机构拥有不同的判决权。初审机构只对处以轻刑的案件有判决权，但所有的案件都要审理清楚，对适用法律条文及判决提出建议，将被告及案卷移送上一级司法机构复审。明代的审级制度曾9次变更，县级司法机构对笞刑拥有判决权，而杖刑的判决权则有所变化。

（四）宋代审理制度的特征

宋代的审理制度多有新创，主要是：其一，鞫谳分司制，即实行审与判分离制。鞫为审理犯罪事实，谳为检法议刑。各州府由司理参军（鞫司）负责审讯及调查事实，司法参军（谳司）依据事实检法议刑，然后由知州、知府作出判决。大理寺、刑部由详断官（断司）审讯，详议官（议司）检法，然后由主官判决。鞫谳分司强调两司独立行使职权，不得互通或协商。有观点认为，在实际操作中，司理参军、司法参军的分工并非固定的，在不同的案件中，常有角色互换，司法参军可能审讯，司理参军可能检法议刑，只要鞫谳由不同官员施行。

其二，翻异别勘制，又称“别推”、“移推”和“别鞫”，即犯人推翻原来口供时重新审判。翻异即推翻原口供，别勘即更换司法官重新审理，有的甚至送相邻的其他路的司法部门审理，以示公正。犯人可翻异三至五次，实际执行中甚至达到七次。一般情况下，犯人推翻口供不能超过三次，如果随意推翻口供，在别推时要加重刑罚。涉及的对象包括死刑犯、犯罪的官员，有的死刑犯甚至在被押赴刑场处决前推翻口供。

二　复审

复审制度历代规定不一，其趋势是逐渐完善。可分为3大类，其一，从上而下的复审，称为“录囚”。其二，自下而上的复审。一是审级复审，即下级司法机关将本级无权判决的案件逐级向上一级司法机构报送；二是上诉复审，对于判决不服，逐级上诉。其三，复核，即刑部（隋唐宋）、大理寺（明清）复审。

（一）录囚

中央或上级司法机构定期或不定期巡视地方或下级司法机构的监狱，复审案犯，辨明是否冤枉。西周有司法官吏每年仲春三月省视监狱之制，汉代州郡刺史、太守定期巡视所部狱囚。唐代御史巡视各地，录囚是主要职责之一。宋代在中央御史台的基础上，于各路增设提刑按察司，分巡辖区。此后各代皆沿袭其制，监察御史巡视全国，按察司官分巡辖区，所到之处，多所平反。此外，皇帝多因天热、天寒、灾荒、病疫及喜庆，临时派出中央司法机构官员分赴各地，或仅在京师录囚，清理监狱。明代经常派出刑部主事、大理寺评事、监察御史分区录囚。皇帝亲录京师囚徒，盛起于东汉，并为历代所重。唐代亲录囚徒成为惯例。贞观七年，曾纵囚300余人。有学者查到唐代皇帝百余次亲录的记载。明清盛行会审，皇帝一般不再亲录。

（二）审级复审

审级复审，是指根据量刑的轻重，在某种刑罚以上的须报上一级司法机构复审。各代的有关规定不一。汉代的州对死刑有决定权，廷尉负责审办各地移送上报的案件，或审核各郡的重大疑难案件。隋唐大理寺复审各地上报流刑、死刑案件。

宋大理寺只审断地方上奏朝廷而转发的疑狱，称“天下奏狱”，并限期结案，随后送审刑院复审后，上呈皇帝裁定；左断刑审理地方上奏的命官、将校案件及死罪，即“大辟囚”以下上奏疑案，由司直、评事“详断”，丞“议之”，正“审之”。右治狱审理在京百司“事当推”，或“特旨委勘”，以及“系官之物应追究者”；少卿分领左断刑、右治狱，由大理寺卿总管，凡需要审议的则报送刑部。凡刑部、户部不能定夺的刑事、民事报送尚书省、门下省。门下省由给事中“分治六房”，职责包括复核刑部、大理寺所断狱，“审其轻重枉直”，定罪不当的，则“以法驳正之”。中书省刑房负责“赦宥及贬降、叙复”的颁旨、奏报。即使是同一朝代，审级复审也有所变化。明代的审级复审前后变化9次。明清府一般不收词状，而是对杖一百以上的案件进行复核，县只对笞刑有决定权。

先秦至明清，皇帝均为最高审级的复审。此外，大宗正司处理皇室事务，并“受其词讼”，皇室成员有罪审讯后奏报裁决；按照法例“不能决者”，一同上殿由皇帝裁决。

（三）击登闻鼓、邀车驾

上诉复审，是指民事、刑事诉讼的当事人不服判决向上级审判机构上诉，从而进行复审。要求复审可逐级上诉，直至廷尉（秦汉魏晋南北朝）、大理寺（隋唐宋）、刑部（元明清）或户部，甚至击登闻鼓或向通政司递状，或邀车驾向皇帝直诉。明清时期进京上诉，称为“京控”，击登闻鼓、邀车驾称为“叩阍”。

挝登闻鼓是最后的上诉手段之一。登闻鼓有专门的官吏看守，遇有击鼓者需立即受理或上报。相传尧时有“敢谏之鼓”，语出《淮南子·主术训》：“故尧置敢谏之鼓，舜立诽谤之木。”周代称作“路鼓”，由太仆主管，御仆守护，百姓有击鼓声冤者，御仆须迅速报告太仆，太仆再报告周王，不得延误。西汉文帝在未央宫承明殿立敢谏鼓。晋代改称登闻鼓。晋武帝时朝堂外悬置登闻鼓，允许击鼓鸣冤，直接申诉。北魏在京城宫门外悬设登闻鼓。隋代听挝登闻鼓，有司录状奏之。唐代登闻鼓约始设于高宗年间，于东西朝堂分置肺石及登闻鼓，有冤不能自伸者，立肺石之上，或挝登闻鼓。立石者左监门卫奏闻，挝鼓者右监门卫奏闻。唐柳宗元《先侍御史府君神道表》：“有击登闻鼓以闻于上，上命先君总三司以听理，至则平反之。”

宋、元、明、清均设登闻鼓，以宋代的登闻鼓最具特色。宋代设置有登闻鼓院，专门受理击登闻鼓申诉的案件。宋太宗时曾有京民牟晖击登闻鼓诉家奴失豚之事，于是禁诸路民越诉。按照程序，县之事经州而州不受理、理断不当时方许投诉。而在京者诉讼须先经所属寺监，次尚书省本曹，次御史台，次登闻鼓院。登闻鼓院不受理，到登闻检院上诉，又不受理，到理检院上诉。上诉期限，北宋为半年，南宋绍兴年间为 1 年，遇大赦可延至 5 年。投进文字皆系实封，登闻鼓、检两院只是受理和转呈机构，由皇帝直接审阅，其他官员不能代看。登闻检院不受理，许邀车驾。唐宋投诉之事如果虚妄，本人科上书不实之罪，越诉也会受到处罚。辽代曾设置钟院，与宋登闻鼓院相同。明初建都南京，登闻鼓放置在南京通政院大门口，《明史·刑法志二》："登闻鼓，洪武元年置于午门外，一御史日监之，非大冤及机密重情不得击，击即引奏。"投诉状经通政院直呈皇帝。清代登闻鼓设在通政司内，规定吏民击鼓申诉，须"奇冤异惨"，否则不得击鼓，违者重罪。如果被认为确系冤抑，由通政司处理，否则以越级上诉论处，送刑部加一等治罪，并规定击登闻鼓者，先廷杖三十，以防恶意上访。

"邀车驾"是指喊冤者手举状纸，在皇帝外出时，阻拦皇帝的车马申诉。"邀车驾"正式出现在北齐时期，为唐代所沿袭。《唐律疏议》规定："诸邀车驾及挝登闻鼓，若上表，以身事自理诉，而不实者，杖八十。"元明清继续保留了"邀车驾"制度。

（四）刑部（隋唐宋）、大理寺（明清）复核

案件复核制度起于隋唐。唐代大理寺所判的流刑、死刑还要经刑部复核，并再经中书、门下复核。宋初，刑部以复核"大辟案"为主。宋代刑部难以决断的疑难案件，包括"情可矜悯而法不中情者"，附上可以比照的法律条文，报请皇帝裁决，称之为"奏谳"；对于京都的死刑犯直接审核，而对"在外已论决者"，只是"摘案检察"。刑部对大理寺、开封府、殿前马步司审理的刑事案件，"纠正其当否"；凡有辩诉，根据情法定夺：或"赦宥"，或"降放"，或"叙雪"。刑部采取"同僚异事"、"分厅治事"的方式，左曹负责审核案件，即"详覆"；右曹负责平反复职，对犯罪或罪犯报请赦免或宽宥，即"赦宥"；以及对获罪降职之官按后来的劳绩恢复职位，即"叙复"，或"叙雪"。

宋代建隆年间另设审刑院，作为复核机构，其程序为：凡刑事案件审讯完毕，先经大理寺定罪，报审刑院，然后知院与详议官草拟文书，上报中书省，由中书奏请皇帝"论决"。宋真宗大中祥符二年（公元 1009 年）

置纠察刑狱司，徒刑以上即时呈报，如审理不当或积压者，据其情节驳奏。凡“大辟”，均以审核，即“录问”。宋神宗元丰三年（公元1080年）改官制，审刑院、纠察刑狱司“悉罢归刑部”。

明代大理寺复核的案件，如果案情不明、法律适用不当或犯人翻供，可以发回再审。在案件不送大理寺复核或拒绝改正时，大理寺对原问官员有参问之权。清袭此制。

三 会审

会审，即重大、疑难案件由中央各司法机构或其他机构派员会同审理。《礼记·王制》有西周三公会审记载：“成狱辞，史以狱成告于正，正听之；正以狱成告于大司寇，大司寇听之棘木之下；大司寇以狱成告于王，王命三公参听之；三公以狱告于王，王三又（宥），然后制刑。”但这是理想还是现实，难以定论。汉代的会审称“杂治”，亦称“杂考”、“杂案”、“杂问”。据《说文通训定声》：“凡狱讼多言杂治之，犹今言会审也。”《汉书·王嘉传》：“廷尉梁相与丞相长史、御史中丞及二千石杂治东平王云狱。”《汉书·朱博传》：“玄辞服，有昭左将军彭宣与中朝者杂问。”从以上记载看，杂治似乎是临时举措。

至迟到唐代，会审成为定制。中央或者地方重大案件由大理寺卿、刑部侍郎和御史中丞三方会同审判，称之为“三司推事”。地方大案委派大理寺评事、刑部员外郎、监察御史三人审理，称之为“三司使”。还有由门下省给事中、中书省中书舍人和御史台御史会审，称为“小三司”。

会审盛行于明代，清代更为大盛。明有朝审、寒审、热审、大审，清有朝审、热审、秋审。大审始于明代成化年间，在京在外每五年一次，时间一般是四月；在京由司礼太监会同三法司堂上官，在外由三法司委官审录，以清理三五年以上的囚犯为主；死罪情真监侯秋后处决，矜疑者充军，杂犯死罪以下减等。

热审，其制始于明永乐二年（公元1404年），会审京师笞杖刑等轻刑囚犯。至成化时，始有重罪矜疑、轻罪减等、枷号疏放诸例。于每年小满后十日至立秋前一日，由大理寺左右二寺官、各道御史及刑部司官会审。以天气炎热称为“热审”，笞杖罪决后释放，徒、流以下减等发落。清代沿袭。

朝审始于明代天顺三年（公元1459年）。霜降后，三法司堂上官（刑部尚书、都御史、大理寺卿）在承天门外会同公侯伯、六部、五府、给事中、锦衣卫会审京师重囚。清代会审除热审外，尚有朝审和秋审。朝审复审刑部在押死刑犯，在霜降后进行。秋审复审各省上报死刑囚犯。秋审始于顺治十五年（公元1658年），各省的督抚将省内斩监候、绞监候案件和布政使、按察史会审，分别不同处理意见：（1）情实，即罪情属实，罪名恰当，奏请执行。（2）缓决，即案情虽属实，但危害不大，可减为流三千里，或减发烟瘴极边充军，或再押监候办。（3）矜疑，即案情属实，但情节有可矜或可疑之处，可免死刑，一般减为徒、流。（4）存留养亲，即案情属实、罪名恰当，但亲老单丁，应当留养者。然后汇总报送刑部，囚犯关押省城，等候秋审。秋审每年八月举行。朝审、秋审结果报送皇帝批准。皇帝在死囚名册上画勾，称为"勾决"，未画勾称为"勾免"，等候下年秋审或朝审。

四　刑罚执行

历代刑罚的执行制度规定不一。笞、杖、徒、流刑基本上是由地方司法机构执行。各代对笞、杖刑具的大小尺寸、受刑部位、行刑方式以及行刑人是否可以更换，徒刑的劳役方式，流刑的押解、管理，肉刑的方式等有明确规定。笞、杖的执行参见上一节中刑讯的内容。此处着重介绍死刑复核、赎刑以及折杖法和充军。

（一）死刑复核

死刑复奏，即将死刑呈报皇帝批准的程序。此制起于何时，尚无定论，但至少在魏明帝已有死刑复奏制。《三国志·魏书·刑罚七》："当死者，部案奏闻。以死不可复生，惧监官不能平，狱成皆呈，帝亲临问，无异辞怨言乃绝之。诸州国之大辟，皆先谳报乃施行。"《三国志·魏书·明帝本纪》："廷尉及天下狱官，诸有死罪具狱以定，非谋反及手杀人，亟语其亲治，有乞恩者，使与奏。"隋代死刑复奏已成定制，按《隋书·刑法志》，"开皇十五制：死罪者，三奏而后决。"唐代承隋制，贞观年间一度改为五复奏。《唐律疏议·断狱》规定："诸死罪囚，不待复奏报下而决者，流二千里。"宋代的死刑复核有两说，一说认为需要复核，另有一说认为州即可执行死刑。

明清沿用唐制。明代在京师实行复奏制度。复奏由初期的五复奏向三复奏过渡，并形成惯例，复奏机构是刑房。正统年间，死囚家属可以诉冤于登闻鼓，值鼓给事中在校尉手上批字，暂免行刑，然后封进鼓状，候旨裁决，称为"手批留人"。京师以外地区处决死囚，则采用遣官审决的方式。由中央司法机构遣官与监察御史和当地司法官员复核处决。清初，朝审、秋审死刑犯均三奏。乾隆、嘉庆年间，陆续改为一复奏。

（二）赎刑

赎刑，即以财物折抵原定刑罚。历代都有赎刑，只是制度不一。按记载，上古即有赎刑。《尚书·舜典》："金作赎刑。"五刑之中，上自死刑，下到杖、笞，都可以赎，赎金的数量有具体规定。赎罪的财物，上古用铜。西周已有赎刑制度，《尚书·吕刑》："五刑之疑有赦"，即对适用五刑有疑义的折为赎金而赦宥，免受肉刑或死刑：墨辟一百锾，劓辟二百锾，剕辟五百锾，宫辟六百锾，大辟一千锾。锾是铜的单位，一锾六两。西汉用黄金，有时候用钱；东汉用缣；魏晋以后多用绢。隋代复古，又改用铜。唐、宋沿用隋制。元代用钞。明代的赎刑较为复杂，除了纳钱外，还使用其他的实物或采用劳役。劳役包括做工（前期称为输作）、种田、了哨、摆站；实物有纳米、纳豆、运砖、运碳、运石、运水、纳马；纳钱分别有银、钞、钱、铜，在不同时期施行情况有所差异。赎刑的方式按当时的需要确定。清代则以折银赎刑。

（三）折杖法

折杖法是宋代的刑罚制度。为改变五代以来刑罚的严苛，建隆四年（公元963年），由吏部尚书张昭等制定折杖法，颁布施行。依折杖法所定，五刑中的笞、杖、徒、流四种刑罚，分别按常行杖比折决罚。笞杖刑一律折换成臀杖，杖后释放；徒刑折换成脊杖，杖后释放；流刑折换成脊杖，杖后就地配役一年。其中加役流则脊杖二十，就地配役三年。折杖法趋向于对轻罪犯人减刑，使流罪免远徙，徒罪免役年，笞杖减决数。对于反、逆、强盗等重罪或死罪，不适用于折杖法。但在实际执行中，对许多轻罪犯者也并没有折杖行决，仍以笞五十、杖二十、杖六十或杖一百等处罚。

（四）充军

充军是明清的刑罚制度。在明代，充军既是一种刑名，同时也是执行方式。所谓充军，是让一些罪犯入伍为兵，并使其中一部分军犯的子孙永远为兵。充军制的形成，与明代的兵制有关。明初兵源为从征、归附、谪发三种。谪发，即发配罪犯充兵。其后确立军籍，军户世代为兵。后期虽出现召募制，但只是补兵源之不足，仍以世籍为主。军籍与民籍不得相混。发配罪犯为兵，是明代的兵源之一。清代虽然沿用充军之名，实际上已成为流刑的一种。

明代充军刑名有两类。第一类为终身充军，包括附近、边卫、边远、极边、烟瘴、沿海、口外等。第二类为永远充军，包括边卫永远和极边永远。终身充军与永远充军的区别，是前者系本人终生充军，而永远充军是正犯死后子孙要继续充军。矜疑免死一般是永远充军，也有直接规定永远充军的。明代充军的适用有3类7种方式。第一类是直接规定充军，即在《大明律》或条例中直接规定某罪充军。另外有连坐充军，充军者或是家属，或是两邻，或是担保人。第二类规定某些刑罚适用充军，除真犯死罪外，其他犯罪都可能被执行充军。第三类是免死充军，主要是在复审、热审、大审、朝审中真犯可矜、可疑者免死充军。

明代军犯终身充发为兵，由军事单位卫、所管束。明代充军编发地有直接规定和临时定卫两种。直接规定既有以某种罪名发往某地的，又有某地充军人犯发往某地缺军卫分或特指卫分。临时定卫是编发机关按犯人的籍贯或住所地，按规定的编发地域，临时确定具体充军卫分，而编发的地域范围时有变化。如洪武年间集中于云南、四川、北平、大宁、辽东；正统年间则北人充南军，南人充北军；嘉靖年间则南人发南，北人发北；崇祯年间改为按距离远近编发。

第五节　司法原则和司法责任

中国古代社会长期处于儒家思想的主导之下，儒家倡导“仁政”，其核心是民本主义。包括司法原则在内的许多的思想和法制原则，是在民本主义原则的基础上衍化出来的。中国古代的司法原则既有与君主专制制度相适应的特征，也包含许多与各种社会形态通用、发挥社会职能内容。与其社会形态相适应的特征，有其存在的合理性；而与各种社会形态通用的内容则可借鉴或传承。

一　司法原则

中国古代的司法原则，从总体上讲，主要是慎刑原则、司法权力制衡原则、宗法原则。慎刑是民本主义思想的最重要的体现；多种司法机构并存，比较严密的审讯、复审、复核、监察制度，是司法权衡原则的体现；宗法原则是古代中国社会的重要特征，也是基本司法原则之一。从比较具体的司法原则讲，主要是四个方面，一曰亲亲相隐，二曰存留养亲，三曰恤刑，四曰情法平衡。这四个方面具体司法原则充分地体现了儒家有关慎刑、权力制衡和宗法思想。鉴于司法制衡已在本章司法机构、司法制度各节中有所论述，亲亲相隐在本书第5章中已作了较详细的介绍，这里仅对存留养亲、恤刑、情法平衡原则加以阐述。

（一）存留养亲

存留养亲，亦称“留养”，即直系尊亲属年老而家无成丁，非十恶死罪及流刑、徒刑可以缓期，以赡养祖父母、父母。北魏孝文帝时期已实行此制。唐代的规定更为具体，《唐律·名例》：“诸犯死罪非十恶，而祖父母、父母老疾应侍，家无期亲成丁者，上请。诸犯流罪者，权留养亲，不在赦例，课调依旧，若家有进丁及亲终期年者，则从流。计程会赦者，依常例，即至配所应侍，亦听亲终期年，然后居作。”唐律列举了存留养亲适用于“十恶”之外的死罪和流罪，适用条件是祖父母、父母年老或病疾，家无其他成年的男性后辈。确定存留养亲的程序是死罪犯人请示皇帝决定，流罪犯人由刑部等有关机关决定。在存留养亲期间，仍须承担各种规定的赋税。存留养亲的条件消失，即出现家里有了成年男子或祖父母、父母死亡满一年，继续服刑，但死刑改为流刑。宋、元、明、清各代都实行存留养亲制度。

（二）恤刑

恤刑，语出《尚书·舜典》：“钦哉钦哉，惟刑之恤哉。”考虑到刑罚可能滥用失当，量刑要心存悯恤之意，以使刑罚轻重适中。唐人陈子昂《谏用刑书》说：“臣不敢以微命蔽塞聪明，亦非敢欲陛下顿息刑罚，望在恤刑尔。”后世恤刑一般有两种，其一为对老幼、废疾、妇女减免；其二对狱囚的悯恤。恤刑还包括录囚、会审的减刑、清理淹滞（案件积压）以及赦宥。

1. 老幼废疾妇女减免

汉代对老幼废疾妇女减免有许多记载，包括免带刑具、免罪、减罪及雇人代役。按《汉书·刑法志》，汉景帝年间“著令：年八十以上，八岁以下，及孕者未乳、师、朱儒，当鞫系者，颂系之”。“鞫系”即监禁，“颂系”即免戴戒具，指在监禁期间，免戴戒具。“师”是指盲人，汉代盲人多从事乐师职业，故称师。据《汉书·宣帝纪》记载，汉宣帝年间下诏：“自今以来，诸年八十以上，非诬告、杀伤人，它皆勿坐。”据《汉书刑·法志》记载，汉成帝鸿嘉年间“令年未满七岁，贼斗杀人及犯殊死罪者，上请廷尉以闻，得减死。”据《后汉书·光武帝纪上》，东汉光武帝建武年间诏：“男子八十以上，十岁以下，及妇女从坐者，自非不道，诏所名捕，皆不得系。”唐制，凡是年七十以上、十五以下以及废疾者，流罪以下可以赎罪；八十以上、十岁以下以及笃疾者，犯反逆、杀人等死罪的可以上请减免，一般的盗或伤人也可以赎罪；九十以上、七岁以下，虽有死罪不加刑。如犯罪时未老疾，事发时老疾者，依老疾论；犯罪时幼小，事发时长大，依幼小论。宋、元、明、清沿袭其制。

2. 悯恤狱囚

汉宣帝曾下诏令郡国每年把因被笞掠、饥寒以及疾病而死于狱中的囚犯的姓名、籍贯、爵级上报，作为考察狱吏功过的依据。《晋令》规定，监狱房舍应完好牢固，草蓐要厚实；家人送来饭食，要为之递送；离家远无人送饭食的，官府给饭食费用，由狱卒给做饭。南齐时，狱囚有病，必须先申报到郡，由有关职司与医者对诊，远县准许家人探视，然后处治。北魏孝文帝曾下诏：罪人未判决而死于狱中，无近亲者，官府给衣衾棺椟埋葬，不得曝露。唐制，凡狱囚应该请领衣食、医药而不请领发给，以及该允许家人入监探视而不让，应脱去枷锁而不予脱去的，主管人员要受杖责六十，因此而致犯人死亡的，处徒刑一年；减窃囚犯食粮，笞责五十，因此而致犯人死亡的，处绞刑。对于犯罪官员，则更为优恤：狱居内五品以上每月沐浴一次，热天给浆饮，病时给医药，病重的脱去械锁，允许家人1人入侍；职事、散官三品以上，妇女、子孙入侍。宋、元、明、清均有相应规定。

3. 大赦

大赦，即在全国境内赦令所提及的已发现、未发现的犯罪行为都予以赦免，释放在押的或正在服刑的罪犯。赦免部分罪名或赦免部分罪犯称“特赦”。赦免某些地区的罪犯，称“曲赦”。《春秋》已有大赦的记载，称“肆大眚”。历代皆有大赦，从数百次到十数次不等。最少的是清代，19次大赦。赦免的对象一般附加若干限制，“十恶”是“常赦所不原”。杀人、放火、劫囚、官吏犯赃，以及屠牛、造毒一般不得赦免，最多只能减等。大赦的起因，大多是皇帝“驾崩”、登基、修改年号、结婚生子、祭祀天地以及“星变”、“灾异”、“山崩”、“地陷”、“嘉禾”等等。

按《清会典·刑部四·恤刑》，“凡恤刑之典：曰停刑，曰减刑，曰停遣”。停刑，当年停止执行死刑；停遣，即流刑、充军停止发遣。清代常因灾清理监狱，减等释放罪囚，有时一次达数百人。

4. 反对酷刑、滥刑

在中国古代，刑讯是合法的，刑讯的讯具、刑讯的部位和数目、方式，各代都有明确的规范和限制。同时，法外用刑和酷刑也大量存在。受儒家仁、恕思想的影响，大多数司法官员都比较注重贯彻慎刑、恤刑的原则。酷刑的出现一般是与胥吏擅权及酷吏、蠹吏相关。从现存的古代案例看，慎刑的记载多于酷刑，而酷刑的描述大多是主张慎刑的官员所为。

检阅古代司法文献，多数司法官员用刑比较审慎，依法刑讯似乎是常态。酷刑的发生主要有几种情况，即开国之初刑讯制度确立之前，皇帝的非正常更迭、皇帝昏弱而奸臣、宦官专权等国家政治生活不正常时期，大多与权力争斗有关。典型的酷吏有汉武帝时的杜周，武则天时的来俊臣，明成祖时的陈瑛。汉武帝是文帝的第十子，武则天、明成祖则属篡夺皇位。杜周“为廷尉，诏狱亦益多矣。二千石系者新故相因，不减百余人”。[①] 陈瑛“灭建文朝忠臣数十族”。宦官专权的典型是明代天启年间的魏忠贤，其用刑之残忍无所不用其极。

司法官员为应付考核、获取功名也是出现酷刑的原因之一。《贞观政要·刑法第三十一》说，贞观元年，太宗谓侍臣曰：“今法司核理一狱，必求深刻，欲成其考课。今作何法，得使平允?”谏议大夫王珪进曰：“但选公直良善人，断狱允当者，增秩赐金，即奸伪自息。”班固在《汉书·刑法志》说：“今之狱吏，上下相驱，以刻为明，深者获功名，平者多后患。谚曰：‘鬻棺者欲岁之疫。’非憎人欲杀之，利在于人死也。”由此不难看出，酷刑的出现也是司法原则与考核制度矛盾的产物，因而屡禁不止。

（三）情法平衡

所谓“平允”，即法律规定和清理的平衡。“平允”一词，在司法文献中是常见的词汇。因为合情不一定都合法，合法不一定都合情，故历代都要求司法官员审理案件在司法实践中要实现情法平衡。明代的《蒲阳谳牍》载有许多“情法平”的民事案例。诸如在他人的山地或林地入葬，按法应当迁坟，而迁坟在当时来说是很严重的事情，不合习俗，这就必须达到情法平衡，使案件的处理既合法又合情。方法是让墓主出资向山主或林主购买坟地，通过调解，或者判决结案。邻村、邻县的水源争议也常出现情与法的冲突。水源在一村或一县的境内，邻近村县无水灌溉，以调解或判决的方式，出资引水。司法调解的民事案件，尤其是亲属的纠纷，大多采用情法平衡的原则。清代的司法文献《刑案汇览》记载了许多情法冲突

① 《汉书》卷60《杜周传》，中华书局1982年版，第2660页。

的案件。诸如父亲与人争执，儿子为救父却失手误伤致死，处理的方式是处以死罪，又列入“可矜”。明清的可矜基本上是情法平衡案件。情法平衡，很多的情况下是“屈法申情”。

二　司法责任

司法责任最主要的是审判的法律责任，包括审判及可能影响审判结果的其他行为。秦代司法官有“不直”、“纵囚”、“失刑”等罪名。秦简《法律答问》：“罪当重而端轻之，当轻而端重之，是谓‘不直’。”枉法致使罪犯逃脱罪责，为“纵囚”；因过失量刑不当，有失轻重，为“失刑”。汉代稍有区别，出罪为故纵，入罪为故不直。出入人罪是历代刑律中的罪名之一，并逐渐予以规范。《唐律疏议·断狱》“官司出入人罪”条对出入人罪作了详细的规定，有全出、全入、以轻从重、以重从轻。全出、全入以全罪论；以轻从重、以重从轻，以所剩论。出入人罪分为故意和过失，“失于入者，各减三等；失于出者，各减五等”。在相关罪名中，对出入人罪也作了相应的规定。宋、元、明、清皆沿其制，并有所发展。

清代对各种司法责任的规定相当详细。除了官司出入人罪外，办理盗贼案的稽查防范、查验缉捕、期限和程序、捏报纵犯、失察捕役，办理命案伤害的侦查，杂犯处理，提解人犯的缉拿、拘提，递解人犯，人犯管理，审断案件的违反审限、审断不实、违反其他审理监狱管理和用刑规定，要承担相应的刑事和行政责任。除了司法官外，佐杂官包括佐贰官、管狱官、书差（文书管理）、捕役、狱差、解役等人员也要承担司法责任。

第六节　厂卫司法

厂卫司法是明代司法的一大特点。厂卫指锦衣卫和东西厂，廷杖属锦衣卫职能，所以也属厂卫司法。史称明代厂卫为害惨烈，但各个历史时期的程度也不尽一样。在多数的情况下，厂卫的弊端主要是其缉事权和审讯权与法司有冲突，侵夺了刑部的权限，使法律确认的司法制度的正常实施受到严重损害。

一　厂卫的设立

锦衣卫先于东西厂而设。洪武初年，禁止宦官干政。洪武十五年（公元1382年）设置锦衣卫。皇帝直属亲军有二十六京卫，以锦衣卫为首。

因明太祖实行重典，故在锦衣卫设有监狱，关押囚犯。锦衣卫滥施刑讯，屡造冤狱。洪武二十年（公元1387年），明太祖令焚锦衣卫刑具，将狱囚送刑部审讯。二十六年（公元1394年）重申此禁，内外狱尽归三法司。永乐初年复置锦衣卫狱。

与其他京卫一样，锦衣卫有指挥使1人、指挥同知2人、指挥佥事4人、校尉数万之众。锦衣卫所属的南北两镇抚司，南镇抚司理本卫刑名及军匠，北镇抚司专治诏狱。锦衣卫狱在天顺初由门达掌管，他又于城西设狱舍。天顺八年（公元1464年）二月门达败后，毁去新狱。

东厂始设于永乐十八年（公元1420年），厂址在东安门北。东厂由司礼监管理，提督东厂，有掌印太监1人。东厂提督一般由司礼秉笔出任，东厂无专官，掌刑千户1人，理刑百户1人，亦谓之“贴刑”，皆锦衣卫官，其隶役悉取自于锦衣卫。西厂设于成化年间，两度置废。成化十三年（公元1477年）正月，西厂由太监汪直提督，所领缇骑倍于东厂，五月罢，六月复设，十八年（公元1482年）三月再罢。先后六年，东西厂势力远在锦衣卫之上。正德元年（公元1506年）又设西厂，由谷大用提督。刘瑾又改惜薪司外薪厂为办事厂，荣府旧仓地为内办事厂，自领之。刘瑾被诛后，西厂、内行厂俱革，而东厂如故。

二 厂卫的职能

（一）锦衣卫职能

锦衣卫有侍卫、缉捕、刑狱三项职能，其中缉捕、刑狱属司法职能，负责侦查缉捕、刑讯、廷杖、会审、监督死刑执行、监狱管理。侦查缉捕盗贼奸宄是锦衣卫的主要职能之一，由官校执行。锦衣卫查办范围极为广泛，主要是缉查不轨妖言、人命、强盗重事。世宗时，曾限制锦衣卫不许参与其他词讼及在外州县事。妖书图本的侦查缉捕尤被注重。对妖书图本的侦查缉捕，诬告的现象十分严重。锦衣卫侦查之事，也可以直接报告皇帝。缉捕的另一项重要职能是奉旨提取罪犯。提取罪犯应从刑科给驾帖，都察院给批，有时不用驾帖。锦衣卫还参与巡捕之事。

刑讯是锦衣卫的另一项职责。刑讯案犯的来源有三。其一是为本卫所缉捕者；其二是为东厂所缉捕者；其三是皇帝所交办的大狱即所谓“诏狱”。分管刑讯的是镇抚司。

廷杖是锦衣卫的第三项职责，由官校实施执杖失仪大臣的事宜。锦衣卫还可以参加会审，本卫堂上官同三法司官在午门外或京畿道会问罪囚。

锦衣卫从刑科给驾帖，差官监督死刑执行。锦衣卫设有监狱，自行进行管理。

（二）东厂的职能

东厂的主要职责是侦缉谋逆、妖言、大奸恶，即政治犯罪。实际上东厂的司法侦查权极为广泛，上至官府，下至民间皆在其侦查范围之内。东厂侦查之事，随时直接报告皇帝，无须经过任何手续。自正统六年（公元1511年）始司礼监太监可以参与法司会审。正德年间东、西厂竞争，遣逻卒刺事四方，足迹遍及远州僻壤。

（三）厂卫的侵权与酷刑

厂卫经常侵越法司职权。厂卫由皇帝直接指挥，享有特殊司法权，司礼太监在大审中的地位实际上高于三法司。

滥刑是厂卫司法的重要特征，诬告、株连、冒功请赏泛滥。锦衣卫狱内刑罚异常残酷，刑械有镣、棍、拶、夹棍，五毒备具，设有断脊、坠指、刺心、“三琶”之刑，立枷重达一百五十斤，枷者不数日辄死。

三　厂卫发展历史及其成因

明代厂卫司法在不同的时期，活动情况不尽相同。锦衣卫狱在洪武年间只是短暂存在。建文年间无东厂，锦衣卫也无狱。锦衣卫狱复置于永乐初年。此时纪纲任锦衣卫指挥使，“纲觇帝旨”，广布校尉，“日摘臣民阴事”、诬陷、滥刑。纪纲死后，锦衣卫狱如故，但有所收敛。东厂设于永乐十八年（公元1420年），已是纪纲死后四年。永乐后期，虽厂卫并立，却无大害。洪熙、宣德两朝，厂卫均受约束。

锦衣卫“复张”于正统年间，但受制于东厂。东厂的跋扈始于正统后期。王振虽于正统初年掌司礼监，然而尚受阁臣所制约。正统七年（公元1442年）至正统十四年（公元1449年），“土木堡”兵败，为乱兵所杀，王振擅权有七年之久。王振采用授意、指令、受案的方式，摭小过，兴大狱。尽管王振诱导英宗使用重刑，正统刑狱也不少，但实际处死的不多。景泰年间，景帝登基后，鉴于校尉缉事之弊，禁止“诬罔”，厂卫相对平静。

明英宗天顺年间，倚重锦衣卫，逯杲、门达先后受到宠信。天顺初年门达为指挥同知，专任理刑；逯杲为锦衣卫校尉。门达经历了从平反重狱到屡兴大狱的变化，逯杲则“摭群臣细故以称帝旨”，遣校尉侦事四方，“无贿者辄执送达，锻炼成狱”。宪宗嗣位，门达贬官。之后不久门达被下狱，充军南丹。成化年间，汪直曾提督西厂，重法酷刑，最终被罢，锦衣卫则持平无冤。

正德年间，厂卫司法可分为两个阶段。第一阶段是正德元年（公元1506年）十月至五年（公元1510年）八月，刘瑾统领东西厂和内行厂，他通过左右武宗，凌驾于内阁之上，大起刑狱。对官员的惩处有罚米、削籍、除名、为民、戍、杖、谪、籍、荷重枷等，先后有数十人被廷杖，数人被杖死，荷重枷官吏军民非法死者数千。正德五年，刘瑾以谋反下狱伏诛。第二阶段是正德五年到正德末年至钱宁下狱。太监张锐领东厂缉事，钱宁掌锦衣，典诏狱，厂卫并称，势虽炽，钱宁似无大过恶。嘉靖和隆庆、万历、泰昌年间，厂卫相对安静。

天启年间，"厂卫毒极"。天启三年（公元1623年）十二月，魏忠贤提督东厂。杨链奏劾魏忠贤二十四大罪，魏忠贤复用廷杖，杖死万燝以立威，逼去阁臣叶向高，随后罢韩爌、朱国祯。顾秉谦为首辅，票拟皆徇魏忠贤之意，先后有汪文言案、熊廷弼案、周起元案等，多为诬指或伪造。锦衣卫使田尔耕、镇抚许显纯等"五彪"使用酷刑，死者大多拷毙于诏狱。至熹宗崩，共毙死者20余人，谪戍数十人，被削夺官爵者300余人。

崇祯时，厂卫获思宗倚用，王德化掌东厂，大行告密之风，惨刻肆虐，侦阁臣阴事，薛国观、周延儒之死，皆因厂卫刺事而起。厂卫之害，随着明朝亡国而退出历史舞台。

明代厂卫司法的形成及其时盛时衰的现象，有其深刻的政治和社会原因。其一，从皇权角度讲，厂卫是皇帝的耳目，其缉事权即侦查权是皇权的一部分；锦衣卫掌管"诏狱"，皇帝对一定级别官员拘捕、审讯、是由锦衣卫执行的。为了维护皇帝的司法权，加强对臣民的控制，有些皇帝必然倚重厂卫。其二，厂卫司法的衰兴，也同内阁是否强势及其对待司法的态度有关。弘治之前的阁臣多比较持正，景泰时阁臣力主轻刑，锦衣、太监亦无大害。成化时汪直掌西厂，两次被阁臣商辂、万安奏罢，时间不长。天顺间，锦衣官校恣横为剧患，阁臣李贤累请禁止。万历前期，张居正任内阁首辅，明法度，信赏罚，厂卫活动有所收敛。崇祯时依旧纷争，阁臣树党倾轧，致使思宗复用厂卫。

明代有十七朝，厂卫有大害的，主要有永乐的纪纲、正统的王振、天顺的逯杲和门达、成化的汪直、正德的刘瑾、天启的魏忠贤，共六朝，并在这六朝中也只占其中一段时间。相对明代277年而言，时间并不是很长。因此，我们应当恰如其分地评介明代的厂卫司法历史及其负面作用。

本章小结

古代司法制度是中华法系的重要组成部分，其完善程度和实施状况如何，是与各个历史时期法制和社会文明发展进程相适应的，我们应当从不同历史阶段的国情实际出发，实事求是地评判其社会作用。司法制度依托司法机构运行，司法机构的沿革既与国家结构形式相关，又有自身的发展和演化轨迹。各代的司法机构都是与当时的国家结构形式相协调，并随着诉讼、审判活动的需要和官制的变化而变化。中国古代从地方到中央，形成了一整套比较完整的处理民事纠纷和审理刑事案件的司法机制。民事纠纷主要是通过乡里组织的调解及州县审理解决的，中央则由户部审理。重大刑事案件的审理，是经过州县的初审、府和行省一级司法机构的复审、中央司法机构的复核等多层审判程序判决的，如果说州县的初审具有行政兼理司法特征的话，复审和复核则是由专门的司法机构或司法官员承担的。从中央到地方的各级司法机构，在审理刑事案件中有不同的分工和功能，不加分析地用“行政司法合一”概括古代司法制度的特征，无疑有偏颇之处。

古代的司法制度和司法原则经过了长期发展演变、逐步完善的过程。一般来说，后代都是在沿袭前代的基础上，在某些方面有所变革或创新。在儒家“仁恕”、“民本”、“惩奸安良”、“德主刑辅”等思想的主导下，不仅形成比较严密的刑事和民事诉讼制度，包括审级制度、复奏和复核制度、会审制度、检验和证据制度等在内的审判制度，以及刑罚执行制度、司法责任制度、司法监察制度等，还形成了司法权力制衡、倡导司法公正、注重“一准乎礼”、崇尚慎刑与恤刑、主张情法平衡和重视民事调解等司法原则。其中，慎刑是古代司法活动中始终强调的司法原则。维护伦理纲常和宗法关系是古代中国社会的重要特征之一，亲亲相隐、存留养亲、尊卑有别便是伦常原则在司法中的反映。中国古代的司法原则既有与社会形态相适应的特征，也包含许多各种社会形态通用的规则。与其社会形态相适应的一些特征，在今人看来属于应摒弃的糟粕，但在当时有其存在的历史合理性，应当客观实地予以分析和评判，而对可于各种社会形态通用的司法规则，则应借鉴或传承。

思 考 题

1. 名词解释

圜土　司寇　廷尉　大理寺　刑部　御史台　审刑院　推官　提点刑狱司　都察院　理问所　登闻鼓　翻异别勘　赎刑　大赦

2. 简答题

（1）简述历代中央司法机构及其职能的沿革。

（2）简述中国古代诉讼管辖制度。

（3）简述中国古代司法责任制度。

（4）概述中国古代恤刑原则。

（5）简述中国古代死刑复奏制度。

（6）简述中国古代民事调解制度。

（7）概述宋代的审理制度的特征。

（8）简述明清会审制度的形成与发展。

（9）概述明代厂卫司法。

3. 论述题

（1）试论中国古代的慎刑制度。

（2）简论中国古代基本的司法原则。

阅读参考文献

1. 杨一凡主编：《历代珍稀司法文献》（点校本），社会科学文献出版社 2011 年第 1 版。

2. 张兆凯主编：《中国古代司法制度史》，岳麓书社 2005 年第 1 版。

3. 张晋藩主编：《中国司法制度史》，人民法院出版社 2004 年第 1 版。

4. 那思陆、欧阳正：《中国司法制度史》（台北）国立空中大学 2001 年第 1 版。

5. 茅彭年：《中国刑事司法制度》先秦卷，法律出版社 2001 年第 1 版。

6. 尤韶华：《明代司法初考》，厦门大学出版社 1998 年第 1 版。

7. ［日］滋贺秀三等著，王亚新等编译：《明清时期的民事审判与民

间契约》，法律出版社 1998 年第 1 版

8. 那思陆：《清代中央司法审判制度》，北京大学出版社 2004 年第 1 版

9. 李凤鸣：《清代州县官吏的司法责任》，复旦大学出版社 2007 年第 1 版。

10. 赵晓耕：《大衙门：千古名案》，法律出版社 2007 年第 1 版。

第九章　中国近代的法制变革

内容提要

中国近代法制变革是中国历史上规模最大、影响最深的法制变革之一。本章在简要分析介绍中国近代法制变革发生的原因及基本进程的基础上，重点对清末民国时期宪法、行政法、民商法、刑法、民事刑事诉讼法及司法制度方面的变革情况进行考察分析，力求客观揭示中国近代法制发展的历史面貌和基本趋势。

第一节　近代法制变革的历史动因及基本进程

一　近代法制变革的历史动因

中国近代法制变革出现于20世纪上半叶，是中国历史上法制方面规模最大、影响最深的变革之一。这场变革历经清末及中华民国南京临时政府、北京政府、南京国民政府各时期，至20世纪40年代末大体告一段落，初步形成了与西方类似的近代法制系统，实现了从古代法制向近代法制的转换。中国法制之所以在这一时期发生如此重大的变化，原因是多方面的。

第一，时代的影响。

按照史学界一般的历史分期方法，17世纪中叶的英国革命是世界近代史的开端。从这时开始，西欧国家进入了向近代急剧转化的时期。随着一些国家革命和改革的发生，君主专制制度陆续为宪政民主制度所取代。而科学技术的进步和工业革命的兴起，则产生了近代大工业，带来了生产和市场经济的空前发展。在思想文化领域，产生了英国启蒙思想家、法国百科全书派等各种新思想流派，出现了“天赋人权”、“社会契约论”等对人类社会发展有重大影响的思想理论。法制方面则出现了走向法治、法律保障人权、司法独立等新的发展趋势。由于交通发达、人类活动能力增强及市场经济的发展，世界不同地区和国家间的联系日益紧密，到19世纪下半叶，不仅西欧北美完全走上了近代化的发展道路，包括东亚在内的世界其他地区也出现了向近代演化的趋势。

中国是世界上文明发展最早的国家之一，自古就与世界其他国家有广泛的经济文化联系。不仅中国文化远播海外，其他国家的文化也对中国有不可忽视的影响。佛教文化作为一种源于印度的外来文化，曾是中国文化的三大组成部分之一。当西欧已开始向近代社会过渡的时候，尽管由于十分复杂的原因，中国还处在与古代没有实质差别的发展阶段，但并没有完全脱离历史发展的时代步伐，始于西方的世界性发展趋势必然要影响到中国，使包括法制在内的社会各方面发生相应的变化。

第二，外来压力的促动。

伴随着西方近代化而来的是各强国的对外扩张。中国自19世纪40年代开始遭受西方列强的侵略，经过第一次鸦片战争、第二次鸦片战争、甲午战争和八国联军入侵等，不仅在经济上蒙受巨大损失，而且国家主权遭到破坏。西方列强通过不平等条约相继取得了在中国行使领事裁判权和协定关税权，在中国驻军以及在不平等情况下在中国经商和投资设厂的权利，并先后割占和租占了香港、九龙、台湾及澎湖列岛等。19世纪末20世纪初，还出现了西方列强在中国划分势力范围的狂潮，法国取得了在云南、广西修建和控制铁路的特权，德国租借了胶州，俄国租借了旅顺、大连，英国租借了威海，并将长江流域和山西划为其势力范围。

不断加深的外来侵略给中国造成愈来愈大的压力，迫使清政府作出相应的调整。第一次鸦片战争时期，林则徐、魏源等人就提出“师夷长技以制夷”的主张；第二次鸦片战争后，出现了以学习西方先进技术、建立和发展近代军事工业为主要内容的“洋务运动”；“甲午战争”的失败，暴露了“洋务运动”的缺陷，说明仅引进西方的技术，不改变中国的落后制度，不能真正实现富国强兵，因而到19世纪末，又出现了以改变国家制度为目标的“戊戌变法”。虽然从表面看，这次变法由于慈禧对“六君子”的镇压而失败了，但变法的大势已经形成，因而两年后慈禧在内外交困的情况下也走上了变法的道路。清末变法开始了国家制度向近代的全面转化，法制变革就是在这种大变化中出现的，从总体上看，也是外来压力导致的结果。

法制变革的出现，还与西方国家在中国行使领事裁判权这一更为直接的压力有关。1843年英国强迫清政府签订的《虎门条约》规定，英国水手等船上人员如违背禁约擅自到中国内地远游，被当地民人捉拿后，要交英国管事官处理。①《中英五口通商章程》进一步规定，英人华民倘遇有交涉词讼，英国领事有权参与处理，“其英人如何科罪，应由英国议定章程、法律发给管事官照办”。② 1844 年订立的《中美望厦条约》中也有类似规定。此后各国相继援引英、美先例，先后有 20 个国家在中国取得了领事裁判权。按照清政府与各国签订的有关条约的规定，发生在有约国外国人之间的案件，由外国领事或其在中国的特设法庭管辖，适用外国的法律；凡有约国外国人与中国人发生争讼，无论是民事案件还是刑事案件，均归被告所属国家的法庭管辖，适用被告人本国的法律。这样清政府就失去了对部分涉外案件的司法管辖权。此外，从 1854 年开始，还出现了在租界内进一步扩大领事裁判权的会审制度，相继在上海租界、汉口租界及鼓浪屿公共租界设立了会审公廨。按照 1869 年清朝地方政府与英、美、法三国签订的《上海洋泾浜设官会审章程》的规定，凡发生在租界内的案件，如当事人均系华人，且非洋人雇员，原则上由中国官员审理，其余案件均由中外官员会审，其中包括以中国人为被告的华洋混合案件，以无领事裁判权国人为被告的案件，及受洋人雇用的华人之间的案件。实际上上海会审公廨设立不久，就出现了非洋人雇员的中国人之间的案件也由领事会审的现象。

外国人在中国行使领事裁判权，是令中国当局深感头疼的问题。这不仅是因为领事裁判权的设立意味着国家的司法主权被破坏，影响国家的主权完整，损害国家的尊严，而且因为由外国领事审理其本国人为被告的案件，很难做到公正合理，往往出现在中国人看来是不公平的结果，不但纠纷得不到解决，有时反而酿成更大的事端，清末有些教案之所以越闹越大，就与有关国家的领事未能在法律上妥善处理此类事件有关。因而在清末，通过改变中国法律的落后状况以废除领事裁判权成为进行法制改革的动力和理由之一。

第三，社会相关因素的影响。

中国近代法制变革的出现，还与社会其他方面的情况有关。鸦片战争后中国社会的一个重要变化，就是在传统手工业大批破产和东南沿海地区自然经济瓦解的同时，近代企业逐步发展起来。自 19 世纪 60 年代起，清

---

① 王铁崖：《中外旧约章汇编》第 1 册，三联书店 1957 年第 1 版，第 35 页。
② 同上书，第 42 页。

政府和一些官僚、地主、商人便开始投资近代工业，到1900年，国内约有各种类型的华资企业570家，其资金总额为6900余万元。① 随着近代企业的兴起，市场经济有了一定的发展，社会经济的变化要求有新的法律与之相适应。

与法制变革相关的另一重要因素是政治制度的变化。从时间上看，政治制度的变化几乎和法制变化同时发生，但就两者关系而言，主要是政治制度的变化影响甚至决定法制的变化。中国在近代改革以前是一个以政治为主导的君主制国家，法律在一定程度上从属于政治，政治制度不改变，法律制度不容易发生大的变化。中国近代的法制变革是在清朝决定改变政治制度、实行君主立宪后才全面展开的，政治制度的变化是促成法制变化的一个重要因素。

总之，中国近代的法制变革是多种因素交互作用的产物。在影响法制变革的诸因素中，时代的影响最具有根本性。近代法制变革是具有时代特征的法制变化，只有在特定的时代才有可能发生，没有这个因素，中国法制也可能发生变化，但不会是近代性质的变化。外来的压力是导致法制变革发生的直接动因，它决定法制变革发生的时间和方式，影响法制变革的进程。至于社会经济、政治等因素，本身就是前两个原因的产物，只在较为具体的层面上起作用，主要影响法制变革的内容和进程。

二 清末的法制改革

（一）法制改革的酝酿

学术界一般将始于1901年的清末修律作为法制改革的开端，实际上这一过程可以追溯到更早的时候。第一次鸦片战争时期，就有人开始注意西方的法律，在广东负责禁烟的林则徐为了解国外的情况，曾组织人选译瑞典法学家和外交家瓦特尔所著《国际法》，译成后取名为《各国律例》。第二次鸦片战争后，随着“洋务运动”的兴起，又有一些西方法律被译成中文，出现了《万国公法》、《公法会通》、《公法总论》、《各国交涉公法》、《法国律例》等。据统计，至1895年，共译出西方法学书籍18种。② 与此同时，引进西方法律制度的思想和主张也陆续出现。19世纪80年代，陈炽等改良派人物就提出过建立商部、制定商律的主张。郑观应、

① 樊百川：《二十世纪初期中国资本主义发展的概况与特点》，《历史研究》1983年第4期，第20页。

② 李贵连：《近代中国法制与法学》，北京大学出版社2002年第1版，第10页。

何启、胡礼垣等还提出了模仿西方设立议院、由议员制定法律的思想。一些出使外国的官员也根据他们的所见所闻，得出了“今之立国，不能不讲西法”的认识。

这些思想发展到“戊戌变法”时期，形成了较为明确的改革主张。当时的变法人物都主张采择西方的法律制度，进行中国的改革。光绪二十四年（公元1898年）正月，康有为在《请开制度局及增置十二局事》中提出，民法、商法、讼律、国际公法等，“西人皆极详明”，中国应设专门机构，“采定各律，以定率从”。[①] 梁启超也主张参酌西方的议会制度，设立法部，制定新法。谭嗣同认为，西方法度政令美备，主张中国“尽变西法”。在他们的影响下，许多官员和在野人士都发出了要求变革法律的呼声。出使美国的大臣伍廷芳专门发回电报，奏请改法修律。光绪皇帝看后，命伍廷芳“博考各国律例及日本改定新例”，迅速酌拟条款，咨送总理衙门核办，毋得迟延。[②] 由于不久变法归于失败，维新派的这些主张未能实现。

1900年，八国联军入侵北京，以慈禧为首的清朝统治集团逃往西安。1901年1月，为了摆脱困境，挽救危机，清廷发布了“欲求振作，当议更张”的变法上谕。上谕中说，过去学习西方，仅仅是语言、文字、机器、制造而已，此为西艺之皮毛，而非西政之本原。明确提出要取外国之长，补中国之短，举凡朝章国故、吏治民生、学校科举、军政财政，皆可进行改革，并要求内外大臣就“现在情形”，参酌中西政要，于两月内提出变法意见。[③] 不久后又专门设立督办政务处，办理有关事务。朝中大臣及各地大员纷纷上奏章条陈变法事宜，两江总督刘坤一和湖广总督张之洞连续三次联名上奏改革主张，颇有影响。其第二次会奏提出禁讼累、省文法、省刑责、修监羁、教工艺、恤相验、改罚锾、派专官稽查监狱等改造审判制度和监狱制度的主张；第三次会奏提出定矿律、路律、商律、交涉刑律，设立法律学堂等建议。他们的主张基本为朝廷所采纳。

光绪二十八年（公元1902年）二月，清廷下达了进行法律改革的谕旨：“中国律例，自汉唐以来，代有增改。我朝《大清律例》一书，折中

---

① 沈桐生辑：《光绪政要》卷24，江苏广陵古籍刻印社1991年第1版，影印本，第1277页，1305页。

② 《大清德宗景皇帝实录》卷421。

③ 沈桐生辑：《光绪政要》卷26，江苏广陵古籍刻印社1991年第1版，影印本，第1551—1554页。

至当，备极精详。惟是为治之道，尤贵因时制宜，今昔情势不同，非参酌适中，不能推行尽善。况近来地利日兴，商务日广，如矿律、路律、商律等类，皆应妥议专条。着各出使大臣，查取各国通行律例，咨送外务部。并著责成袁世凯、刘坤一、张之洞，慎选熟悉中西律例者，保送数员来京，听候简派，开馆纂修，请旨审定颁发。"① 后不久，经袁世凯、刘坤一、张之洞等举荐，朝廷委派沈家本、伍廷芳具体负责修律事宜，法制改革遂进入实际运作阶段。

（二）清末法制改革的基本进程

清末法制改革大致可分为两个阶段。

1. "新政"阶段

从1901年开始，清政府按照变法的要求陆续推出各项"新政"。但在1906年以前，最高统治者并未下决心改变国家的基本制度，变法是在保留君主专制制度的前提下进行的，因而法制方面的改革有很大的局限性，不仅改革的范围受到限制，而且改革的方式也比较传统，仍在君臣体制的框架内，采取由朝廷决策并任命大臣办理的办法来进行各项法律的修订和制度的调整。

这一阶段法律改革的具体事宜主要由修律大臣沈家本、伍廷芳及光绪三十年（公元1904年）四月设立的专门机构——修订法律馆负责，其他机构有时也参与一些法规的拟订。所进行的改革主要包括两方面。一是变通旧律例。修订法律馆参照西方国家的刑法和刑事诉讼法，对当时的现行法律进行了大量的修改，废除了一些酷刑，缩小了刑讯的使用范围，并减少了满、汉等不同民族在适用法律上的差别。二是制定新法。颁布了《钦定大清商律》等中国最早的商事法律，并进行了近代诉讼法的起草。此外还配合工商、路矿、教育等方面的新政，制定了30多项以章程或简明章程形式出现的法规，用以规范新出现的各方面事务。为了充分参考各国法律，修订法律馆还进行了翻译外国法的工作，共译成法国、德国、日本等国刑事、民刑诉讼及司法制度方面的法律和有关著作20余种。

2. "预备立宪"阶段

光绪三十二年（公元1906年）七月，清政府在经过一年多的酝酿准备后，决定要模仿西方国家，实行宪政，并提出为仿行宪政要先进行"预备立宪"。

① 《大清德宗景皇帝实录》卷495。

“预备立宪”是中国近代史上的大事，它的出现不仅表明清末变法进入了全面展开阶段，同时也标志着中国国家制度开始发生根本变化。尽管清朝统治者决定实行这一改革的意图并不是为了削弱历代相沿的专制皇权，其“大权统于朝廷”的设想离真正的宪政体制也有一定的距离，但君主立宪与君主专制毕竟是两种有本质差别的制度，清末的“预备立宪”在客观上开启了一个攸关重大的历史转变过程。

为了实现“预备立宪”的计划，清政府在其存续的最后几年内出台了一系列措施。主要包括改革官制，调整中央和地方政府机构，准备实行地方自治；按立宪要求设立具有议会性质的资政院和地方咨议局；起草宪法；建立近代警察制度和军事制度；兴办新式教育；进一步推行发展近代工商业的政策等。同时法制改革也全面展开。首先是立法制度发生了变化，随着资政院的设立，增加了由资政院审议通过法律的程序。资政院模仿西方国家的立法机关，实行三读通过制度。虽然在清朝崩溃前这方面的改革未能全部完成，但新的立法制度已经开始出现，则是毫无疑问的。其次是制定各种新法的工作全面展开，除主要法典由修订法律馆负责起草外，各单项法规仍由有关部门拟订，从国家基本法、行政类新法到民事法、商事法、刑事法、民事诉讼法、刑事诉讼法等都在制定之中，虽然最后完成颁布者不多，但新法律体系的框架已清晰可见。在司法制度方面，确定了司法独立的原则，实行司法与行政分立，并进行了建立新审判机构和审判制度，建立现代法官制度，以及建立现代监狱制度，设立文明监狱等活动。通过这一阶段的改革，打破了在中国历史上延续两千多年的传统法制体系，初步确立了中国近代法制的类型和框架，为以后近代法制的形成发展奠定了基础。

三　民国前期的法制变化

1911 年 10 月爆发的辛亥革命结束了清朝的统治，建立了中华民国。中华民国的历史大致可以 1927 年南京国民政府成立为界，分为前后两个时期。民国前期是中国历史上的混乱时期，除只维持了三个月的南京临时政府为民主共和政权外，其余十几年间中央政府一直为军阀所控制。军阀与军阀之间，革命力量与军阀之间经常发生战争。但从清末开始的法制近代化并没有完全停滞下来，在这一时期仍有所发展。

（一）立法体制的变化

辛亥革命后成立的南京临时政府实行“三权分立”的国家体制，行使立法权的是带有民意机关性质的临时参议院，立法范围包括宪法和一般法律，所通过的法律由国家元首临时大总统公布。除立法机关外，政府也可在一定范围内制定和发布具有法律性质的政府令。政府令一般为适应当时的急需而发，具有暂行法的性质。

北京政府是军人控制的政权，论者一般认为，由于出现了军阀的独裁统治，民主共和国已被破坏。这种看法不无道理。但同时也应看到，在北京政府时期，除了为时不长的袁世凯称帝和张勋复辟帝制外，辛亥革命时期创立的国家体制在形式上仍在延续，立法体制并没有完全脱离“三权分立”体制下的发展轨道。北京政府初期以临时参议院为立法机关，1913年国会成立后，改由国会立法。国会常任委员会中的法制委员会负责法律议案的审查，此外还设有专门负责起草和审议宪法的宪法起草委员会和宪法会议。至1914年国会被解散，按当时制定的体现总统集权的《中华民国约法》的规定，应由立法院行使立法权，在立法院成立前，由参政院代行其职权。参政院从性质上讲属于大总统的咨询机关，对其通过的法律，大总统享有最后拒绝公布权，实际上大总统掌握了最高立法权。这种制度实行到1916年，此后国会恢复活动，又以国会为立法机关。为与立法机关配套，北京政府时期还设有法律编纂机构，1912年设法典编纂会，1914年改为法律编查会，1918年又改为修订法律馆，具体负责法律条文的拟订、修改及各项法典的编纂。除立法机关行使立法权外，北京政府时期也存在着政府通过发布总统令等政府令的方式进行立法的情况。

（二）法律与司法制度的近代化发展

民国前期的近代立法是在继承清末成果的基础上进行的。辛亥革命以后，民国政府在否定前清统治的同时，并未抛弃清末法制改革的成果，明确宣布前清法律除与民主共和国体抵触者外，准予援用，并在此基础上进行新的法制建设。

南京临时政府由于存在的时间较短，制定颁布的新法不多，主要是颁布与建立民主共和制度有关的宪法性法律和政府组织法，还颁布了一些政府令，内容涉及保护私有财产，保护民权，革除陋习，严禁人口买卖，废止良贱区别，改良司法等。其中具有宪法性质的《中华民国临时约法》在历史上占有重要地位。

北京政府时期由于国家体制问题比较突出，制定宪法的活动比较频繁，除颁布了具有宪法性质的约法外，还经过长期的起草讨论，制定颁布了内容完整的《中华民国宪法》及配套的选举法和政府组织法等。其他各项新法的制定也有一些进展。在刑法方面，把清末制定的新刑法予以修订后颁布使用，并制定了一些特别法。在民商法方面，援用清末现行刑律中的民事有效部分，颁布《商人通例》和《公司条例》，并在司法中积累了大量的民商判例。在诉讼法方面，北京政府在修改清末诉讼法草案的基础上编成《民事诉讼条例》和《刑事诉讼条例》，公布使用，并制定颁布了关于在未设法院的县由知事进行审判的制度和程序。孙中山领导的广州政府也把清末的民、刑诉讼法修改后公布使用。在司法制度方面，最高审判机关大理院的机构和职能进一步完善，并建立了行政诉讼制度、律师制度等。

四　民国后期近代法制系统的形成

1927 年 4 月，国民党在南京成立国民政府。南京国民政府以“三民主义”和“五权宪法”等理论为指导，沿着从清末开始的近代化方向继续进行建立新法律体系和司法制度的工作，初步实现了中国法制向近代的转化。

（一）立法体制的演变

南京国民政府成立之初，由于正式的立法机关尚未建立，按照国民党的“训政”理论和相关的原则，由国民党中央政治会议直接审议通过法律。1928 年 12 月立法院成立后，即以立法院为立法机关，但立法原则仍由国民党中央政治会议确定。立法院由委员 49 至 99 人组成，设正副院长各 1 人，及法制、外交、财政、经济、军事等委员会和秘书、统计、编译等处，此外还按立法工作需要设立刑法、民法、商法、自治法、土地法、劳工法等法律起草委员会。立法院的职权为议决法律、预算、大赦、宣战、媾和、条约及对外交涉等重要法案。开会时须有委员总数三分之一以上出席，出席委员过半数同意，方可议决。其议决法律须三读通过。立法院通过的法律，由国家元首以国民政府的名义公布。从立法院的组织形式和工作制度看，是较为正规的立法机关，但在不同时期其地位有所不同。在 1947 年公布实施《中华民国宪法》之前，立法院属于政府系统中位于国民政府委员会及国民政府主席之下的二级机构，而不是民意立法机关。立法委员由立法院院长提请国民政府任命，[①] 不是由选举产生。1947 年

① 1931 年通过的《修正中华民国国民政府组织法》曾规定立法委员的半数由法定人民团体选举，但由于有关的选举法律一直没有制定，因而这一规定并未实行。

《中华民国宪法》公布后，按照该宪法的规定，立法院为国家最高立法机关，其与中央各院及总统间是彼此独立、相互制约的关系，立法委员由选举产生，院长、副院长由立法委员互选产生，立法院“代表人民”行使立法权。这种体制下的立法院，与“三权分立”体制中的立法机关相比，性质比较接近，只是权力范围小一些。

（二）“六法”体系的形成及司法制度的发展

“六法”一词出自日本，清末法制改革时传入中国，泛指整个成文法体系。南京国民政府的法律体系按其构成可分为宪法、民商法、刑法、民事诉讼法、刑事诉讼法、行政法等六大部分，其形成与发展经历了几个不同的阶段。

1920年代末到30年代中期，是“六法”体系的形成阶段。南京国民政府制定公布了大量的新法。其中宪法方面有《训政时期约法》、《国民政府组织法》等；民商法方面有中国历史上第一部内容完整的民法典及公司法、票据法、海商法、保险法、破产法等；刑法方面公布了《中华民国刑法》和一系列单项法规；程序法方面颁布了《民事诉讼法》、《刑事诉讼法》和一些相关法规；行政法方面也有大量的法规出现。

抗日战争时期，中国处于非常状态，但“六法”体系仍有所发展。南京国民政府先后公布施行了《审计法》、《决算法》、《强制执行法》、《公设辩护人条例》、《违警罚法》、《律师法》、《公证法》等。同时还按抗战的需要制定了一些特别法，如《国家总动员法》、《惩治汉奸条例》、《惩治贪污条例》、《非常时期民事诉讼补充条例》、《非常时期刑事诉讼补充条例》、《非常时期战地公务员任用条例》、《非常时期农矿工商管理条例》、《查禁敌货条例》等。

抗战结束以后，南京国民政府的法律体系又有变化，主要是在结束“训政”、实行“宪政”的背景下，制定颁布了正式的宪法及《国民大会组织法》、《监察法》及五院组织法等。此外还进行了刑法、民事诉讼法、刑事诉讼法等基本法典的修订，行政类法规也有所增加。

在司法制度方面，南京国民政府对司法体系进行了调整，县设法院的工作有一些进展。行政诉讼制度进一步完善。此外，在中国实行了上百年的领事裁判权制度于第二次世界大战期间被废除，中国恢复了司法主权的完整。

第二节 宪法和近代行政法的产生及演变

宪法是人类文明发展到一定阶段的产物。中国在西方的影响下，19世纪70至90年代就出现了立宪思想的萌芽，以王韬、薛福成、马建忠、郑观应等人为代表的早期维新派曾提出设立“议院”、实行“君民共主”等主张。他们的思想后来被康有为、梁启超等继承并有所发展。但在戊戌变法期间，有关立宪的内容并未出现在变法诏令中。直到20世纪初清政府再次进行大规模的变法并决定要“仿行宪政”后，中国才开始出现立宪过程。随着宪政的产生与发展，行政类法律也发生了很大变化，建立在权力制衡与公民权利保护基础上的近代行政法逐渐形成并发展起来。

一 清末立宪及近代行政法的出现

（一）清末立宪

清末立宪是在清政府“新政”阶段的变法已进行多年的情况下出现的。以慈禧为首的清朝统治者之所以在进行数年改革之后又向前迈出如此重大的一步，原因是很复杂的。除了如一般教科书和有关论著所说，是为了瓦解孙中山领导的反清革命，回应立宪派和朝野其他阶层要求立宪的呼声及受1904年日俄战争的影响①等具体原因外，还有一个深层原因，即从1901年开始的以不改变君主专制制度为原则的变法既不能从根本上解决中国的出路问题，实现国人“富国强兵”的梦想，也不能挽救清朝日甚一日的颓势，因而随着时间的推移，越来越多的人认识到，仅有“新政”范围内的改革是不够的，欲求国家富强，必须改变国体，实行宪政，清政府也逐渐把挽救危机的希望转移到立宪道路的选择上。

光绪三十一年（公元1905年），为了进一步了解西方各国的政治制度，以便就立宪问题作出抉择，清廷派载泽、戴鸿慈、端方等五人出洋对日本等国的宪政进行考察。日本首相伊藤博文强调，实行立宪于君主国政体并无窒碍，但主权必须集中于君主，不可旁落于臣民。载泽等深为赞同。翌年回国后，在《奏请以五年为期改行立宪政体折》中，对考察情况进行了总结，认为实行立宪可使“皇位永固”、“外患渐轻”、“内乱可

---

① 日俄战争中，实行君主立宪制度的日本打败了君主专制的俄国，在当时中国人看来，说明立宪政体优于专制政体，日俄战争后中国出现了要求实行立宪的热潮。

弭”，并主张采取皇帝权力较大的日本体制。① 据此，清廷于光绪三十二年（公元1906年）七月宣布实行“预备立宪”，许诺在条件成熟时过渡到君主立宪政体。此后，清政府按照“大权统于朝廷，庶政公诸舆论”② 的原则和具体的筹备立宪安排，进行了官制、法制、财政、教育、军事等多方面的改革，并制定和公布了一些宪法性文件。

1.《钦定宪法大纲》

光绪三十四年（公元1908年）八月，清政府按筹备立宪计划颁布了由宪政编查馆制定的《钦定宪法大纲》。

宪法大纲共23条，分正文“君上大权”和附录“臣民权利义务”两部分。第一部分共14条。第1、2条规定了皇帝的地位：“大清皇帝统治大清帝国，万世一系，永永尊戴”；“君上神圣尊严，不可侵犯”。第3条至第14条规定了君主的各项大权：在立法方面，君主有权颁布法律，签发议案，凡法律未经皇帝批准，不能施行；行政方面，君主有用人之权，可以设官制禄，黜陟百司；司法方面，君主总揽司法权，委任审判官，并行使最高审判权；军事方面，君主统率海陆军队，编定全国军制；对外方面，君主有权对外宣战、媾和及订立条约，并可派遣使臣及认受使臣；在与议会的关系上，君主拥有召集、延长、关闭、停止、乃至解散议院的权力。此外，君主还可发布命令，宣布戒严，以诏令限制臣民自由。

《大纲》在肯定皇帝拥有各项重要权力的同时，对皇帝的权力也作了一定程度的限制。皇帝不得以诏令更改法律，也不得以诏令更改法院的判决；凡是制定的法律，非经参议院议决，不得随意更改。在议院闭会期间，遇有紧急之事，皇帝可颁发具有法律性质的诏令，并得以诏令形式筹措必要的费用，但必须在次年会议期间，交议院协议。

《大纲》的第二部分共9条。规定臣民有按法定资格为文武官员和议院议员的权利；于法律范围内有言论、著作、出版、集会、结社等自由；有请法官依法审判其呈诉的案件以及只受法律规定的审判衙门审判的权利；有非依法律规定不受逮捕、监禁和处罚，居住及财产不受侵害的权利；有依法纳税、当兵、遵守国家法律的义务。

《大纲》的两部分内容均主要仿自日本1889年宪法。但第一部分中删去了日本宪法中关于君主行使宣布戒严的权力要受法律限制的规定，此外

① 故宫博物院明清档案部：《清末筹备立宪档案资料》（上），中华书局1979年第1版，第174—175页。

② 《大清光绪新法令》，商务印书馆宣统元年初版，第1册，第16页。

还在一些条文中写上了日本宪法中所没有的“议院不得干预”等词语。第二部分中缺少日本宪法关于臣民有居住、迁徙、信教的自由及书信秘密不受侵害的规定。对君主权力的限制和所规定的臣民权利都略少于日本宪法，体现了其制定者着力保护皇权、限制民权的旨意，因而公布后受到了立宪派的激烈批判。

但《钦定宪法大纲》毕竟是中国历史上第一个宪法性文件，它的出现标志着中国的立宪改革已取得实质性的进展，这无论在中国政治制度史上，还是法律发展史上，都有十分重要的意义。尽管这部大纲内容还不够完整，且有过分保护皇权之嫌，但在以根本法的形式将皇权纳入受法律规制的轨道，同时对臣民的权利义务也予以明确规定这一点上，与近代其他君主立宪国家的宪法并没有本质的差别，其历史进步性是显而易见的。由于该大纲只是一个以后据以制定宪法的纲领性文件，公布后不可能像正式的宪法那样付诸实施，而且因两年多后清朝即已覆亡，清政府也没有来得及在它的基础上制定出正式的宪法，因而这部文件产生后并未在当时的改革中起到改变国家制度的作用，但它对于人们宪法意识的形成和传播有一定的影响，为以后的立宪奠定了基础。

2. 《资政院院章》和《咨议局章程》

光绪三十三年（公元 1907 年）八月，清政府为适应“预备立宪”的需要，决定在国会成立之前设立资政院，以行使国会的某些职权。第二年六月，资政院拟出其院章中的“总纲”和“选举”两部分，会同军机大臣奏准后予以实施。宣统元年（公元 1909 年）七月，清政府颁布了内容完整的《资政院院章》，于同年九月一日施行。该章程分为总纲、议员、职掌、资政院与行政衙门之关系、资政院与各省咨议局之关系、资政院与人民之关系、会议、纪律、秘书厅官制、经费等 10 章，另有附录 2 条，共 67 条。后不久，清政府又制定颁布了资政院《选举章程》和《议事细则》等。按照这些章程的规定，资政院“以取决公论，预立上下议院基础为宗旨”，由“钦选议员”和“互选议员”各 100 人组成，“钦选议员”由皇帝选派，“互选议员”由各省咨议局议员互相推举产生，各省督抚“复加选定”。资政院设总裁、副总裁各二人，由皇帝任命。资政院有议决预算、决算、新定法典、税法、公债及奉旨交议事件之权，但所议事项须经皇帝批准，方可见诸实施。皇帝有权停止资政院的活动，或予以解散。可见，资政院作为国会的前身，在议员产生等方面与正式国会还有一定差别。宣统二年九月一日至十二月一日，资政院在完成各项筹备工作后，举行了第一次常年会；第二年同一月日，在武昌起义爆发后，举行了第二次常年会。两次常年会所议事项颇多，其中速开国会案和弹劾军机大臣案在当时引起很大反响。

在筹设资政院的同时，清政府还进行了设立地方民意机关——咨议局的活动。光绪三十四年（公元1908年）六月，颁布了宪政编查馆拟订的《咨议局章程》62条及《咨议局议员选举章程》115条。这两个章程分别规定了咨议局的性质、职任权限、机构、议事方法、和督抚的关系、经费、纪律以及议员的数额、条件、任期、选举办法等。按其规定，咨议局为“各省采取舆论之地，以指陈通省利病、筹计地方治安为宗旨”，有议决本省应兴应革事宜及本省预决算、税法、公债、单行章程规则之修改，选举资政院议员，申复资政院及督抚咨询事件，收受本省自治会和人民陈请建议事件等权限。但议决事项须取得本省督抚同意才能生效，各省督抚有监督咨议局选举及会议之权，可令其停会或奏请皇帝解散。咨议局议长、议员都是通过民主选举产生。成年男子的选举资格依据其职业、社会身份、教育程度、财产状况来确定，妇女既没有选举权，也没有被选举权。

从章程的规定来看，咨议局并不是地方立法机关，所议决的议案没有完全的法律效力，不能强制地方政府执行。但它有权就包括修改本省法规在内的地方各种事项进行议决，具有地方议会的部分职能。根据以上两个章程的规定，各地进行了咨议局的选举。到1909年10月，除新疆缓办外，各省的咨议局如期成立。各地咨议局成立后，在促进地方经济文化发展及配合资政院推动宪政改革方面发挥了一定作用。

3.《重大信条十九条》

1911年10月武昌起义爆发，各省纷纷宣布独立。清廷为挽救危局，一面派兵镇压，一面下诏罪己，命资政院迅速起草宪法。资政院用三天时间制定和通过了《宪法重大信条十九条》，11月3日正式公布。《信条》采用英国君主立宪模式，按权力制衡原则缩小了君主的权力，扩大了国会的权力。规定“皇帝之权以宪法规定者为限”；“宪法由资政院起草议决，皇帝颁行之”；“宪法改正提案之权属于国会”；“总理大臣由国会公选，皇帝任命之”。还规定皇帝对内使用军队，“须依国会议决之特别条件”；“国际条约，非经国会之议决，不得缔结”。与《钦定宪法大纲》相比有较大进步，只是已无多大实际意义，不久清朝的统治即告崩溃。

（二）近代行政法的出现

清末近代性质的行政法主要出现于“预备立宪”以后。在此之前清政府虽然已进行了法制改革，但行政类的法律并未发生实质性的变化。清政府实行“预备立宪”后，一方面出现了行政机关与立法机关、司法机关的分化，行政法所依赖的相关制度发生了变化，另一方面法律体系的全面改革也影响着行政法的立法走向，因而所制定的行政类法律开始具有了近代法的性质。

1. 关于中央和地方官制的法规

在“预备立宪”前，清朝的政府机构就发生了一些变化，于各部院之外先后增设了总理各国事务衙门（后改为外务部）、商部、学部、巡警部等新机构。光绪三十二年（公元 1906 年）决定仿行宪政后，又按“预备立宪”的需要进行了官制改革，设度支部和邮传部，分别管理财政和交通、邮政、电信事务；同时改兵部为陆军部，掌管军政；改刑部为法部，掌管司法行政；改大理寺为大理院，专管审判；改商部为农工商部，全面负责农、工、商各政；改巡警部为民政部，掌管警察和户籍等事务；改理藩院为理藩部，仍掌管蒙、藏、回等民族事务。宣统元年（公元 1909 年），又设立了海军部，专管海军事务。宣统三年（公元 1911 年），设军谘府，为军事参谋机关。地方机构也进行了调整，主要有三方面，一是行政与司法分离，分别设立专门的行政机构和司法机构；二是根据社会的变化增设一些新的行政机构；三是实行地方自治，建立自治组织。由于清朝灭亡，地方机构的改革没有完成。

在官制改革中，清政府制定了一系列与新官制相对应的法规。主要有：《民政部官制章程》，光绪三十二年十二月奏准施行；《度支部职掌员缺章程》，光绪三十三年三月奏准施行；《学部官制》，光绪三十二年闰四月奏准施行；《礼部职掌员缺》，光绪三十二年十一月奏准施行；《陆军部官制》，光绪三十三年四月奏准施行；《法部官制》，光绪三十二年十二月奏准施行；《农工商部职掌员缺》，光绪三十二年十一月奏准施行；《理藩部员司各缺分定责任章程》，光绪三十三年六月奏准施行；《邮传部职掌员缺章程》，光绪三十三年六月奏准施行；《都察院整顿变通章程》，光绪三十二年十二月奏准施行；《各省官制通则》，光绪三十三年五月奏准施行；《各省学务官制》，光绪三十二年四月奏准施行；《各省巡警道官制并分课办事细则》，光绪三十四年四月奏准施行。

2. 关于职官选任和管理的法规

光绪三十一年（公元 1905 年），清政府因袁世凯、张之洞等所请，废除了在中国相沿已久的科举取仕制度，改从留学生和新式学堂的毕业生中选拔官员。此后陆续制定了一些与新制配套的法规。主要有：《游学毕业生廷试录用章程》，光绪三十三年五月奏准施行；《考试毕业游学生章程》，宣统元年六月奏准施行；《州县改选章程》，光绪三十四年八月奏准施行；《七品小京官及八九品录事官补缺章程》，光绪三十四年十月奏准施行；《民政部司员补缺轮次章程》，宣统元年二月奏准施行；《巡警道属官任用章程》，宣统二年四月奏准施行。在职官考核和奖惩方面，制定了《切实考验外官章程》，光绪三十三年十二月奏准施行；《各省地方官禁烟考成议叙议处条例》，光绪三十四年七月奏准施行；《考核巡警官吏章程》，光绪三十四年八月奏准施行；《吏部期满誉录奖叙办法》，宣统元年奏准施行。

3. 社会管理方面的法规

如《奖励华商公司章程》，光绪二十九年九月奏准施行；《华商办理实业爵赏章程》，光绪三十三年七月奏准施行；《农会简明章程》，光绪三十三年九月奏准施行；《商会简明章程》，光绪二十九年十一月奏准施行；《教育会章程》，光绪三十二年六月奏准施行；《法律学堂章程》，光绪三十一年七月奏准施行；《女子师范学堂章程》，光绪三十三年正月奏准施行；《大清报律》，光绪三十四年二月奏准施行；《结社集会律》，光绪三十四年二月奏准施行；《违警律》，光绪三十四年四月奏准施行；《国籍条例》，宣统元年闰二月奏定；《调查户口章程》，光绪三十四年十二月奏准施行。其内容较为广泛，涉及农工商经济、社会团体、治安管理等各方面。

此外，清政府还进行了筹设行政诉讼机关的工作，光绪三十二年九月拟订了《行政裁判院官制草案》。

清末出现的行政法规主要涉及行政组织和部分行政行为，其中关于行政行为的规定受国外影响较大。这些法规的出现，说明清末的行政立法已经突破了原来的框架。但由于当时还没有正式立宪，行政与立法、司法的权力分化还没有完成，因而行政类法律的更新还处在初始阶段，具有新法性质的法规远不足以形成完整的系统。而且新出现的法规多数都带有一定的临时性，有的还带有一些旧法的特征，从总体上看，属于过渡性的行政法律规范。

二　民国前期的宪法和行政法

（一）宪法

民国前期，由于政局多变，在宪政模式的选择和宪法的制定上曾多次出现反复，产生了许多宪法性的法律和文件。如民国元年公布的《中华民国临时约法》、《国会组织法》、《参议院议员选举法》、《众议院议员选举法》、《省议会议员选举法》；民国二年公布的《中华民国宪法草案》（天坛宪草)、《议院法》、《大总统选举法》、《众议院规则》；民国三年公布的《中华民国约法》、《地方自治试行条例》；民国八年公布的《中华民国宪法草案》、《县自治法》；民国十二年公布的《中华民国宪法》等。数量之多，在历史上实属罕见，其中有几部正式颁布的宪法及宪法性文件较为重要。

1.《中华民国临时约法》

辛亥革命后，为了对新成立的民主共和国的基本制度作出规定，南京临时政府制定了《中华民国临时约法》，1912 年 3 月 8 日经临时参议院通过后，3 月 11 日以临时大总统孙中山的名义公布。

《临时约法》分总纲、人民、参议院、临时大总统副总统、国务员、法院、附则 7 章，共 56 条。其主要内容是：第一，确认了民主共和国的国体。明确规定“中华民国由中华人民组织之”，“中华民国之主权属于国民全体”，从而肯定了以革命手段推翻清朝、建立民国的合法性。第二，确认中国是一个领土完整、主权独立、统一的多民族国家，以列举的方式对中国的疆域作了规定。第三，规定中华民国采用“三权分立”的原则组织中央政府。“以参议院、临时大总统、国务员、法院行使其统治权。”其中参议院是立法机关，行使立法权；临时大总统、副总统、国务员是行政机关，行使行政权；法院是司法机关，行使司法权。临时大总统在行使宣战、媾和、缔约、任免国务员等重要权力时，必须得到参议院的同意；参议院有弹劾临时大总统和国务员的权力。参议院议决事项咨由临时大总统公布施行。第四，在国家体制上，采取介于总统制和责任内阁制之间的特殊体制。一方面规定，国务员由临时大总统经参议院同意后任命，国务员辅佐临时大总统负其责任；另一方面又规定，临时大总统提出法律案、公布法律、发布命令，均须国务员副署，临时大总统行使权力要受国务员牵制。第五，规定了司法独立的原则，“法官独立审判，不受上级官厅之干涉”。第六，规定中华民国人民一律平等，享有人身、言论、出版、集会、结社、通信、居住、迁徙、信仰、保有财产及营业等自由，享有请愿、诉讼、参加任官考试、选举和被选举等权利，有纳税和服兵役的义务。第七，规定了《临时约法》的效力和修改程序。在“宪法未施行以前本约法之效力与宪法等”；“本约法由参议院议员三分之二以上或临时大总统之提议，经参议员五分之四以上出席，出席议员四分之三之可决，得增修之”。

《临时约法》是辛亥革命的产物，它以西方民主法制学说为基础，开创了中国宪政的新局面。它的主要特点是对临时大总统的权力作了很多限制，所列举的临时大总统的十一项权力中，凡是较为具体的实质性权力都规定须经参议院议决，或须依据相应的法律行使，有些权力的行使还须由国务员副署，因而这是一部比较特殊的宪法性文件。该法自公布之日起开始生效，其法定效力曾于1914年5月至1916年6月因《中华民国约法》的公布而中断，此后又被恢复。但在中央政府长期被军阀控制的局面下，实际上很难真正起到宪法的作用。其主要意义在于以根本法的形式确立了民主共和制度，在民国前期比较混乱的局面下为全社会提供了一个衡量政治合法性的基准，这对于引导当时中国的政治发展，维护民主共和制度有十分重要的意义。

2.《中华民国约法》

1912年3月10日，袁世凯在北京就任临时大总统，中华民国进入北京政府时期。袁世凯作为北洋军阀的代表人物，其政治追求并不是建立民主共和国，因而当他地位巩固，于1913年10月正式当选为大总统后，就开始着手改变以孙中山为首的革命党所建立的国家制度，1914年1月下令解散国会，同年5月公布了在他控制下制定的《中华民国约法》，同时宣布废弃《中华民国临时约法》。

《中华民国约法》共分国家、人民、大总统、立法、行政、司法、参政院、会计、制定宪法程序、附则等10章，68条。其基本特点是极力扩大大总统的权力，规定采用总统制，不设国务总理，各部总长直接隶属于大总统，不仅将《临时约法》对大总统权力的限制几乎全部撤销，废除了大总统公布法律等需要国务员副署的制度，并且还新增加了几项大总统的权力，如起草和公布宪法的权力，发布紧急命令的权力，紧急财政处分的权力等。此外，这部约法还废除了国会，改设立法院。立法院不能制约大总统，对大总统行使的各项权力无否决权，相反大总统对立法院议决的法律有批准权和否决权。大总统还可以召集、关闭，乃至解散立法会议。可见立法院只是形式上的立法机关。不仅如此，该约法还规定在立法院设立之前，由总统咨询机关参政院代行其职权。参政院由袁世凯指定的人员组成，是袁世凯控制政治的工具。实际上，立法院从未成立，立法权一直由袁世凯通过参政院行使。

因此，《中华民国约法》是袁世凯为扩张自己的总统权力而制定的。

该法通过后，袁世凯不仅独揽行政、财政、军事等一切大权，还拥有立法、司法等权力，《临时约法》确立的三权分立原则已被破坏。后不久，袁世凯又于同年12月发布了《修正大总统选举法》，规定大总统可以无限制连任，从而为其复辟帝制铺平了道路。1915年12月，袁世凯公开称帝，改"中华民国"为"中华帝国"，遭到全国人民的反对，不久后在郁闷中去世。

3.《中华民国宪法》

袁世凯去世后，北京政府几经更迭。1923年10月，直系军阀首领曹锟以行贿收买国会议员等手段当选为中华民国总统。10月10日，曹锟促使国会宪法会议正式公布了《中华民国宪法》。

这部宪法是在继承《中华民国临时约法》部分内容的基础上，经过长期的断断续续的起草讨论后形成的。共141条，分为国体、主权、国土、国民、国权、国会、大总统、国务院、法院、法律、会计、地方制度、宪法之修正解释及效力等13章。从其内容看，主要有四个特点。第一，维护民主共和制度，明确规定"中华民国永远为统一民主国"，并规定"国体不得为修正之议题"。鉴于以往军阀以武力改变中央政府、变更国体的教训，还规定："国体发生变动，或宪法上根本组织被破坏时，省应联合维持宪法上规定之组织，至原状恢复为止。"赋予地方各省维护国体的权力和责任。第二，在政府体制上采取责任内阁制，规定中央设大总统和国务院，由大总统和国务员共同行使最高行政权，大总统行使职权受内阁牵制，所发布的命令非经国务员副署，不发生法律效力。国务员、各部部长、国务总理向众议院负责，而不向大总统负责。众议院可对国务员、各部部长、内阁总理提出不信任案，经参议院同意后，罢免其职务。第三，在国家结构上采取单一制的国家形式，对中央权力和地方权力以列举的方式作了较为明确的划分。第四，进一步确立了司法独立的原则，规定法官独立审判，任何人不得干涉。为防止行政权或其他权力干预司法权，还明确规定：非依法律不得对现任法官实施停职、转职处理，也不得减少其薪俸；现任法官非依刑法宣告或纪律惩戒，不得对其免职。

《中华民国宪法》是民国时期第一部正式颁布的宪法，它汇集了民国建立后十年制宪所取得的成果，对三权分立的民主共和制度作了系统完整的规定，在制度设计及立法技术等方面都达到了较高的水平。由于当时中国在政治上处于混乱状态，不具备实施共和制宪法的条件，再加上曹锟贿选所造成的消极影响，这部宪法公布后没有真正施行，但它在中国宪政史上仍占有一定的地位。

（二）行政法

民国前期出现了许多近代性质的行政法规，宪法及其他法律中也有行政方面的规定，按其内容大致可分为三类。

第一，关于行政组织的法规和规定。民国前期公布的宪法和宪法性文件中，都有这方面的规定。此外还出现了许多专门法规。南京临时政府曾制定《中华民国临时政府中央行政各部及其权限》、《南京政府官制》等。北京政府颁布的法规较多，如 1912 年颁布的《内务部官制》、《交通部官制》、《国史馆官制》；1914 年颁布的《铨叙局官制》、《法制局官制》、《修正财政部官制》、《修正司法部官制》、《修正教育部官制》、《全国水利局官制》、《蒙藏院官制》、《审计院编制法》、《京师警察厅官制》、《省官制》、《县官制》；1916 年颁布的《政府组织令》、《修正政府直属官制》；1918 年颁布的《币制局官制》；1921 年颁布的《修正外交部官制》等，都带有行政组织法的性质。

第二，关于行政官员的选任和管理的法规。南京临时政府时期，曾拟订《文官考试令》、《外交官及领事官考试令》等，由大总统咨送参议院议决。北京政府时期颁布了《文官高等考试法》（1919 年）、《文官高等考试法施行细则》（1919 年），《文官普通考试法》（1919 年）、《文官普通考试法施行细则》（1919 年），《外交官领事官考试法》（1919 年），《文职任用令》（1915 年），《文官甄用令》（1915 年），《征收官任用条例》（1920 年），《中央行政官官俸法》（1912 年），《官吏服务令》（1913 年），《官吏违令惩罚令》（1914 年），《文官惩戒条例》（1918 年），《审计官惩戒法》（1914 年），《纠弹法》（1914 年）等。

第三，关于行政行为和行政救济的法规。北京政府时期颁布了《国籍法》（1912 年），《行政执行法》（1913 年），《违警罚法》（1915 年），《治安警察条例》（1914 年），《土地收用法》（1915 年），《森林法》（1914 年），《著作权法》（1915 年），《出版法》（1914 年），《勘报灾欠条例》（1915 年），《传染病预防条例》（1916 年），《火车检疫规则》（1918 年），《内务部管理药商章程》（1915 年），《民业铁路条例》（1914 年），《修治道路条例》（1919 年），《印花税法》（1912 年），《契税条例》（1914 年），《所得税条例》（1914 年），《会计法》（1914 年），《审计法》（1914 年），《商业注册规则》（1914 年），《大学规程令》（1913 年），《国民学校令》（1915 年），《私立大学规程》（1913 年），《高等师范学校规程》(1913 年),《警官高等学校章程》(1917 年),《内务部订定保存古物暂行办法》(1916 年),《诉愿法》(1914 年),《行政诉讼法》(1914 年),《平政院编制令》(1914 年),《平政院裁决执行条例》(1914 年)等,种类和数量都比清末明显增多。

三 民国后期的宪法和行政法

(一)宪法

民国后期宪法的制定情况和以前有所不同。按照国民党的建国理论和建国方略,其建国过程分为"军政"、"训政"、"宪政"三个阶段,在各阶段分别实行"军法之治"、"约法之治"和"宪法之治",宪法的制定以建国进程为转移。南京国民政府在"训政"和"宪政"阶段各制定了一部约法和一部宪法,其立法质量和实施程度都超过了民国前期。

1.《训政时期约法》

1928 年下半年,南京国民政府完成了以"铲除军阀"为目标的北伐,进入"训政"时期。同年 10 月,国民党制定公布了《训政纲领》,规定在国民大会召开之前,由国民党的全国代表大会代行国民大会的权力。与此同时,还制定公布了《国民政府组织法》,规定国民政府实行"合议制",由主席和委员组成国务会议,处理国务并决定重大事项,其下设行政、立法、司法、考试、监察五院,分别行使各方面的权力。此外,南京国民政府还分别制定了五院组织法。1931 年 5 月 5 日,在上述立法的基础上,南京国民政府召集国民会议,通过了《训政时期约法》,于 6 月 1 日由国民政府公布施行。

《训政时期约法》共 89 条,分为总纲、人民之权利义务、训政纲领、国民生计、国民教育、中央与地方之权限、政府之组织、附则等 8 章。其主要内容是:第一,规定中华民国国体为统一共和国,主权属于全体国民。第二,训政时期由国民党全国代表大会和中央执行委员会代表国民大会行使中央统治权;选举、罢免、创制、复决等四种"政权",由国民政府训导人民行使;行政、立法、司法、考试、监察等"治权",由国民政府行使。第三,国民政府设行政院、立法院、司法院、考试院、监察院,为五院制政府。第四,在中央与地方的权限划分上采用均权制。第五,人民享有宗教信仰、迁徙、通信、结社、集会、言论、著作等自由,并享有请愿、诉讼、诉愿等权利,以及法律上的平等权。除宗教信仰自由不受法律约束外,对其余自由权利采取间接保护主义,各项自由权利的保障依赖于法律，政府可以法律加以限制。第六，规定约法的效力高于其他法律，约法由国民党中央执行委员会负责解释。

《训政时期约法》是南京国民政府“训政”时期的根本法，公布后一直施行到1947年宪法公布，是中国近代史上实施时间最长的宪法性法律。

2.《中华民国宪法》

1932年12月，国民党四届三中全会决定起草宪法，筹备宪政。1936年5月1日，立法院通过了宪法草案，5月5日正式公布，史称《五五宪草》。《宪草》共148条，分为总纲、人民之权利义务、国民大会、中央政府、地方制度、国民经济、教育、宪法之施行及修正等8章。其主要特点是：第一，规定“中华民国为三民主义共和国”。把三民主义写进宪法，等于以根本法的形式确认国民党党义是国家的指导方针，这种做法当时引起很大争议。第二，“还政于民”，选举、罢免、创制、复决等“政权”由人民通过国民大会行使，立法委员、监察委员和立法、监察两院的院长、副院长由国民大会选举，不再由政府任命。第三，中央设总统和立法、行政、司法、考试、监察五院，总统的权力较大。第四，关于人民权利仍规定可以法律限制，但规定了限制的条件和范围。第五，在中央与地方关系上实行县级自治、省为中央与县联络机关的制度。第六，规定了体现“节制资本”、“耕者有其田”思想的经济原则。

《五五宪草》公布后，社会各界不断有修正意见提出。后由于日本全面侵华，抗日战争爆发，未能正式颁布实施。抗日战争胜利后，为了适时结束“训政”，实行“宪政”，南京国民政府又对该草案进行了修改，经制宪国民大会1946年12月25日审议通过，于1947年1月1日公布，同年12月25日正式实施。

《中华民国宪法》共147条，分为总纲、人民之权利与义务、国民大会、总统、行政、立法、司法、考试、监察、中央与地方之权限、地方制度、选举罢免创制复决、基本国策、宪法之施行与修改等14章。其主要内容为：第一，规定中华民国基于三民主义，为民有、民治、民享之民主共和国。第二，规定了人民的权利义务。人民有迁徙、言论、出版、信仰、集会、结社、通信等自由，享有选举、罢免、创制、复决、应试、服公职、受教育等项权利；人民的生命权、工作权、财产权及人身自由受法律保障，国家公务人员侵犯了人民的自由权利，人民有权向国家请求赔偿；人民有纳税、服兵役等义务。第三，规定了国民大会的组成及职权等。国民大会由按区域、民族、侨民、职业、妇女等所产生的代表组成，职权为选举、罢免总统、副总统，修改宪法，复决立法院提出的宪法修正案。国民大会的代表每六年改选一次，举行一次常会，遇有特殊事项，可召集临时会议。第四，规定了政府体制。以总统为国家元首，另设五院，行使立法、司法、行政、监察、考试等权力。总统的任期为六年，连选可连任一次。总统缺位，由副总统继任或代行其职权，总统、副总统都缺位或不能履行其职权，则由行政院院长代行其职权。总统统率陆、海、空军；有缔结条约、宣战、媾和及依法大赦、减刑、复权、任命官员之权；可依法公布法律，发布命令，宣布戒严，发布紧急命令；总统有行政院长、司法院正副院长、考试院正副院长的提名权及行政院副院长的任命权。立法院和监察院的委员由人民选举产生，院长、副院长由本院委员互选产生。地方政府分省、县两级，各设省长、县长，由人民直接选举产生。第五，对国防、外交、国民经济、社会安全、文化教育及边疆事项等作了规定。第六，规定了宪法修改的程序。“由国民大会代表总额五分之一之提议，三分之二之出席，及出席代表四分之三之决议”，或者“由立法院立法委员四分之一之提议，四分之三之出席，及出席委员四分之三之决议，拟定宪法修正案，提请国民大会复决”。

与《五五宪草》相比，《中华民国宪法》有许多改进之处。如关于国体，将“三民主义共和国，”改为“基于三民主义”的共和国，淡化了国体的“主义”色彩。关于人民的自由权利，改间接保障主义为直接保障主义，人民权利直接受宪法保障。关于总统的权力，规定总统依法公布法律、发布命令，须经行政院院长等副署；发布戒严和紧急命令，需经立法院通过或追认；提名行政院院长须经立法院同意；提名司法、考试两院的院长、副院长及大法官、考试委员等，须经监察院同意而任命。总统的权力大多不能独立行使。从总体上看，增强了对人民权利的保障和对总统权力的限制，关于政府组织的设计也比《五五宪草》更为合理，是一部按照国民党的“三民主义”、“权能分治”及“五权宪法”等理论制定出来的较为成熟的宪法。该法公布后，在形式上实施到1949年下半年，随着国民党政权的崩溃而告结束。

（二）行政法

南京国民政府时期行政法有很大发展，主要体现在三方面。

第一，行政组织法。这方面的法规主要出现于南京国民政府建立初期和1947年“行宪”前后。如1928年公布的《国民政府组织法》、《行政院组织法》、《监察院组织法》、《内政部组织法》、《外交部组织法》、《铨叙部组织法》、《财政部组织法》、《农矿部组织法》、《工商部组织法》、《交通部组织法》、《教育部组织法》、《铁道部组织法》、《建设委员会组织法》、《省政府组织法》；1929 年公布的《审计部组织法》、《司法行政部组织法》；1930 年公布的《县组织法》、《市组织法》；1931 公布的《实业部组织法》、《公务员惩戒委员会组织法》；1947 年重新制定公布的《行政院组织法》、《监察院组织法》等。此外，1931 年通过的《训政时期约法》和 1947 年通过的《中华民国宪法》中也有关于行政组织的规定。

第二，公务员法。这方面出现的法规数量较多，如 1929 年公布的《考试法》、《考绩法》、《文官俸给暂行条例》，1931 年公布的《公务员惩戒法》，1933 年公布的《公务员任用法》，1939 年公布的《公务员服务法》，1943 年公布的《公务员抚恤法》、《公务员退休法》，1949 年公布的《公务人员考绩法》等，对公务员制度作了系统规定。公务人员通过考试取得任职资格，考试分为高等考试、普通考试和特种考试，其任用有特任、简任、荐任、委任，除特任因涉及政务官按其他办法确定外，其余根据考试的种类和成绩的优劣，以及原来的任职经历等决定任职的等级。公务人员共分四等三十七级，其中政务官为一等一级，事务官为三等三十六级，事务官根据考绩决定其升迁。对公务员的失职、违法行为，分别给予撤职、休职、降级、减俸、记过、申诫等处罚。

第三，行政行为法和行政救济法。有大量的法规出现，仅收入《六法全书》的就有一百多种。如内政方面有 1929 年公布的《国籍法》、《禁烟法》、《度量衡法》、《工会法》、《渔会法》、《监督寺庙条例》；1930 年公布的《劳资争议处理法》、《农会法》；1931 年公布的《工厂检查法》、《户籍法》；1932 年公布的《行政执行法》；1934 年公布的《合作社法》；1939 年公布的《都市计划法》；1941 年公布的《律师法》；1943 年公布的《违警罚法》、《医师法》；1944 年公布的《建筑法》；1945 年公布的《会计师法》；1947 年公布的《户口普查法》等。财政方面有 1931 年公布的《银行法》、《营业税法》；1932 年公布的《预算法》；1934 年公布的《印花税法》；1938 公布的《决算法》；1943 年公布的《契税条例》；1946 年公布的《遗产税法》；1948 年公布的《所得税法》等。经济方面有 1929 年公布的《渔业法》；1930 年公布的《土地法》、《商标法》、《矿业法》；1932 年公布的《工厂法》、《森林法》、《商品检验法》；1935 年公布的《邮政法》；1937 公布的《商业登记法》；1942 年公布的《水利法》；1944 公布、1949 年施行的《专利法》等。教育文化方面有 1928 年公布的《著作权法》；1930年公布的《出版法》；1935年公布的《学位授予法》；1948年公布的《大学法》、《专科学校法》等。行政救济方面，1930年公布了《诉愿法》，1932年公布了《行政诉讼法》。

总之，南京国民政府时期行政法规及其他法律中涉及行政的规定大量增加，行政法形成了比较完整的系统。

第三节　民商法的近代化发展

近代民商法的转型包括两方面的内容，一是从国外引进近代民商法的原理和规范，结合本国的传统习惯，建立新的民商规范系统；二是通过制定包括法典在内的国家立法，形成民商法的成文法体系。自清末至民国，民商法基本是沿着这样的路径变化发展的。

一　清末民商法的修订

清末的民商立法模仿日本，采取民商分立的原则，民法和商法均以制定单独的法典为目标，同时也根据需要制定一些单项法规。

（一）民法典的起草

1.《大清民律草案》的拟订

《大清民律草案》是清末法制改革中出现得较晚的一部新法草案。改革之初，修律大臣沈家本等人认为，“各法之中，尤以刑法为切要”，[①]主要着眼于刑法的改革。直到光绪三十三年（公元1907年）四月民政部向朝廷奏请厘订民律后，制定民法的问题才被提上日程。同年九月，宪政编查馆正式把民法的编纂作为一项任务列入修律计划。第二年十月，修订法律馆聘日本法学家松冈义正为顾问，开始起草民法。

修订法律馆在起草过程中，以“注重世界最普通之法则”、“原本后出最精确之法理”、“求最适合于中国民情之法”、“期于改进上最有利益之法则”为宗旨，一方面“采用各国新制”，广泛吸收大陆法国家民法的一般原则和具体规定，另一方面，“或本诸经义、或参诸道德、或取诸现行法制”，从中国传统的礼教民俗中摭取相应的立法资源。[②]至宣统三年（公元1911年）九月，民律各编草案相继完成，修订法律馆将总则、债

① 《修律大臣沈家本等奏进呈刑律草案折》，见《大清光绪新法令》第19册，第26页。
② 《法律馆民律前三编编纂大意》，见新华书局1912年印《中华民国暂行民律草案》。

权、物权三编缮成黄册，奏请交内阁核定，亲属、继承两编准备会同礼学馆商定后，再行奏进。因武昌起义爆发，未能完成。

2.《大清民律草案》的内容

《大清民律草案》共有5编，1569条。第一编总则，下设法例、人、法人、物、法律行为、期间及及期日、时效、权利之行使及担保等8章，分别对自然人的权力能力、行为能力、责任能力、住所、人格保护及法人的意义和成立要件、法人的各项民事权利、社团法人、财团法人，以及意思表示、契约行为、代理行为、取得时效、消灭时效等民法上的基本问题作了规定。第二编债权，下设通则、契约、广告、发行指示证券、发行无记名证券、管理事务、不当得利、侵权行为等8章，分别规定了债权的标的、效力、让与、承任、消灭以及各种形式的债的意义和有关当事人的权利义务等。第三编物权，下设通则、所有权、地上权、永佃权、地役权、担保物权、占有等7章，主要规定了各种财产权的取得、行使、变更、消灭等。第四编亲属，下设通则、家制、婚姻、亲子、监护、亲属会、扶养之义务等7章，分别对亲属关系的种类和范围、家庭制度、婚姻制度、未成年人和禁治产人的监护、亲属间的扶养等作了规定。第五编继承，下设通则、继承、遗嘱、特留财产、无人承认之继承、债权人或受遗人之权利等6章，分别规定了自然继承的范围及顺位、遗嘱继承的办法和效力、尚未确定继承人的遗产的处置办法及对债权人和受遗人利益的法律保护等。

其前三编主要以日本明治二十九年（公元1896年）公布的民法为蓝本，同时参考了德国和瑞士的民法。草案中采取了私有财产所有权不可侵犯、契约自由、过失致人损害应予赔偿等近代西方国家民法的基本原则。物权编规定，“所有人于法令之限制内得自由使用、收益、处分其所有物”，“于其所有物得排除他人之干涉”；总则编规定，契约须经双方同意才能成立，“要约经拒绝者，失其效力”；债权编规定，“因故意或过失侵他人之权利而不法者，于因加侵害而生之损害负赔偿之义务”，“官吏公吏及其他依法令从事公务之职员因故意或过失违背应尽之职务向第三人加损害者，对于第三人负赔偿之义务”，“为某种事业使用他人者，于被用人执行事业加损害于第三人时，负赔偿之义务”。草案中对中国旧有习惯亦有所参酌，但吸收者不多，如对中国普遍存在的“老佃”、“典”、“先买”等就没有加以规定。

后二编虽然也采纳了一些西方国家的民事法律，但更注重吸收中国的礼教民俗。如亲属编取家属主义而不取个人主义，规定“家政统于家长”，

“家长以一家中之最尊长者为之”；男女结婚须经父母同意；男子不满三十岁、女子不满二十五岁，离婚也须经父母同意；继承编关于自然继承规定，受继人即使有不利益之事，亦不得抛弃继承。这些都来自中国的传统。

从总体上看，《大清民律草案》前后未能贯通一气，不是一部成熟的法律草案，但它毕竟是中国第一部独立的民法典草案，在历史上有很大影响。

（二）商事立法

清末制定商法的主张出现得较早，19世纪80年代，就有一些改良派人物呼吁建立商部、制定商律。20世纪初清廷决定变法后，制定商法的问题再次引起关注。光绪二十七年（公元1901年）二月，出使俄奥国大臣杨儒在给朝廷的奏章中提出，为扭转中外互市以来中国所处的劣势，亟应定“商务之律”，设“商务之局”。同年六月，地方大员刘坤一和张之洞在第三次会奏变法事宜中，也提出了同样的主张。光绪二十八年（公元1902年）二月，清廷在关于变法修律的上谕中明确提出要在修订《大清律例》的同时，根据当时的需要制定矿律、路律、商律等工商法律，商事立法遂作为法律改革的一项任务被列入日程。

1. 立法情况

清末制定颁行的商事法律法规主要有：

（1）《钦定大清商律》。由商部制定，光绪二十九年十二月（公元1904年1月）奏准颁行。该律由《商人通例》和《公司律》组成。其中《商人通例》9条，分别规定了商人的意义和条件以及妇女经商、商号、商业账簿等，具有商法总则的性质。《公司律》131条，分为公司分类及创办呈报法、股份、股东权利各事宜、董事、查账人、董事会议、众股东会议、账目、更改公司章程、停闭、罚例等11节。规定：凡凑集资本共营贸易者名为公司，公司共分合资公司、合资有限公司、股份公司、股份有限公司4种；公司必须设置经理；股分公司和股份有限公司必须设董事局和查账人，并定期举行股东大会，讨论决定公司的重大事项；设立合资有限公司，必须订立合同，呈报商部注册后，方准开办；设立股份公司和股份有限公司，除订立创办合同外，还须待股数招齐、并经股东大会审查无误后，方可呈报商部注册开办；公司欲增加股本，必须经股东大会决议并呈报商部注册；公司账目每年至少结算一次，必须确有赢利，方可分派股息，但至少须将赢利的二十分之一用作公积金；公司如股本亏蚀及半或存续期满或股东低于法定人数，即作为停闭，停闭后要由专人进行清理。《钦定大清商律》是中国第一部独立的商法，颁布后一直使用到民国三年（公元1914年），北京政府颁布新的商人通例和公司条例后，方告失效，在中国商法史上占有重要地位。

（2）《破产律》。由商部起草，脱稿后送沈家本、伍廷芳共同商定，于光绪三十二年（公元1906年）四月奏准颁行。全律分呈报破产、选举董事、债主会议、清算账目、处分财产、有心倒骗、清偿展限、呈请销案、附则等9节，计69条。规定：商人遇有破产事项，应赴地方官及商会呈报，待查明后进行破产宣告；宣告破产后应选举专门人员负责清理有关事务，并召开债主会议，商议清偿办法；待账目核算清楚后，将破产财团按平均成数摊还各债主；对有心倒骗者分别以监禁或罚金处罚之。该律颁行后不久，因上海钱业元大亨等所请，宣布第40条（关于经手帑项公款的商家倒闭的规定）暂缓实行。第二年十月，农工商部又奏请将该律交修订法律馆统筹编纂，但由于措辞含糊，未明确提出该律停止使用，因而有的地区仍在执行。

（3）《公司注册试办章程》。由商部制定，光绪三十年（公元1904年）五月奏准颁行。共18条，规定了公司及各种商业行铺注册的效力、注册时所必备的手续、注册的程序和办法等，内容较为简单。

（4）《运送章程》。农工商部起草，宣统二年（公元1910年）八月奏交资政院审议，十二月奏准颁行。其中正文54条，分为总则、运送承办人、运送营业者3章；附则2条。大约相当于商行为法中有关运送营业的部分，是一部比较详细的单行法规。

（5）《大小轮船公司注册给照章程》。邮传部订，宣统二年（公元1910年）三月奏准颁行。共20条，专门规定了轮船公司的注册程序。

未及颁行的商法草案有：

（1）《商律草案》，亦称《志田案》。修订法律馆聘日本法学博士志田钾太郎起草，自宣统元年（公元1909年）起陆续脱稿。共分5部分。

第一部分总则，下分法例、商业、商业登记、商号、营业所、商业账簿、商业所用人、商业学徒、代办商等9章，计103条。

第二部分商行为，下分通则、买卖、行铺营业、承揽运送业、运送营业、仓库营业、损害保险营业、生命保险营业等8章，计236条。

第三部分公司律，分6编16章。第一编总则，下设法例、通则2章；第二编合名公司，下设设立、内部之关系、外部之关系、股东之入股及退股、解散5章；第三编合资公司；第四编股份公司，下设设立、股份、股东总会、董事、监查员、会计、公司债、定章之变更、解散9章；第五编股份合资公司；第六编罚则；共312条。

第四部分票据法，分3编15章。第一编总则，下设法例、通则2章；第二编汇票，下设汇票之发行及款式、票背签名、承诺、代人承诺、保证、满期日、付款、拒绝承诺及拒绝付款之场合执票人之请求偿还权、代人付款、副票及草票、汇票之伪造变造及遗失、时效12章；第三编期票，下设期票1章；共94条。

第五部分海船律，分6编11章。第一编总则，下设法例、通则2章；第二编海船关系人，分所有者、海员2章；第三编海船契约，分运送物品契约、运送旅客契约、保险契约3章；第四编海损，分共同海损、海船之冲突2章；第五编海难之救助；第六编海船债权之担保，分法定债权、抵当权2章；共263条。

全律合计1008条，体例严谨，内容周详，但有不少脱离中国实际之处。由于该律是按照商法典的规模和要求来编纂的，因而起草的过程较长，至辛亥革命爆发，尚未全部定稿。已完成者中有些也未经修订法律馆审核，因而均未颁行。

（2）《改订商律草案》。农工商部拟订，宣统二年十一月（公元1911年1月）奏交资政院审议。共分总则、公司二编。总则编分为商人、商人能力、商业注册、商号、商业账簿、商业使用人、代理商7章，共86条；公司编分为总纲、无限公司、两合公司、股份有限公司，股份两合公司、罚例6章，计281条。内容远较《钦定大清商律》完整、周密，是一部比较成熟的商法草案。

（3）《破产律草案》。修订法律馆聘日本法学士松冈义正起草，宣统元年（公元1909年）完成，共337条，内容较为周详。

（4）《保险规则草案》。农工商部订，共124条，经宪正编查馆厘正后，于宣统二年（公元1910年）八月奏交资政院审议。

2. 基本特点

清末商法是在中国出现严重的民族危机，同时近代工商业又有一定发展的情况下出现的，这就决定了它必然带有不同于其他国家商法的某些特点。

第一，在内容来源上，所订各法主要模仿德、日、英等西方国家的商法，同时也吸收了一些中国的商事习惯。如《钦定大清商律》主要仿自英、日公司法和商法；《改订商律草案》主要仿自日本1899年商法，同时也从德国1900年商法中吸收了一些内容；《志田案》中除票据法主要仿自1900年的《海牙统一票据条例草案》外，其余几部分主要模仿日本1899年商法和德国1900年商法。除《志田案》外，前二者中都有一些采自中国商事习惯的条文。《钦定大清商律》中，此类条文有28条，《改订商律草案》中有30余条。其他法规也有此种情况，特别是《破产律》，"沿袭中国习惯者居多，采用外国条文者甚少"①，主要根据中国的习惯拟成。

第二，在立法原则上，所订各法充分照顾商事活动的简便性及敏捷性要求，以宽为主，从各国商法和中国商事习惯中采取了大量的与商为便的规定。如《钦定大清商律》关于一般商业注册与否听其自便及公司只要符合法定条件均可成立的规定，《改订商律草案》关于无限公司的内部关系以从定章为主及无论何种公司都可变更其种类的规定等，都体现了这一原则。这在客观上有利于鼓励私人投资近代企业，促进近代工商业发展。但有些法律对商事活动的安全性要求照顾不够。如《钦定大清商律》中《商人通例》仅有9条，关于商业登记、商业使用人、商业代理人等方面的规定都付缺如；其《公司律》中关于无限公司和合资有限公司的条文也很少，特别是对合资有限公司的资本额和公司机构未作任何规定，极易滋生流弊，不利于保护商事活动的安全。

第三，在具体内容上带有一些当时特有的时代环境烙印。如《钦定大清商律》关于商人能力规定，男子十六岁以上有完全的商人能力，可独立为商，妇女只在"上无父兄或本商病废而子弟幼弱、尚未成丁"的情况下，方可为商；有夫之妇经商，不仅须经丈夫许可，而且遇有钱债纠葛，本夫不能辞其责。实际上是不承认妇女的独立地位。此外，无论是《钦定大清商律》、《改订商律草案》，还是《志田案》，对外国公司均无规定。当时的日本公司法关于外国公司专设一章，清末商法模仿日本商法之处颇多，但关于这个问题却不采取日本法的规定，这与当时中国地位虚弱及主权不完整有一定的关系。

二　北京政府时期的民商法

北京政府时期民商立法仍采取民商分立的原则，但制定新法的工作进

① 《商部致顾问官张謇及上海商会等论破产律书》，载《商务官报》第12期，光绪三十二年六月（1906年7月）刊出。

展缓慢，十几年中只颁布了少量商事法规，民法典则始终未能正式颁布实施，司法中适用的主要是《大清现行刑律》及相关则例中的民事部分、民商习惯及司法中形成的判例等。

（一）民事立法

1. 民法典草案的修订

北京政府在《大清末民律草案》的基础上继续进行民法典的修订。民国初司法部曾提出援用清末民律草案，参议院以该草案未经立法程序为由，予以否定。后由法律编查会对该草案加以修订。1918 年法律编查会改为修订法律馆后，继续进行此项工作。至 1926 年，在调查各省民商习惯，并参照各国最新立法的基础上，编成新民法草案，分为《总则》、《债》、《物权》、《亲属》、《继承》五编，计 1522 条。此时国会已被解散，政局混乱，未能颁布。

2. “现行律民事有效部分”的适用

清末法律改革中曾在修订《大清律例》的基础上编成《大清现行刑律》，作为新刑法实施前暂时使用的法律。该律虽名为刑律，实际上也包含着一些民事规范，民国初由于民法典一时不能颁布，遂决定将这部法律中的民事部分加以援用。1912 年 4 月参议院议决：“嗣后凡关于民事案件，应仍照前清现行律中规定各条办理”。[①] 1913 年，作为最高司法机关的大理院明确宣布，民法典尚未颁行，前清现行律中关于民事各规定继续有效。[②] 1914 年，大理院重申，“民国民法法典尚未颁布，前清之现行律除制裁部分及与国体有抵触者外，当然继续有效”。[③] 此处所说清朝现行律中民事有效部分，包括《大清现行刑律》中服制、名例、户役、田宅、婚姻、犯奸、钱债等部分中的民事规范及清朝《户部则例》中户口、田赋等有关条款。这部分法律在民国初被确定继续有效后，一直使用到 1929 年 10 月南京国民政府公布民法典为止。

“现行律民事有效部分”是民国前期的主要民事法律，很多民事案件的判决都以此为依据。从有关案例可以看出，适用“现行律民事有效部分”，使一些从古代延续下来的法律规范继续起作用，有时会出现某些规范与其他新法相冲突的情况。对于这个问题，北京政府的司法机关有时通过在处理案件过程中对有关规定予以变通解释的方式来解决。因而通过对

① 谢振民：《中华民国立法史》，中国政法大学出版社 2000 年第 1 版，第 742 页。

② 《大理院判例要旨汇览》（二年度），民法第一编第一章，大理院印本。

③ 大理院民事判决“三年上字第 304 号”，中国第二历史档案馆，全宗号 241，卷号 1940。

这部分法律的适用，也为当时和以后的民事立法积累了一些经验材料。

（二）商事立法

民国建立后，最初仍沿用清末的《钦定大清商律》，但该律存在的问题较多，清宣统时就决定要予以更新，至民国时更不能满足社会的需要，因而民国初就有人呼吁制定新的商事法律。1914年，北京政府将清末商事法律草案中比较成熟的《改订商律草案》加以修改后，更名为《商人通例》和《公司条例》颁布使用。此外还于同年颁布了《商人通例施行细则》、《公司条例施行细则》、《商业注册规则》、《商业注册规则施行细则》、《公司注册规则》、《公司注册规则施行细则》等。

《商人通例》共73条，分为商人、商人能力、商业注册、商号、商业账簿、商业使用人及商业学徒、代理商7章，具有商法总则的性质。其体例主要模仿日本1899年商法，内容采自日本1899年商法和德国1900年商法者较多，也吸收了一些中国的商事习惯。

《公司条例》共251条，分为总纲、无限公司、两合公司、股份有限公司、股份两合公司、罚则等6章，是一部内容完整的公司法。规定无限公司由2人以上设立，须订立章程呈请官厅注册，股东应对公司债务负连带责任。两合公司由无限责任股东与有限责任股东组成，其有限责任股东的责任以其出资额为限。股份有限公司应有7人以上为发起人，由发起人订立章程，自认或募集股份，于第一次股银缴齐后选任董事及监察人，或召集创立会选任董事及监察人。股东的责任以其缴清股银为限。股份两合公司由无限责任股东发起人订立章程，募集股份，召集创立会选任监察人。股东至少一人负无限责任，其余只就所认股份负缴纳股银之责。

由于《公司条例》是以大总统教令的方式公布的，未经立法程序，因而北京政府又另外进行公司法的起草。1916年法律编查会拟成《公司法草案》7章259条，但未能议决颁行。此外，北京政府还对清末留下的破产法草案、海商法草案、票据法草案等进行了修订，均未颁行。

（三）民商习惯与判例

1. 民商习惯的调查与适用

中国近代的民商习惯调查始于清末。清政府在制定近代民商法过程中，从光绪三十四年（公元1908年）开始进行大规模的民商习惯调查，由修订法律馆拟出调查提纲，各地设专职人员负责组织调查活动，所形成的调查报告再汇总至修订法律馆。由于清朝覆亡，这一时期的调查所得材料当时未能整理使用。

北京政府时期出于立法和司法的需要，继续进行民商习惯调查。1917年，奉天省高等审判厅向司法部呈请创设民商习惯调查会，1918年，司法部发布训令，要求各省高等审判厅仿照奉天高等审判厅，限期设立民商习惯调查会。此后，除少数边远地区及宣告独立的广东、广西、云南外，其余省区均设立了此种机构，民商习惯调查遂全面铺开。1919年，司法部又制定了统一的调查报告书格式及用纸要求，颁发全国。此次调查持续的时间较长，其高潮期达4年左右。

清末民初的民商习惯调查是中国民商法发展史上的大事。从1923年开始，就有人对调查材料进行系统整理，出版了《中国民事习惯大全》一书。1926年，北京政府司法部又组织人进行大规模的整理编纂，曾编出系统的目录，计划将全部材料汇编成《民商习惯调查录》，分13期在《司法公报》临时增刊上发表。由于北京政府两年后即已崩溃，此项工作未能完成，只刊出了前两期便告中断。至1930年，南京国民政府将《民商习惯调查录》中民国时期的民事部分酌加修订后付印。①

在北京政府时期，民商习惯是司法中可以使用的判案依据。司法部于1915年发布通饬，要求在审理民事案件中，“遇有法规无可依据，而案情纠葛不易解决者，务宜注意于习惯”。② 并要求各审判厅厅长率领民庭的推事调查了解各类习惯，审理案件时邀请当地知名人士就当地习惯作出陈述，以供法庭参考。可见，民商习惯的来源是比较广泛的。但并非所有习惯都可作为习惯法加以引用。按当时大理院的解释，“习惯法”应具备四个要件，即人们在内心确信其为法；同一时期内在同类事项上反复出现；法令没有相关规定；无悖于公共秩序和利益。③ 具备这些条件的习惯才可在司法中作为判案依据使用。

2. 民商判例、解释例

中国古代就有在司法中使用“例”的制度。民国前期由于法律不完备，判例的作用格外重要。作为最高司法机关的大理院，在处理案件过程中，对于法律没有规定或有规定而有歧义的事项，往往“调查国情，参以学理，著为先例”。此外，大理院还经国家机关或社会团体的提请，就有关法律事项作出解释。据统计，1913年至1927年大理院积累的民事判例

① 参见前南京国民政府司法行政部编，胡旭晟、夏新华、李交发点校《民事习惯调查报告录》，中国政法大学出版社2000年第1版。

② 《司法例规》，司法部参事厅编印，1917年增订第3版，第631页。

③ 《大理院判例要旨汇览》（二年度），大理院1916年印本，正文第1页。

有1700多则，民事解释例300余件。[①] 这些判例、解释例不仅对各级法院办理案件有指导意义，而且具有一定的法律效力，[②] 是民商方面的法律渊源之一。

需要注意的是，民国时期的判例与西方国家的判例不同。西方英美等国的判例由案例构成，使用中遵行从案件到案件的原则，而民国时期的判例除案例外，还包括大理院从案件中归纳出的“判例要旨”，即处理案件所依据的原理或原则，使用中援引“判例要旨”即可。这种判例与古代的“例”相比，也有所不同。中国古代的“例”是成文法的组成部分，也是通过对案件的处理抽象出具有普遍效力的规范，但要通过一定的立法程序，最后经皇帝批准，确认为定例后，才允许在审判中援用，其法律效力非常明确。而民国时期的判例则完全在司法系统内形成，只要大理院认为合适，将有关案例加上“判例要旨”予以刊著，即可作为判例使用。“判例要旨”的表达比较随便，有的是条文性的语言，有的是解释性的语言，法律效力也比较模糊。

三　《中华民国民法》的公布

（一）南京国民政府时期民商法编纂体例的变化

清末和北京政府时期，关于民商法的制定采取二者分立的原则，以分别制定单独的民法典和商法典为目标。南京国民政府成立之初，仍沿此制。1928年12月立法院成立，重新规划各项立法，1929年5月，立法院长胡汉民、副院长林森提出，应改民商分立为民商合一。他们认为，民商分立是在商人具有特殊地位这一特定历史条件下形成的，其实商法上的原则或一般通则仍来自民法。随着社会经济制度的发展，信用证券日益发达，一个公司设立，其股票与债券往往分散于千百非商人之手，要在实务中区分商行为与非商行为已有困难。况且中国商人本无特殊地位，应按照中国社会的实际情况，跟随现代立法潮流，编纂民商统一法典。他们的提案经立法院及国民党中央政治会议审查通过，遂决定按民商合一来进行民商法的编纂。

---

① 张生：《中国近代民法法典化研究》，中国政法大学出版社2004年第1版，第130、131、133页。

② 《大理院判例要旨汇览》（二年度，大理院1916年印本）“例言”指出：“本汇览所辑各条，不唯于法令解释足资参考，所采条理惯例，不啻有法之效力，此不可不知也。”

（二）《中华民国民法》的颁布实施

中国近代的民事立法，如果从清末起草民法典开始起算，至南京国民政府成立，已有20年的历史，其间虽有若干草案问世，而正式法典则一直未能颁布施行。南京国民政府成立不久，即开始制定民法典的工作，并加快了立法进程。最初起草工作由1927年6月设立的国民政府法制局负责，至第二年10月完成了亲属、继承两编草案的拟订。1928年12月立法院成立后，起草民法的工作便由立法院负责。立法院于1929年1月组成民法起草委员会，采取分编起草、分别通过的方式，按照国民党中央政治会议讨论通过的关于民法各编的立法原则，加速进行此项工作。

1929年4月20日，立法院审议通过了民法总则编，由国民政府于5月23日公布，同年10月10日施行。此编共152条，分为7章。第一章法例；第二章人，分为自然人、法人两节；第三章物；第四章法律行为，分为通则、行为能力、意思表示、条件及期限、代理、无效及撤销6节；第五章至第七章为期日及期间、消灭时效、权利之行使。

同年11月8日，立法院三读通过民法债编，11月22日由国民政府公布，1930年5月5日施行。此编共604条，分为2章。第一章通则，分为债之发生、债之标的、债之效力、多数债务人及债权人、债之移转、债之消灭6节；第二章各种之债，分为买卖、互易、交互计算、赠与、租赁、借贷、雇佣、承揽、出版、委任、经理人及代办商、居间、行纪、寄托、仓库、运送营业、承揽运送、合伙、隐名合伙、指示证券、无记名证券、终身定期金、和解、保证等24节。

1929年11月20日，民法物权编在立法院三读通过，经国民政府于11月30日公布，1930年5月5日施行。此编共210条，分为10章。第一章通则；第二章所有权，分为通则、不动产所有权、动产所有权、共有4节；第三至第六章为地上权、永佃权、地役权、抵押权；第七章质权，分为动产质权、权利质权2节；第八章至第十章为典权、留置权、占有。

1930年12月3日，民法亲属、继承两编经立法院审议通过，由国民政府于同年12月26日公布，1931年5月5日施行。

亲属编共171条，分为7章。第一章通则；第二章婚姻，分为婚约、结婚、婚姻之普遍效力、夫妻财产制、离婚5节；第三章父母子女；第四章监护，分为未成年人之监护、禁治产人之监护；第五章至第七章为抚养、家、亲属会议。

继承编共88条，分为3章。第一章遗产继承人；第二章遗产之继承，分为效力、限定之继承、遗产之分割、继承之抛弃、无人承认之继承5节；第三章遗嘱，分为通则、方式、效力、执行、撤销、特留分6节。

各编加在一起，共1225条。

《中华民国民法》是在中国民事法律走向近代化的过程中，经过长期的立法积累后形成的，是中国历史上第一部内容完整的独立民法典。其主要特点为：

其一，体系和内容主要采自外国民法，同时也根据中国国情，吸收和保留了中国的一些民事传统。

《中华民国民法》制定过程中所参考的外国民法非常广泛，不仅包括通常所说的西方国家的民法，也包括与西方社会制度不同的苏联民法。但其内容并非全部取自国外，也有一些来自中国固有的民事传统。例如，中国古代有典权制度，典权人向出典人支付典价，占有出典人的不动产，并对该项财产享有使用收益权，出典人于约定典期届满时交还典价，赎回典物。南京国民政府立法人员认为，这种制度比之于国外的不动产质权制度更为优越，一是出典人多为经济上的弱者，这种制度体现了“济弱”的道德传统，出典人可以在典物价格低减时抛弃其回赎权，免除负担，也可以在典物价格高涨时通过“找贴”将典物卖给典权人，获得高卖价；二是这种制度操作便利，通过找贴即可完成典物的产权转移，比不动产质权的拍卖简便。因而在民法中将这种制度保留下来，于《物权》中专设《典权》一章，用新的法律形式对这种制度作了规定。再如，关于家庭制度，中国古代以“家”为构成社会的基本单元，长期实行家长制度，给予家长较大的权力。南京国民政府制定民法时，对于是否保留家长制，颇多争议，最后决定家长仍予保留，但“应以共同生活为本位，置重于家长之义务”。其民法《亲属编》设《家制》一章，强调家长管理家务应注意全体家属的利益，并对父母管理子女的权利、义务作了与传统制度不同的规定，在继承的过程中对传统制度进行了改造。

其二，顺应时代趋势，实行社会本位的立法原则。

西方国家近代早期的民法突出个人本位，以私有财产神圣不可侵犯、契约自由、过失致人损害应予赔偿为基本原则。进入20世纪后出现了向社会连带主义发展的趋势，在保护私权的同时也注重对社会公共利益的保护。南京国民政府制定民法时，顺应这一趋势，采取社会本位的立法原则，将个人权利与社会利益联系起来，对三大原则作了一些限制。规定所有权必须在法律限定的范围行使，权利滥用不受保护。对契约自由以公平为准则，予以一定的限制，凡有显失公平者，可因当事人声请，由法院予以撤销。针对实际生活中存在的高利贷现象，规定借贷利率超过年利20%者，债权人对超过部分利息无请求权。对过失责任原则也作了相对化修改，规定在一定条件下无过失也要承担责任。此外还增加了保护债务人的条款等。

其三，采纳西方的先进制度和原则，实行男女平等，废除宗祧继承制度。

中国古代实行以男子为核心的家庭制度，妇女没有独立地位，亦无独立产权。清末所拟民法草案采纳了许多西方国家的民法原则，但在家庭制度上保留的旧制较多，关于妇女的权利有很多限制，特别是规定已婚妇女为限制行为能力人，使妇女在总体上处于不平等地位。北京政府时期大理院在司法中所适用的也是体现男女不平等的原则，妇女非守志不得继承丈夫财产等规定在这一时期仍是处理案件的依据。《中华民国民法》的《总则编》取消了关于已婚妇女为限制行为能力人的规定，《亲属》、《继承》两编规定男女有同等的权利作家长，妻子可以和丈夫一起行使对未成年子女的权利义务，可以依据法律享有独立的财产所有权，女子和男子同样有均等的财产继承权等。但旧传统还有所保留，规定共同财产和联合财产由丈夫管理，子女监护及财产管理按先父而后母的原则确定。

宗祧继承是中国的传统制度，其基本特点是以宗法身份为继承的内容，按血缘关系确定继承关系。自清末至民国前期，各次民法草案中都保留了这种制度。南京国民政府的民法典将此制予以废除，个人在法律上都是自然人，不再具有宗法身份。对此，时人和后人的评论褒贬不一，持肯定意见者认为此举体现了历史的进步，反对者认为废除宗祧继承会破坏社会结构，影响人口繁衍，提出应实行男女均可继宗的宗祧继承制度。不管怎样，从南京国民政府的民法典颁布实施起，这种制度已从国家立法中退出，在社会上也逐渐趋向消亡。

其四，在立法技术上兼采各国之长，结构严整，条文简约。

各国关于民法典的编纂有两种体例，一是罗马式，民法分为四编，分别为人法、物法、债法、民事诉讼法。这种体例源于罗马时代，至近代为法国所继承，将民事诉讼析出，仅余三编。另一体例为德国式，民法分为总则、债务关系法、物权法、亲属法、继承法。这种体例结构严谨，为德国首创，后为日本所模仿。中国自清末起草民法开始，就采取德国式体例，但德国民法语言抽象，文句冗长，亦有明显缺陷。南京政府的民法在采取德国民法编制体例的同时，又吸收了法国式民法的简明风格，其条文数量比清末以来任何一个草案都少。此外，在语言方面也基本实现了外来语的中国化，消除了以前草案中的翻译语气。

四　南京国民政府的商事立法

（一）公司法

南京国民政府成立之初，就开始进行商法的制定工作，1928 年工商部组织工商法规讨论委员会拟出《公司法草案》8 章 256 条和《商法总则草案》9 章 89 条，送立法院审议。后因民商立法改行民商合一的编制体例，这两个草案未被采用。立法院另行组织商法起草委员会，进行公司法的起草。1929 年 12 月，国民政府公布了立法院三读通过的《公司法》，定于 1931 年 7 月 1 日开始施行，并于 1931 年 2 月公布了《公司法施行法》。

此次公布的《公司法》共 233 条，分为通则、无限公司、两合公司、股份有限公司、股份两合公司、罚则等 6 章。与民国初公布使用的《公司条例》相比有很大变化。例如，关于公司的定义，《公司条例》规定，公司为以商行为为业而设立的团体。因实行民商合一，关于商事一般事项及商行为大部分已统一编入民法典，因而《公司法》规定，公司为以营利为目的而设立的团体。再如，关于公司注册的效力，《公司条例》采取对抗要件主义，不注册不能对抗第三者；《公司法》改为成立要件主义，非经注册不得成立。关于无限公司的清算，《公司条例》允许依股东议定的方案进行，《公司法》规定应按法律规定的方式进行。关于公司罚则，《公司条例》规定以罚金为限，最重为 1000 元，《公司法》规定最重为一年以下有期徒刑，或 2000 元以下罚金，所列应处罚事项也比前者多。总体看来，于防范处着眼较多，立法比《公司条例》严格。

1946 年 4 月，南京国民政府于抗日战争胜利后又公布实施了新的《公司法》。该法共 361 条，分为定义、通则、无限公司、两合公司、有限公司、股份有限公司、股份两合公司、外国公司、公司之登记及认许、附则等 10 章，是中国近代内容最为完善的公司法。其主要特点是公司种类中增加了有限责任公司，另外设专章对外国公司作了规定。

（二）票据法

中国近代票据法的制定迁延的时间较长，清末已有草案稿出现，北京政府时期又先后出现了四个草案。南京国民政府成立后，由工商部工商法规讨论委员会负责起草票据法。该委员会采用北京政府修订法律馆最后一次《票据法草案》，经修改后拟成新案，交工商界有经验者及其他有关专家征求意见。在此基础上再次修改，最终完成了票据法的起草。经立法院讨论通过后，由国民政府于1929年10月30日公布施行。该法共139条，分为5章。第一章总则；第二章汇票，分为发票及款式、背书、承兑、参加承兑、保证、到期日、付款、参加付款、追索权、拒绝证书、复本、誊本等12节；第三章本票；第四章支票；第五章附则。起草中参考了德、日、英、美、法等各国成法，并通过调查吸收了中国的有关习惯，是一部比较成熟的票据法。

（三）海商法

1929年11月，南京国民政府立法院商法起草委员会开始着手起草海商法，所拟草案经征求交通、工商等各有关部门的意见后，于同年12月交立法院审议。立法院通过后，由国民政府于同年12月30日公布，定于1931年1月1日开始施行。该法共174条，分为8章。第一章通则；第二章船舶，分为船舶所有权、优先权及抵押权2节；第三章海员，分船长、船员2节；第四章运送契约，分货物运送、旅客运送、船舶拖带3节；第五章船舶碰撞；第六章救助及捞救；第七章共同海损；第八章海上保险。其内容多参考德、日、英、法等各国有关立法，是中国第一部正式公布的海商法。

（四）破产法

南京国民政府制定破产法的工作开始得较晚，1933年2月立法院商法起草委员会才开始进行此项工作。至1935年春，完成初稿，分送司法院、司法行政部、各级法院等，并在报纸上公布，公开征求意见。在此基础上，于同年6月完成起草工作，提交立法院讨论。经立法院三读通过后，于1935年7月17日由国民政府公布，同年10月1日施行。此外还于1935年7月18日公布了《破产法施行法》。

《中华民国破产法》共159条，分为四章。第一章总则；第二章和解，分法院之和解、商会之和解、和解及和解让步之撤销等3节；第三章破产，分破产之宣告及效力、破产财团之构成及管理、破产债权、债权人会议、调协、破产财团之分配及破产之终结、复权等7节；第四章罚则。起草中除广泛参考各国立法外，亦注意吸收中国习惯。其主要特点是：在编纂体例上采取按程序编排的方法，而不就实体规定专列一部分，条文集中，便于使用；在破产适用范围上，与民商合一的民商法编制体例相适合，采取一般破产主义，对商人非商人都适用；在倒产处理制度的采用上，不仅采用了符合中国传统习惯的和解制度，还按中国习惯规定了商会和解制度，并且将和解与破产规定在同一部法律中；在立法技术上，程序规定和条文设计都较为简要，凡其他法中有为破产或和解可适用者，该法皆予以省略。

南京国民政府还进行了制定保险法的工作，先后于1929年12月和1937年1月两次公布《保险法》，但都未实施。

第四节　刑法的近代化发展

刑法是中国传统社会中最受重视的法律。近代刑法改革从清末开始，到民国时期传统刑法基本被废除，在引进外国法的基础上形成了新的刑法体系，完成了向近代法的转化。

一　清末修订刑律

（一）变通旧律例

清末法制改革中，由于新法的制定需要时日，清政府为适应时局的需要，对原有法律进行了多次修订。修订法律馆先后向朝廷上奏了《变通现行律例内重法数端折》、《轻罪禁用刑讯笞杖改为罚金请申明新章折》、《虚拟死罪改为徒流折》等，废除了《大清律例》中的凌迟、枭首、戮尸、刺字等酷刑，缩小了缘坐的适用范围，减少了死罪条目，降低了死刑的刑等，并将笞杖改为罚金等。此外清政府还修改了秋审条款，并对专门适用于旗人的规定进行了删改。至光绪三十四年（公元1908年），在新刑律草案引起很大争议、一时难以通过的情况下，沈家本等又奏请以《大清律例》为基础，制定过渡性的刑法。宣统二年（公元1910年）编成《大清现行刑律》，于同年四月公布。

《大清现行刑律》共36卷，389条，附例1327条，与《大清律例》相比有很大变化。第一，《大清律例》采取按吏、户、礼、兵、刑、工六部分类的编纂体例，由于清末已改变了六部的设置，继续沿用这种体例显然已不合适，于是《现行刑律》便删除了按六部分类的总目，直接采用次一级目录，将律文分为30门，即名例、职制、公式、户役、田宅、婚姻、仓库、课程、钱债、市缠、祭祀、礼制、宫卫、军政、关津、厩牧、邮驿、盗贼、人命、斗殴、骂詈、诉讼、受赃、诈伪、犯奸、杂犯、捕亡、断狱、营造、河防。第二，废除了《大清律例》中凌迟、枭首、戮尸、缘坐、刺字等酷刑，并用罚金、徒、流、遣、死，取代了原来的笞、杖、徒、流、死五刑；同时削减了死罪条目。第三，删除了《大清律例》中与新政不符的法律规定，如禁民出海、禁止开矿等；并增加了一些新罪名，如窃毁电报杆线、故毁及窃毁铁轨枕木道钉致行车出险等。第四，民刑分立，对原律文中纯属民事性质的行为不再科刑，以示民刑有分。但从总体上看，《大清现行刑律》仍属于旧律的范畴。清朝崩溃后，该律除民事部分继续有效外，其余部分被废弃。

（二）《大清新刑律》

制定近代性质的刑法典是清末刑法改革的主要目标。修订法律馆在变通旧律例的同时，即着手进行新刑律的编纂工作，并于光绪三十二年九月聘日本法学博士冈田朝太郎为调查员，协同拟订新法。经过紧张起草，于光绪三十三年（公元 1907 年）八月编成《大清新刑律草案》，由宪政编查馆交各部院及各地督抚签注意见。因各方面提出的批评意见较多，朝廷命修订法律馆会同法部继续修改。宣统元年（公元 1909 年）十二月拟成《修正刑律草案》，经宪政编查馆核定后，奏交资政院审议。宣统二年十二月，资政院将总则部分议决。因按原定的筹备立宪计划，新刑律应于宣统二年颁布，清廷遂决定将该律已议决部分和未议决部分并在一起，同时颁布，并要求修订法律馆拟订相应的施行细则，为将来实施做准备。

《大清新刑律》是中国第一部近代性质的刑法典。该律制定过程中，在一些涉及中国传统礼教的问题上，以沈家本为代表的“法理派”和以张之洞、劳乃宣为代表的“礼教派”之间发生了激烈的争论。争论的焦点主要集中在五个方面。其一，关于“干名犯义”罪的存废问题。“干名犯义”是指子孙告发祖父母、父母及妻妾告夫和告夫之祖父母、父母的行为，在传统法律中被规定为犯罪。“礼教派”主张在新律中予以保留，沈家本等人则依据法理，认为应予废除。其二，关于“存留养亲”是否继续保留的问题。“存留养亲”是一种对有特殊情况的死罪案件实行特殊处理的制度，如犯罪人家中有祖父母、父母需要赡养而该犯又是唯一赡养人，一般不按通常案件处以死刑，以使犯罪人得以供养其祖父母、父母。“礼教派”主张保留此制。“法理派”以保留此制易助人犯罪等理由，主张予以废除。其三，关于“无夫奸”问题。“礼教派”认为，这种行为严重违犯纲常伦理，应按犯罪处罚。“法理派”认为，此种行为属于道德范畴，不应纳入刑法调整的范围。其四，关于“子孙违反教令”问题。中国传统法律对子孙违反祖父母、父母教令者给予刑事处罚，“礼教派”主张保留此制。“法理派”认为，子孙不听教化纯属教育问题，不应纳入刑法的范畴。其五，关于卑幼行使防卫权的问题。“礼教派”从儒家伦理纲常出发，认为子孙不能对其父母、祖父母行使防卫权，“法理派”认为子孙可以行使这种权利。双方争论的结果，是吸收“礼教派”的部分主张，将体现“礼教派”观点的《暂行章程》作为只适用于中国人的条款列在律后。

因此，清廷正式颁布的《大清新刑律》由总则、分则两编和附录《暂行章程》组成。其总则为关于刑法一般原则的规定，分为法例、不为罪、未遂罪、累犯罪、俱发罪、共犯罪、刑名、宥减、自首、酌减、加减例、缓刑、假释、恩赦、时效、时例、文例等17章。分则以罪名为纲，分为侵犯皇室罪、内乱罪、外患罪、妨害国交罪、漏泄机务罪、渎职罪、妨害公务罪、妨害选举罪、骚扰罪、逮捕监禁者脱逃罪、藏匿罪人及湮灭证据罪、伪证及诬告罪、放火决水及妨害水利罪、危险物罪、妨害交通罪、妨害秩序罪、伪造货币罪、伪造文书及印文罪、伪造度量衡罪、亵渎祀典及发掘坟墓罪、鸦片烟罪、赌博罪、奸非及重婚罪、妨害饮料水罪、妨害卫生罪、杀伤罪、堕胎罪、遗弃罪、私擅逮捕监禁罪、略诱及和诱罪、妨害安全信用名誉及秘密罪、盗窃及强盗罪、诈欺取财罪、侵占罪、赃物罪、毁弃损坏罪等36章。两编共53章405条。所附《暂行章程》只有5条，其主要内容是规定对无夫妇女通奸处以刑罚，对尊亲属不得适用正当防卫，加重对严重危害皇帝、危害国家、卑幼杀害直系尊亲属及亵渎祀典和掘坟、强盗等犯罪的处罚。

《大清新刑律》是在引进外国法的基础上形成的近代刑法典，无论是编纂体例还是内容都与中国传统刑律有很大不同。它比较系统地吸收了西方近代刑法的原则和制度，如罪刑法定原则、时效制度、缓刑制度、假释制度、刑罚制度等；所列罪名也有相当一部分来自国外，其中包括按社会发展需要而设立的新罪名，如妨害选举罪、妨害交通罪、妨害卫生罪等。但该律并不是对外国法的简单抄袭，在模仿西法的同时，对中国传统也有所吸收。中国古代法律中亲属得相容隐以及卑犯尊加重处罚等原则在该律中均有体现。其分则在罪名的编排次序上，首列侵犯皇室罪，次列政治犯罪及破坏行政秩序罪，再列危害社会公益及司法秩序的犯罪、违反社会风俗的犯罪，最后列举侵害公民个人生命、身体、财产等权利的犯罪，将违反社会风俗的犯罪列在危害公民生命、身体、财产的犯罪之前，也是具有本土特色的一种安排。总之，《大清新刑律》是一部“兼采中外”的新法，虽然由于清朝灭亡，没有来得及实施，但它对以后刑法的发展有很大影响，在中国近代法制史上占有重要地位。

二 民国前期的刑法

民国前期，法制变革仍沿着清末出现的趋势发展，刑法方面最大的成就是变革中出现的新法得到了实施。辛亥革命后，为解决司法中缺乏可适用法律的问题，南京临时政府和北京政府都表示可有条件地援用前清的法律或法律草案。特别是1912年3月袁世凯就任临时大总统后发布的命令明确提出，“新刑律”也在暂行援用之列。根据这一命令，北京政府于同年4月将《大清新刑律》修改后，取名为《暂行新刑律》，公布施行。

其修改之处主要有：第一，删除了与保护皇权有关的条文，包括第二编第一章“侵犯皇室罪”的全部条文和其他涉及皇室称谓，伪造“制书”、“御玺”，窃取、强取或损害“御物”，毁弃“制书”等条文，所删者共19条。第二，对与共和国体不符或过时的词语进行了删改，将“帝国”改为“中华民国”，“臣民”改为“人民”，“覆奏”改为“覆准”，“恩赦”改为“赦免”，并删除了“封锡职衔”、“制书”、“御玺”、“国玺”等词语。第三，删除了《暂行章程》5条。第四，对个别转引条文进行了技术处理。从总体上看，主要是删除了与共和国国体不符的内容和词语，变化并不是很大。其总则部分仍为17章，除第十四章由“恩赦”改为“赦免”外，其余各章仍沿其旧。分则部分因第一章全部删除，实际只剩下35章，各章名称亦无变化。

为了实施这部法律，北京政府还于同年8月颁布了《暂行新刑律施行细则》，其主要内容为关于从新法施行前延续下来的几种特殊案件的处理原则，如规定新法施行前一罪已经判决，而余罪于新法施行后始发者，依新法更定其刑；以前判决之案于新法施行后发觉为累犯者，也按新法更定其刑；以前判而未执行者，分别不同情况，按新法的规定执行等。此外，还就死刑犯中孕妇和精神病患者的执行问题和无期徒刑以下各刑的执行起始日期等作出了规定。

至1914年12月，北京政府又颁布了《暂行刑律补充条例》，共15条。主要有两方面的内容。第一，恢复和增加了一些照顾中国礼教传统的规定，如对尊亲属一般不得适用正当防卫；尊亲属伤害卑幼情节轻微者可免除刑事责任；行亲权之父母可为惩罚其子而请求法院施以6个月以下之监禁处分；和奸良家无夫妇女处五等有期徒刑或拘役等。第二，增加了一些新的犯罪情节，并加重了某些犯罪的刑罚。如强奸罪，《暂行新刑律》

规定只判处一、二等有期徒刑，《条例》增加“二人以上共犯”的情节，处刑也相应地加重为“死刑或无期徒刑”。关于藏匿罪人及湮灭证据罪，增加了藏匿刑事暂保释人的情节，规定对此种行为处以四等以下有期徒刑、拘役或三百元以下罚金。关于略诱罪，增加了三人以上共同犯罪的情节，并规定各依本刑加一等。

在实施《暂行新刑律》的同时，北京政府继续进行刑法典的修订。1915 年 2 月法律编查会在修改《暂行新刑律》的基础上拟成《修正刑法草案》，呈请大总统饬下法制局核定后交参政院审议。该草案分总则、分则两编，共 55 章 432 条。其主要特点是传统礼教保留得较多，不仅将《补充条例》中关于限制正当防卫、无夫奸治罪等规定全部予以采纳，而且在总则中增加了“亲属加重”一章，规定侵犯直系尊亲属的犯罪依分则所定加重二等处罚，侵犯旁系尊亲属依分则所定加重一等处罚。其他内容也有调整，分则中增加了“侵犯大总统罪”和“私盐罪”。由于北京政府政局变化等原因，该草案未能议决公布。

1918 年北京政府设立修订法律馆，重新修订刑法草案，编成《刑法第二次修正案》，第二年再次修改后纂成《改定刑法第二次修正案》。该草案共 49 章 393 条，与《暂行新刑律》和《修正刑法草案》相比，体例和内容都有很大不同。其总则部分删除了前次修正案中的“亲属加重”一章，其余各章也进行了调整，其中较大的变化是取消了将有期徒刑分为五个等级的制度，直接以年月计算；删除了因亲属关系而限制正当防卫的规定。分则部分更改之处也比较多，如“漏泄机务罪”并入“外患罪”，“杀伤罪”分为“杀人罪”和“伤害罪”，改“亵渎祀典及发掘坟墓罪”为“妨害宗教罪”，增“妨害商务罪”、“恐吓罪”及“抢夺”、“海盗”罪名等。其条文内容亦多有变化，如关于“无夫奸”，增加了“未满二十岁”和“良家妇女”这一构成犯罪的限制要件。比之此前出现的刑法各案有明显进步，但此案也未能公布实施。

北京政府时期还颁布了一些单行刑事法规，如 1914 年 4 月公布的《吗啡治罪条例》（后改为《吗啡治罪法》），同年 7 月公布的《惩治盗匪条例》（后改为《惩治盗匪法》），同年 12 月公布的《惩治盗匪法施行法》、《私盐治罪法》，1915 年公布的《陆军刑事条例》、《海军刑事条例》，1921 年公布的《官吏犯赃治罪条例》等。

三 南京国民政府的刑法

（一）1928 年刑法

南京国民政府建立后，在继承清末民初近代刑事立法的基础上，加紧制定正式的刑法典。1927 年，司法部长王宠惠将《刑法第二次修正案》略加损益后编成新刑法草案，经征求最高法院、国民政府法制局及相关国府委员等有关方面的意见并多次修改后，于 1928 年初由国民党中央常务委员会审议通过，[①] 3 月 10 日颁布，9 月 1 日施行。

该法共2 编48 章387 条。其总则编由法例、文例、时例、刑事责任及刑之减免、未遂罪、共犯、刑名、累犯、并合论罪、刑之酌科、加减例、缓刑、假释、时效等14 章组成。分则包括内乱罪、外患罪、妨害国交罪、渎职罪、妨害公务罪、妨害选举罪、妨害秩序罪、脱逃罪、藏匿犯人及湮灭证据罪、伪证及诬告罪、公共危险罪、伪造货币罪、伪造度量衡罪、伪造文书印文罪、妨害风化罪、妨害婚姻及家庭罪、亵渎祀典及侵害坟墓尸体罪、妨害农工商罪、鸦片罪、赌博罪、杀人罪、伤害罪、堕胎罪、遗弃罪、妨害自由罪、妨害名誉及信用罪、妨害秘密罪、窃盗罪、抢夺强盗及海盗罪、侵占罪、诈欺及背信罪、恐吓罪、赃物罪、毁弃损坏罪等34 章。与《刑法第二次修正案》相比，其总则部分章目没有变化，分则部分删除了“侵犯大总统罪”，改“妨害宗教罪”为“亵渎祀典及侵害坟墓尸体罪”，“妨害商务罪”为“妨害农工商罪”。其条文内容也大多与《刑法第二次修正案》相同，仅有少量改动，如将刑事责任年龄由 14 岁改为 13 岁，将强奸幼女罪和猥亵未成年男女罪中受害对象的界定年龄由 12 岁改为 16 岁，将有些犯罪的量刑加重或减轻，删除了有关“无夫奸”的条文等。

这部刑法的主要特点是在指导思想上增加了国民党的“三民主义”原则。如关于工人罢工，《暂行新刑律》规定，同业工人同盟罢工，首谋和一般参与者分别处以四等以下有期徒刑、拘役或罚金；《刑法第二次修正案》规定，以加减工价或变更做工条件为目的而以强暴胁迫手段使人罢工或阻止复工者，处三年以下有期徒刑。1928 年刑法的制定者认为，禁止罢工的规定与国民党党纲关于保护劳工的意旨不符，遂将这些规定全部予以删除。又如关于亲属关系，以前历次刑法都规定，妻子与丈夫尊亲属的

① 当时立法院尚未成立，按照国民党的“训政”原则，立法权由国民党直接行使。

关系与丈夫相同，1928 年刑法改为“夫于妻之父母及祖父母以旁系尊亲属论，妻于夫之父母及祖父母同”，以体现男女权利平等。此外，该法将《刑法第二次修正案》中的“妨害商务罪”改为“妨害农工商罪”，也是体现保护“民生”之意。因此，尽管这部刑法是在比较匆忙的情况下制定的，其立法水平仍超过了以前各法。

（二）1935 年刑法

1931 年，南京国民政府为消除 1928 年刑法因匆忙制定而产生的缺陷，同时解决与其他新颁法律的配套与协调问题，决定将刑法重加修订。同年 12 月立法院组成刑法起草委员会，开始草拟刑法修订案。经过三年的时间，新刑法于 1935 年 1 月 1 日公布，7 月 1 日施行。同时还公布实施了《刑法施行法》。

这部刑法仍分总则、分则两编，共 47 章 357 条。其总则编由法例、刑事责任、未遂犯、共犯、刑、累犯、数罪并罚、刑之酌科及加减、缓刑、假释、时效、保安处分等 12 章组成。同 1928 年刑法相比，增加了“保安处分”一章，精简了“文例”、“时例”两章，合并“刑之酌科”、“加减例”两章为一章。分则编由 35 章组成，即内乱罪、外患罪、妨害国交罪、渎职罪、妨害公务罪、妨害投票罪、妨害秩序罪、脱逃罪、藏匿人犯及湮灭证据罪、伪证及诬告罪、公共危险罪、伪造货币罪、伪造有价证券罪、伪造度量衡罪、伪造文书印文罪、妨害风化罪、妨害婚姻及家庭罪、亵渎祀典及侵害坟墓尸体罪、妨害农工商罪、鸦片罪、赌博罪、杀人罪、伤害罪、堕胎罪、遗弃罪、妨害自由罪、妨害名誉及信用罪、妨害秘密罪、窃盗罪、抢夺强盗及海盗罪、侵占罪、诈骗背信及重利罪、恐吓及掳人勒赎罪、赃物罪、毁弃损坏罪等。与前法相比，增加了“伪造有价证券罪”一章，部分章的内容和标题略有变化，增加了关于重利罪及滥捕滥押、凌虐人犯、故意给人传染花柳病和麻风病等罪的规定。

1935 年刑法是在中国近代刑法变革已持续二十多年的情况下，经过长期的立法积累后形成的，它比较集中地汇集了中国近代刑法变革的成果，无论是在引进国外先进理论、原则及具体制度和规定方面，还是在吸收本土资源方面都达到了比较成熟的状态。

该法制定过程中，基本继承了近代以来在引进外国刑法方面积累的成果，系统采用了近代西方国家的刑事立法原则，如罪刑法定原则、罪刑适应原则、罪刑人道主义原则等。此外还大量参考各国新近出现的法律，如 1932 年波兰刑法、1931 年日本刑法修正案、1930 年意大利刑法、1928 年西班牙刑法、1927年德国刑法草案、1926年苏联刑法等。其主要变化是在指导思想上吸收了国外较为先进的“社会预防”理论。这一理论认为，国家对犯罪人科刑，主要不是为了报复其恶行，而是为了预防犯罪的再次发生。因此，对于比较危险的人群，或曾经犯罪的人，应采取积极的预防措施，必要时可送入特设的习艺所或类似的机关，以减少其对社会的危害。20世纪20年代以后发展起来的“保安处分”制度就是这种理论的体现，其基本特点是在刑罚之外，根据犯罪人的情况采取相应的方式，在防止其继续危害社会的同时，使其得到教育改造。1935年刑法关于“保安处分”专设一章，规定因不满14岁而不能处以刑罚者，可令入感化教育处所，施以感化教育，或加以管束；因心神失常而不罚者，可令入相当场所，施行监护，或加以管束；凡犯吸食毒品之罪者，亦令入相当场所，施以禁戒，或加以管束；因酗酒而犯罪者，可于刑罚执行完后，入相当场所禁戒，或加以管束；有犯罪习惯或因游荡懒惰成习而犯罪者，可于刑罚执行完后令入劳动场所强制劳动；对于隐瞒疾病致传染于人者，可令入相当场所强制治疗；受缓刑之宣告者，在缓刑期内可交由警察官署或自治团体或本人之最近亲属等加以管束。这些规定体现了当时刑法发展的趋势。由于这些制度在实施中有较大的灵活性，容易被当政者用来作为镇压敌对力量的手段，因而在政治上受到反对者的批评。其实当时中国并不具备实施“保安处分”的条件，有学者认为这一制度几同虚设，① 但这种制度的引进至少说明中国近代刑法在文本层面有了新的发展。

该法在量刑方面也体现出顺应近代法律发展趋势的特点。和民国前期施行的《暂行新刑律》相比，除“外患罪”和“渎职罪”量刑幅度没有太大变化外，包括“内乱罪”在内的其余罪名，其处刑普遍减轻。该法与1928年刑法相比，刑罚亦有减轻之处，关于伪造货币、强奸、通奸、一般伤害、堕胎、遗弃等犯罪均降低了量刑幅度。但关于“外患罪”、“渎职罪”、“鸦片罪”以及重伤害、“勒赎掳人”等犯罪，刑罚有所加重。其他如内乱罪、妨害投票罪、妨害秩序罪、妨害婚姻及家庭罪、妨害自由罪、侵占罪等，量刑也略有变化。内乱罪中的颠覆政府罪，虽量刑标准和28年刑法相同，但增加了预备犯自首得减的规定，这也是一种减轻刑罚的方式。其余如妨害公务罪、脱逃罪、藏匿人犯及湮灭证据罪、伪证及诬告罪、公共危险罪、伪造度量衡罪、妨害名誉及信用罪、妨害秘密罪、窃盗

① 何勤华、李秀清：《外国法与中国法》，中国政法大学出版社2003年第1版，第423页。

罪、抢夺强盗及海盗罪、毁弃损坏罪等，量刑没有明显变化。从整体看，从《暂行新刑律》到1935年刑法，基本是朝着轻刑化的方向发展，但关于危害祖国及公务人员渎职等罪的量刑未见减轻，这固然与中国面临着遭受日本全面侵略的威胁有关，同时也是南京国民政府基于“三民主义”而顺应近代法律发展趋势的结果。

在照顾国情民俗、保留中国传统方面，1935年刑法剔除了清末改革以来经过多次反复而逐渐被淘汰的关于“无夫奸”治罪及对尊亲属不能适用正当防卫的规定，而将传统资源中有价值并经改造可与现代法相融合的部分保留下来，从而实现了对传统资源的合理吸收。其对传统资源的保留主要体现在四方面。第一，对卑犯尊的犯罪加重处罚。普通杀人罪法定最低刑为十年以上有期徒刑，若所杀为直系血亲尊亲属，则最低刑为无期徒刑。对普通人施加暴力而未致伤者，一般不构成犯罪，对直系血亲尊亲属施加暴力，未致伤也构成犯罪，判一年以下有期徒刑，拘役或500元以下罚金。对直系血亲尊亲属实施诬告、伤害、遗弃、妨害自由等犯罪行为，均比常人加重量刑二分之一。第二，有亲属关系者可以减轻或免除其藏匿、纵放罪犯等行为的刑事责任。常人纵放依法逮捕拘禁之人，或便利其脱逃者，处三年以下有期徒刑；藏匿人犯及湮灭证据，处二年以下有期徒刑、拘役或500元以下罚金。与包庇对象有配偶、五亲等内之血亲或三亲等内之姻亲关系的人犯这两种罪，可减轻或免予刑事处罚。第三，规定了几种与传统有关的罪名。“亵渎祀典及侵害坟墓尸体罪”中所定各条，基本都与中国传统习俗有关，而且量刑较重。损坏、遗弃、侮辱或盗取尸体及发掘坟墓者，处以六月以上五年以下有期徒刑；损坏、遗弃、或盗取遗骨、遗发、殓物、骨灰者，处五年以下有期徒刑；发掘坟墓并损坏、遗弃、侮辱或盗取尸体者，处三年以上十年以下有期徒刑；发掘坟墓并损坏、遗弃、或盗取遗骨、遗发、殓物、骨灰者，处一年以上七年以下有期徒刑。对尊亲属犯此罪者，加重量刑二分之一。此外，“妨害风化罪”中设置了亲属和奸罪，直系或三亲等内旁系血亲相和奸者，处五年以下有期徒刑。而一般通奸只限于有配偶者才构成犯罪，处以一年有期徒刑。第四，规定了义愤杀伤人减轻处罚的原则。普通杀人处死刑、无期徒刑或十年以上有期徒刑，当场激于义愤而杀人者，处七年以下有期徒刑。普通伤害处三年以下有期徒刑、拘役或一千元以下罚金，重伤害处五年以上十二年以下有期徒刑，当场激于义愤而伤人者，处两年以下有期徒刑、拘役或一千元以下罚金。

因此，1935 年刑法是一部既引进国外的先进理论、原则和制度，又合理吸收中国传统资源的法律。该法在结构设计及条文安排等方面也超过以往历次刑法。但该法的某些规定在实施中存在着一些障碍。如该法第十七章规定，有配偶而重为婚姻，或同时与二人以上结婚者，处五年以下有期徒刑。对重婚予以处罚，但对当时中国社会实际存在的纳妾现象却无能为力。禁止重婚与承认纳妾，二者间如何协调，是当时法律范围内难以解决的问题。这一问题的存在使得法律关于禁止重婚的规定意义大为降低，其施行中的效力不能不受影响。

（三）刑事单行法

南京国民政府时期出现了许多刑事单行法，按其内容大致可分为三类。第一，政治类。主要有：《危害民国紧急治罪法》，1931 年 1 月公布，3 月施行；《暂行反革命治罪法》，1928 年 3 月修订公布施行，1931 年因《危害民国紧急治罪法》施行而废止；《共产党人自首法》，1930 年 4 月修正公布施行；《党员背誓条例》，广州国民政府 1926 年 9 月公布施行，1931 年 12 月废止；《惩治土豪劣绅条例》，1928 年 7 月修正公布施行，1932 年 4 月废止；《惩治汉奸条例》，1937 年 8 月公布，1945 年 12 月施行。第二，一般刑事类。有《惩治盗匪暂行条例》，1927 年 11 月公布施行；《惩治绑匪条例》，1928 年11 月公布施行，1932 年 4 月废止；《惩治盗匪条例》，1944 年 4 月公布施行；《惩治贪污条例》，1943 年 6 月公布施行；《惩治走私条例》，1948 年 3 月公布施行；《禁烟禁毒治罪条例》，1946 年 8 月公布施行；《贩运人口出国治罪条例》，1921 年 5 月广州军政府公布施行，南京国民政府沿用，1932 年 4 月废止；《徒刑人犯移垦暂行条例》，1934 年 7 月公布施行；《减刑办法》，1944 年 6 月公布施行。第三，军法类，如《陆海空军刑法》，1929 年 9 月公布施行；《妨害兵役治罪条例》，1940 年 6 月公布施行。这些单行法中多数为特别法，其量刑一般比普通法重，但大多属于暂行性法规，有效期较短，其中如《惩治盗匪条例》等到期后又予以延长。这些单行法规的出现使南京国民政府的刑法体系和刑法的实施出现了非常复杂的情况，其中有大量的问题需要深入研究。

第五节　诉讼法的近代化发展

中国古代程序法不发达，国家立法中没有关于民事程序的系统规定。

刑事程序虽有完整规定，但不单独制定法典，而是与实体规定一起编在各代的基本法典中。因而近代程序法方面的变革主要表现为在引进西方诉讼原则和制度的基础上制定单独的民事诉讼法和刑事诉讼法，建立新的诉讼法体系。

一　清末近代诉讼法的拟订

(一)《刑事民事诉讼法草案》

清末制定新诉讼法的工作始于光绪三十一年（公元1905年）。当时，主持修律的沈家本等为废除刑讯问题与御史刘彭年发生争论，沈家本等在批驳刘彭年关于恢复刑讯的主张的同时，肯定了他所提出的制定刑事诉讼法和民事诉讼法的主张。根据当时法律改革的进展情况，沈家本等提出，在新刑律等相关新法尚未颁布的情况下，应先制定一个简明诉讼法规，与删修后的《大清律例》配套施行。

光绪三十二年（公元1906年）三月，沈家本等拟成《刑事民事诉讼法草案》，共5章260条。第一章总纲，主要规定了刑事诉讼和民事诉讼的区别、诉讼时限、诉讼公堂、各类惩罚等；第二章刑事规则，规定了逮捕、拘传、搜查、传唤、关提、拘留、取保、审讯、裁判、执行、开释等刑事诉讼程序；第三章民事规则，具体规定了传唤、诉讼标的500元以下和500元以上的案件的诉讼、审讯、拘提图匿被告、判案后查封产物、监禁被告、查封在逃被告产物、减成偿债及破产、和解等民事程序；第四章刑事民事通用规则，主要是关于律师、陪审、证人、上诉的规定；第五章中外交涉案件，规定涉外案件依当时的条约审讯。由于负责起草工作的伍廷芳曾留学英国，对英美法较有研究，因而该草案的有些内容来自英美法，与大陆法国家的程序法有所不同。

《刑事民事诉讼法草案》是中国制定近代程序法的第一次尝试，它是在国内没有先例的情况下，由沈家本等按照光绪三十二年的有关情况，"就中国现实之程度"编订的。当时法律改革还未完全铺开，筹备立宪亦未开始，清政府除了对《大清律例》作了一些删削和颁布了几个矿务、铁路、商事方面的新法外，其余各项新法均未制定，司法和行政也尚未分开。该草案作为一个暂行性法规草案，有不少内容是与当时尚未得到改造的旧体制配套的。此外，在吸收西方国家法律方面，该草案也显得很不成熟，有些基本的程序和制度还没有吸收进去，却脱离当时实际地规定了律师制度和陪审制度，还很不协调地将破产等特殊民事程序也规定了进去。

这部草案上奏后，朝廷谕令交各将军、督抚、都统等“据察情形，悉心研究”，据实具奏。于是各地督抚纷纷上书对该草案加以批驳。特别是湖广总督张之洞攻击最烈，认为它“过沿西制，于中国礼教似有乖违，且未尽合法理，诚恐法权难挽”①。为此，法部于光绪三十四年（公元 1908 年）九月奏准由修订法律馆会同法部对该草案加以修改。但这时修订法律馆已决定将刑事诉讼律和民事诉讼律分开，重新起草，后不久又决定在具有法典性质的《刑事诉讼律》和《民事诉讼律》颁布之前，另行拟订一部和《刑事民事诉讼法草案》具有同样性质的暂行法规，以应当时之需，《刑事民事诉讼法草案》遂在实际上成了废案。

（二）《刑事诉讼律草案》和《民事诉讼律草案》

在各省督抚对《刑事民事诉讼法草案》提出种种意见时，修订法律馆就已有了制订新的诉讼法的打算。在光绪三十三年（公元 1907 年）十一月奏准的办事章程中，明确把刑事诉讼律、民事诉讼律的调查起草作为该馆第二科的职掌。光绪三十四年（公元 1908 年）十月聘日本法学家为法律顾问后，又安排由冈田朝太郎和松冈义正分别协助起草刑事诉讼律和民事诉讼律。至宣统二年（公元 1911 年）十二月，两诉讼律草案相继完成。

《刑事诉讼律草案》主要模仿日本 1890 年刑事诉讼法。共分 6 编。第一编总则，下设审判衙门、当事人、诉讼行为 3 章；第二编第一审，下设公诉、公判 2 章；第三编上诉，下设通则、控告、上告、抗告 4 章；第四编再理，下设再诉、再审、非常上告 3 章；第五编特别诉讼程序，下设大理院特别权限之诉讼程序、感化教育及监禁处分程序 2 章；第六编裁判之执行。共计 515 条。所采取的诉讼制度和原则主要有：第一，在诉讼方式上采用告劾式，审判官超然于原被告之外，只管审判，不管纠问。第二，对刑事案件实行公诉，公诉权由检察官行使。第三，采取“自由心证”、“直接审理”、“言词辩论”等原则。第四，规定原被告待遇平等，被告人除自行辩护外，还可请辩护人及辅佐人代为辩护。第五，实行审判公开的原则。第六，实行三审终审制。第七，规定了预审程序，预审权由检察厅行使。总之，系统地采用了近代西方国家刑事诉讼的制度和原则，是一部内容完整的新刑事诉讼法草案。

《民事诉讼律草案》共分 4 编。第一编审判衙门，下设事物管辖、土地管辖、指定管辖、合意管辖、审判衙门职员之回避拒却及引避 5 章；第

① 《法部复奏民事刑事诉讼法由》，中国第一历史档案馆藏清会议政务处档，231 号。

二编当事人，下设能力、多数当事人、诉讼代理人、诉讼辅佐人、诉讼费用、诉讼担保、诉讼救助7章；第三编通常诉讼程序，下设总则、地方审判厅之第一审诉讼程序、初级审判厅之诉讼程序、上诉程序、再审程序5章；第四编特别诉讼程序，下设督促程序、证书诉讼、保全诉讼、公示催告程序、人事诉讼5章。全案共800条，主要模仿日本和德国民事诉讼法，采用了西方国家通用的当事人本人主义、法院不干涉原则及辩论原则等，但有脱离当时中国实际情况之处。

按照清政府宣统二年十二月制定的筹备立宪计划，这两部诉讼法准备在宣统三年颁布，宣统四年施行。① 因武昌起义爆发，此计划未实现。

（三）《各级审判厅试办章程》

光绪三十三年（公元1907年），在清廷决定模仿西方建立近代司法机构，而新的诉讼法又一时不能颁行的情况下，法部提出需制定有关章程，以应当时之需。遂拟成《各级审判厅试办章程》，经大理院逐条审核后，于同年十月奏准颁行。由于颁布之初，仅北京进行了建立新审判机构的工作，《章程》中关于审判管辖的某些规定主要是就北京而言，暂时只在北京施行。至宣统元年（公元1909年）七月，各地审判机构陆续建立，经宪政编查馆审核，法部又对《章程》作了若干修改，奏准在全国施行。

该《章程》共120条，分为5章。第一章总纲，主要规定了刑事案件和民事案件的区别。第二章审判通则，分为审级、管辖、回避、厅票、预审、公判、判决之执行、协助8节。规定民刑案件实行四级三审制；凡审判官与案件或案件当事人有利害关系或亲属关系、或曾任案件证人或前审官而当事人对其判决不服者，均可经有关人声请回避；审判厅审判案件可以公判方式进行，其独任制以审判官一人开庭，合议制以审判官三人开庭；审判用语以官话为准；民事判决于上诉期满后执行，刑事判决徒刑于上诉期满后执行，流刑以上按有关规定经核准后执行。第三章诉讼，分为起诉、上诉、证人鉴定人、管收、保释、诉费6节。规定刑事案件除诽毁、通奸等亲告罪外，均由检察官提起公诉；公诉案件可以附带民事私诉；民事案件非本人或其代理人不得起诉，但妇女和未成年人、神志不正常者及讼棍不得充当代诉人；凡不服一审判决或二审判决者可以上诉，刑事案件上诉人除原告和被告外，还包括检察官；凡刑事案件可判徒刑以上刑罚及逃匿被获的被告可在审判厅所设看守所管收，民事被告不能保释者

---

① 《大清宣统政纪》卷47。

也可管收；民事及轻微刑事案件均可取保候审；凡无力缴纳讼费者准其呈请审判厅酌量减免。第四章各级检察厅通则，规定检察官统属于法部大臣，其职权为提起公诉、指挥司法警察逮捕人犯、调查取证、监督审判及判决执行等；民事诉讼中的婚姻、亲族、继嗣案件，审判时须有检察官出庭监督。第五章附则，规定本章程自各级审判厅开办之日开始施行，至法院编制法及民、刑诉讼法颁行后即停止施行。

《各级审判厅试办章程》是清末正式颁行的第一部具有近代程序法性质的法规，虽然内容较为简略，章节及条文安排亦有混乱之处，但其地位较为重要，是清末民初十余年间司法中使用的基本法规。

二　民国前期的诉讼法

（一）对清末有关立法的援用

民国初期，新诉讼法一时不能颁布，北京政府主要通过援用清末的有关立法来满足当时的需要。

首先是继续沿用《各级审判厅试办章程》。1913 年 10 月，北京政府将该《章程》修改后予以公布，作为司法中适用的程序方面的基本法律。其所修改者共有 3 条，补订 1 条，均为关于上诉的规定。此后，北京政府又于 1915 年及 1920 年多次对该《章程》进行修改，主要为删除与新颁《法院编制法》不符的条文，修改和补充关于涉外诉讼、上诉、诉状、诉讼费的规定等。

《各级审判厅试办章程》是民国初期司法中使用的重要法规，直到 1922 年北京政府颁布施行新的民刑诉讼法规后，该《章程》方告失效。在此期间，北京政府为弥补现有立法的不足，还从清末的诉讼法草案中选择了一部分条文，公布使用。

1912 年 5 月，司法部呈准临时政府暂时援用《民事诉讼律草案》第一编关于管辖各章，包括第一章事物管辖，第二章土地管辖，第三章指定管辖，第四章合意管辖，共 41 条。1919 年 4 月，北京政府又将《民事诉讼律草案》第五章关于审判衙门职员回避拒却及引避的规定共 11 条公布使用。

1912 年 5 月，司法部呈准临时政府暂行援用《刑事诉讼律草案》第一编关于事物管辖、土地管辖、管辖指定及转移的 27 条规定。1915 年 8 月，司法部又经政府核准援用该草案第四编“再理”，此编分再诉、再审、非常上告三章，共 30 条。1918 年 5 月，又援用此草案“执行”编共 39

条。第二年4月，援用该草案第一编关于审判衙门职员回避拒却及引避的规定，计11条。

（二）新颁法规

在援用清末有关立法的同时，北京政府还进行了诉讼法的起草工作。1921年下半年，修订法律馆拟成《民事诉讼法草案》和《刑事诉讼法草案》，经北京政府以教令公布，先后于同年9月和第二年1月在刚收回不久的东北原俄租界设有特别法院的地区施行。因未能按国家制度由立法机关完成立法程序，因而不久后又改名为《民事诉讼条例》和《刑事诉讼条例》，并制定《民事诉讼条例施行条例》和《刑事诉讼条例施行条例》，从1922年7月1日起在全国施行。

《民事诉讼条例》共755条，分为6编。第一编总则，分为法院、当事人、诉讼程序3章；第二编第一审程序，分为地方审判厅诉讼程序、初级审判厅诉讼程序2章；第三编上诉审程序，分为第二审程序、第三审程序2章；第四编抗告程序；第五编再审程序；第六编特别诉讼程序，分为证书诉讼程序、督促程序、保全程序、公示催告程序、人事诉讼程序5章。该条例与《民事诉讼律草案》一样，在编纂体例上属于德国法体系，条文烦琐，但其内容有许多采自晚出的奥地利等国的民事诉讼法，比《民事诉讼律草案》更为成熟。

《刑事诉讼条例》共8编514条。第一编总则，分为法例、法院之管辖、法院及检察厅职员之回避、被告之传唤及拘提、被告之讯问、被告之羁押、证人、鉴定人、扣押及搜索、勘验、辩护、裁判、文件、送达、期限等15章；第二编第一审，分公诉、私诉2章；第三编上诉，分通则、第二审、第三审3章；第四编抗告；第五编非常上诉；第六编再审；第七编诉讼费用；第八编执行，均不分章。与清末的《刑事诉讼律草案》相比，编章结构有很大不同，内容也有较大差别。如关于辩护制度，前者规定重大案件或被告为妇女、聋哑人等特殊案件，在被告未选任辩护人或辩护人未到场时，应由审判衙门指定辩护人；后者规定所有未经选任辩护人的案件都可由审判厅为被告指定辩护人，并将这一制度的适用范围扩展到预审阶段。

为适应当时的司法需要，北京政府还于1920年11月公布了《民事简易程序暂行条例》22条，规定某些标的较小或情节较为简单的案件可适用简易程序，由简易庭审理。案件可以言辞起诉；当事人可不待传唤，自行到案；言辞辩论一次即可终结。此外，北京政府还于同年10月公布了

《刑事简易程序暂行条例》13 条和《处刑命令暂行条例》15 条，规定地方审判厅对于可处以五等有期徒刑（2 月—1 年）、拘役或罚金的案件，以及最高刑为三等（3—5 年）或四等（1—3 年）有期徒刑，情节轻微且已查明的案件，可适用简易程序；检察官在接到案件后，应迅速起诉，至迟不得超过第二天；起诉可以言辞进行；简易庭于案件起诉后，应立即开始公判，一般不得超过第二天，有特殊情况者不得超过 3 天。地方审判厅对于可处以五等有期徒刑、拘役或罚金的案件，可因检察官的声请，不经审判，直接以命令处刑；被告在接到处刑命令后声明异议者，按简易程序审判。

北京政府还制定了中国最早的民事执行法规。1920 年 8 月公布了《民事诉讼执行规则》，同日施行。该《规则》共 138 条，分为总则、动产执行、不动产执行、其他执行、假扣押假处分及假执行、附则 6 章。规定地方审判厅设民事执行处负责民事案件的执行，民事执行处设推事和书记官，按厅长的指挥命令督同承发吏实施强制执行事务。强制执行由当事人声请提起，或由法院依职权进行。法院认为需要调查时，可要求胜诉人提供有关报告，也可由执行处派推事或书记官前往调查。债务人无财产或财产不够执行时，经债权人同意，可令债务人写定书据，待有能力时偿还。执行处关于执行事件应于开始执行后 3 个月内结束，有特殊情况者可延期。关于动产的执行以查封、拍卖的方式进行；不动产的执行以查封、拍卖或管理的方式进行；对于行为不履行的执行，以用债务人的费用命第三人代为履行的方式进行。

除北京政府外，1917 年 9 月成立的广州护法军政府也在这一时期颁布了诉讼方面的法律。1921 年上半年，广州军政府把清末《民事诉讼律草案》和《刑事诉讼律草案》中与《中华民国临时约法》及当时使用的其他法律相抵触的条文删除或修改，编成《民事诉讼律》和《刑事诉讼律》，并制定《民事诉讼律施行细则》和《刑事诉讼律施行细则》，在其控制地区施行。这两部法律为以后的广州、武汉国民政府所沿用。

三　南京国民政府的诉讼法

（一）民事诉讼法

南京国民政府成立时，中国存在着在不同地区适用两种不同的诉讼法的局面。为了解决这个问题，国民政府责成司法部拟订适用的诉讼法规。1928 年 7 月，司法部拟成《民事诉讼法草案》，经国民政府委员会决议交法制局审查修改后，送立法院修改审议。因当时民法亲属、继承两编尚未通过，《民事诉讼法草案》第五编第四章“人事诉讼程序”与民法的这两编有关联，因而立法院决定先审议通过草案中除第五编第四章以外的部分。1930 年 9 月，立法院三读通过《民事诉讼法》第一编至第五编第三章，同年 12 月由国民政府公布。不久，立法院在民法亲属、继承两编通过后，审议通过了《民事诉讼法》第五编第四章，由国民政府于 1931 年 2 月公布。第二年 5 月，又公布了《民事诉讼法施行法》，均于 1932 年 5 月 20 日施行。

这部《民事诉讼法》共 5 编 600 条。第一编总则，分为法院、当事人、诉讼标的之价额及诉讼费用、诉讼程序 4 章；第二编第一审程序，分为通常诉讼程序、简易诉讼程序 2 章；第三编上诉审程序，分为第二审程序、第三审程序、抗告程序 3 章；第四编再审程序；第五编特别诉讼程序，分为督促程序、保全程序、公示催告程序、人事诉讼程序 4 章。从其篇章结构与条文内容看，基本是以《民事诉讼条例》为蓝本制定的，但有一些变化。如关于管辖只规定了土地管辖而无事物管辖；关于因不动产而涉讼的案件，不以不动产所在地法院为专属管辖法院；法院对于无管辖权的案件，可不待原告声明，依职权直接将案件移送有管辖权的法院，这些规定均与《民事诉讼条例》不同。此外还废除了《民事诉讼条例》中关于证书诉讼程序和检察官可参与人事诉讼事件的规定。

该法施行两年后，司法部又拟出修正草案，于 1934 年 4 月呈请行政院转咨立法院审议。经立法院修改通过后，由国民政府于 1935 年 2 月公布，并于同年 5 月公布了新的施行法，均于同年 7 月 1 日起施行。

新制定的《民事诉讼法》共分 9 编，计 636 条。第一编总则，分为法院、当事人、诉讼费用、诉讼程序 4 章；第二编第一审程序，分为通常诉讼程序、简易诉讼程序 2 章；第三编上诉审程序，分为第二审程序、第三审程序 2 章；第四编抗告程序；第五编再审程序；第六编督促程序；第七编保全程序；第八编公示催告程序；第九编人事诉讼程序，分为婚姻事件程序、亲子关系事件程序、禁治产事件程序、宣告死亡事件程序。

该法与 1930 年《民事诉讼法》相比，内容变化较大。主要有：第一，改变了关于管辖的某些条文，增加了关于票据债务、财产管理、船舶碰撞及海难救助等数种特别管辖的规定。第二，为了减少诉讼延滞，将前法中关于当事人一经申请推事回避，诉讼程序即应停止的规定，改为如当事人的声请不合程式或意图延滞诉讼，诉讼程序不因当事人的回避声请而停止。还规定如当事人提出答辩状逾期，致使诉讼延期，即便不是故意延滞，如有重大过失，法院也可予以驳回；双方当事人迟误言辞辩论，虽可视为休止诉讼程序，但法院认为有必要时可依职权续行诉讼。第三，增加了关于外国人诉讼能力的规定。第四，增加了有关民事调解的规定，将1930年1月公布、1931年1月施行的《民事调解法》的条文修改后编入《民事诉讼法》，以便使调解与诉讼更好地衔接，减少当事人的麻烦和费用。

（二）刑事诉讼法

1928年初，为解决两种刑事诉讼法规并行的问题，南京国民政府决定由司法部拟订统一适用的新刑事诉讼法。同年3月新制定的《中华民国刑法》公布后，司法部又根据刑法将已拟出之稿重加修订，编成《刑事诉讼法草案》，经国民党中央政治会议审议通过后，交由国民政府于1928年7月28日公布，同时还公布了《刑事诉讼法施行条例》，均于同年9月1日起施行。

该法是在《刑事诉讼条例》的基础上修订而成的，因而篇章结构与《刑事诉讼条例》较为接近。共分九编，513条。第一编总则，分为法例、法院之管辖、法院职员之回避、被告之传唤及拘提、被告之讯问、被告之羁押、证人、鉴定人、扣押及搜索、勘验、辩护、裁判、文件、送达、期限等15章；第二编第一审，分为公诉、自诉2章；第三编上诉，分为通则、第二审、第三审3章；第四编抗告；第五编非常上诉；第六编再审；第七编简易程序；第八编执行；第九编附带民事诉讼。

其主要特点是：第一，采取四级三审制，凡应处以3年以下有期徒刑、拘役和专门处以罚金的案件，以及应处以5年以下有期徒刑的简单案件，由初级法院一审管辖；内乱罪、外患罪、妨害国交罪案件由高等法院一审管辖；其余一审案件由地方法院管辖。第二，刑事诉讼以公诉为主，自诉为辅，公诉权由检察官行使。为了保护自诉人的利益，检察官对自诉案件亦有独立的上诉权，对于撤回自诉或上诉的案件可依法行使干涉权。第三，关于羁押期限，除沿用《刑事诉讼条例》关于侦查阶段羁押期限的规定外，还增加了关于审判阶段羁押期限的规定，审判中羁押一般不得超过3个月，必要时允许向法院声请延长。第四，侦查权由检察官和司法警察行使，司法警察在查获犯罪嫌疑人后，除有特殊情况外，一般应在3日内移送该管检察官。第五，关于刑事诉讼中的指定辩护，采取公设辩护人制度，由从律师中指定辩护人改为从国家公设辩护人中指定，以保证辩护质量。第六，废止了预审制度和有关诉讼费用的规定。

1933年，南京国民政府在《法院组织法》已公布实施、司法体制发生变化的情况下，决定在修改刑法的同时，重新修订刑事诉讼法。同年6月，司法部拟出《修正刑事诉讼法草案》，呈请行政院转送立法院审议。经立法院修改通过后，由国民政府于1935年1月1日公布，同年7月1日起施行。

该法共516条，仍分9编。第一编总则，分为法例、法院之管辖、法院职员之回避、辩护人辅佐人及代理人、文书、送达、期日及期间、被告之传唤及拘提、被告之讯问、被告之羁押、搜索及扣押、勘验、人证、鉴定及通译、裁判等15章。第二编第一审，分为公诉、自诉2章。第三编上诉，分为通则、第二审、第三审3章。第四编抗告。第五编再审。第六编非常上诉。第七编简易程序。第八编执行。第九编附带民事诉讼。

司法部提出该法草案时，说明是在“参酌近今世界立法之趋势，及二十年来法院办理刑事案件之经验”的基础上拟就的。① 其主要特点是：第一，与《法院组织法》相适应，实行三级三审制，除内乱罪、外患罪和妨害国交罪由高等法院管辖第一审外，其余均以地方法院为第一审法院。第二，进一步完善了公设辩护人制度，规定应指定公设辩护人的案件，如当事人选任了辩护人而该辩护人无故不到庭，允许法院指定公设辩护人为其辩护。第三，关于审判中延长羁押，规定以3次为限，每次不得超过两个月，以消除1928年《刑事诉讼法》对此无明文限制的缺陷。第四，降低了声请停止羁押的条件，扩大了声请停止不得驳回的适用范围。第五，进一步限制司法警察的权力，司法警察向检察官移送嫌疑人的期限由3日缩短为24小时。第六，扩大了自诉的适用范围，规定凡犯罪之被害人，有行为能力者均可以提起自诉，但对直系尊亲属或配偶不得提起自诉；检察官可于案件审判时出庭协助自诉。第七，明确规定上诉不加刑，被告上诉，除因原审法院适用法条不当或量刑显系失出而撤销者外，不得改判重刑。第八，增加了关于保安处分及执行训诫的规定。

南京国民政府出于某种特殊需要，还颁布了一些刑事诉讼特别法规。1929年8月公布实施了《反革命案件陪审暂行法》，规定对于因事实问题而发回或发交重审的“反革命”案件（主要指共产党人案件），可经国民党党部声请，实行陪审评议。陪审团额定为6人，从法院所在地的国民党

① 谢振民：《中华民国立法史》，中国政法大学出版社2000年第1版，第1022页。

党员中以抽签方式产生，开庭时就案件作出有罪、无罪、犯罪嫌疑不能证明三种结论，当庭交由审判长作出进一步裁决。该法施行至1931年废止。此外国民政府还于1944年1月公布了《特种刑事案件诉讼条例》，规定对汉奸、盗匪等特种刑事案件和一部分原属军事审判的案件适用特别程序，此类案件只要经司法警察机关移送，法院即可审理判决，检察官可以不出庭；所作判决不得上诉，只能声请复判；对汉奸、盗匪判死刑者，如为维持地方治安所急需，可先摘要电请最高法院核准后执行。该法原定施行3年，后经修改在大陆施行到南京政府崩溃。

第六节 司法制度的变革

一 清末司法改革

在进入20世纪以前，清朝在司法制度方面除出现了领事裁判权制度外，对内仍沿用司法与行政相混的体制，直到20世纪初决定进行变法并实行“预备立宪”后，司法制度的改革才被提上日程。改革的内容包括按照司法与行政分立的原则建立独立的司法机关，实行从西方引进的近代审判诉讼制度，及建立近代警察制度、监狱制度等。

（一）新司法体制的确定和相关法规的出现

光绪三十二年（公元1906年）七月，清政府决定实行“预备立宪”，并把改革官制作为首要措施。总核官制大臣奕劻等在呈奏新官制方案时，明确提出应实行司法与行政分立。他们认为，“立宪国官制，立法、行政、司法，三权并峙，各有专属，相辅而行，其意美法良。”而中国重大积弊之一，就是行政司法相混，“以行政官而兼司法权，则必徇平时之爱憎，变更一定之法律，以意为出入”。因而新官制的宗旨之一，就是将司法与行政分开，使之成为“与行政官相对峙而不为所节制”的独立系统。[①] 同年九月二十日，清廷颁布《裁定奕劻等核拟中央各衙门官制谕》，决定实行司法与行政分立，将刑部改为法部，专管司法行政，将大理寺改为大理院，专管审判，从此开始了对司法制度的全面改革。

在清廷作出上述决定一个月后，大理院向朝廷呈奏了一个《审判权限厘定办法折》，提出了设立各级审判机构并划分其权限的方案。规定除大

① 沈桐生辑：《光绪政要》卷32，江苏广陵古籍刻印社1991年第1版，影印本，第2306页。

理院外，各地设高等审判厅、地方审判厅、乡谳局三级审判机关，实行四级三审制。大理院为最高审判机关，专门审理宗室官犯、抗拒政府犯、特交案件及不服高等审判厅判决或裁决的上诉案件。高等审判厅专门审理不服地方审判厅判决或裁决的上诉案件，不受理初审词讼。地方审判厅则自徒流以至死罪的刑事案件及诉讼标的值银二百两以上的民事案件，都可受理。乡谳局受理笞杖罪和无关人命的徒罪及诉讼标的值银二百两以下的民事案件。凡案件经三审即为终审，当事人不得再上诉。

为了尽快建立新审判机构，大理院还同时按上述方案拟订了《大理院审判编制法》，经奏准后施行。此法共 45 条，分为总纲、大理院、京师高等审判厅、城内外地方审判厅、城谳局 5 节，是中国近代第一部具有法院组织法性质的法规。除对大理院的职能权限及审案制度作了简要规定外，还规定京师设高等审判厅、京师城内外地方审判厅、京师分区城谳局；自大理院以下，各级审判厅局均分民事、刑事二类，分理民、刑案件，其审判不受行政衙门干涉；各审判厅局均附设检察局，负责提起公诉、监督审判官对法律的运用及监督判决的执行；大理院、高等审判厅和地方审判厅均实行合议制，由审判官数人共同审理，城谳局审判官可独任审判。这些规定虽然是专为京师而设，其所确定的地方审判机关的设置及有关制度实际上也适用于其他地区。

此后不久，修订法律馆作为负责起草主要法律的专门机关，开始拟订正式的《法院编制法》。光绪三十三年（公元 1907 年）八月，该法草案告成，交宪政编查馆审核。至宣统元年（公元 1909 年）十二月，宪政编查馆核订完毕，奏准颁布。

《法院编制法》是一部内容较为系统完整的审判机关组织法。该法分审判衙门通则、初级审判厅、地方审判厅、高等审判厅、大理院、司法年度及分配事务、法庭之开闭及秩序、审判衙门之用语、判断之评议及决议、庭丁、检察厅、推事及检察官之任用、书记官及翻译官、承发吏、法律上之辅助、司法行政之职务及监督权等 16 章，共 164 条。规定审判机关分为初级审判厅、地方审判厅、高等审判厅及大理院四级，实行三审终审制。初级审判厅为第一审的案件，至高等审判厅为终审，地方审判厅为第一审的案件，至大理院为终审。除初级审判厅和地方审判厅的一审案件采取独任审判外，其余各级审判衙门均实行合议制。各级审判厅均附设检察厅，检察厅独立行使职务；在刑事诉讼中，检察官有根据刑事诉讼律及其他法令实行搜查处分、提起公诉、监督判决执行之权；在民事诉讼中，有根据民事诉讼律及其他法令，为诉讼当事人或公益代表人解决特定事项的权力。此外，该法还对各级审判衙门的组织结构和工作制度，以及人员的编制和任用等作了规定。从总体上看，主要模仿日本的裁判所构成法。该法颁布后，一直使用到民国初期，而《大理院审判编制法》则从该法颁行时起自然失效。

（二）各级审判机构的建立及相关制度的形成

清廷决定实行司法行政分立后，即开始在大理寺的基础上重新建立大理院。光绪三十二年九月，任命沈家本、刘若曾为大理院正卿和少卿，负责筹建事宜。经过确定衙署、申请经费、调用人员、建立法庭等紧张筹备，大理院作为行使国家最高审判权的机构，很快成立起来。

同时，建立地方审判机构的工作也逐渐展开，清政府首先在天津进行了试点。在天津府设立直隶高等审判分厅，天津县设立天津地方审判厅，天津县辖城乡按照地方大小设立四处乡谳局。新设立的审判机构实行民、刑分理。各审判厅审案人员主要来自留洋归来的法政学生和原有府、县办理司法事务的人员，均经考试后任用。此外还有书记员、承发吏和司法警察等人员，经考试后雇用。在筹设过程中，直隶总督袁世凯制定了《天津府属审判厅试办章程》，对各级审判厅的设置、案件管辖、审案程序、讼费制度等作了规定。

天津府属各级审判厅于光绪三十三年二月开办，取得了令清政府满意的效果，“试办数月，积牍一空，民间称便”[①]。同年五月，清廷令东三省、直隶、江苏先行开办各级审判厅，其余各省亦分年次第举办。此后，各地新审判机构陆续设立。据法部宣统三年（公元1911年）三月《奏为遵章续陈第三年第二届筹办成绩折》记载，到宣统二年年底，全国各地共设各级审判厅173所，设员2149人，除湖南、广东两省和吉林滨江、绥芬，黑龙江呼兰府等商埠因故延期外，京师和其余省城、商埠各级审判厅均已开设，受理民刑案件。[②]

在司法体制转变过程中，清政府为适应建立新审判机构的需要，还进行了建立近代法官制度的活动。在天津进行设立新审判机构的试点时，就曾进行过筛选新审判人员的考试。至宣统二年（公元1910年），法部公布《法官考试办法》及其施行细则，举行了第一次全国性法官考试。考生报

① 《直督袁世凯奏试办审判厅折》，载《阁钞汇编》光绪丁未六月。

② 中国第一历史档案馆：清法部档，32174号。

考资格为在法政、法律学堂学习三年以上并领有毕业文凭者，或有举人等功名者，或文职七品以上及刑幕品学皆佳者。报考总人数在3600人左右。考试分笔试和口试，笔试合格者方可参加口试。笔试从八月二十四日至九月十二日，除西南、西北等几个偏远省份的考生在本地考试外，其余皆到京师参加考试。考试按考生籍贯分场进行。各考生须参加两场考试，每场一天。考试内容包括奏定宪法纲要、现行刑律、现行各项法律及暂行章程，各国民法、商法、刑法及诉讼法（每人至少选两种），国际法。口试于九月十六、十七两日举行。共有560余人通过了此次考试。考试通过者分发到京师和各地审判厅，以正七品学习推事和学习检察官的资格实习。同年十二月，法部还在京师和奉天举行了在职法官的考试。①

与司法体制的变革相联系，清末还出现了近代警察制度。从光绪三十二年开始，各级警察组织和有关机构陆续设立。中央最初设巡警部，后改为民政部；京师设内外城巡警总厅，各省设巡警道，厅、州、县设警务长，在不同范围内行使警察职能。光绪三十三年十二月，清政府制定了《司法警察职务章程》，规定司法警察由巡官、巡长及巡警充任，有协助检察厅执行检察事务之责，执行检察事务时应受检察厅长官调度指挥；其逮捕人犯应以审判衙门所发印票，由检察厅备文送交该管巡警衙门通知司法警察人员执行，对现行犯可由巡警直接逮捕，先行讯问，然后交检察厅处理；其搜查证据由检察厅通知该管巡警衙门转饬司法警察人员会同检察官前往，在特定情况下可经本长官许可直接搜查；检验尸伤一般应与检察官会同办理；接到命盗杀伤等案的呈报应移送检察厅办理。

总之，清末最后几年里司法体制发生了很大变化，尽管至清亡这方面的改革还没有完成，但新司法体制已粗具规模，近代司法审判的主要原则和制度，如审判机关独立审判的原则，审级与上诉制度，民事、刑事分庭审理的制度，庭审合议制度，检察厅及检察官公诉制度，职业法官制度，司法警察制度等均已开始形成并在司法实际中发生作用。

（三）监狱制度的改革

清末监狱制度的改革出现得较早，光绪二十七年（公元1901年）六月刘坤一和张之洞在会奏变法事宜中，就提出应在全国各州县监狱设立工艺房，让犯人习艺。第二年十一月，护理山西巡抚赵尔巽进一步提出，应

① 参见李启成《晚清各级审判厅研究》，北京大学出版社2004年第1版。书中有一章专门研究清末的法官考试。

在各省设立罪犯习艺所，把判处充军、流刑和徒刑的罪犯收所习艺，并从事镂刻熔冶、布缕缝织等劳作。光绪二十九年（公元1903年）四月，刑部据此提出具体的实施方案，规定先在各省城和巡道所驻地方设立习艺所，把判处军、流、徒的罪犯收所习艺。此后，各地习艺所陆续设立。由于在此之前，有些地区已经出现了迁善所、改过所等收容浮浪游民的场所，因而各地设立的习艺所情况也不尽相同，有的是按以上规定设立的罪犯习艺所，主要收押判处徒刑以上的罪犯；有的为民政部门所办，主要收容无业贫民。第一种习艺所让犯人在监内学习技艺，并通过做工解决自己的衣食，已多少具有近代监狱的性质。

设立罪犯习艺所是清末监狱改革的一项重要措施，但还不是这方面制度的全面改革。清政府在决定实行"预备立宪"后，又进行了大规模的筹建新式模范监狱的活动。光绪三十三年四月，沈家本奏请改良监狱，以资模范，并提出改建新式监狱、养成监狱官吏、制定颁布监狱规则、编辑监狱统计等四项措施。后法部奏准于各省会及通商口岸先筑模范监狱一所，以示文明于各国。同年八月，学部通知各省法政学堂增设监狱专修科，以培养改良监狱的官吏。光绪三十四年四月，清政府聘日本监狱学专家小河滋次郎为顾问，帮助筹设模范监狱。同年十一月设立奉天模范监狱，宣统元年十一月设立京师模范监狱，湖北、江苏、浙江、江西、云南、贵州、广西、山东等省也陆续兴建新式监狱。为了对新的监狱制度作系统规定，修订法律馆委托小河滋次郎起草了《监狱律草案》，经法律馆审查后，于宣统二年上奏。该草案分总则、收监、拘禁、管束、作业、教诲及教育、给养、卫生及医疗、出生及死亡、接见及书信、赏罚、保管、特赦减刑及假释、释放等14章，共240条。但在清朝灭亡前始终未见颁布。至1913年，北京政府将其加以删改后编成《监狱规则》公布使用。

二　民国前期的司法制度

从清末到民国，虽然出现了政权更迭，国家制度也发生了变化，但清末所确立的新司法体制和所设机构并没有因此而被废弃，民国前期的司法制度基本是在继承清末制度的基础上演变发展的。

（一）司法体系

1. 普通司法机构

北京政府成立后一直援用清末制定的《法院编制法》，仅于1916年对个别条文作了删改，其司法机构基本是以此为依据而设置的。除初级审判机构有变化外，大理院和高等审判厅、地方审判厅及检察机关的设置基本与清末相同。

大理院仍为全国最高审判机关，主要审理不服高等审判厅判决的上诉案件，不服高等审判厅的决定或命令而抗告的案件，及依法属于大理院特别管辖权的案件。此外还对国家法律有解释权。大理院设民事庭和刑事庭，其审理案件采取合议制，合议庭由推事五人组成。按照《法院编制法》的规定，大理院可以在边远省份的高等审判厅设置分院，大理院分院除没有解释法律的权力外，其审判职权与大理院相同。但实际上北京政府时期大理院从未设立过分院。

高等审判厅设于省会城市，主管全省的民刑审判。其管辖范围包括：不服地方审判厅第一审判决而控诉的案件；不服地方审判厅第二审判决而上告的案件；不服地方审判厅的决定或命令而抗告的案件。审理案件也采取合议制，由三名或五名推事组成合议庭。高等审判厅也可根据需要设置高等审判分厅，其职权与高等审判厅基本相同。

地方审判厅设于较大的商埠或中心县，所管辖的案件包括不服初级管辖法庭的判决而控诉的案件，不服初级管辖法庭的决定或命令而抗告的案件，除大理院特别管辖以外的初级管辖案件。其第一审案件一般采用独任制，第二审案件采用合议制，由推事三人组成合议庭。地方审判厅也可根据需要设置地方审判分厅。

在大理院、高等审判厅和地方审判厅内，分别设立总检察厅、高等检察厅和地方检察厅，就刑事案件行使搜查处分、提起公诉、监督判决的执行等职权；就民事案件按照民事诉讼法及其他法令的规定为诉讼当事人或公益代表人处理特定事项。大理院和各级审判厅与各级检察厅互不统属，各自独立行使职权。

北京政府时期初级审判机关的设置最初也与清末相同，以初级审判厅为初级审判机关。至 1914 年 4 月，北京政府以经费、人员不足为由，从体制上撤销了初级审判厅，共裁撤初级审判厅 135 所。同时，北京政府还对地方审判厅进行了调整，共裁并地方审判厅 90 所。至 1926 年，北京政府控制区域内共有新式法院 139 所，其中大理院 1 所，高等审判厅 23 所，高等审判分厅 26 所，地方审判厅和地方审判分厅共 89 所。①

北京政府时期，不仅初级审判厅只存在了很短的一段时间，地方审判

① 韩秀桃：《司法独立与近代中国》，清华大学出版社 2003 年第 1 版，第 234 页。

厅的数量也非常有限。在未设新审判机关的地方，由什么机构来审理按照新制应由初级审判厅和地方审判厅初级管辖的案件，是当时必须解决的问题。北京政府从1912年底开始，实行审检所制度，在未设普通法院的县份设立审检所，主管本县辖区内的审判、检察等司法事务。审检所设帮审员一职，负责审理本县辖区内第一审民刑案件及邻县初级管辖的上诉案件；其检察职由县知事兼任。这种制度实行了一年多，全国两千多个县中有900多设立了审检所。至1914年4月，北京政府又制定公布了《县知事兼理司法事务暂行条例》和《县知事审理诉讼暂行章程》，规定凡未设审判厅检察检厅各县其第一审应属初级或地方审判厅管辖的民刑事案件均由县知事审理。后由于此制度实行中造成了种种问题，受到社会有关方面的批评，北京政府为体现司法与行政分离，又从1917年开始在未设法院的县设立司法公署，署内设审判官专管民刑案件的审判，检察事务仍由知事负责。但这种制度也未能普遍实行，据统计，至1926年，全国两千多个县中只有46个县设有司法公署，多数县仍由知事兼理司法审判。因而北京政府时期的司法体制基本是一种二元体制，中央与省一级由新式司法机关办理案件，独立行使审判等司法权，而地方基层则基本沿用旧制，由行政兼理司法。

除北京政府外，1917年成立的广州政府也设立了自己的司法机关，其体制与北京政府基本相同，中央设大理院，地方设高等、地方、初等三级审判厅。初等审判厅实际上没有成立，也是以行政兼理司法。检察机关设于审判厅内，包括总检察厅、高等检察厅和初等检察厅，独立行使职权。

2. 行政审判机关

中国设立行政审判机关的历史始于清末，清政府光绪三十二年制定的新官制方案中，就有行政裁判院的设置。清政府还拟订了《行政裁判院官制草案》。

进入民国后，南京临时政府和北京政府继续进行这方面的工作。《中华民国临时约法》规定，以平政院为审理行政诉讼的机关。1914年3月，北京政府颁布《平政院编制令》，同年8月，又颁布《平政院处务规则》，对平政院的职能及隶属关系、内部结构、人员编制和任用、内部管理和工作制度等作了规定。北京政府还于1914年7月颁布实施了《行政诉讼法》和《诉愿法》等有关法规，从而建立了中国最早的行政诉讼制度。

平政院是按照《平政院编制令》成立的行政审判机关，直接隶属于大总统。按照《行政诉讼法》的规定，其管辖的案件包括两类：中央或地方最高行政机关的违法处分致使人民权利受到损害，有关当事人起诉的案件；中央或地方行政机关的违法处分致使人民权利受到损害，当事人诉愿至最高行政机关并不服其决定而向平政院起诉的案件。平政院对行政案件可以作出取消或变更原行政行为的决定，但须呈报大总统，由大总统批令主管官署执行。平政院设院长1人，评事15人，分3个庭审理案件，每庭以评事5人组成，其中须有司法职出身者1人或2人。院长由大总统任命，评事由平政院院长、各部总长、大理院院长及高等咨询机关推荐，由大总统选择任命。评事需年满30岁，具有一定的担任行政职务或司法职务的资历，担任评事后不得加入政治组织、担任国会及地方议会议员、担任律师及商业执事人等。平政院成立时还设有肃政厅，负责纠弹官吏的违法行为，在没有人民起诉的情况下提起行政公诉。以后该机构被撤销。

（二）律师制度

中国从清末开始酝酿建立律师制度，光绪三十二年沈家本、伍廷芳拟订的《刑事民事诉讼法草案》中，就有关于律师制度的规定。虽然清末律师制度未正式建立起来，但由于清政府允许外国律师在通商各埠办案，实际上中国已出现了律师的活动。民国初期继续进行建立律师制度的工作，南京临时政府曾进行律师法的起草，民间还出现了律师界自发成立的律师公会。至北京政府成立，由于已有清末以来的积累，建立律师制度的进度明显加快。1912年9月，北京政府制定颁布《律师暂行章程》，开始正式实行律师制度。

《律师暂行章程》公布后屡经修订，内容多有变化。其中1916年10月公布的修正文本较为成熟，共有37条，分为律师资格、律师证书、律师名簿、律师职务、律师义务、律师公会、律师惩戒等7章及附则。规定中华民国男子20岁以上可经考试或凭借学历等一定条件取得律师资格，律师证书由司法总长颁发；高等审判厅置律师名簿，司法部置律师总名簿，律师经登录名簿后可在该高等审判厅管辖区域内执行职务，也可在大理院执行职务；律师执行职务时一般不得兼任官吏或有俸给的公职，不得兼营商业，不得拒绝审判衙门所命之职务；律师应在其执行职务的审判衙门所在地设置事务所，应于地方审判厅所在地设立律师公会；律师公会受所在地地方检察长监督；律师有违章行为，由律师公会决议后呈请地方检察长转呈高等检察长向该管高等审判厅提起惩戒之诉，由高等审判厅作出训诫或停职两年以下或除名的判决。1917年11月该章程再次修订，改变了取得律师资格的条件，取消了具有一定学历等条件可不经考试取得律师资格的规定。此外还加强了对律师执业范围的限制，规定律师经登录后只能在所登录的高等审判厅辖区内的一个地方审判厅管辖区域中执行职务。

除《律师暂行章程》外，北京政府还相继制定公布了《律师登录暂行章程》（1912年9月），《律师甄别章程》（1914年4月），《律师惩戒会暂行规则》（1913年12月），《律师考试令》（1917年10月）等。民国前期，律师制度虽逐步建立起来，但当时律师只能在设有新审判机构的地区活动，所起作用较为有限。

三 南京国民政府时期司法制度的变化

（一）司法体系的变化

南京国民政府的司法体系是按照国民党“五权宪法”、“权能分治”的理论和“训政”时期的纲领建构的。与北京政府时期相比，主要有以下变化。

第一，在法院之上增加了一个最高层次，即司法院。

司法院设立于1928年11月。按照南京政府1931年颁布的《训政时期约法》和1928年制定的《国民政府组织法》、《司法院组织法》的规定，司法院为国家最高司法机关，总揽各项司法事务。其下设四个直属机关，其中司法行政部掌管司法行政事务，最高法院行使最高审判权，行政法院行使行政诉讼案件的审判权，官吏惩戒委员会掌管文官和法官的惩戒事宜。此外还设有秘书处、参事处等办事机构，负责办理院内文秘、庶务及撰拟审核关于司法的法律命令等事宜。司法院院长综理全院事务，并经最高法院院长及各庭庭长会议决议，行使统一解释法令及变更判例之权。司法院成立后，一直行使国家最高司法权，但其直属机关曾有变化。1931年司法行政部改归行政院统辖，1934年复归司法院，1942年再次改由行政院管辖。从1948年开始，司法院还按照《中华民国宪法》公布后新制定的《司法院组织法》的规定，设立了大法官会议，行使解释宪法及统一解释法律的职权。

第二，审级由四级三审改为三级三审。

民国前期的四级三审制实行中遇到了种种困难，1914年裁撤初级审判厅后，初级审判一直处于不正规状态。南京政府成立后，开始仍实行四级三审制，1932年10月公布的《法院组织法》将审级改为三级三审制，在司法院之下设立最高法院、高等法院、地方法院三级审判机关。

最高法院仍为最高审判机关，除解释法律的权力缩小为只能参与行使

"具体的法律解释权"外，其审判权与民国前期的大理院基本相同，审理案件实行 3 人或 5 人合议制。由于案件数量增多，其规模较大理院有所扩大，大理院鼎盛时期民刑庭加在一起只有 7 个，而南京政府的最高法院在抗日战争前民刑庭共有 16 个，抗战期间减为 7 个，抗战胜利后增至 26 个。

高等法院设于省和特别区、直辖市，可根据需要设立分院。其管辖的案件包括关于内乱、外患、危害国交的第一审刑事案件；不服地方法院及其分院一审判决而上诉的民事、刑事案件及不服地方法院及其分院的裁定而抗告的案件。高等法院审理案件实行 3 人合议制。南京国民政府时期法院数量最多时曾设有 37 所高等法院和 119 所高等法院分院。①

地方法院设于县或市，地域狭小的县或市可数县、市并设一个地方法院，管辖所管区域内除高等法院一审管辖之外的民事、刑事第一审案件和非讼事件。审理案件原则上采取独任制，重大案件可采取 3 人合议制。地方法院也可设立分院。

南京国民政府时期地方法院的设立仍不普遍，其成立之初曾计划 6 年内各省普设法院，未能实现。凡未设法院的县，开始仍沿北京政府旧制，由县知事兼理司法，或由司法公署办理司法。后南京政府决定在应设法院各县设立司法处，作为法院设立前的过渡。1936 年公布《县司法处组织条例》和《县司法处办理诉讼补充条例》，规定县司法处设于县政府，其事物管辖与地方法院同，设审判官独立行使审判职务，在审判业务方面受高等法院院长监督。审判官须有法科三年以上毕业，经高等考试及格，或有若干年办理司法业务的资历，由高等法院院长呈请司法行政部核派。南京政府原计划分三期筹设各地司法处，每期半年，后因抗日战争爆发，未能实现。抗战胜利后通令各省普遍设立，全国除新疆外，共设县司法处 1318 所。原计划条件成熟时将各地司法处转为地方法院，亦未实现。至 1949 年，共设地方法院 782 所，全国仍有半数以上的县没有设立法院。②

第三，检察机关的设置和职权有所变更。

北京政府时期在各级法院中设置检察厅，独立行使检察职权。南京政府仅于最高法院设立检察署，置检察官若干人，以 1 人为检察长；其他法院只配置检察官，不设专门机构，有两名以上检察官者，以 1 人为首席检

① 张晋藩主编《中国司法制度史》，人民法院出版社 2004 年第 1 版，第 529 页。

② 展恒举：《中国近代法制史》，（台湾）商务印书馆 1973 年第 1 版，第 248、252 页。

察官。检察官的职权，除原来规定的刑事案件中侦查处分、提起公诉外，还按照《法院组织法》和《刑事诉讼法》的规定，增加了协助自诉及担当自诉的职能。检察官对于刑事自诉案件应给自诉人以司法上的协助，自诉人起诉后，除告诉乃论之罪外，其余因故中途停止者，可由检察官担当诉讼人，将诉讼进行下去。

第四，司法官考试任用中出现了“党化”的内容。

民国前期在清末的基础上继续建立司法官考试任用制度，北京政府先后公布了《司法官考试令》、《司法讲习所规程》等法规，对司法官考试任用制度作了规定，并于1914年举行了一次全国性司法考试，从1100多名应试者中录取了71人。还以举办司法讲习所等方式进行司法人员培训。南京政府成立后，先后颁布了《法官任用条例》、《法官初试暂行条例》、《高等考试司法官考试条例》、《司法人员训练大纲》等，继续实行司法官考试任用制度。与民国前期相比，其主要变化是取消了“司法官不党之禁令”，考试与培训增加了“党化”的内容。北京政府时期，《法院编制法》规定推事及检察官不得为政党党员或其他政治组织成员，司法部曾两次下令严禁司法官加入任何党派。南京国民政府取消了这种限制，并在考试及培训中增加了“三民主义”、“建国方略”等国民党政治理论方面的内容，以与其“训政”体制相适应。直到1947年，才在正式颁布的《中华民国宪法》中恢复了关于法官须超出党派之外，依据法律独立审判，不受任何干涉的规定。

（二）领事裁判权的撤废

废除领事裁判权是清末以来历届政府追求的目标。具体包括两项内容，一是废除不平等条约所规定的由签约国领事或其在华法庭审理所有以该国人为被告的民刑案件的制度，二是废除与此相联系的对于租界内发生的涉及外国人及为外国人或机构所雇用的中国人的案件，由外国领事或领事所派官员参与“会审”、“陪审”或“观审”的制度。这两项制度都是对中国司法权的侵削。清末法制改革时，清政府就有通过改革取消领事裁判权的愿望。民国前期，南京临时政府和北京政府都有这方面的举措。南京临时政府曾宣布要设法收回上海公共租界和法租界的行政、警察等权，并改变上海会审公廨不受中国节制的状况。北京政府成立后，曾就收回会审公廨问题同各国进行长期谈判，1926年8月，由江苏省地方政府与各国驻沪领事团达成协议，签订了《收回上海会审公廨暂行章程》，宣布自1927年1月1日起，上海公共租界会审公廨由中国政府接管，改组为“上海公共租界临时法院”。规定除享有领事裁判权的外国人为被告的案件不得受理外，其他租界内一切民刑案件皆归该法院审理，中国现行及以后公布的法律均适用于该法院。但该法院的书记官长仍由外国人担任。

此外，北京政府还于1919年5月发布了《审理无约国人民民刑事诉讼章程》，第二年10月修正后再次颁布，规定无领事裁判权国家的在华人员遇有民刑诉讼，以各地的地方审判厅或特别区域审判处附设的地方厅为第一审机构，适用中国的各项法律。同年12月，又发布《审理无领事裁判权国人民重罪案件分别处刑办法文》，规定无领事裁判权国家的在华人员犯有重罪，原则上按中国法律处理，但对于按中国法律应判死刑，而其本国已废除死刑者，可以变通处以无期徒刑。北京政府还借参加第一次世界大战向德国和奥地利宣战的机会，于1917年取消了这两个国家在华的领事裁判权。俄国“十月革命”后，北京政府于1920年明令停止俄驻华使馆的领事裁判权待遇，并于哈尔滨设高等审判厅和地方审判厅各1所，专门受理俄侨及其他无领事裁判权国侨民诉讼。

南京国民政府成立后，继续进行这方面的工作，于1929年12月发布命令，提出“为恢复吾国固有之法权起见，定自民国十九年一月一日起，凡侨居中国之外国人民，现时享有领事裁判权者，应一律遵守中国中央政府及地方政府依法颁布之法令规章”①，并要求行政院、司法院转令主管机关从速拟具实施办法，送立法院审议。1931年5月，立法院讨论通过了外交部会同司法行政部拟订的《管辖在华外国人实施条例》，定于1932年1月开始施行。该条例共12条，规定在华享有领事裁判权的外国人应受中国各级法院管辖，中国在哈尔滨、沈阳、天津、青岛、上海、汉口、巴县、闽侯、广州、昆明等处地方法院及相应的高等法院内设立专庭，以院长兼任该庭庭长，受理外国人为被告的民刑事案件。专庭可设若干法律谘议，由法律专家担任，也可由外国人担任；法律咨议可用书面向法庭陈述意见，但不得干预审判。为实施此条例，外交部分别与各国交涉，结果遇到挫折。不久发生“九一八”事变，国民政府遂决定将该条例展缓施行。

此外，南京国民政府还为进一步收回上海租界的司法权，与有关各国谈判。1930年2月与巴西、美国、英国、法国、挪威、荷兰等国的代表在南京签订了《关于上海公共租界内中国法院之协定》，第二年7月又与法国代表签订了《上海法租界内设置中国法院之协定》，规定废除以前关于

① 谢振民：《中华民国立法史》下册，中国政法大学出版社2000年第1版，第1035页。

租界内审判机构的协定、章程，由中国政府在租界内设立地方法院和高等法院分院，管辖租界内民刑及违警案件。以往由领事委员或领事官员出庭观审或会审的“旧习惯”，在新设置的法院内不得再行继续适用。中国现行或将来公布的实体法和程序法一律适用于该法院，不服该高等法院分院判决者，可上诉于中国最高法院。从而废除了上海租界内的会审制度，收回了这部分司法权。

在收回上海租界司法权的同时，南京国民政府还通过外交途径，以修改条约和单方面废除个别国家在华特权的方式，逐步解决领事裁判权的问题。1929 年中国政府与墨西哥换约，墨西哥无条件取消了其在华领事裁判权。1937 年因西班牙发生内战，驻华大使领事陆续离职，中国政府宣布取消该国在华领事裁判权。同年日本全面侵华，中日处于战争状态，遂取消日本在中国的领事裁判权。1939 年由于意大利宣布承认南京汪伪政权，国民政府与之断交，同时取消其在华领事裁判权。1941 年太平洋战争爆发后，中国正式对日本宣战，成为反法西斯阵线同盟国成员，英、美两国鉴于中国在亚洲战场举足轻重的地位，于 1942 年主动宣布取消在华领事裁判权，并于 1943 年按照平等互惠原则与中国签订新的双边条约。在英、美的影响下，法国、比利时、挪威、巴西、瑞典、荷兰、瑞士、丹麦、葡萄牙等国相继与中国签约，取消领事裁判权。至此，这项被西方列强攫取达上百年的司法权终于被收回。南京国民政府还进一步规定，对于外国人在华充任律师，也以双边互惠为原则，只有允许中国公民在其国家依照国民待遇取得律师资格、执行律师业务者，中国政府才允许该国公民在中国依法通过考试取得律师资格，执行律师业务；外国人在中国执行律师业务要接受司法行政部的管理及律师公会的约束，司法行政部有权对违章者予以处罚。

废除外国在中国的领事裁判权，是中国司法史上的一件大事。尽管这一主权的收回是在“二战”这一特定背景下，因英美等国有与中国结盟这一特殊需要而实现的，但它毕竟体现了中国国际地位的变化，结束了中国司法机关在自己的领土上不能审判外国人、而外国人却可以在中国审判中国人的屈辱历史，恢复了中国司法主权的完整，对此应予充分肯定。

本章小结

清末民国时期，由于时代的推动和外来压力的影响，中国出现了大规模的法制变革，其主要趋势是在引进西方法律和吸收本土资源的基础上实现本国的法制近代化。在半个世纪的时间里，虽国家政权屡有更迭，法制变革的趋势始终未变。在宪法方面，清末就出现了以实行君主立宪为目标的改革，经过几十年的反复震荡，到民国后期形成了建立在“三民主义”基础上的“五权宪法”制度。在行政法和民商法、刑法、诉讼法等方面，经过各时期不同政府的频繁的立法修法活动，实现了法律体系的更新，其中有的新法如《中华民国民法》曾在国内外获得好评，在历史上较有影响。在司法诉讼制度方面，经过清末民国时期的一系列改革，除因时间和条件的限制而在部分县级行政区域内还残留着行政兼理司法的制度外，其余传统司法诉讼制度基本被废除，包括行政诉讼制度在内的近代司法诉讼制度建立起来，长期使中国人感到屈辱的领事裁判权制度也在民国后期被废除。从总体上看，经过清末民国的法制变革，基本形成了具有东方色彩的近代法律体系和司法制度，初步实现了中国法制从古代向近代的转化。

思　考　题

1. 名词解释

清末法制改革　《钦定宪法大纲》　《大清民律草案》　《大清新刑律》　咨议局　资政院　现行律民事有效部分　大理院判例　县知事兼理司法　平政院　立法院　六法全书　《中华民国宪法》

2. 简答题

(1) 简述中国近代法制变革的基本进程。

(2) 试述清末的商事立法及其特点。

(3) 试述清末的司法改革。

(4) 试述《中华民国临时约法》的基本内容和历史地位。

(5) 简述北京政府时期民事刑事诉讼法的发展。

(6) 试评《中华民国民法》。

(7) 简述南京国民政府时期司法制度的变化。

(8) 试述领事裁判权制度的形成及废除。

3. 论述题

(1) 试论述清末“预备立宪”的真伪及其历史影响。

(2) 试论述南京国民政府“六法”体系的特点及历史地位。

阅读参考文献

1. 谢振民：《中华民国立法史》上、下册，中国政法大学出版社2000年第1版。

2. 展恒举：《中国近代法制史》，台湾商务印书馆1973年第1版。

3. 张晋藩主编《中国法制通史》第9卷，法律出版社1999年第1版。

4. 李贵连：《近代中国法制与法学》，北京大学出版社2002年第1版。

5. 何勤华、李秀清：《外国法与中国法——20世纪中国移植外国法反思》，中国政法大学出版社2003年第1版。

6. 张生：《中国近代民法法典化研究》，中国政法大学出版社2004年第1版。

7. 张德美：《探索与抉择——晚清法律移植研究》，清华大学出版社2003年第1版。

8. 高汉成：《签注视野下的大清刑律草案研究》，中国社会科学出版社2007年第1版。

9. 李启成：《晚清各级审判厅研究》，北京大学出版社2004年第1版。

10. 前南京国民政府司法行政部编，胡旭晟、夏新华、李交发点校《民事习惯调查报告录》，中国政法大学出版社2000年第1版。

后　　记

《中国法制史概要》是供法学和法律硕士专业学位研究生学习中国法制史课程使用的教科书。我们在编写这本教材的过程中，按照下述两条要求进行了努力：一是力求遵循实事求是的治学原则，比较全面地、准确地阐述中国法制史的全貌、发展进程及演变规律，科学地区分传统法制的精华与糟粕，揭示和展现中华传统法制和法律文化的优秀成分；二是采取法制通史与部门法史相结合的编写方式，尽量为学习法学各分支学科的硕士学位研究生提供较为丰富的法制史知识。我们期望通过这种努力，有助于进一步改变社会上长期流行的所谓“传统法制没有多少积极意义，学了也无用”的偏颇观点，使人们能够更好地以科学的态度对待和认识中国法制史。本书编写的具体分工是：

杨一凡：第1章、第3章；

陆仁和：第2章第1、2、4节；

高旭晨：第2章第3节；

关志国：第4章；

高汉成：第5章；

张群、段向坤：第6章；

苏亦工：第7章；

尤韶华：第8章；

徐立志：第9章。

全书由杨一凡主持统稿。

创新法律史学，推动这门学科走向科学，是当代法史学者和后学者的共同历史责任。近年来，随着法史研究新领域的扩展和研究水平的不断提高，要求改革法史教材的呼声愈来愈高。本教材作为法史教材改革的一次尝试，存在的问题必定不少，敬请读者不吝指正。

编　者

2013年5月